U0821561

"政产学研用"融合型教材

DANG'AN GUANLI SHIJIAN JIAOCHENG

檔案管理實踐教程

主编　董长春　周皓然

苏州大学出版社
Soochow University Press

图书在版编目(CIP)数据

档案管理实践教程 / 董长春，周皓然主编. -- 苏州 ：
苏州大学出版社，2024.11.(2025.8重印) -- ISBN 978 - 7 - 5672 - 5012
- 3

Ⅰ. G271

中国国家版本馆 CIP 数据核字第 2024SN3520 号

书　　名: 档案管理实践教程

主　　编: 董长春　周皓然
责任编辑: 徐　来
装帧设计: 吴　钰

出版发行: 苏州大学出版社(Soochow University Press)
社　　址: 苏州市十梓街 1 号　**邮编**: 215006
印　　装: 常熟市华顺印刷有限公司
网　　址: www. sudapress. com
邮　　箱: sdcbs@suda. edu. cn
邮购热线: 0512-67480030
销售热线: 0512-67481020

开　　本: 890 mm×1 240 mm　1/16　**印张**: 16. 75　**字数**: 592 千
版　　次: 2024 年 11 月第 1 版
印　　次: 2025 年 8 月第 2 次印刷
书　　号: ISBN 978 - 7 - 5672 - 5012 - 3
定　　价: 58. 00 元

《档案管理实践教程》

编 委 会

主　编：董长春　周皓然

副主编：韩丽平　朱　玲　张珏华

参　编：章慧初　杨　宽　孟　颖　高青倩　王振军

刘莹如　成珊珊　王嘉凌　殷海燕　薛子矜

赵　燕　李素兰　葛沁菁

前 言

文档管理及其实践课程是档案学、秘书学等相关专业的核心课程和产教融合课程，应用性和实践性较强。本书详细探讨了档案管理实践的各个方面，涵盖了从档案的收集、整理、保管到利用的全过程。本书通过对档案管理基本理论、方法和技术的深入分析，旨在为读者提供较为全面的档案管理实践指导。

本书具有以下几个显著特色：

1. 突出实践能力培养 本书结合档案工作实际，采用项目任务式内容设计，侧重于理论指导下的实践操作。书中广泛运用“图表＋文字”的呈现形式，表达直观明晰，帮助读者在动手实践过程中完成知识转化，既高效掌握理论要点，又显著提升实操能力。

2. 注重专业思维培育 本书各项目下分设不同任务，每个项目开篇均设有“项目导读”，系统呈现各任务间的逻辑关系。各任务的编写采用“任务背景及目标→知识介绍→实训任务及参考示例→延伸思考→实践训练→知识拓展”的递进式结构，循序渐进地引导学习进程。书中理论阐述不求面面俱到，但求帮助读者搭建理论体系，理解重点、难点，掌握关键环节的操作要领，进而启发深入思考，推动理论创新与实践突破。

3. 紧扣产教融合战略 本书聚焦于新文科专业的产教融合理念，紧密贴合企事业单位的实际需求，设置了具有针对性的实践训练内容。针对档案学、秘书学等相关专业学生的就业方向、单位和场景，本书依据档案馆（室）的业务工作流程，设置了创建企业数字档案馆（室）、档案企事业单位与高校合作、档案服务企业创业计划等任务，引导读者立足实际，对实践中的新问题进行延伸思考和深层思考，进而自主分析、解决问题、反馈反思，助力“政产学研用”融合发展。

4. 注重时代性和专业前沿性 本书积极吸纳国内外近五年最新研究成果和实践案例，引入最新、最权威的规章制度、标准规范、技术方法，设置了基于新媒体平台的档案服务、档案文化创意、人事档案改革、数码照片档案管理、家庭建档、实物档案管理等较前沿的任务内容。本书在每个任务的知识拓展部分列出了可供拓展学习的法律法规文件、图书、网站、视频平台、微信公众号及论文等内容，并通过二维码形式呈现。

5. 吸纳各具优势的编写人员 本书的编写顺应档案“政产学研用”融合发展趋势，本着开放包容的姿态，着力打造“校、馆、企、会”融合的编写团队。该团队由高校专业教师、国家综合档案馆及机关事业单位的一线档案工作人员、档案信息科技与服务企业的业务骨干以及档案团体（学会/协会）负责人等组成。编写人员中，有的具备丰富的教育教学和培训经验，有的是“全国档案工匠”人才、“江苏省档案专家库”成员，有的曾作为“江苏省科技镇长团”成员和市级“双岗互聘”成员，拥有丰富的多组织、多岗位档案实践经历，还有的负责或参与了档案“政产学研用”融合发展平台的建设。编写团队具有资源整合的人才基础，有利于发挥各自优势，实现兼收并蓄、互融创新。

6. 突出微观层面的基层档案工作　围绕读者群体的定位，本书以机关、企事业单位档案室工作为主支点，力求能够直接指导基层档案工作实践。同时，本书没有采用过去档案管理学中以文书档案为主体的编写方式，而是将文书档案、科技档案、人事档案、会计档案、声像档案、实物档案等单位常见档案类型有机结合起来，其中专门档案以收集和整理为重点，其他与文书档案类似之处不再赘述。另外，针对目前电子文档常态化管理特点，书中未设置电子文档管理专项，而是在各相关项目中，分别融入了电子文档的收集、鉴定、整理、保管、利用等业务，且在数字档案室建设中进行了总结，契合当前档案“存量数字化、增量电子化”的要求，从而更好地适应基层档案工作实际需求。

本书编写分工如下：项目一、项目四由常州工学院董长春编写，项目十由常州工学院董长春、常州新运城市发展集团有限公司赵燕共同编写，项目十三由常州工学院董长春、常州星宇车灯股份有限公司李素兰共同编写，项目二、项目三由泰州市人民医院韩丽平、连云港师范高等专科学校王振军共同编写，项目五、项目六由镇江市交通运输局朱玲、常州市档案馆刘莹如共同编写，项目七、项目九由常州市档案博览中心章慧初、王嘉凌和常州市便民服务中心葛沁菁共同编写，项目八由常州市排水管理处（曾任职于常州市档案馆）杨宽、常州市青少年业余体育学校张珏华、常州市第二中学薛子矜共同编写，项目十一由中共连云港市委党校孟颖、江苏经贸职业技术学院成珊珊共同编写，项目十二由常州工学院档案馆高青倩、江苏经贸职业技术学院成珊珊共同编写，项目十四、项目十五由常州炅晟档案管理服务有限公司周皓然、常州市青少年业余体育学校张珏华、常州市档案博览中心殷海燕共同编写。全体人员参与了本书的策划工作，全书由董长春统稿并审定。

本书着力打造“互联网＋教材”，除文本形式外，还提供了 PPT 课件、法规标准库、案例库、微课视频等网络课程教学资源等，探索线上与线下相结合的混合式教学模式。期待后续与读者一起创新学习网络空间，不断充实、更新、完善教学资源，形成真正的开放式学习系统。本书相关电子资源可访问苏大教育网站（http://www.sudajy.com/）下载。

为了更好地编写该教程，我们吸纳了相关领域专家学者的研究成果，将所引用和参考的内容，尽可能在书中以脚注的形式标出。对于一些基础性和公共性的知识，无法一一列出来源，在此对本书的知识贡献者们一并表示感谢。

本书既可作为应用型高等院校档案学、秘书学、行政管理学等相关专业的课程教材，也可作为档案管理理论课程配套的课内实践或集中实践指导书，还可作为企事业单位档案工作人员的培训教材。

由于编写水平有限，书中难免存在疏漏与不足，恳请各位专家、读者不吝指正。

编者

2024 年 10 月

目 录

项目一

认识档案及档案工作

【项目导读】

“档案”是档案理论、档案学科、档案实务中最基本、最本质、最核心的概念，是档案学研究的逻辑起点和根本基石。档案与文件、资料、文物、图书等相关概念是有所区别的，因此才有了档案馆、资料室、博物馆、图书馆等不同的社会职能部门。明确档案的内涵和外延、认识档案的独特价值、了解档案工作的内容和机构是从事档案工作的“敲门砖”。

任务一　判断档案的范围

一、任务背景及目标

习近平总书记指出，档案工作存史资政育人，是一项利国利民、惠及千秋万代的崇高事业。档案是人类社会发展到一定阶段的文明产物，是人类社会实践活动的原始记录。档案是人类历史的纽带和最重要的载体之一，是构成人类文化生命力的重要渊源。通过档案的记载，后人得以了解历史的真相。

本任务的主要目标是认识档案的定义并准确界定档案的外延范围，具备开展档案业务工作的认知基础。

二、知识介绍

（一）档案的概念

远古时期的“结绳”“刻契”等记事方式可以看作是档案的前身，但它们还不是严格意义上的档案。档案与人类文明相伴相生。人类自从发明了文字，就开始用文字记录社会活动，并将这些记录保存下来，形成了档案。档案的历史与人类文明史一样悠久。

据现有研究推测，“档案”一词可能在清代以前就已出现（具体年代还有待考证），其最初以口头形式在民间流传。“档案”在清政府文件中作为一种规范语言出现，最早可追溯到顺治年间。清代杨宾在其著作《柳边纪略》中写道：“边外文字，多书于木，往来传递者，曰牌子，以削木片若牌故也。存贮年久者，曰档案，曰档子，以积累多贯皮条挂壁若档故也。”这是关于“档案”一词最早的文字记载。

2021 年 1 月 1 日起施行的修订后的《中华人民共和国档案法》第二条规定：“本法所称档案，是指过去和现在的机关、团体、企业事业单位和其他组织以及个人从事经济、政治、文化、社会、生态文明、军事、外事、科技等方面活动直接形成的对国家和社会具有保存价值的各种文字、图表、声像等不同形式的历史记录。”

中华人民共和国档案行业标准《档案工作基本术语》（DA/T 1—2000）中指出，档案是国家机构、社会组织或个人在社会活动中直接形成的有价值的各种形式的历史记录。

(二) 档案的分类

1. 按形成时间(历史时期)划分

档案是不同时代的产物,这种划分对认识档案的时代特点具有非常重要的意义。按照形成时间划分,可将档案分为古代档案、近代档案、现代档案。古代档案和近代档案一般统称为历史档案。在我国,综合档案馆一般将档案分为中华人民共和国成立前档案(旧政权档案和革命历史档案)和中华人民共和国成立后档案,见表1-1-1。

表1-1-1 综合档案馆对档案的分类

档案分类		内容
中华人民共和国成立前档案	旧政权档案	中华人民共和国成立前的所有旧政权及其所属国家机构组织和个人的档案(如历代封建王朝、中华民国、北洋军阀、日伪政权的档案)
	革命历史档案	1919年"五四运动"至1949年中华人民共和国成立前整个新民主主义革命时期,中国共产党及其领导的人民政权、军队、企事业单位、共青团和其他社会组织、革命活动家的档案
中华人民共和国成立后档案		中华人民共和国成立以来党和国家的中央及地方各级机关、部队、团体、企事业单位档案,以及国家征集或个人捐赠的某些著名人物的档案

2. 按使用范围划分

由于人们所从事的专业不同,对档案的需求也具有专指性。按使用范围划分,可将档案分为文书档案、科技档案、专门档案。这是档案界及社会上应用最普遍的三个概念。文书档案是指反映党务、政务、机关事务管理的档案;科技档案是指反映科学技术研究、生产建设、设备仪器等活动的档案;专门档案是指反映专门活动领域的档案,如会计档案、人事档案、公安档案、病历档案、户籍档案等。

3. 按制作材料划分

按制作材料划分,可将档案分为纸质档案和非纸质档案。纸质档案就是指以纸张为载体的档案,较为普遍。非纸质档案是以感光材料、磁性材料等新型材质为载体的档案。以感光材料形成的档案如胶片、胶卷,以磁性材料形成的档案如磁带、磁盘和磁鼓等。

4. 其他划分方法

档案的划分方法除以上三种外还有很多种。例如,按照档案的来源标准进行划分,可将其分为国家机关档案、党派团体档案、事业单位档案、企业单位档案、个人档案;按照档案所有权划分,可将其分为国家所有档案、集体所有档案和个人所有档案。在国外,通常将档案分为公共档案和私人档案。

三、实训任务及参考示例

请根据档案的定义,判断下列材料的归属,并制作档案与文书、公文、文件、资料、文物的辨析表。

① 产生于三千五百多年前的甲骨文。

② ××市人民政府办公室关于印发《进一步支持企业创新发展的若干政策》的通知。

③ 某企业爱心捐款倡议书。

④ 出土于陕西岐山的西周晚期的毛公鼎(刻有铭文)。

⑤ 节假日出游期间摄录的视频、照片。

⑥ 来往各地的车票。

⑦ 获奖证书、奖状、奖杯、奖牌。

⑧《档案学研究》(期刊)、《中国档案报》(报纸)、企业简报。

⑨ 毕业生登记表、成绩单。

⑩《档案管理实践教程》(教材)。

解析：

判定材料是否属于档案，要依据其内涵和本质属性。①档案总是按照一定的来源有规律地形成的。各自然人、法人，特别是各种机关和团体，在其活动过程中都会产生相应的活动记录。这些记录在社会活动中自然而然地转化为档案。这就决定了档案来源的广泛性以及同一来源档案之间的关联性。②档案的形式是多种多样的。档案的形式包括两个方面：一是档案信息的载体形式（龟甲兽骨、竹木板片等），二是信息内容的记录方式（文字、图像、声音等）。③档案是直接的历史记录。它是特定形成者在当时当地直接使用的原始文件的转化物，而非事后编写或另外收集的材料。档案本质上是社会生活的原始记录，即原始记录性是档案的本质特性。④档案是社会生活中最真实的原始记录，这是档案被人们重视并保存的根本原因。然而，档案（尤其是其内容）的真实可靠性并不是绝对的，只是与其他信息相比更真实可靠。

关于"文件与档案是两种事物还是同一事物"这一问题，我国档案学界还存在着不同看法。部分学者认为：文件与档案是同一事物的不同发展阶段，是行使不同使命、有区别的两种事物和两个概念；文件转化为档案是一种事物转化为另一种事物的质变。但大部分学者认为：文件与档案在物质形态、社会本质属性及所含信息的本源性方面是完全一致的；文件和档案是同一事物在不同阶段的称谓，尽管在不同阶段它们的社会功能和存在方式不尽相同，但毕竟它们是同一事物，在本质上没有区别。

信息是物质存在的一种方式、形态或运动状态，也是事物的一种普遍属性，一般指数据、消息所包含的意义，可以使消息所描述事件的不确定性降低。文献是记录知识的一切载体的统称。档案是信息的一种形式，其特点是通过文字、图表、声像等方式记录在一定的载体上。档案信息可以被收集、传递、存储、检索、处理、交换和利用，是国家信息资源的重要组成部分。

注意：档案概念具有相对性和动态性。图书不是档案，但其文稿、书稿是档案；报刊不是档案，但其文稿、发排稿是档案；电影、电视节目不是档案，但其脚本、场记、拍摄母片等记录是档案。档案与资料可以相互转化：档案的复制件就成为资料；在科研、生产、建设项目中，被直接运用的资料则转化为档案保存。

参考示例：

① 甲骨文既是文物，也是档案。
② 该通知归档前是文件，归档后成为档案。
③ 该倡议书归档前是文件，归档后成为档案。
④ 毛公鼎既是文物，也是档案。
⑤ 节假日出游期间摄录的视频、照片归档后属于特殊载体（声像）档案。
⑥ 来往各地的车票归档后属于档案。
⑦ 获奖证书、奖状、奖杯、奖牌属于实物档案。
⑧《档案学研究》（期刊）、《中国档案报》（报纸）、企业简报既是文献，也是资料。
⑨ 毕业生登记表、成绩单属于毕业生本人的人事档案。
⑩ 该教材属于图书。

档案与文书、公文、文件、资料、文物辨析表见表 1-1-2～表 1-1-4。

表 1-1-2 档案与文书、公文、文件辨析表

分类	档案	文书、公文、文件
词源	根据现有史料，"档案"一词在正式文书中的应用，最早见于清代康熙十九年（1680 年）的《起居注》。此外，清初文人杨宾在《柳边纪略》一书中也有相关记载，书中提到"档案"一词，并解释了其来源和用法	"文书"一词最早见于西汉的《过秦论》，意为各种文献。"公文"一词最早见于东汉末年（三国时期）的《后汉书·刘陶传》，意为官府的正式文书。"文件"一词最早见于清末的记载，意为公牍

续表

分类	档案	文书、公文、文件
内涵及外延范围	档案包括但不限于文字、图表、声像等不同形式、有保存价值的记录，还包括出土文物、简牍等记录有符号或文字的实物	三者很难严格区分，从内涵来看，在许多情况下是通用的，具有同一性。 ① 文书的外延较大，包括公务文书和私人文书、文书处理工作、从事文件管理的工作者。 ② 公文的范围次之，是公务文件或公务文书的简称。从广义上说，公文分为通用公文和专用公文；从狭义上说，公文则专指党和国家在公文管理法规中明确规定的公文文种。 ③ 文件的范围较窄。从广义上说，文件与公文的概念大致相当；从狭义上说，文件则指公文中政治性和政策性较强的法定公文和红头文件
本质属性和价值	档案是有价值并经过归档保存的文件的集合体，通常是办理完毕并对今后工作具有查考和凭证价值的文件。档案是文件的归宿	文件是现行工作中正在使用或运转的材料，是现行工作的依据和记载，具有现实的使用价值。文件经过一定的处理程序后，具有查考价值的部分会转化为档案。文件是档案的前身

表 1-1-3　档案与资料辨析表

分类	档案	资料
来源	档案来源于官方性质的机关、半官方或非官方的各种社会组织（如社会团体、宗教、企业等）以及特定的个人（如著名人物、著名家族和家庭等）	资料的来源不固定，一般从外部搜集而来，如情报部门、出版部门、兄弟单位，或是从国外获得的有参考价值的复制件、出版物、科技交流文献等
形成方式	档案由文件材料有条件地转化而来，转化的三个基本条件：办理毕、有价值、集中放	资料经加工形成，其加工方式包括复制、整理、汇编等，如文件汇集、政策法令汇编、党刊、公报以及本企业出版的报刊、简报等
本质属性和作用	档案具有原始记录性、信息属性、知识属性、价值属性等，在政治、经济、科技、文化、法律事务、社会生活等领域发挥着巨大的作用	资料不能作为工作凭证和依据，更偏重于参考价值，供人们参考、借鉴、学习，起着推广经验、传播知识的作用
载体形态	档案的载体多种多样，古时有甲骨、金石、竹木、缣帛、纸张，现有胶片、磁带、磁盘、缩微品、光盘等	资料一般包括书籍、刊物、报纸、简报、公报、小册子、传单、图片等
密级程度	档案具有一定的机密性，如党政工作的文件、人事安排的细节、任免决定、处分记录等。科技档案包括尖端产品的相关资料、工程项目的开工与竣工信息以及具体的技术参数等	资料的密级较低，一般可对外交流，利用量很大，可以直接携带至现场使用
管理方法	在档案整理过程中要区分全宗，做好分类、组卷、排列和编目等工作。档案鉴定是为了确认其有无留存价值。经主管档案部门领导签字确认后，对于无留存价值的档案方可进行销毁。设专门档案保管机构——档案室	在资料整理过程中需做好登录、分类、编目工作。鉴定时，主要按资料利用价值的大小来决定是否留存。设专门资料保管机构——资料室

表 1-1-4　档案与文物辨析表

分类	档案	文物
内容	档案是社会组织或个人在社会活动中形成的，它直接反映管理活动过程和个人活动情况，同时反映抽象思维，而表达这种抽象思维的载体是文字、语言或图像	文物是文化形态和艺术追求的产物，是历代遗留下来的文化史上有价位的东西，反映形象思维，即使反映抽象思维，也是以“形”的建构来表现的，而非文字、语言或图像
形式	档案主要以书面形式呈现，甲骨、金石、帛书、纸张和胶片等都是档案的书写材料或载体，它们承载着图像、文字或声像信息	文物的呈现形式多种多样，包括但不限于雕塑、绘画、器具、建筑构件、古遗址等。它们以实体的形式存在，具有直观性和可触性

续表

分类	档案	文物
社会价值	档案提供参考或凭证，用以解决现实问题，发挥以史为鉴、服务现实的作用，其社会价值主要体现在实用价值上	文物提供探讨当时文化的范本或模式，通过传承与创新，能够促进新文化模式的建构，其社会价值主要体现在审美价值和艺术价值上

四、延伸思考

档案的定义具有非统一性，这不仅是不同国家之间普遍存在的一种文化现象，而且在同一国家、同一地区的不同历史时期，学界和业界、实务界对档案定义的表述和理解也同样存在着差异。从定义的出发点和角度来划分，档案的定义可以分为五种类型：法规型、辞书型、教科书型、专著型、论文型。请思考：当今世界各国关于档案的定义有哪些代表性的说法和类型？

提示：

（一）美国型的档案定义

美国著名档案学家谢伦伯格对档案的定义：档案是经过鉴定值得永久保存以供查考和研究之用，业已藏入或者已选出准备藏入某一档案机构的任何公私机构的文件。他提出了档案鉴定问题，并且把准备藏入某一档案机构的文件也算作档案。可见，美国档案界把档案等同于具有永久价值的非现行文件。这种档案定义得到了许多欧美国家的认可。例如，英国档案学家迈克尔・库克在其著作《档案信息管理》中认为，档案是经过鉴定，因其长远价值而被保存的文件。德国档案学者布伦内克认为，档案是某一自然人或法人在其法律性或事务性活动中产生的，并作为以往活动的查考资料和证据存放在特定场所以备永久保存的文件和文献的总和。

（二）法国型的档案定义

1979 年法国颁布的《档案法》对档案的定义：档案是任何自然人或法人，任何官方、私人部门或机构在自身活动中产生或收到的文件的总和，不论其日期、形式和载体材料如何。这种档案定义与文件定义基本等同，并将现行文件称为行政管理档案，将非现行文件称为历史档案。

南美一些国家（如阿根廷等）的档案学者普遍认为，档案的形成始于文件的产生。这种把档案等同于文件的认识有利于理解文件与档案的整体运动过程。

（三）苏联和中国型的档案定义

新中国成立初期，我国档案界对档案的认识深受苏联档案理论与实践的影响，通常把归档后的文件视为档案。在 1982 年苏联出版的《社会主义国家档案术语词典》中，将“档案材料”改称为“档案文件”，并认定档案文件就是档案馆（室）中保存的文件。

此种定义将归档视作界定档案的标志，把实际工作中划分文书工作和档案工作的标准与划分文件与档案的标准等同起来。这种划分确定了档案工作人员的职责业务范围和管理对象，有助于自上而下地建立和发展档案事业。

（四）国际档案理事会对档案的定义

国际档案理事会在《档案术语词典》中对档案的定义：档案是由形成者或其职能的继承者为自己利用而留存，或由适当的档案馆因其档案价值而保存的、经过挑选或未经挑选的非现行文件。这个定义的特点在于，它把“档案是非现行文件”的说法规范起来，相较于前面几种档案定义具有比较鲜明的特点。

五、实践训练

假设你是某集团公司档案部门的负责人。在公司图书、情报、档案一体化管理的背景下，为了提升员工对档案的认知，增强大家的档案保管意识，纠正档案认知误区，明确信息时代不同类型信息数据（档案、图书、文物等）的内涵，现公司总经理召集所有文档信息相关管理人员开展“信息科普系列课堂”学习活动。此次活动要求由公司档案部门牵头，协同集团办公室、图书室以及科研信息、宣传、公关等部门共同组织。

请你准备授课PPT，并在公司微信公众号平台上发布一篇题为《档案的前世今生》的推文。

六、知识拓展

见右侧二维码。

任务二 认识档案的价值

一、任务背景及目标

社会上对于档案价值的认知存在一定偏差：有人认为档案是“故纸堆”，有人认为档案工作无足轻重；在有些单位，档案工作往往未受到应有的重视，甚至被忽略，导致“档到用时方恨无”“档到用时方恨乱”的状况时有发生。

习近平总书记曾多次强调，要紧紧围绕存史资政育人这一根本任务，切实把蕴含党的初心使命的红色档案保管好、利用好，把新时代党领导人民推进实现中华民族伟大复兴的奋斗历史记录好、留存好，就要摸清红色档案资源“家底”，发掘其内在价值，才能真正活用红色档案、讲好红色故事、赓续红色血脉。从历史上看，档案一直发挥着“存史资政育人”的功用；从现实来看，档案是解决争端、处理事件的法定凭据，档案工作为其他工作的开展提供了基础性支撑。

本任务的主要目标是认识档案的价值，进而深刻理解档案工作的意义，树立正确的档案及档案工作价值观。

二、知识介绍

档案价值是指档案对国家、社会组织或个人的有用性，它本质上是主体与客体之间的关系范畴。其中，客体即档案本身的属性构成了档案价值的客观基础，而主体的特定需要是档案价值得以确立的前提。

（一）档案的价值

1. 凭证价值和参考价值

档案的凭证价值是由档案的形成规律和档案自身的特点决定的。首先，档案的内容具有真实性。它是从当时当事直接使用的文件转化而来的，并非事后为使用而另行编制。其次，档案形成的过程具有客观性。它客观地记录了以往的历史情况，是令人信服的历史证据。从档案的形式特征来看，文件上保留着真切的历史标记。

档案是事实、知识和经验的记录，这种可靠的、广泛的、可资参考的特征，构成了档案的另一基本价值——参考价值（又称情报价值）。档案里所记载的信息并不一定全是真实的，但这并不改变档案的参考价值。

2. 第一价值和第二价值

档案的第一价值是指档案对于其形成者所具有的价值，其价值主体是档案形成者。档案的第二价值是指档案对社会，即除档案形成者之外的其他利用者所具有的价值，其价值主体是非档案形成者。

（二）档案的作用

档案价值关系在社会活动中的具体体现就是档案的作用。档案在经济建设、政治行政、法律事务、科学研究、文艺创作、日常工作生活等方面都具有重要作用。在经济建设领域，档案的运用能够显著提升经济效率，成为推动经济发展的重要力量；在政治行政方面，档案是提升工作效率、捍卫国家利益的关键工具；在法律事务中，档案作为确凿的证据，对于处理法律纠纷具有不可替代的作用；在科学研究和文艺创作领域，档案作为珍贵的一手资料，对科技创新和文化繁荣具有强大的推动力；此外，档案还是人们日常工作生活中不可或缺的信息资源。

（三）档案价值实现的规律性

档案在形成初期利用频繁，主要发挥第一价值；随着时间的推移，其社会利用逐渐增加，档案的第二价值得以发挥。与此同时，档案的机密程度逐渐降低，其行政作用不断减弱，而科学文化作用则日益增强。档案价值的实现过程受到社会诸多因素的影响，且在各个时期不断变化。

三、实训任务及参考示例

请观看《二十二》《我在故宫修文物》《见字如面》《朗读者》等纪录片或文化节目，分析其中展示的不同利用者对档案的多样化利用实例。例如，艺术家如何借助档案进行艺术创作，生活家如何利用档案来构建家庭生活记忆。在当今社会，你认为档案还有哪些新的价值？请举例说明并加以论证。

参考示例：

（一）档案的记忆价值和情感价值

档案对构建社会记忆、集体记忆、家庭记忆、个人记忆具有重要价值。美国学者史蒂文·罗斯认为："人类记忆、人类行为需要的不只是认知，还有情感。记忆除了是一种认知活动外，还是一种情感体验行为。"档案不仅具有凭证价值和参考价值，还丰富了人们的情感体验，通过建立与过去的人和机构之间的"情感"和"智慧"联系，引发情感共鸣。档案的留存是人类为对抗遗忘而有意保护的结果。通过档案，我们能唤醒心中尘封的情感记忆，获取认同感、归属感、根源感、荣誉感、自豪感和幸福感。档案是构建社会认同的基础。

《见字如面》和《朗读者》等电视文化节目作为满足公众文化诉求和怀旧情结的代表性节目，掀起了文化情感类综艺节目的收视热潮。这些节目深入挖掘名人书信或历史文学作品中的档案文化元素，旨在构建起基于共同情感、价值观念和社会认同的场景，使得个体的怀旧情感得以在公共情感空间释放。

（二）档案的文化价值

档案是人类文化的存储器，也是文化传播的重要媒介。档案传承并传递着人类的社会记忆与精神文明。情感与文化是紧密相连的，优秀文化能够广泛、深刻、持久地影响人的情感以及人与人之间的情感关系。

《二十二》是一部关于在日军侵华战争中幸存的中国"慰安妇"的长篇纪录片，该片展示了中国幸存的22位慰安妇如今的生活状况。《二十二》作为一部还原历史、讲好故事、引发思考的良心作品，引起了大家的广泛关注，成为中国首部票房过亿的纪录片。观众通过观看这部纪录片了解历史真相，进而引发对战争的反思，凝聚起维护正义的强大文化力量。纪录片《我在故宫修文物》以对故宫内珍贵文物的修复过程为起点，展示了故宫文物的历史，再现了古代工匠精湛的技艺和当时中国的雄厚实力，触发了人们的民族自豪感，引发了人们对当今中国历史文化发展的思考。

四、延伸思考

档案是一种稀缺性文化资源。然而，目前大多数档案馆作为事业单位，依靠政府财政资金维持日常开支。由于档案资源受限于事业单位的社会公益属性，大量珍贵的档案资源沉寂在馆内。这些档案资源是否具有商业价值，是否可以实现市场化利用？

请关注"故宫淘宝"网店或档案馆、博物馆、文化馆推出的文化创意产品，思考基于不同立档单位的档案资源、不同性质和类型的档案资源及其衍生产品，是否具有商业价值或其他增值价值。

提示：

随着社会的发展，档案被赋予了新的价值与功用。通过对档案资源的开发形成的档案文化创意产品、档案服务等具有商品属性。档案部门应当积极融入商业市场环境，以群众需求为出发点，深入挖掘地方特色档案资源背后的商业价值，推出更多能满足大众个性化需求的产品和服务。档案资源商业化的关键在于挖掘其商品属性，将档案资源引入市场竞争环境，拓展其外延价值，使档案资源成为档案类企业的资产，并在实行资产市场化运作中将资产转化为资本。具体而言，有以下几种商业化路径：

1. 开展有偿查询服务。对于部分有特殊查档需求的群众来说，他们非常愿意为此类服务付费。因此，各档案馆（室）可以充分利用第三方交易平台，发布珍稀档案资源复印件或电子版，供有需要的群众购买和使用。

2. 提供展陈租赁服务。一些具有收藏价值的书画、文献类档案资源，以及反映革命历程的红色档案，可以通过租赁形式参与短时期的展陈活动。展陈活动结束后，由主办方将这些档案归还原档案馆（室）。

3. 拓展文化创意服务。紧贴新时代需求，主打个性化与定制化，激发创意灵感，丰富档案资源的文化内涵，拓展其使用价值，打造出兼具历史性与时代性、思想性与观赏性、科学性与艺术性、知识性与通俗性的文创产品。

企业档案本身就具有直接或间接的商业价值，可为企业带来经济效益。一些特殊类型的档案（如照片档案）也可能具有潜在商业价值。同时，档案部门还可以与商业型档案服务机构合作，开发档案文创产品或提供有偿档案服务。

五、实践训练

为庆祝《中华人民共和国档案法》颁布 37 周年，在“6·9”国际档案日来临之际，市档案馆准备以“你所不知道的档案价值”为题，开展一次讲座、展览或演出活动，旨在增强广大市民对档案价值的认知。请你进行方案设计并准备相关资料。

六、知识拓展

见右侧二维码。

任务三　了解档案工作内容及机构

一、任务背景及目标

2018 年前，我国档案机构实行的是“局馆合一”的管理模式。2018 年，我国各级档案机构迎来了新一轮改革，此次改革成功实现了档案局和档案馆的职能分离，且将它们统一归属到党委序列。其中，绝大多数地方将档案行政职能划入党委办，加挂档案局的牌子，档案局不再作为政府组成部门或直属机构。此次改革是对“加强党对档案工作的领导”这一新时代档案工作指导方针的坚决贯彻。

在机构改革的背景下，新修订的《中华人民共和国档案法》应时颁布，并于 2021 年 1 月 1 日起施行，彰显了我国档案法规体系、档案工作体系的不断完善。

截至 2023 年底，全国共有各级档案主管部门 3 236 个。其中，中央级 1 个，省（区、市）级 31 个，副省级 16 个，地（市、州、盟）级 411 个，县（区、旗、市）级 2 777 个。全国共有各级各类档案馆 4 174 个。其中，综合档案馆 3 302 个，专门档案馆 259 个，部门档案馆 101 个，企业档案馆 128 个，省、部属事业单位档案馆 384 个。①

本任务的主要目标是了解我国档案工作体系的发展脉络，认识档案工作的主要内容，把握档案工作机构与体制的改革方向与思路。

二、知识介绍

（一）档案工作的内容

广义的档案工作包括以下几个方面的内容：

① 引自国家档案局《2023 年度全国档案主管部门和档案馆基本情况摘要（一）》。

（1）档案业务管理工作。其基本内容包括：档案的接收与征集、整理、鉴定、保管、编目与检索、编辑与研究、统计和利用服务。

（2）档案行政工作。它是以国家各项事业的需要为目标，对全国以及地方档案工作进行统筹规划、组织协调、统一制度、监督指导的活动。

（3）档案教育工作。其目的是造就不同水平、不同层次的各类档案专门人才。档案教育结构是一个多层次、多系列的复合结构。

（4）档案宣传工作。它是向人们传播档案及与档案工作有关的信息和思想，从而影响人们行为的过程。

（5）档案科学技术研究工作。它是通过调查、观察、实验、比较、分析等手段，把档案工作实践的感性材料加以研究、提炼，上升为理性成果的一项创造性工作。

（6）档案国际合作与交流工作。这项工作是国家外事活动的组成部分，是国家对外文化与科技交流活动的一个重要方面。

狭义的档案工作指档案业务工作，包括档案的收集、整理、鉴定、保管、登记与统计、检索、编研、利用等，即传统的档案业务工作“八环节”。

（二）档案工作的基本原则

《中华人民共和国档案法》第四条规定：“档案工作实行统一领导、分级管理的原则，维护档案完整与安全，便于社会各方面的利用。”这是以国家法律的形式确定了我国档案工作的基本原则，是新中国成立以来我国档案工作基本经验的总结，也是我国档案工作基本原则的进一步发展与完善。

统一领导、分级管理是我国档案工作的组织原则和管理体制。档案事业管理体制是指档案事业管理的体系和组织制度，包括档案行政管理部门的设置及其隶属关系、权限划分等。从世界范围看，按照中央、地方档案机构之间的关系，档案事业管理体制一般可分为分散式和集中式两种基本类型。

维护档案的完整与安全是档案工作的基本要求。只有维护档案的完整与安全，才能维护党和国家的历史真实面貌，才能充分发挥档案的作用。

便于社会各方面对档案的利用，满足社会对档案的需要，这是档案工作的根本目的。因此，是否便于社会各方面对档案的利用，是检验档案工作效果的重要标准。

（三）档案机构

档案机构的基本类型有三种：档案主管部门（档案局）、档案馆、档案室。新时期，出现了一些新型档案机构。2019 年机构改革中，地方各级档案局与综合档案馆分设，地方各级综合档案馆成为独立法人单位。如某市将市档案局（馆）的行政职能划归市委办公室，市委办公室对外加挂市档案局牌子。将市档案馆由市政府直属事业单位调整为市委直属事业单位，明确了市委对档案工作的直接领导。

1. 档案主管部门

国家档案主管部门主管全国的档案工作，负责全国档案事业的统筹规划和组织协调，建立统一制度，实行监督和指导。县级以上地方档案主管部门主管本行政区域内的档案工作，对本行政区域内机关、团体、企业事业单位和其他组织的档案工作实行监督和指导。

2. 档案馆

档案馆是国家集中管理档案的文化事业机构，是提供利用档案资料，为社会各方面服务的中心。根据《全国档案馆设置原则和布局方案》（1992 年 3 月 27 日国家档案局印发的文件），我国档案馆主要分为以下几类：

（1）各级国家档案馆。

各级国家档案馆是归口中央或地方各级档案行政管理部门（或与有关部门）直接管理的文化事业或科学技术事业机构，包括综合档案馆和专门档案馆。

① 综合档案馆。

综合档案馆是按行政区划或历史时期设置的收集和管理所辖范围内多种门类档案的档案馆。

在中央设置三个综合档案馆，即中央档案馆、中国第一历史档案馆和中国第二历史档案馆。中央档案馆收集管理中华人民共和国成立前中国共产党中央机关、群众团体中央机构、派出机构及边区政府形成的档案，中华人民共和国成立后中国共产党中央机关及其所属机构、全国人民代表大会及其常务委员会、国务院及其各部委（包括具有行政职能的公司）和各直属机构、最高人民法院、最高人民检察院、政协全国委员会、全国总工会、全国妇联、共青团中央等全国性人民团体及其所属机构形成的档案和民主党派中央机构移交的档案。中国第一历史档案馆收集管理明、清两朝及以前各朝代中央机构形成的档案。中国第二历史档案馆收集管理民国时期（辛亥革命成立的中华民国临时政府、北洋政府、国民党及其政府、汪伪政权）中央机构形成的档案。在地方按行政区划分级设立综合档案馆，包括省（自治区、直辖市）、计划单列市、市（地、州、盟）、县（旗、市、区）等各级综合档案馆。省辖市的市属区是否设置永久性档案馆由地方档案行政管理部门统筹规划，报同级人民政府批准。

② 专门档案馆。

专门档案馆是收集和管理某一专门领域或某种特殊载体形态档案的档案馆。我国早期建立的专门档案馆有：全国地质资料馆（1952 年成立）、中国电影资料馆（1958 年成立）、国家测绘档案资料馆（1956 年成立）等。

专门档案馆的设置可分为以下三种情况：

一是在中央设置四个专门档案馆。它们分别是：①中国照片档案馆（已建立），由新华通讯社和国家档案局双重领导，收集管理全国范围内具有重要历史价值和艺术价值的照片档案原件或复制件；②中国科学技术档案馆（待建立），收集管理国家级科学技术成果、全国重点工程项目、重点引进项目的档案或档案复制件；③中国文学艺术档案馆（待建立），收集管理中央直属艺术团体、全国著名文学家和艺术家以及中央各部门所属出版单位形成的有关文学艺术档案或档案复制件；④中国声像档案馆（待建立），收集管理中央及国家机关所属音像出版机构、影视制作单位形成的音像档案，以及各电影制片厂汇交的影片、录音、录像档案或档案复制件。

二是在省（自治区、直辖市）以及计划单列市、特大城市设置哪些专门档案馆，按照重点加强各级综合档案馆的原则，由同级档案行政管理部门负责统筹规划，报同级人民政府批准，并报国家档案局备案。

三是在 20 万以上人口的大、中城市设置城市建设档案馆，收集管理有关城市规划、建设的档案及城市建设管理方面的具有永久保存价值的档案或档案复制件及有关资料。

（2）部门档案馆。

部门档案馆是中央和地方某些专业主管部门所属的，收集管理本部门档案的事业机构，主要有以下四类：

一是根据国家外交、安全工作的特殊需要，分别设置外交部档案馆、安全部档案馆，收集并永久管理本部门及其直属单位形成的档案。

二是最高人民法院、最高人民检察院、公安部可设置本部门档案馆，收集管理本部门及其直属单位形成的档案。其中具有永久保存价值的档案，在本部门档案馆保存 50 年后向中央档案馆移交。

三是某些形成专门业务和科学技术档案数量大的中央专业主管部门，经部门领导批准，国家档案局同意，可成立本部门档案馆，收集管理本部门及其直属单位形成的有关档案和资料，但其在行使国家行政管理职能活动中形成的党政领导和行政管理等具有永久保存价值的档案，要按规定向中央档案馆移交。

四是省（自治区、直辖市）以及计划单列市、特大城市的有关专业主管部门，根据实际情况确需设档案馆的，由同级档案行政管理部门按照重点加强各级综合档案馆的原则，统筹规划并报同级人民政府批准。

（3）企业、事业单位档案馆。

按国家统一标准确定的大型企业和部分建立时间长的中型企业，根据实际工作需要经企业领导批准，向同级档案行政管理部门备案，可成立企业档案馆，收集管理本企业及其所属单位形成的档案；中国科学院、中国社会科学院、国家教委直属的院校，经主管部门批准，向同级档案行政管理部门备案，可成立档案馆，收集管理本单位及其所属机构形成的档案。《全国档案馆设置原则与布局方案》也将大型企业档案馆纳入档案馆馆网规划。国家档案局 1996 年发布的《企业档案馆申报登记办法》规定了建立企业档案馆的条件及相应标准。

3. 档案室

档案室是各级各类机关单位统一管理本单位档案，并指导、监督、检查本单位各部门档案工作的内部组织机构，是我国档案工作组织体系中最基层且数量最多的业务机构。

（1）主要类型：综合档案室、文书档案室、人事档案室、科技档案室、声像档案室、财会档案室、联合档案室、档案图书情报信息中心等。

（2）基本职责：集中统一管理本单位档案，为本单位各项工作服务，为国家积累档案文献资料。

（3）具体任务：①建立、健全本单位的档案工作规章制度。②指导、监督本单位的档案业务工作；对本单位全部档案和相关资料进行安全保管，并积极做好档案的利用工作。③做好本单位档案的管理（收集、整理、鉴定、保管、统计）和服务（咨询、查阅和利用）工作。④做好档案移交工作（把具有长久保存价值的档案向档案馆移交）。

4. 新型档案机构

（1）文件中心。

文件中心是介于档案室与档案馆之间的过渡性档案保管机构，负责保管形成单位不常用但还不能最后处理的文件。文件中心保管的文件归原单位所有，且只供其用，其他人或单位未经同意不得使用。这些文件在移交至档案馆并经解密成为公共档案后，方可向公众开放。

（2）档案寄存中心。

档案寄存中心是指由综合档案馆或其他独立法人设立的，为各类企业、社会团体以及个人提供档案寄存有偿服务的机构。这些档案的所有权不变，档案寄存中心只提供安全保管服务。档案寄存中心主要保存破产、拍卖、改组、兼并、股份制企业，以及非国有企业、一些社会团体和个人的档案。

（3）档案事务所（档案服务公司）。

档案事务所（档案服务公司）是独立经营、独立核算、自负盈亏的企业型单位，是提供档案咨询、事务服务的一种商业性档案服务机构，目前以小型民营公司为主要形式。档案事务所（档案服务公司）的服务对象非常广泛，一般包括该行政区域内各级综合档案馆，各机关、团体、企事业单位，乡（镇）、村以及公民个人等。在用人制度上一般采取聘任制和临时工制相结合的办法。其中，对少数档案专业技术人员实施聘任制，以充分利用他们的专业知识，开展档案业务的指导和咨询工作。

（4）私人档案馆。

私人档案馆一般指由个人、家庭、私有企业或社会团体创建的，保存和提供利用各种私有档案的专门场所。不管其是否以营利为目的，私人档案馆都是公共档案馆的有益补充。划分我国公共档案馆与私人档案馆的主要标准是档案馆以及馆内档案的归属权。相比之下，国外私人档案馆出现的时间更早，内容更为丰富，专业性更强。早在20世纪七八十年代，国外私人档案馆建设就有了相关立法，明确了私人档案馆和公共档案馆的义务，并给予私人档案馆经费支持。在我国，私人档案馆尚未被纳入国家档案管理体系，其资金来源相对单一。

三、实训任务及参考示例

从《中华人民共和国档案法》对综合档案馆业务职责的划定来看，综合档案馆的基础业务包括档案的收集、整理、保管、鉴定、统计、编目、开放利用、提供服务等工作环节。不同的岗位职能对应着不同的业务责任。以某市档案局、档案馆为例，调研其主要职责和内设机构。

参考示例：

××市档案局

××市档案局是中共××市委、××市人民政府主管全市档案工作的职能机构，由中共××市委办公室归口管理。

主要职责：

1. 贯彻执行党和国家以及本市有关档案工作的方针、政策和法律、法规、规章；结合本市实际，研究起草档案工作的地方性法规、规章草案，并组织实施有关地方性法规、规章和政策。

2. 制定本市档案事业发展规划并组织实施。

3. 监督、指导本行政区域内的档案工作。

4. 会同有关部门对本市专门档案馆和部门档案馆的设置进行规划，并提出审核意见。

5. 依法管理档案工作，对本市贯彻执行《中华人民共和国档案法》《××市档案条例》的情况进行监督、检查，并依法查处档案违法行为；负责有关行政复议和行政诉讼应诉工作。

6. 组织、指导档案理论与科学技术研究、档案宣传与教育、档案工作人员培训等工作。

7. 指导、协调档案系列专业技术职务评聘工作和专业技术职业资格证书制度的实施工作。

8. 组织档案系统的外事活动和国际交流工作。

内设机构：办公室、综合规划处（网站编辑部）、政策法规处、业务指导处、科技教育处、组织人事处。

按有关规定设置纪检机构和机关党委。

××市档案馆

××市档案馆列入参照《中华人民共和国公务员法》管理范围，是本市集中管理档案的事业单位，机构级别相当于正局级。

主要职责：

1. 贯彻执行国家和本市有关档案管理的法律、法规、规章和方针、政策。

2. 接收、保管市委、市人大、市政府、市政协及局级机关、事业单位、群众团体、国有企业永久保存的档案资料和××旧政权及社会组织的档案资料。

3. 征集散存在社会上对国家和社会有保存价值的珍贵档案资料。

4. 对馆藏档案资料进行整理和鉴定，编制检索工具。

5. 开发档案信息资源，为党和政府及社会各方面提供档案利用服务。

6. 承担政府公开信息的集中查阅工作。

7. 承担档案史料的编研工作，组织开展学术交流活动。

8. 运用档案资源，开展档案宣传工作和各类社会教育活动。

9. 研究并采用科学方法，对档案实施有效保护，保证档案实体的绝对安全。

10. 运用现代化技术手段，开展档案信息化建设。

11. 承办市委、市政府交办的其他事项。

内设机构：档案接收征集部、档案保管部（电子档案保管部）、档案整理编目部、档案利用服务部（社会教育部）、档案史料编研部、档案保护技术部、档案信息技术部、行政处（保卫处）、档案宣传部、档案干部培训中心、档案科技研究中心。

四、延伸思考

(1) 文书工作与档案工作之间的关系如何？

提示：

文书工作与档案工作辨析表见表 1-3-1。

表 1-3-1　文书工作与档案工作辨析表

分类	文书工作	档案工作
负责部门	社会组织中的综合辅助机构（综合办公室）、文书机构、秘书机构等	社会组织中的档案室等内设机构、各级各类档案馆
负责人员	专兼职文书、秘书人员	专兼职档案人员
工作界限划分	归档之前（按照文档一体化理论，档案人员应对文书工作进行提前介入）	归档之后
主要内容	围绕文书的形成、处理和管理过程而开展的一系列具体的工作。其中，文书的形成主要包括起草、审核、签发、用印等；文书的处理分为收文处理和发文处理，收文处理具体包括签收、登记、初审、承办、传阅、催办、答复等程序，发文处理包括复核、登记、印制、核发等程序；文书的管理主要包括暂存与利用、清退与销毁、平时归卷、立卷、移交（归档）等	如前所述，分为广义的档案工作和狭义的档案工作。一般所称的档案工作是狭义的档案业务工作，包括档案的收集、整理、鉴定、保管、登记与统计、检索、编研、利用等环节

（2）我国首个私人档案馆是2004年建于广州的屈干臣档案馆。广东省颁布的《广东省档案条例》（2007年修订版）中明文指出："公民可以建立个人档案馆。建立个人档案馆的，报所在地档案行政管理部门备案。"这一规定为公民创建私人档案馆提供了政策上的支持和鼓励。此外，广东省还把支持创办民间文献档案馆等内容纳入了《广东省档案事业发展"十三五"规划》。请思考：国内外私人档案馆在类型划分上有何差异？国外私人档案馆的实践和研究对我国私人档案馆的发展有何启示？

提示：

（一）国内外私人档案馆的类型比较

我国的私人档案馆主要分为私有企业档案馆、社会组织或团体档案馆、民间档案馆、家庭档案馆、个人档案馆。知名度较高的私人档案馆有：中国第一家私人档案馆——屈干臣档案馆、中国首家平民档案馆——袁裕校家庭档案馆、"中国电影资料收藏第一人"李英华创办的"红色家庭档案馆"、李继保创办的家庭档案馆——"水浒轩"、国内首家注册登记的省级民办档案馆——广东省岭海档案馆、广东省广州市吴淑琴创办的烟标主题家庭档案馆——"烟缘阁"等。

国外对私人档案馆的称呼和定义各不相同。国外私人档案馆一般主要分为私有企业档案馆、教会档案馆、政党档案馆、大学档案馆、社区档案馆、家族档案馆和个人档案馆七种。①私有企业档案馆：最初以经济档案馆的方式诞生于欧洲。1905年，克虏伯公司在德国成立了经济档案馆，藏品不仅包括本公司和本专业的档案，还涵盖了本地区和本城市的历史档案。②教会档案馆：目前公认的全球馆藏数量最宏富、时间最久远的教会档案馆是梵蒂冈宗座档案馆。该馆是应1612年罗马教皇保罗五世的要求，在梵蒂冈营建的教皇机密档案馆，至今保存完好。③政党档案馆：各个政党为了保存自身行政事务中产生的档案文件而建立的档案馆，如德国社会民主党档案馆、英国工党档案馆等。④大学档案馆：主要收集和保管富有历史、法律、财政以及行政价值的大学公文档案和辅助性组织团体产生的值得永久保存的档案，并对内对外提供利用。苏黎世联邦理工学院现代历史档案馆重点保存企业、科研机构和个人所产生的档案材料。⑤社区档案馆：多由社区成员自发创立，大家一起运营和管控，如英国的黑人文化档案馆、美国的南亚裔美国人档案馆、加拿大的女性运动档案馆等。⑥家族档案馆：一般由有历史、有名望的大家族成员创立，并经几代人甚至是几十代人不断延续和发展。成立于1978年的罗斯柴尔德档案馆（The Rothschild Archive）是一家专门保管罗斯柴尔德家族历史档案的档案馆。⑦个人档案馆：专业性的私人档案馆，如英国摄影师约翰·斯托达特的个人照片档案馆。

（二）国外私人档案馆的实践和研究对我国私人档案馆发展的启示

1. 私人档案馆应被纳入我国档案馆体系，逐步确立其合法地位，并给予经费、场地、人员以及技术等支持。
2. 私人档案馆应在场馆选址、馆藏结构等方面自成体系，保留特色。
3. 私人档案馆资源体系构建应走专门化、特色化、品质化的道路。
4. 私人档案馆应走信息化之路，向网上档案馆和数字档案馆转型。
5. 私人档案馆应在馆藏资源开发利用和服务等方面走品牌化道路。
6. 私人档案馆应成为增强社会档案意识、传播优秀档案文化、扩大档案和档案工作影响力的重要窗口。

五、实践训练

（1）查阅《全国档案馆设置原则和布局方案》，了解中央档案馆、中国第一历史档案馆和中国第二历史档案馆的馆藏范围，也可以上网查找这几家档案馆的相关视频资料。

（2）对我国档案寄存中心、档案事务所（档案服务公司）、私人档案馆等新型档案机构（任选其一）的建设情况进行调研，形成一篇调研报告。

（3）假设你所在的单位要创建示范级档案室，请了解相关政策文件，形成一份可行性报告。

六、知识拓展

见右侧二维码。

项目二

档案收集

【项目导读】

档案收集是指按照党和国家的规定，通过例行的接收制度和专门的征集办法，将分散在各机关、组织、个人手中和散失在社会其他地方的档案，有组织、有计划地分别集中到各有关机构档案室和各级各类档案馆，以实现档案的统一领导和分级管理。档案收集工作是档案管理的基础工作，没有扎实的“地基”，就无法建立完整、有序的档案管理体系。没有收集就没有档案，材料就始终处于文件状态，信息也无法得到有效整合。档案收集工作的主要内容包括两个方面：一是档案室对本单位各部门档案的收集；二是档案馆对所属各单位（现行机关和已撤销机关）档案室档案的收集和散存于社会的历史档案的征集。

任务一　建立归档制度

一、任务背景及目标

《中华人民共和国档案法》第十四条规定：“应当归档的材料，按照国家有关规定定期向本单位档案机构或者档案工作人员移交，集中管理，任何个人不得拒绝归档或者据为己有。国家规定不得归档的材料，禁止擅自归档。”归档制度是档案室归档工作的重要依据，档案的齐全、完整和准确是档案工作的前提和基础。档案室的归档工作主要是对本单位各部门办理完毕的需归档文件的接收工作。

本任务的主要目标是掌握归档制度的具体规定，明确归档工作的组织和具体流程，设计本单位归档制度和归档工作方案，根据收集归档要求进行文件归档。

二、知识介绍

各单位在工作活动中形成的具有保存价值的文件材料，由本单位的文书部门或业务部门整理立卷，定期移交给档案室或负责管理档案的人员集中保存，这项工作称为归档。

归档是“文件转化为档案”的质的飞跃，它使文件成为真正科学意义上的档案，是正式承认档案价值的一种法律行为。文件归档属于文书部门的任务，它既是文书工作的最后一个环节，又是档案工作的起始环节，可以说是文书工作和档案工作的“结合部”，即两者交接的一个环节。

为了使具有保存价值的文件材料都能在档案室集中保管，档案部门在开展收集工作时，首先要制定文书档案的归档制度。归档制度一经确立，档案部门和各有关部门应严格按照规定，有计划、分步骤地开展具体的档案接收和归档工作。归档制度的主要内容包括归档范围、归档时间、归档质量要求、归档流程和手续等。

（一）归档范围

归档范围是指一个单位所产生的所有文件材料中需要归档的范围。确定归档范围，是档案收集工作首先要解决的实际问题，也是归档制度的首要内容。各单位在工作活动中形成和使用的文件材料数量繁多，内容庞杂，并非所有文件材料都需要归档，必须正确分析，区别对待。在确定文件材料归档范围时，既要保证该归档的文件材料收集齐全并完整归档，防止“有档不归”，又要确保不该归档的文件材料不归档，防止“有文必档”。对于不属于归档范围的文件材料，可由文件的产生部门自行保存一定期限后按有关规定予以销毁。

（二）归档时间

《机关档案工作条例》第十三条规定：“机关文书部门或业务部门一般应在第二年上半年向档案部门移交档案，交接双方根据移交目录清点核对，并履行签字手续。”各单位档案部门应根据实际工作需要确定具体归档时间，一般在文件形成的次年 6 月底前完成归档工作。对于其他专门档案和专业档案，应按照相关规定灵活安排归档时间。

《企业电子文件归档和电子档案管理指南》指出，企业业务部门形成的电子文件只有经过收集、鉴定、分类、整理等过程，然后将控制权移交档案部门，方才完成归档。不同种类电子文件完成归档的时间确定原则如下：

（1）经营管理、行政管理、生产技术管理、党群工作等管理类电子文件归档时间应为次年 6 月 30 日前。

（2）业务系统形成的电子文件归档时间可根据业务的特点、电子文件的数量和相关联电子文件的形成时间确定。形成数量少的电子文件归档时间可适当延长，但最长不得超过一年；形成数量多的电子文件一般应将归档时间设置为季、月或周；形成数量特别多的电子文件应每日归档。

（3）零散形成的电子文件（包括外单位移交的电子文件）应与同批次其他非电子载体档案或同类型其他载体档案同时归档。

（三）归档质量要求

归档文件的质量大多取决于文件形成阶段的状态，因此在源头上就要严把质量关，对文件材料实施超前控制。超前控制是指在文件形成、积累阶段，按照档案要求对文件进行质量控制，确保归档文件的真实性、可靠性、完整性和安全性。在文件形成初期，本单位档案部门就要对文书部门或业务部门形成文件的内在质量进行前期控制，为业务文件的形成、积累、整理提供专业指导。具体要求如下：

（1）归档文件需确保形式齐全完整，内容真实可靠，即归档文件材料应种类齐全、份数完整，每份文件不缺张少页，稿本、印章、签署等均清晰有效，且其载体和书写材料、装订方式符合档案长久保存的要求。

（2）归档文件应具备系统性和条理性，组成一个具有内在联系的有机整体，能够反映单位活动的基本面貌，便于保管和利用。

（3）归档文件材料的载体（纸张、光盘、胶片、实物等）和书写材料都应具有较好的耐久性。

（4）应对归档文件进行基本的整理，编制移交目录。

（5）归档电子文件要保证其真实性（内容、逻辑结构和形成背景与形成时的原始状况相一致）、可靠性（内容准确无误地表达其所反映的事务、活动或事实）、完整性（内容、结构和背景信息齐全，且没有遭受破坏、变异或丢失）和可用性（可被检索、呈现或理解）。

（四）归档流程和手续

（1）编制档案移交清册（表 2-1-1），列出所有归档文件的名称及形成情况。

（2）根据档案移交清册详细清点，核对无误后履行签字手续。

（3）档案移交清册一式两份，交接双方各留一份，以备查考。

表 2-1-1 档案移交清册

档案目录号	案卷目录题名或组织机构名称	所属年度	移交(接收)原因	移交(接收)日期	档案数量(卷/件)				备注
					小计	其中			
						永久	长期	短期	
合计									

移交单位:　　　　负责人:　　　　接收单位:　　　　负责人:
(公章)　　　　经办人:　　　　(公章)　　　　经办人:

三、实训任务及参考示例

根据《电子文件归档与电子档案管理规范》(GB/T 18894—2016),电子文件是国家机构、社会组织或个人在履行其法定职责或处理事务过程中,通过计算机等电子设备形成、办理、传输和存储数字格式的各种信息记录。电子文件由内容、结构和背景组成。电子文件归档是指将具有凭证、查考、保存价值且办理完毕、经系统整理的电子文件及其元数据管理权限向档案部门提交的过程。其中,元数据是指描述电子文件和电子档案的内容、背景、结构及其管理过程的数据。具体来说,电子文件归档就是要把电子文件的内容、逻辑结构和形成背景三要素同时和同步归档。假设你所在的单位主要以"单轨制模式"开展电子文件归档,请制定本单位的电子文件归档规范。

参考示例:

某单位电子文件归档规范

为适应办公及档案信息化建设需要,规范本单位电子文件的归档管理,保证电子档案来源可靠、程序规范、要素合规,确保电子档案的真实性、可靠性、完整性和可用性,保障电子档案的安全保管和有效利用,根据《中华人民共和国档案法》《电子文件归档与电子档案管理规范》等有关法律法规,结合本单位实际,特制定本办法。

(一) 电子文件的归档范围

反映单位职能活动、具有查考和保存价值的各门类电子文件及其元数据应一并归档。电子文件及其元数据归档范围依据见表 2-1-2。

表 2-1-2 电子文件及其元数据归档范围依据

归档电子文件类型	电子文件归档范围依据	电子文件元数据归档范围依据
文书类	机关参照国家档案局令第 8 号《机关文件材料归档范围和文书档案保管期限规定》; 企业参照国家档案局令第 10 号《企业文件材料归档范围和档案保管期限规定》; 乡镇参照国家档案局令第 18 号《乡镇档案工作办法》; 村级参照国家档案局、民政部、农业部令第 12 号《村级档案管理办法》	《文书类电子文件元数据方案》等标准,至少包括: ① 题名、文件编号、责任者、日期、机构或问题、保管期限、密级、格式信息、计算机文件名、计算机文件大小、文档创建程序等文件实体元数据; ② 记录有关电子文件拟制、办理活动的业务行为、行为时间和机构人员名称等元数据,应记录的拟制、办理活动包括发文的起草、审核、签发、复核、登记、用印、核发等,收文的签收、登记、初审、承办、传阅、催办、答复等
政务服务事项类	《政务服务事项电子文件归档规范》	《政务服务事项电子文件归档规范》
照片、录音、录像等声像类	《照片档案管理规范》《数码照片归档与管理规范》《录音录像档案管理规范》	《照片类电子档案元数据方案》《录音录像类电子档案元数据方案》,包括题名、摄影者、录音者、摄像者、人物、地点、业务活动描述、密级、计算机文件名等

续表

归档电子文件类型	电子文件归档范围依据	电子文件元数据归档范围依据
科技类	《科学技术档案案卷构成的一般要求》《建设项目档案管理规范》《国家电子政务工程建设项目档案管理暂行办法》等标准	《科学技术档案案卷构成的一般要求》《建设项目档案管理规范》《国家电子政务工程建设项目档案管理暂行办法》等标准
邮件类	《公务电子邮件归档与管理规则》等标准	《文书类电子文件元数据方案》
网页类	《政府网站网页归档指南》	《文书类电子文件元数据方案》
社交媒体类	《机关文件材料归档范围和文书档案保管期限规定》	《文书类电子文件元数据方案》

（二）电子文件归档程序与要求

电子文件形成或办理部门、档案部门可在归档过程中基于业务系统、电子档案管理系统，完成电子文件及其元数据的清点、鉴定、登记，并填写电子文件归档登记表。应清点、核实电子文件的门类、形成年度、保管期限、件数及其元数据数量等。应对电子文件的真实性、可靠性、完整性和可用性进行鉴定，鉴定合格率应达到100%。具体包括：电子文件及其元数据能一一对应，数量准确且齐全、完整；电子文件格式符合要求，以专有格式归档的，其专用软件、技术资料等齐全、完整；加密电子文件已解密；电子文件及其元数据经安全网络或专用离线存储介质传输、移交；电子文件无病毒，其离线存储介质无病毒、无损伤，可正常使用。

档案部门应将清点、鉴定合格的电子文件及其元数据导入电子档案管理系统预归档库，自动采集电子文件结构元数据，通过文件名建立电子文件与元数据的关联，在元数据管理过程中记录登记行为，登记归档电子文件。应依据清点、鉴定结果，按批次或归档年度填写电子文件归档登记表（表 2-1-3），完成电子文件的归档。

表 2-1-3　电子文件归档登记表

单位名称			
归档时间		归档电子文件门类	
归档电子文件数量	卷　　件　　张　　分钟　　字节		
归档方式	□在线归档 □离线归档		
检验项目	检验结果		
载体外观检验			
病毒检验			
真实性检验			
可靠性检验			
完整性检验			
可用性检验			
技术方法与相关软件说明 登记表、软件、说明资料检验			
电子文件形成或办理部门（签章） 年　　月　　日	档案部门（签章） 年　　月　　日		

（三）电子文件归档时间与归档方式

电子文件形成或办理部门应定期将已收集、积累并经过整理的电子文件及其元数据向档案部门提交归档，归档时间最迟不能超过电子文件形成后次年 6 月底。应基于安全的网络环境或专用离线存储介质，采用在线归档或离线归档方式，通过电子档案管理系统客户端或归档接口完成电子文件及其元数据的归档。应结合业务系统、电子档案管理系统运行网络环境以及本单位实际，确定电子文件及其元数据归档接口并做出书面说明。归档接口通常包括但不限于三种：WebService 归档接口、中间数据库归档接口、归档电子文件及其元数据的规范存储结构。

（四）电子文件归档格式

电子文件归档格式应具备格式开放、不绑定软硬件、显示一致、可转换、易于利用等性能，能够支持同级综合档案馆向长期保存格式转换（表 2-1-4）。电子文件应以通用格式形成、收集并归档，或在归档前转换为通用格式。

表 2-1-4　电子文件归档格式

电子文件类型	归档格式	依据标准	备注
以文本、位图文件形成的文书、科技、专业类电子文件	电子公文正本、定稿、公文处理单应以版式文件格式（PDF、PDF/A 格式）归档	版式文件格式依据《版式电子文件长期保存格式需求》	所有电子文件及其组件可按顺序合并转换为一个版式文件
	其他电子文件、电子文件组件可以版式文件格式或 RTF、WPS、DOCX、JPG、TIF、PNG 等通用格式归档		
在计算机辅助设计与制造过程中形成的科技类电子文件	二维矢量文件以 SVG、SWF、WMF、EMF、EPS、DXF 等格式归档		
	三维矢量文件中，需永久保存的应转换为 STEP 格式归档		也可转为二维矢量文件归档
以数据库文件形成的科技、专业类电子文件	以 ET、XLS、DBF、XML 等任一格式归档；或者参照纸质表单或电子表单版面格式，将应归档数据库数据转换为版式文件归档		根据数据库表结构及电子档案管理要求转换格式
照片类电子文件	以 JPG、TIF 等格式归档		
录音类电子文件	以 WAV、MP3 等格式归档		
录像类电子文件	以 MPG、MP4、FLV、AVI 等格式归档		珍贵且需永久保存的可收集、归档一套 MXF 格式文件
公务电子邮件	以 EML 格式归档		
网页、社交媒体类电子文件	以 HTML 等格式归档		
专用软件生成的电子文件	应转换成通用格式归档		

应根据电子文件归档接口以及元数据形成情况确定电子文件元数据归档格式。经业务系统形成的各门类电子文件元数据，应根据归档接口确定归档格式：

1. 选择 WebService 归档接口或规范存储结构时，可以 ET、XLS、DBF、XML 等任一格式归档。

2. 选择中间数据库归档接口时，可与电子文件一并由业务系统数据库推送至中间数据库，也可再由中间数据库导出数据库数据文件。

声像类电子文件元数据以及在单台计算机中经办公、绘图等应用软件形成的电子文件，可以 ET、XLS、DBF 等格式归档。

四、延伸思考

制定科学完善的企业文件归档制度，需要采取哪些具体措施？

提示：

1. 加强归档工作宣传力度，指导各业务部门进一步增强档案意识，逐步完善本单位档案工作体制机制，明确部门与档案管理人员在部门立卷归档制度中的工作职责和具体分工。

2. 提升档案人员理论素养和业务修养。充分听取和采纳业务职能部门的意见，了解其工作的程序及特点，不断学习新知识，编制新型的信息化背景下的文件归档制度。在归档制度实施过程中，由于新内容、新问题的不断出现，应及时补充缺失条款，及时完善修订归档制度。

3. 建立预立卷制度，抓好前端控制。各文书部门、业务部门在文件正式归档移交前，先按制度规范整理文件，送交档案部门，由档案部门按归档制度要求检查发现问题，以便及时纠正，确保在归档时间内完成文件的整理、归档、移交任务。

4. 建立归档工作考评机制，制定文件归档工作配套奖惩办法，保证文件归档制度与组织内部的其他管理制度协调互动。制度是标尺，使用的效果如何，关键要看归档文件整理是否齐全完整，方法是否规范标准，完成时间是否符合规定要求等。制度既然建立了就要执行，既然执行就要赏罚分明。

五、实践训练

（1）按照归档制度的主要内容，制定本单位的文件材料归档制度。

（2）拟写本单位本年度的归档通知。

六、知识拓展

见右侧二维码。

任务二　确定文件材料归档和不归档范围

一、任务背景及目标

为了完整、系统地保存本机关在工作活动中形成的、具有保存价值的各种门类和载体的文件材料，提高归档文件的质量，适应各项工作的需要，并为国家积累门类齐全、结构合理的档案资源，国家档案局于2006年12月18日发布《机关文件材料归档范围和文书档案保管期限规定》（国家档案局令第8号），对机关文件材料归档范围和文书档案保管期限做出了规定，这是各单位进行文件归档鉴定的重要依据。2012年12月17日，国家档案局发布《企业文件材料归档范围和档案保管期限规定》（国家档案局令第10号），进一步明确企业文件材料归档范围。

本任务的主要目标是根据相关指导性文件，准确划分机关、企事业单位文件材料归档和不归档范围。

二、知识介绍

（一）机关文件材料归档和不归档范围

国家档案局令第8号对机关文件材料归档范围进行了原则上规定，为机关各类文件材料的归档范围提供了宏观、指导性规范，同时对非文书和非纸质载体文件材料的归档范围做出指引，即“机关形成的人事、基建、会计及其他专门文件材料的归档范围和档案保管期限，按国家有关规定执行”。其中关于机关文件材料归档范围的四项原则规定，既是机关判断文件材料是否归档的价值标准，也赋予了机关在编制本单位文件材料归档范围过程中的自主性和灵活性，便于各机关从实际工作出发，根据本机关具体职能活动，合理开展机关文件材料归档范围的编制工作。

1. 机关文件材料归档范围

机关文件材料归档范围如下：

（1）反映本机关主要职能活动和基本历史面貌的，对本机关工作、国家建设和历史研究具有利用价值的文件材料。

(2) 机关工作活动中形成的在维护国家、集体和公民权益方面具有凭证价值的文件材料。

(3) 本机关需要贯彻执行的上级机关、同级机关的文件材料，以及下级机关报送的重要文件材料。

(4) 其他对本机关工作具有查考价值的文件材料。

2. 机关文件材料不归档范围

机关文件材料不归档范围如下：

(1) 上级机关的文件材料中，普发性不需本机关办理的文件材料，任免、奖惩非本机关工作人员的文件材料，供工作参考的抄件等。

(2) 本机关文件材料中的重份文件，无查考利用价值的事务性、临时性文件，一般性文件的历次修改稿、各次校对稿，无特殊保存价值的信封，不需办理的一般性人民来信、电话记录，机关内部互相抄送的文件材料，本机关负责人兼任外单位职务形成的与本机关无关的文件材料，有关工作参考的文件材料。

(3) 同级机关的文件材料中，不需贯彻执行的文件材料，不需办理的抄送文件材料。

(4) 下级机关的文件材料中，供参阅的简报、情况反映，抄报或越级抄报的文件材料。

需要指出的是，一般文件的历次修改稿、各次校对稿虽不归档，但重要的法律、法规的历次修改稿以及有党和国家领导人修改意见和批示、指示的稿本应属机关文件材料归档范围。文件的定稿，包括计算机打印出的定稿，即使定稿上没有机关领导人的签批、审改意见，原则上也应纳入机关文件材料归档范围，与正本文件、文件处理单一并归档。

(二) 企业文件材料归档和不归档范围

企业档案是企业在各项活动中形成的全部档案的总和，它原始地记录了一个企业的发展过程，在维护企业经济利益、留存历史面貌以及为企业发展提供支持等方面发挥着重要作用。国家档案局令第 10 号《企业文件材料归档范围和档案保管期限规定》中的第四、第五条规定了企业文件材料归档和不归档范围。

1. 企业文件材料归档范围

企业文件材料归档范围如下：

(1) 反映本企业研发、生产、服务、经营、管理等各项活动和基本历史面貌的，对本企业各项活动、国家建设、社会发展和历史研究具有利用价值的文件材料。

(2) 本企业在各项活动中形成的对维护国家、企业和职工权益具有凭证价值的文件材料。

(3) 本企业需要贯彻执行的有关机关和上级单位的文件材料，非隶属关系单位发来的需要执行或查考的文件材料；社会中介机构出具的与本企业有关的文件材料；所属和控股企业报送的重要文件材料。

(4) 有关法律法规规定应归档保存的文件材料和其他对本企业各项活动具有查考价值的文件材料。

2. 企业文件材料不归档范围

企业下列文件材料可不归档：

(1) 有关机关和上级主管单位制发的普发性不需本企业办理的文件材料，任免、奖惩非本企业工作人员的文件材料，供工作参考的抄件等。

(2) 本企业文件材料中的重份文件，无查考利用价值的事务性、临时性文件，未经会议讨论、未经领导审阅和签发的文件，一般性文件的历次修改稿、各次校对稿，无特殊保存价值的信封，不需办理的一般性来信、来电记录，企业内部互相抄送的文件材料，本企业负责人兼任外单位职务形成的与本企业无关的文件材料，有关工作参考的文件材料。

(3) 非隶属关系单位发来的不需贯彻执行和无参考价值的文件材料。

(4) 所属和控股企业报送的供参阅的一般性简报、情况反映，其他社会组织抄送的不需本企业办理的文件材料。

(5) 其他不需归档的文件材料。

三、实训任务及参考示例

判断下列哪些文件材料属于企业文件材料归档范围。

① 能够反映本企业研发、生产服务、经营、管理等各项活动和基本历史面貌的文件材料。

② 对本企业各项活动、国家建设、社会发展和历史研究具有利用价值的文件材料。

③ 本企业在各项活动中形成的对维护企业和职工权益具有凭证价值的文件材料。
④ 任免、奖惩非本企业工作人员的文件材料以及供工作参考的抄件。
⑤ 企业股东会讨论未通过的文件材料。
⑥ 与中介机构签订的上市辅导协议、尽职调查材料。
⑦ 企业承办会议的代表发言和经验交流。
⑧ 有关机关调研本企业工作时形成的无批复事项。
⑨ 本企业签署的短期合同或协议及其补充件。
⑩ 企业半年、季度、月份的计划总结统计文件材料。
⑪ 企业物资分配计划记录。
⑫ 企业产品与服务市场调查、技术调查、考察预测报告。
⑬ 企业安全消防应急演练活动文件材料。
⑭ 企业职工培训工作文件材料。
⑮ 企业编制的通报、情况反映、参考资料等。
⑯ 企业接待来宾的计划方案。
⑰ 企业纪念、庆典活动文件材料。

解析：

文件材料是否属于归档范围，取决于文件材料是否具有保存价值，具有保存价值的文件材料就应当纳入归档范围，就应当归档保存，否则不必归档。保存价值是一个非常笼统的概念，且保存价值有大有小。在确定归档范围时只需考虑是否具有保存价值，而在划分文件材料保存保管期限（鉴定）时才去分析其保存价值的大小。

参考示例：

根据《企业文件材料归档范围和档案保管期限规定》及其附件《企业管理类档案保管期限表》，除④外，其他均属于企业文件材料归档范围。

四、延伸思考

《关于加强重特大事件档案工作的通知》（以下简称《通知》）指出，重特大事件档案是党和国家组织应对自然灾害、事故灾难、公共卫生事件、社会安全事件等突发事件所形成的具有保存价值的历史记录。重特大事件档案具有产生的不确定性、内容的广泛性、来源的丰富性、形成的集中性、形式的多样性等一系列特征，收集难度大。《通知》要求着力强化重特大事件档案收集工作，从源头抓好重特大事件档案的形成和留存工作。请思考：对于安全生产事故、地震、运动会等重特大事件中形成的文件材料，如何开展收集归档工作？归档范围、收集原则及方法如何？

提示：

各级档案部门或相关企业首先要根据《通知》明确负责重特大事件档案工作的机构和人员，及时联系有关部门了解本地区本单位重特大事件发生、处置、事后恢复重建等情况，开展档案管理情况评估工作。针对发现的问题，需督促指导相关单位及时采取媒体信息采集、口述信息采录、社会征集等措施加以补救。对尚在处置或事后恢复重建阶段的重特大事件，各级档案部门要主动介入，指导相关部门和单位明确档案管理要求，督促其指定专人负责档案工作，必要时现场指导其做好重特大事件档案的形成和留存工作。① 重特大事件文件材料的归档见表 2-2-1。

表 2-2-1　重特大事件文件材料的归档

① 蔡盈芳. 着力强化重特大事件档案收集工作:《关于加强重特大事件档案工作的通知》解读之三[J]. 中国档案，2023(3):12-13.

序号	归档范围	保管期限	责任岗位
1	重特大事件新闻发布会等文件材料	永久	综合组
2	重特大事件处置小组会议文件材料	永久	综合组
3	重特大事件现场处置文件材料	永久	抢救组
4	事后调查文件材料	永久	调查组

重特大事件突然发生后，首先要做的是应急处置。档案收集必须让位于应急处置，当两者不再产生冲突时，再开展档案收集工作。收集重特大事件档案材料时应采用常规接收和征集、网络收集相结合的方法，收集工作贯穿整个工作流程，注重征集一手材料，收集多类型材料。

以某企业安全生产事故档案收集为例，其文件材料归档范围见表 2-2-2。

表 2-2-2　安全生产事故文件材料归档范围

阶段环节	归档范围
预防与应急准备	上级部门下发的、本级部门制定的有关重特大事件的决策部署、规定、通知、通报、批复、批示、复函等文件材料； 有关安全生产工作的制度、规定、办法、意见、通知、工作方案等文件材料； 成立安全事故防控工作机构、建立协调机制形成的文件材料； 安全生产事故应急（演练）预案，包括处置程序、物资保障、适用范围等
监测与预警	上级部门及有关领导督导、检查安全工作的相关文件材料； 召开安全生产工作会议形成的各类会议材料，如会议记录、纪要、通知、议程、决议、领导讲话等材料； 有关安全生产工作的计划、总结、汇总统计、通报、公告、简报、快报、专报、大事记等材料； 有关安全生产工作的督查材料，如对安全生产处置不力、工作严重失误等的处理材料
应急处置与救援	媒体上关于安全生产事故的各类报道材料； 安全生产事故现场产生的各类照片、音视频等声像类材料，以及电子文件和实物等
事后恢复与重建	有关安全生产事故处置的请示、报告、批复、批示、函、复函等材料； 事故总结会议相关材料； 事后相关业务培训材料； 健全本单位重特大事件档案数据库、形成档案编研成果等相关材料
其他	其他与安全生产（事故）工作有关的具有保存价值的文件材料和实物档案

重特大事件档案的收集工作，由相关责任部门、档案部门、办公室、临时机构等按照事前、事中、事后的分阶段收集原则各司其职。档案部门可指派专人负责现场拍照、录音或采集视频。记录不完整的，鼓励参加志愿服务的组织和个人留存相关记录并将其捐赠给有关单位，通过媒体信息采集、当事人口述信息采录、社会征集等方式及时予以补充。同时，充分利用现代信息技术，科学推进重特大事件档案数据库建设，促进重特大事件档案资源整合。①

五、实践训练

所谓“账外文件”，是指未经登记的文件，如机关内部文件、机关领导人或工作人员外出开会带回的文件，以及机关之间签订的合同、协议等。这类账外文件是否应该纳入归档范围？应采取怎样的方式归档？

六、知识拓展

见右侧二维码。

① 王静. 重特大事件档案全周期收集研究：以地震档案为例[J]. 兰台内外，2024(24)：40-42.

任务三 组织档案馆收集工作

一、任务背景及目标

《档案馆工作通则》规定，档案馆接收档案的范围包括：本级各机关、团体及所属单位具有永久保存价值的档案，省辖市（州、盟）和县级档案馆同时接收长期保存的档案；属于本馆应接收的撤销机关、团体的档案；属于本馆应接收的中华人民共和国成立以前的各种档案。

《档案征集工作规范》规定，档案征集是档案馆按照有关规定收集散存档案、散失档案和其他有关文献的活动。此外，与本行政区相关的各个历史时期政权机构、社会组织、著名人物形成的档案均可列入征集范围。

可见，档案接收是档案部门的一项例行性工作，具有一定的被动性；档案征集则不具有强制性，需要主动开展。

本任务的主要目标是理解档案接收和征集工作的区别，掌握档案馆收集工作的要点及方法。

二、知识介绍

档案馆收集工作的一般要求是：及时、准确、高效地接收和征集档案入馆；加强档案馆（室）档案来源的调查研究与指导工作；推行入馆档案质量的标准化；保持全宗和全宗群的不可分散性。档案馆收集工作主要包括档案接收和档案征集两方面。

（一）档案接收

档案馆负责接收所辖区域内现行机关、企业、事业单位和撤销机构具有永久、长期保存价值的档案。接收档案，特别是接收现行机关的档案，是各级综合档案馆收集工作的经常性任务。

2011 年 11 月 21 日起实施的国家档案局令第 9 号《各级各类档案馆收集档案范围的规定》（以下简称“9 号令”）第二条规定，各级综合档案馆依法接收本级下列组织机构的档案：中国共产党委员会及所属各部门；人民代表大会及其常设机构；人民政府及其所属各部门和单位；人民政协及其常设机构；人民法院、人民检察院；各民主党派机关；工会、共青团、妇联等人民团体；国有企业、事业单位。各级综合档案馆可全部或部分接收以上机构的下属单位和临时机构的档案。乡镇机构形成的档案列入县级综合档案馆接收范围。

此外，各级部门档案馆收集本部门及其直属单位形成的档案，但其中履行行政管理职能的档案要按有关规定定期向综合档案馆移交；各级专门档案馆收集本行政区内某一专门领域或特定载体形态的专门档案或档案副本；国有企业、事业单位设立的档案馆收集本单位及其所属机构形成的档案。国有企业发生破产转制，事业单位发生撤销等情况，其档案可按照有关规定由本级综合档案馆接收。

省级以上（含省级）档案馆接收保管期限为永久的档案，省级以下（不含省级）档案馆接收保管期限为永久和 30 年以上（含 30 年）的档案。2024 年 3 月 1 日起施行的《中华人民共和国档案法实施条例》第二十条规定：属于中央级和省级、设区的市级国家档案馆接收范围的档案，移交单位应当自档案形成之日起满二十年即向有关的国家档案馆移交。属于县级国家档案馆接收范围的档案，移交单位应当自档案形成之日起满十年即向有关的县级国家档案馆移交。该条例第四十条规定：机关、团体、企业事业单位和其他组织应当按照国家档案主管部门有关规定，定期向有关档案馆移交电子档案。电子档案移交接收网络以及系统环境应当符合国家关于网络安全、数据安全以及保密等的规定。不具备在线移交条件的，应当通过符合安全管理要求的存储介质向档案馆移交电子档案。档案馆应当在接收电子档案时进行真实性、完整性、可用性和安全性等方面的检测，并采取管理措施和技术手段保证电子档案在长期保存过程中的真实性、完整性、可用性和安全性。

（二）档案征集

新中国成立前本行政区内各个历史时期政权机构、社会组织、著名人物的档案，以及本行政区内重大活动、重要事件形成的档案和涉及民生的专业档案均列入本级综合档案馆收集范围。经协商同意，综合档案馆可以收集或代存本行政区内社会组织、集体和民营企事业单位、基层群众自治组织、家庭和个人形成的对国家和社会有利用价值的档案。对于这些散存、散失的档案和其他有关文献，需要采取灵活的收集方式，在接收基础上主动开展征集。档案征集是指档案部门通过与档案权属人协商并经同意，将其档案收集进馆的工作。

1. 档案馆档案征集与档案接收的比较

档案馆档案征集与档案接收的共同点为：主体均是档案馆；通过接收或征集，档案的所有权均由原权属人转为档案馆。两者的不同之处在于两项工作是否具有强制性。档案接收和移交具有强制性，有着严格的法律规定，作为档案交接双方的立档单位和档案馆共同拥有法定的权利，承担法定的义务。而档案征集具有非强制性，征集的依据是双方的意愿而不是法律规定，档案征集中的权利和义务完全由征集双方协商规定。

2. 档案征集的方式

依据是否偿付资金，档案征集的方式可分为有偿征集和无偿征集。有偿征集是档案权属人以获得资金为条件出让档案，档案馆通过偿付资金满足对方全部或部分要求，从而使档案收集进馆。无偿征集是指档案馆在未偿付资金给予档案权属人的情形下促成了档案进馆。无偿征集反映的其实是向对方捐赠档案的行为。对捐赠档案的行为应当予以鼓励和嘉奖。《中华人民共和国档案法实施办法》规定，重要的或者珍贵的档案捐赠给国家的，应当给予奖励。具体来讲，档案征集又细分为无偿捐赠、有偿征购与收购、寄存、原件复制等。根据征集方式的不同，应遵循相应的流程。若为捐赠方式，则应先签订捐赠协议，明确双方的权利和义务，再将捐赠档案资料接收入馆，最后向捐赠者颁发收藏证书。

3. 档案征集标准

(1) 应至少具有凭证价值、参考价值、研究价值、文化传承价值中的一方面价值。

(2) 应考虑其稀缺性、代表性以及与馆藏档案的相关性。

(3) 应来源合法、真实可靠、权属明确。

三、实训任务及参考示例

9 号令颁布后，各省档案馆相继颁布实施细则。请选择具有典型特征的省级档案馆进行调研，从进馆单位范围、进馆档案范围、征集进馆范围等方面，比较其变化情况，分析目前仍存在的现实问题，并提出解决思路。

参考示例：

9 号令颁布前后，几个省级档案馆档案收集工作比较见表 2-3-1。

表 2-3-1 几个省级档案馆档案收集工作比较①

省级行政区	进馆单位范围的变化	进馆档案范围的变化	征集进馆范围的变化
上海市	进馆单位由原来的不超过百家增至 376 家，并列出了每家进馆单位从"单位名称"到"档案门类"的名录；增加的进馆单位大多与民生紧密相关，如"老字号"的国有企业	增加了对国有企业、民间组织机构产生的有价值档案、重大工程及活动档案、重要会议档案、国有破产转制企业档案、反映"上海特色文化"档案、名人档案等的接收	加大对民间组织和个人材料的征集，由本地收集、内地收集拓展到境外收集
浙江省	明确了民主党派机关以及涉及民生的各个事业单位、有重大活动档案产生的国有企业等单位档案进馆	接收民主党派机构产生的档案，省内重大活动、重要事件、重大建设项目、重大科研项目档案，涉及民生的省级医保、社保、公积金、教学、医疗、就业、安全生产等专业档案，国有企业破产转制和机关、事业单位撤并后各种情况的档案，加大对电子档案的收集	大体与 9 号令一致，对电子档案的征集有明确规定

① 赵岩. 新规颁布前后档案进馆范围的比较：基于《各级各类档案馆收集档案范围的规定》[J]. 档案管理，2017(3)：56-58.

续表

省级行政区	进馆单位范围的变化	进馆档案范围的变化	征集进馆范围的变化
湖北省	进馆单位增加了各民主党派机关、省级其他临时机构、省属国有企事业单位、中南军(行)政委员会及其直属部门	接收反映湖北省重大活动、重要事件的档案和涉及征地、移民、婚姻等有关民生的专业档案,民国及旧政权时期湖北省省级机关、团体、社会组织、企事业单位的档案,以及中南军(行)政委员会及其直属部门的档案、电子档案、重大活动档案等	增加了海外珍档的征集
云南省	进馆单位增至9大类,其中包括省属国有企业、事业单位,以及经上级主管部门确认档案交省档案馆保管的中央驻滇单位等,同时接收以上机构下属单位和临时机构形成的具有保存价值的档案	接收现行组织单位档案、历史档案,重大活动、重要历史事件的档案,有助于了解或者补充档案内容及立档单位情况的资料,有助于管理和利用档案所必需的电子音像等专用设备、电子档案及能够反映云南民族特色与区域特点的档案等	将涉及民生的专业档案单独列出,强调对云南省散存在国(境)外档案的征集

9号令对客体外延涵盖更广泛,总体呈现出加强指导、减少干预、权限回归的趋势,这充分反映了我国档案行政机构对依法治档的高度重视。

现实问题:

1. 档案收集范围的扩大与档案馆能力限制的矛盾。
2. 重大活动档案、涉及民生的档案、特色档案、红色档案等的界定问题。
3. 电子文件备份、电子档案收集的理解和实施问题。

解决思路:

1. 明确档案征集制度的具体内容(征集范围、流程、奖励措施、经费来源等)。
2. 实施本地、全国、境外等多渠道、多路径的征集策略。
3. 增强与征集对象的情感连接,增强他们对档案征集后续管理的信心和满意度。
4. 积极协调合作部门,实现档案征集工作的协同推进和成果共享。
5. 加强对档案征集的社会宣传,引导公众广泛参与。

四、延伸思考

(1) 9号令要求"档案馆要适应信息化建设的需要,收集电子档案和纸质档案的数字化副本"。《电子档案移交与接收办法》(以下简称《办法》)对电子档案的定义:电子档案是指机关、团体、企事业单位和其他组织在处理公务过程中形成的对国家和社会具有保存价值并归档保存的电子文件。档案移交单位一般自电子档案形成之日起5年内向同级综合档案馆移交。对于有特殊要求的电子档案,可以适当延长移交时间。涉密电子档案移交时间另行规定。对于纸质档案等传统载体档案,一般是在档案移交单位保存15~20年后再移交进馆。请思考:为何会有如此的进馆时间差异?电子档案移交和接收的基本要求、程序如何?

提示:

(一) 移交时间

对于电子档案,若在档案移交单位保存15~20年后再移交进馆,显然是不适宜的,这将对电子档案的安全保管和长期可用性构成重大威胁。其原因在于,电子档案的保存和可用性高度依赖于计算机等软硬件环境,而信息技术正处于高速发展期,3~5年内,其操作系统、格式软件、读取设备、存储载体等就会发生显著的技术变化。若管理措施和技术手段未能同步更新,综合档案馆的管理系统可能面临不能读取各立档单位形成的电子档案的风险。

对电子档案采取"一年移交一次"的做法也是不合适的。一方面,为了保证电子档案来源可靠,移交时必须遵循严格的移交接收手续。对于一个具有大量立档单位的综合档案馆来说,每年办理一次移交手续无疑将耗费大量的时间和精力。另一方面，综合档案馆的信息系统需处理不同数据类型、不同系统产生的各式各样的电子档案，所以综合档案馆必须为接收电子档案做好设备和技术准备，这就需要有一定的准备时间。

（二）移交要求

电子档案的移交要求与前述电子文件的归档要求基本一致。元数据应当与电子档案一起移交，一般采用基于 XML 的封装方式组织档案数据。电子档案有相应纸质、缩微制品等载体的，应当在元数据中著录相关信息。采用技术手段加密的电子档案应当解密后移交，压缩的电子档案应当解压缩后移交。特殊格式的电子档案应当与其读取平台一起移交。

电子档案具有内容信息与载体可分离、存储和读取依赖特定软硬件环境、数据复制便捷等特性，在移交与接收时更需要遵循严格的工作流程，办理相关的交接手续，保证移交与接收过程责权明确，杜绝安全隐患，从源头上保证电子档案的可靠性和可信性。

（三）移交程序

电子档案的移交与接收可采用离线或在线方式进行。不管采取何种方式，必须遵循《办法》规定的工作流程，办理必需的交接手续。电子档案移交与接收的主要流程为：电子档案移交单位组织电子档案数据、检验电子档案数据、移交电子档案数据，综合档案馆检验电子档案数据、办理交接手续、接收电子档案数据、著录保存交接信息、存储电子档案数据等。《办法》规定，电子档案检验合格后办理交接手续，填写《电子档案移交与接收登记表》，由交接双方签字、盖章，各自留存一份；《电子档案移交与接收登记表》可采用电子形式并以电子签名方式予以确认。

（2）在名人档案的征集工作中，如何选择征集方式并拓展征集线索？

提示：

根据捐赠人的不同情况和要求适时调整确定征集方式。有些捐赠人对档案馆有很高的认同感，具有很强的档案意识，他们深感将个人珍藏转化为国家记忆是一种无上的荣耀。对于此类捐赠人，我们应积极引导他们无偿捐赠。有些捐赠人非常珍惜自己手中的档案资料，这些资料承载着他们的荣誉和情感，他们对原件怀有深厚情感，不愿割舍。针对此种情况，建议采用复制或寄存方式，这样捐赠人既能保有对原件的所有权，又能确保捐赠品在良好的保管条件下得到妥善管理，同时档案馆也能对其进行开发利用。此外，部分捐赠人手中的档案资料具有较高的文物和商品价值，需引入第三方专家进行价值鉴定，并依据出具的审核意见，办理相关审批手续后，征购或收购入馆。

征集线索的拓展：

1. 将征集范围从名人的书籍、笔记、日记、书法作品等，扩展到与名人相关的各种档案资料，如名人的亲人、朋友、研究者的相关记录。

2. 将对名人纸质档案资料的征集，扩展到对其口述档案的采录和制作。

3. 将对名人第一手音像资料的征集，扩展到采录其朋友、亲人等讲述和评价名人的音像资料。

4. 将名人档案的现场征集活动，扩展到邀请相关人员到单位进行座谈交流。

五、实践训练

（1）口述史是历史事件当事人口述亲身经历，并由访谈人用现代化的录音、录像等技术手段记录，形成第一手历史资料的历史记忆抢救形式。我国是一个多民族国家，在漫长的历史变迁中，形成了丰富多彩、各具特色的民族语言、文字、音乐、习俗、传说等民族文化遗产。这些遗产很多都没有正式的文字记载，因此，口述档案对挽救濒临失传的民族文化遗产具有迫切的现实意义。从丰富馆藏的角度，关注并参与口述史抢救工作，建设口述档案体系，成为档案馆拓展工作领域的重要举措。请了解口述史记录的原则、要求、方法，围绕乡土文化，制订口述史收集方案，对自己所在村（社区）的 70 岁以上的老人进行口述史档案的收集。

（2）某历史文化明星镇委托你方进行乡村社会经济以及历史文化档案的征集，请结合实际需求，拟制一份档案征集方案。

（3）两院院士是国家的财富、人民的骄傲、民族的光荣。他们在各自的领域做出了突出贡献，推动了社会发展，是杰出人才的代表。2010 年，中国科协牵头实施了“老科学家学术成长资料采集工程”，该工程主要对 80 岁以上的两院院士进行口述采访和资料收集工作。收集到的资料经规范整理，最终移交中国科协资料中心保存。作为档案馆从业人员，应当思考如何做好院士档案的收集工作。请对国内具有代表性的地级市院士档案的收集对象、收集范围、收集来源、收集思路等进行调研，形成调研报告。

（4）某县需要对精准扶贫档案进行收集、整理，请拟制一份工作实施方案。

六、知识拓展

见右侧二维码。

项目三

档案鉴定

【项目导读】

随着社会发展和各类实践活动的进行，新的档案不断产生，档案的数量也随之不断增加。其中，部分档案已失去保存价值，部分档案仍需继续保存。此外，某些档案的内容与客观实际不符，导致真伪难辨。为解决档案繁杂与利用之间的矛盾，我们必须对档案进行鉴别，剔除那些失去保存价值的档案，以便更好地保管和利用有价值的档案。档案的鉴定工作，通常涵盖了对档案真伪和档案价值的鉴定。档案界所称的档案鉴定，通常是指对档案价值的鉴定，是一项经常性工作。档案的价值鉴定工作，就是鉴别和判定档案是否具有保存价值及其价值大小，继而为有价值的档案划定保管期限，剔除无须保存的档案。具体来说，档案鉴定工作的基本程序为：①制定档案价值鉴定的有关标准，判定档案材料的价值，确定其保管期限；②对期满档案进行鉴定，拣出本无保存价值的档案，按规定进行销毁或做相应的处理。本项目主要围绕这两项程序，设计并完成相应任务。

任务一　编制档案保管期限表

一、任务背景及目标

档案保管期限表是用表册形式列举档案的来源、内容和形式，并指明其保管期限的一种指导性文件。它是鉴定档案保存价值和确定档案管理期限的依据和标准。为方便查看，文件材料归档范围及其相应的档案保管期限一般在同一表册中展现。《“十四五”全国档案事业发展规划》要求全面推行档案分类方案、文件材料归档范围、档案保管期限表“三合一”制度，规范建档工作，提高归档文件质量。

本任务的主要目标是在确定文件材料归档范围（详见项目二中的任务二）的基础上，依据档案价值鉴定的原则、标准和方法，逐一划分各归档文件材料的保管期限，形成适用于本组织的文件材料归档范围和档案保管期限表。

二、知识介绍

档案价值鉴定的原则是：从国家和人民的整体利益出发去衡量档案的价值、分析主体和主体本身的需要，坚持全面、历史、发展、效益的原则，正确分析和判断档案的价值，准确划分档案的保管期限，合理确定档案的使用范围。

（一）档案价值鉴定的标准

档案价值鉴定的标准主要有档案来源标准、档案内容标准、档案形式特征标准和档案相对价值标准。

1. 档案来源标准

档案的来源是指档案的形成者。档案形成者在社会上以及机关内的地位、作用和职能可影响甚至决定档案的价值。

2. 档案内容标准

档案内容是决定档案价值最重要、最本质的因素。这是因为人们对档案最普遍、最大量的需要来自档案的内容,即档案所记载的事实、现象、数据、经验、结论等。当这些内容能够解决利用者的某种疑难、满足利用者的某种需求时,它们便构成了档案的某种价值。对档案内容的分析可着眼于以下四个方面:

(1) 档案内容的重要性。档案是对既有事实的记载,而这些事实本身的重要程度直接影响档案的价值。一般来说,反映党和国家的方针政策、重大事件、主要业务活动的档案比反映一般性事务活动的档案重要;反映全面性问题的档案比反映局部问题的档案重要;反映本机关主要职能活动、中心工作和基本情况的档案比反映非主要职能活动、日常工作和一般情况的档案重要;反映典型性问题的档案比反映一般性问题的档案重要。总之,在工作、生产中,在维护国家、集体和个人权益以及科学研究、总结经验等方面具有证据性、查考性作用的档案都具有较高的价值。

(2) 档案内容的独特性。档案是形成者在特定活动中的原始记录,稀有程度、内容的"独一无二性"是决定档案价值的重要因素。一般来说,孤本、珍本比其他有复本的档案价值更高。

(3) 档案内容的时效性。文件作为处理事务、记录事实、传递信息的手段,在行政上、业务上、法律上具有一定的时效性。文件的时效性也会对档案的价值产生直接影响。例如,方针政策性、法规性、综合计划性文件在失去现行效用后,其价值将由行政价值转变为科学价值;而契约、合同、协议等法权方面的文件通常在有效期及法律规定的起诉时效期内十分重要,此后保存价值便降低,以至失去保存价值。

(4) 除上述三方面之外,对档案内容的真实性、完备性等也要加以考察,以准确把握档案内容的价值。

3. 档案形式特征标准

档案的形式特征是指文件的名称、形成时间、稿本、外形特点等。在某些情况下,这些形式特征也可能对档案的价值产生影响。

(1) 文件的名称。文件的不同名称代表着特定的性能和用途,可在一定程度上体现其价值。一般说来,决定、决议、命令、指示、条例、纪要、报告等文件,往往涉及方针政策、重要事件和主要业务活动,具有权威性和重要性,价值相对较高;而通知、简报、来往函件等往往用于处理一般事务,价值相对较低。然而由于有些文种的使用范围比较宽泛,且有时文种的使用不一定准确,因此不能机械地使用文件名称作为鉴定价值的主要依据,还需结合文件内容加以分析和评价。

(2) 文件形成时间。文件形成时间是历史的标志,甄别档案价值要根据其形成时间距离现在的远近以及所属的历史时期。一般而言,产生时间越早的档案,越应多保存一些。因为古代档案相较于现代档案数量稀少,且能保存到今天的更是稀有,因此,在这种情况下,一些原本不太重要的档案也可能因此具有了特殊意义。同时,由于文件的产生与其所处的历史环境紧密相连,某些重要历史时期产生的文件往往具有重大价值。因此,我国目前保存的"明清档案"和革命历史档案,通常都不会被销毁。对于中华人民共和国成立以前的档案,处置时都极为慎重。

(3) 文件稿本。同一文件在撰稿、印制过程中可以形成各种稿本,如正本、副本、草稿、定稿、底图、蓝图等。不同稿本的文件,其行政效能、凭证作用是有区别的,因此价值亦不相同。正本具有标准的格式,有机关的印章或负责人的签署,具有法定的效能和凭证作用,可靠性较高,价值也相对较大。副本、草稿、草案的可靠性较低,价值也较小。然而,一些重要文件的草稿和草案,由于反映了文件的形成过程,同样具有一定的保存价值。

(4) 文件的外形特点。文件的制成材料、记录方式、笔迹等特点也影响其价值。如有些文件可因其载体古老、珍稀而具有文物价值,有些文件可因书法或装帧特别而具有艺术价值,有些文件可因有著名人物的题词、批注、签字而具有纪念价值等。

4. 档案相对价值标准

理论上,每一份文件的价值取决于档案客体属性及其满足利用者需要的程度,但从我国档案管理体制和档案工作原则来看，实际上还有一种被鉴定档案与其他档案相比较而存在的价值，即在一定情况下，某些文件的保存价值和保管期限可以相对提升或降低。

不需要向档案馆移交档案的组织可主要根据本组织的需要确定档案的保管期限，其他应向档案馆移交档案的组织还需要根据归属地档案馆的需要确定某些档案的保管期限。

（二）档案保管期限的划分

档案保管期限分为永久和定期两种，定期又分为 30 年（长期）和 10 年（短期）两种。

1. 机关文书档案

国家档案局令第 8 号《机关文件材料归档范围和文书档案保管期限规定》（以下简称“8 号令”）规定了机关文书档案的保管期限。

（1）永久保管的文书档案主要包括：

① 本机关制定的法规政策性文件材料。

② 本机关召开重要会议、举办重大活动等形成的主要文件材料。

③ 本机关职能活动中形成的重要业务文件材料。

④ 本机关关于重要问题的请示与上级机关的批复、批示，重要的报告、总结、综合统计报表等。

⑤ 本机关机构演变、人事任免等文件材料。

⑥ 本机关房屋买卖、土地征用，重要的合同协议、资产登记等凭证性文件材料。

⑦ 上级机关制发的属于本机关主管业务的重要文件材料。

⑧ 同级机关、下级机关关于重要业务问题的来函、请示与本机关的复函、批复等文件材料。

（2）定期保管的文书档案主要包括：

① 本机关职能活动中形成的一般性业务文件材料。

② 本机关召开会议、举办活动等形成的一般性文件材料。

③ 本机关人事管理工作形成的一般性文件材料。

④ 本机关一般性事务管理文件材料。

⑤ 本机关关于一般性问题的请示与上级机关的批复、批示，一般性工作报告、总结、统计报表等。

⑥ 上级机关制发的属于本机关主管业务的一般性文件材料。

⑦ 上级机关和同级机关制发的非本机关主管业务但要贯彻执行的文件材料。

⑧ 同级机关、下级机关关于一般性业务问题的来函、请示与本机关的复函、批复等文件材料。

⑨ 下级机关报送的年度或年度以上计划、总结、统计、重要专题报告等文件材料。

2. 企业管理类档案

国家档案局令第 10 号《企业文件材料归档范围和档案保管期限规定》（以下简称“10 号令”）规定了企业管理类档案的保管期限。

（1）永久保管的企业管理类档案主要包括：

① 本企业设立、合并、分立、改制、上市、解散、破产或其他变动过程中形成的文件材料，本企业董事会、监事会、股东会的构成、变更、召开会议、履行职责和维护权益的文件材料。

② 本企业资产和产权登记、评估与证明文件材料，资产和产权转让、买卖、抵押、租赁、许可、变更、保护等凭证性文件材料，对外投资文件材料；本企业资本金核算、确认、划转、变更等文件材料，企业融资文件材料。

③ 本企业关于重要问题向有关机关和上级主管单位的请示、报告、报表及其复函、批复，有关机关和上级单位制发的需本企业办理的重要文件材料，行业协会、中介机构等对本企业做出的重要决定、出具的审计、公证、裁定等重要文件材料，本企业与其他组织和个人形成的重要合同、协议及补充协议等文件材料。

④ 本企业发展规划、战略决策、重大改革、年度计划和总结文件材料，内部管理制度、规定、办法等文件材料。

⑤ 本企业机构演变，人力资源管理的重要文件材料；本企业涉及职工权益的其他重要文件材料；企业文化建设文件材料。

⑥ 本企业经营管理工作的重要文件材料。

⑦ 本企业生产技术管理工作的重要文件材料。

⑧ 本企业行政管理工作的重要文件材料。

⑨ 本企业党群工作的重要文件材料。

⑩ 新闻媒体对本企业重要活动、重大事件、典型人物的宣传报道。

⑪ 有关机关和上级主管单位领导、社会知名人士等重要来宾到本企业检查、视察、调研、参观时的讲话、题词、批示、录音、录像、照片及企业工作汇报等重要文件材料；本企业参与国家和社会重大活动的重要文件材料，本企业职工参加省级以上党、团、工会、人大、政协等代表大会形成的重要文件材料。

⑫ 本企业直属单位、所属、控股、参股、境外企业和机构报送的关于重要问题的报告、请示和批复等文件材料。

(2) 定期保管的企业管理类档案主要包括：

① 本企业资本金管理、资产管理的一般性文件材料，本企业涉及职工权益的一般性文件材料。

② 本企业部门工作或专项工作规划，半年、季度、月份计划与总结等文件材料。

③ 本企业召开会议、举办活动的一般性文件材料，发布的一般性公告。

④ 本企业经营管理工作的一般性文件材料。

⑤ 本企业生产技术管理工作的一般性文件材料。

⑥ 本企业行政管理工作的一般性文件材料。

⑦ 本企业党群工作的一般性文件材料。

⑧ 本企业关于一般性问题向有关机关和上级主管单位的请示、报告、报表及有关机关和上级主管单位的复函、批复，有关机关和上级主管单位、行业协会制发的需本企业贯彻执行的一般性文件材料和对本企业出具的一般性证明文件，本企业与其他单位和个人形成的一般性合同、协议文件材料。

⑨ 直属单位、所属和控股企业一般性问题的请示、报告、来函与本企业的批复、复函等文件材料。

⑩ 本企业参与国家和社会活动的一般性文件材料，本企业职工参加省以上党、团、工会、人大、政协等代表大会形成的一般性文件材料；本企业接待重要来宾的工作计划、方案等一般性文件材料。

（三）档案保管期限表的类型和结构

档案保管期限表一般分为五种：标准(通用)的档案保管期限表、专门的档案保管期限表、同系统机关档案保管期限表、同类型机关档案保管期限表、机关档案保管期限表。档案保管期限表编制的依据是 8 号令和 10 号令。

档案保管期限表一般由顺序号(序号)、条款(归档范围)、保管期限、附注、说明五项内容组成，其中前三项是基础部分。

三、实训任务及参考示例

在 10 号令附件《企业管理类档案保管期限表》中关于档案工作的归档范围条款见表 3-1-1。

表 3-1-1 档案工作的归档范围

序号	归档范围	保管期限
15.3	文秘、机要、档案、保密工作文件材料	
15.3.1	文秘、机要、档案、保密工作制度、规定、办法、总结等文件材料	永久
15.3.2	文秘、机要、档案、保密工作规划、计划文件材料	30 年
15.3.3	档案开发、编研成果，档案移交清单、销毁清册	永久
15.3.4	保密资格认证方案、申请、审查、批准文件材料	30 年
15.3.5	保密工作检查方案、通知、结论、通报等文件材料	30 年

以档案工作相关归档范围为例，以 10 号令为参照，结合本企业档案管理工作的实际情况，说明编制本企业文件材料归档范围和档案保管期限表的操作过程及方法。

参考示例:

企业应依据制订的工作实施方案编制企业文件材料归档范围和档案保管期限表,编制体例按照国家档案局推荐的按部门组织编制方式,内容涵盖管理类、科研类、基本建设类、生产经营类、设备仪器类、会计类等档案。编制企业文件材料归档范围和档案保管期限表的程序和方法如下:

第一,做好调查研究与准备工作。编制前,应认真调查和研究企业工作的职权范围、任务、组织机构、业务分工及文件的数量、类型等情况。这些情况可以通过查阅反映企业活动的文件和有关资料、开座谈会、立卷归档等方法获得。

第二,草拟条款和保管期限。这是编制工作的关键环节。在调查研究企业工作情况和以往档案情况的基础上,先设计档案保管期限表的结构体系和格式,再具体拟定内容,最终形成档案保管期限表的草案。

为了便于档案部门最后的汇总工作,草拟阶段的档案保管期限表格式可采用五栏式(表 3-1-2):将 10 号令附件中的"序号、归档范围、保管期限"作为基础部分保留;增加"产生依据"栏,列明产生这些文件材料的出处,一般为本单位相关制度及管理规定等;增加"责任部门"栏,明确归档职责部门。

表 3-1-2 企业文件材料归档范围和档案保管期限表(草案)格式

序号	归档范围	保管期限	产生依据	责任部门
15.3	档案工作文件材料			
15.3.1	档案工作制度、总结文件材料	永久		档案室
15.3.2	档案工作规划、计划文件材料	30 年		档案室
15.3.3	档案开发、编研成果、档案移交清单、销毁清单	永久	本企业《产品档案管理规定》	设计部、宣传部、档案室

在 10 号令附件《企业管理类档案保管期限表》的"归档范围"一栏查找是否有相对应的业务工作,查找结果有以下三种:

1. 若有相对应的业务工作且直接可以用,则照抄。例如,档案工作制度、总结、计划、会议这几类文件材料在《企业管理类档案保管期限表》中有对应的条目内容,照抄过来即可。

2. 若有相对应的业务工作但需要修改,则增加、删除、修改、细化,即在第一步的基础上,对业务流程产生的文件材料进行细化、增加、删除、修改。例如,《企业管理类档案保管期限表》"15.3.3"中的档案移交清单,根据本单位产品档案管理规定的业务流程,对其要素进行细化,可增加"15.3.3.1 归档登记表,15.3.3.2 归档审查表,15.3.3.3 归档清单……"又如,企业的经营管理业务工作不涉及国家秘密,"保密工作"这部分内容就可以删除。

3. 若找不到相对应的业务工作,则需要进行补充。根据档案管理职责分析,需补充"档案工作检查、考核、验收"等文件材料内容。例如,本企业定期编辑的内刊《企业之星》,以及每年编辑的企业大事记、年鉴等文件材料,均需补充进归档范围。①

为了便于企业各类文件材料的收集工作,10 号令附件中"重要的""一般的"等较为笼统的表述应尽可能细化为具体的表述,具体依照档案价值鉴定的四类标准:档案来源标准、档案内容标准、档案形式特征标准和档案相对价值标准。

第三,征求意见和修正草案。企业文件材料归档范围和档案保管期限表的草案编制完成后,应分送各有关单位和部门征求意见。经修正的草案,须送领导审查批准。尤其是各职能部门要本着"以我为主"的指导思想,按内设组织机构文件材料形成情况,认真梳理各业务环节产生的文件材料,进一步明确需要归档的文件材料范围,按文件材料的实际利用价值确定保管期限,完善、补充企业文件材料归档范围和档案保管期限表。

第四,形成文件与审核执行。各企业档案部门应将经过修订和本单位领导审核通过的企业文件材料

① 任黎.重新编制《企业文件材料归档范围和管理类档案保管期限表》的方法探索:以中国电子科技集团公司第七研究所管理实践为例[J].机电兵船档案,2021(2):23-25.

归档范围和档案保管期限表打印成正式文件，经审查同意后执行。正式文件如表 3-1-3 所示。

表 3-1-3　企业文件材料归档范围和档案保管期限表(正式)格式

序号	归档范围	保管期限	产生依据	责任部门
15.3	档案工作文件材料			
15.3.1	档案工作制度、总结文件材料	永久		档案室
15.3.2	档案工作规划、计划文件材料	30 年		档案室
15.3.3	档案移交清单、销毁清单	永久		
15.3.3.1	归档登记表	永久		文书部门、各业务部门
15.3.3.2	归档审查表	30 年		档案室
15.3.3.3	归档清单	永久		档案室
……				
15.3.4	档案开发、编研成果		本企业《产品档案管理规定》	
15.3.4.1	《企业之星》	永久		宣传部
15.3.4.2	《企业年鉴》	永久		档案室
……				
15.3.5	档案工作检查、考核、验收	永久		办公室、档案室
……				

四、延伸思考

(1) 随着计算机辅助档案管理的兴起，自 20 世纪 90 年代起，档案界专家便展开理论研究与实践探索，探讨智能化鉴定、自动划分保管期限的可能性及其路径方法。目前主要形成了三种解决方案：基于分类、基于规则和基于机器学习的自动鉴定。请在分析整合现有的多种自动鉴定工作思路的基础上，思考更具适用性和普遍性的档案价值鉴定智能化解决方案。

提示：

(一) 基于分类的自动鉴定

具体做法有两种：一是将系统中收文全部默认为暂存，发文则全部默认为长期，后续再由文件承办和拟办人员、档案工作者进行人工审核与修正。部分单位在此基础上提出了“黑白名单鉴定法”。二是在实现文件分类方案与归档范围、档案保管期限表集成的基础上，将其嵌入档案管理系统，使文件在形成或捕获归档时即进行分类，一旦确定文件所属的类别，就可以对该类别下的文件进行统一处理(最小类目单元下的文件具有相同的保管期限)，从而实现鉴定工作的批量化、自动化和智能化。

(二) 基于规则的自动鉴定

基于规则的自动鉴定是借助语义分析、文本挖掘等技术，将文件及其元数据与档案保管期限表进行匹配，从而实现对保管期限的自动判定。

(三) 基于机器学习的自动鉴定

国内外部分档案馆已经将机器学习引入智慧档案馆建设，探索基于机器学习的自动鉴定。例如，澳大利亚新南威尔士州档案馆(NSWSAR)将成熟的机器学习软件用于非结构化电子文件的保管期限划分；英国国家档案馆(TNA)尝试将机器学习用于从海量政府文件中选出需要永久保存的政府数字文件。

四川省泸州市档案馆和泸州老窖股份有限公司成立联合“电子文件自动采集归档工具研究”课题组，将自动化的智能鉴定作为项目研究的重要内容。课题组结合基层档案机构的工作特点、人员结构、能力水平等实际情况，提出“机器辅助支持、人工把关审核”的档案价值鉴定策略，采用“人机结合”的鉴定策略，在机器的智能鉴定方面，综合运用基于规则和机器学习的自动鉴定方法。①

① 曾凤鸣，袁霞，郭嘉林，等. 档案保管期限自动鉴定功能研究[J]. 中国档案，2022(11)：72-74.

（2）《企业文件材料归档范围和档案保管期限规定》第十三条规定："企业对于无相应纸质或确实无法输出成纸质的电子文件应纳入归档范围并划分保管期限。"2009 年颁布的《电子文件管理暂行办法》规定："具有永久保存价值或者其他重要价值的电子文件，应当转换为纸质文件或者缩微胶卷同时归档。"请思考：一些设计类企业形成的电子文件需要永久保存，但同时无法打印输出成纸质文件，如何看待并解决类似的矛盾？

提示：

设计类企业形成的二维、三维、数据库类电子文件作为该类企业输出的成果产品，是企业赖以生存的生命线和生产力，通常被列入永久保存范围。由于这些电子文件无法打印输出成纸质形式，只能依赖于纯电子的"单轨制"进行永久保管。2009 年颁布的《电子文件管理暂行办法》中有关"双套制"的规定是在计算机技术尚不满足电子档案长久保存条件的情况下提出的，符合当时电子文件归档工作的实际。随着现代信息技术的不断发展，电子档案已基本可实现长期或永久保管。

五、实践训练

（1）请为某房地产企业编制企业文件材料归档范围和档案保管期限表。

（2）假设你作为档案管理专业的毕业生，被某组织部门录用。入职不久，领导便交给你一项任务，对近几年的党群类文件等材料进行初步整理。请结合党群类文件材料的特点，编制本单位文件材料归档范围和文书档案保管期限表。

六、知识拓展

见右侧二维码。

任务二　档案期满鉴定

一、任务背景及目标

随着档案管理意识的不断加强和档案管理制度的不断完善，档案通常会经过以下几轮鉴定：①归档时的初步鉴定，指在文件材料归档环节的前端鉴定。一般来讲，在档案室归档阶段，文件的形成者及本组织档案部门接收档案时，凭借自身的档案意识，依据本单位制定的文件材料归档范围和文书档案保管期限规定，对档案资料是否需要归档做出判断。这一判断也称为前端鉴定，侧重于档案形成单位对自身产生的文件材料的真实性、完整性、可读性的鉴定。②档案室档案鉴定。相较于初步鉴定，这一阶段的鉴定人员从形成单位的文书处理人员变为档案室人员，鉴定标准由档案对形成单位的原始价值转变为对社会研究价值的鉴定。③档案馆鉴定（又称为归宿鉴定）。这一阶段除鉴定档案的真实性、完整性和载体质量等外，还包括划分馆藏档案等级及确定馆藏档案开放与否。当然，在实际工作中，也存在一些未经前两个环节鉴定的档案被移交给档案馆的情况，这就需要档案馆严格按照档案鉴定制度，实施档案价值鉴定。

档案部门会定期对档案进行期满鉴定，决定对档案的下一步处置。例如，对保密期满的档案进行开放鉴定，对保管期满的档案进行存毁鉴定。期满鉴定应尤为慎重，因为它是对档案价值进行的复审，直接决定档案的"去留"和"存毁"。

本任务的主要目标是了解开放鉴定和存毁鉴定的要求、程序、方法，通过判定档案材料的价值，决定档案存毁，剔除本无保存价值的档案，并进行相应的处置，使档案保管更有价值、更具效率。

二、知识介绍

档案鉴定既是为了"去粗取精"，提高档案管理效益，也是一项关系档案"去留存亡"的非常严肃的工作。

(一) 档案鉴定的范围

(1) 对移交进馆(室)的档案进行鉴定,对保管期限不当的案卷提出调整意见。

(2) 对馆(室)藏中超过保管期限的档案进行重新鉴定,剔除失去保存价值的档案。

(3) 对形成期满25年的档案逐年进行鉴定,做好控制和开放档案范围的划定工作。

(4) 对收集的零散文件进行鉴定,剔除没有保存价值的部分。

(二) 馆内鉴定的主要内容

1. 分级鉴定

2024年3月1日起施行的《中华人民共和国档案法实施条例》第五条规定:“国家档案馆馆藏的永久保管档案分一、二、三级管理,分级的具体标准和管理办法由国家档案主管部门制定。”档案的分级管理能将珍贵档案与一般档案区分开来,确保对重点档案、特藏室档案、档案文献遗产等优先分配保管资源,并在发生突发状况时优先开展抢救工作,能在提高档案管理科学性、加大珍贵档案保护力度、有效利用档案等方面发挥重要作用。

档案分级管理需要对档案记载内容、档案载体种类及质量、档案形成单位等因素进行鉴定分级,因此从这一角度来讲,它也属于档案鉴定工作内容,称为“分级鉴定”。

2. 开放鉴定

开放鉴定又称划控鉴定、开放审查,是指对馆藏中自形成之日起满25年的档案是否对公众开放进行鉴定,判断其属于“开放”还是“控制使用”的类别。对于一些涉密的文书档案,还要确定档案是否需要解密。

2021年1月1日起实施的《中华人民共和国档案法》第二十七条规定:“县级以上各级档案馆的档案,应当自形成之日起满二十五年向社会开放。经济、教育、科技、文化等类档案,可以少于二十五年向社会开放;涉及国家安全或者重大利益以及其他到期不宜开放的档案,可以多于二十五年向社会开放。”

2022年8月1日起实施的《国家档案馆档案开放办法》第八条规定,自形成之日起已满二十五年,但具有下列情形之一的国家档案馆的档案,可以延期向社会开放:

(1) 涉及国家秘密且保密期限尚未届满、解密时间尚未到达或者解密条件尚未达成的;

(2) 涉及国家和社会重大利益,开放后可能危及国家安全和社会稳定的;

(3) 涉及知识产权、个人信息,开放后会对第三方合法权益造成损害的;

(4) 其他按照有关法律、行政法规和国家有关规定应当限制利用的。

各国家档案馆应当根据以上规定,结合职责权限和馆藏档案实际,会同档案形成单位或者移交单位依法依规确定延期向社会开放档案的具体标准和范围。

档案划控鉴定的依据是:《中华人民共和国政府信息公开条例》(2019)、《各级国家档案馆馆藏档案解密和划分控制使用范围的暂行规定》(1991)和当地档案馆档案鉴定划控实施细则。

3. 存毁鉴定

存毁鉴定是对保管期限届满的档案,根据其来源、反映的职能作用、利用价值等进行鉴别,判定仍有继续保存价值的部分,剔除不需要继续保存部分的工作。存毁鉴定要求遵循精炼与慎销相统一、保存价值与利用价值兼顾、社会效益与经济效益并重的原则,避免档案数量及保管费用不合理增长,不断优化、提升档案资源质量。

(三) 档案鉴定工作机构

档案鉴定工作是一项专业技术性与政策性较强的工作。它不仅与档案管理紧密相关,还涉及行政管理、公共管理、专业技术、知识产权、法律关系、信息安全等多方面的事宜。因此,应制订年度档案鉴定工作计划,并将其列入年度工作计划。成立由单位档案工作主管领导牵头,档案馆、档案行政主管部门、档案形成部门、信息公开部门、保密部门负责人共同参与的开放档案鉴定工作领导小组,提供协调落实开放档案鉴定工作的条件保障,并实施终审。同时,成立档案开放鉴定工作小组,该小组由各档案形成部门、档案馆和保密部门选派人员共同组成,负责对档案进行逐件、逐页的审核鉴定,形成鉴定结论。档案馆将负责组织上报鉴定结论以供审批,并在审批通过后,负责档案的开放利用和公布。

2024年3月1日起施行的《中华人民共和国档案法实施条例》第三十条规定:“国家档案馆应当建立馆藏档案开放审核协同机制,会同档案形成单位或者移交单位进行档案开放审核。档案形成单位或者移交单位撤销、合并、职权变更的，由有关的国家档案馆会同继续行使其职权的单位共同负责；无继续行使其职权的单位的，由有关的国家档案馆负责。尚未移交进馆档案的开放审核，由档案形成单位或者保管单位负责，并在移交进馆时附具到期开放意见、政府信息公开情况、密级变更情况等。县级以上档案主管部门应当加强对档案开放审核工作的统筹协调。”

（四）档案鉴定工作模式

由于进馆（室）移交的状态不同，对于档案馆（室）的存量和增量档案可采用不同的鉴定组织模式。

1. 存量档案

对于档案保密或限制利用期满的到期鉴定或是否延长期限的鉴定，应由档案馆组织，会同档案形成部门共同鉴定评估。每年年初，档案部门根据各种档案的到期情况，确定需要鉴定的范围，逐卷、逐件进行清点造册，分批、分期进行鉴定。对需要延长保管期限的案卷，在有关目录及案卷备考表中予以注明，继续保存；对应当销毁的档案，编制“销毁清册”（一式两份），按程序予以销毁。

2. 增量档案

档案形成部门向档案馆移交档案时，应判定并注明其是否可以开放利用，或者是否限制利用及其时限等。档案形成部门要定期到档案馆检查归档文件是否解密或解除限制利用。若因利用限制不当而致使档案利用过程中出现问题，档案形成部门应承担相应责任。档案馆的职责是与档案行政部门一起制定档案开放利用以及限制利用的有关标准规范并指导执行，提前参与到档案形成部门的开放利用审查鉴定工作中。

对于鉴定后的档案，应采取自查、有关人员复查和鉴定工作领导小组抽查相结合的方法，确保鉴定质量，并撰写档案鉴定工作报告。

（五）档案鉴定的方法

20 世纪初以来，外国档案鉴定理论中影响较大的主要有“年龄鉴定论”“行政官员决定论”“职能鉴定论”“双重价值论”“利用决定论”“宏观鉴定论”。在电子文件大量出现的今天，以“新职能鉴定论”为主要理论依据的间接鉴定法，解决了宏观把控、前端控制和批量鉴定等问题，简便易行，效率很高。然而，对于归档鉴定、进馆鉴定、分级鉴定、开放鉴定和销毁鉴定等，仍需采用以“客体属性决定论”为主要理论依据的直接鉴定法，以便全面把握档案自身状况及其属性。

直接鉴定法是档案价值鉴定的基本方法，是指对档案的价值质量和使用范围进行逐卷、逐件、逐页鉴定。这种方法需要鉴定人员对文件内容进行仔细审查、鉴别、判断和处置，而不是利用检索工具或案卷、档案盒封面上的形式特征来进行鉴定。

若同一案卷中多数文件有留存价值，则整卷留存；若同一案卷中仅少数文件有留存价值，则将其中有留存价值的文件抽出另行组卷。同一案卷内文件价值不同但文件之间相互关联的，其案卷保管期限以其中最重要的文件价值来确定。

三、实训任务及参考示例

（1）Q 市某环境工程有限公司历经水泥厂、钢建分厂、建化公司等多个发展阶段，形成了数量庞大、种类丰富的档案。随着时间的推移，公司保管的档案逐年期满，很多期满档案未能及时进行鉴定销毁，长期滞留在档案库房，占用了大量办公面积，浪费了档案管理经费，还严重影响了公司档案室的建设。2017 年起，公司着手对文书、基建、会计等多门类期满档案进行鉴定销毁。这一举措有效节省了档案库房的使用面积，降低了公司档案管理的成本，优化了公司档案室的室藏结构，为档案管理的健康发展奠定了良好基础。请调研企业销毁鉴定的相关案例，分析企业档案鉴定中的难点问题，并提出解决方法。

参考示例：

1. 关于企业档案销毁鉴定批准人。《企业档案工作规范》提出，对保管期满确无保存价值的档案应登记造册，填写销毁清册，经企业法定代表人批准后进行监督销毁。事实上，企业的法定代表人可能同时兼任多个企业的法定代表人，且人员可能经常变更，其不可能掌握所有公司档案工作的具体情况。因此，要求法定代表人对所有公司的档案鉴定销毁进行批准不切实际，也不具有可操作性。相比之下，《企业职工档案管理工作规定》中的

“按规定需要销毁档案材料时，必须经单位主管档案工作的领导批准”这一规定更具现实性和可行性。本单位主管档案工作的领导对档案工作更为了解和熟悉，经其批准进行档案鉴定销毁工作更具可行性。

2. 关于档案鉴定销毁工作规范。实际工作中，企业保存的档案情况往往比较复杂。企业在成立初期，档案工作可能不够规范，缺乏必要的鉴定依据；而在企业发展过程中，要持续完善“文件材料归档范围及保管期限表”或其他指导性文件，尤其是对规范制定前形成的档案，要遵循精炼与慎销相统一、保存价值与利用价值兼顾、社会效益与经济效益并重的原则，开展鉴定工作。

3. 关于重新划分档案保管期限。针对某些具有历史价值的资料，如“文革”期间各部门产生的文件，当初可能被认定为短期保存，现在应明确延长保管期限；还有一些涉及职工利益的档案，如多年前的临时工工资复印件，如果按当时规定的短期保管期限进行鉴定，势必要销毁这部分档案，影响相关职工享受公司福利，所以可考虑延长这部分档案的保管期限。①

（2）对于经过鉴定失去保存价值的档案，应该如何进行销毁？

参考示例：

经过鉴定，将本无保存价值或保存期满的档案拣出销毁。在挑拣这类档案时，仍应直接审查档案，不能只根据档案保管期限表和案卷封面上指出的保管期限就将档案拣出销毁。档案销毁的手续和方法如下：

（一）编制档案销毁清册

为了使领导人和有关机关审查批准需要销毁的档案，必须编制“档案销毁清册”，它是日后查考档案销毁情况的凭据。档案销毁后，档案销毁清册应当永久保存，纳入全宗卷管理。

档案销毁清册必须按照各个全宗分别编制。每一清册应一式两份，一份留档案馆（室），一份送机关领导人审查批准。如果需送档案管理机关或上级单位审查批准，应在原有基础上增加一份，两份同时报送，其中一份经批准后退回。档案销毁清册的内页和封面分别见表 3-2-1 和表 3-2-2。

表 3-2-1　档案销毁清册（内页）

单位名称：

拟销毁档案情况	档案门类		年度	
	原定保管期限		数量	
	档案内容	见档案销毁清册第　页至第　页		
鉴定小组鉴定意见	鉴定小组负责人：　年　月　日			
业务部门审查意见	业务部门负责人：　年　月　日			
办公厅（室）审查意见	办公厅（室）负责人：　年　月　日			
单位审查意见	分管档案工作单位负责人：　年　月　日			
销毁人		销毁时间	年　月　日	

经办人：　　年　月　日

监销人：　　年　月　日

① 罗仁芳. 加强企业档案鉴定与销毁的有效对策[J]. 浙江档案，2020(8)：60.

表 3-2-2 档案销毁清册(封面)

序号	档号	文号	责任者	题名	形成时间	应保管期限	已保管时间	鉴定编号

(二) 编写立档单位和全宗简要说明

为使审批档案销毁清册的领导人和有关机关了解必要的情况,在送审档案销毁清册的同时,还应附送一份有关立档单位和全宗情况的简要说明。“说明”中应指出立档单位的成立、内部机构、工作职能以及撤销的简要历史。关于全宗情况,应说明其档案的形成、保管、完整程度以及现存档案的主要成分。在“说明”中还应简要地介绍鉴定工作的情况。

(三) 档案销毁方法

档案销毁清册在获得批准前,准备销毁的档案应系统地单独保管,以便审批时检查或未批准时拣出保存。

档案销毁清册经批准后,纸质档案的销毁方法通常有燃烧处理、机械破坏、熔浆再生三种。电子档案和档案数字复制件的销毁分为信息清除和介质销毁两个层面。无论是涉密还是非涉密档案,一般建议在保密行政管理部门设立的销毁工作机构或者指定的单位销毁,不建议自行销毁。涉密档案的销毁,应当符合《国家秘密载体销毁管理规定》等规定,严禁将应销毁的档案挪作他用,更不准出售。

无论采用何种销毁方式,均应指派两名以上专人进行监销。档案确已销毁后,监销人须在档案销毁清册上注明“已销毁”字样和销毁日期,并签字。如有个别案卷和文件未被批准销毁,尚需保存,亦应在档案销毁清册上做出适当说明。

为了防止错毁,对已批准销毁的档案,除特殊情况外,一般均应“暂缓执行”,待保存一段时间以后,确认已无利用价值时再行销毁。

(四) 销毁鉴定善后处理

完成销毁鉴定后,应做好以下四项善后工作:一是变更保管期限。档案经鉴定不予销毁、重新划定保管期限的,应按照鉴定结果对相关检索工具进行调整。二是注销已销毁档案。应在档案登记簿、档案移出登记簿中将已销毁档案进行登记,并在相关检索工具中注销。三是重新整理排架。归档文件、案卷内文件部分销毁的,应对留存档案进行调整或重新整理,并调整排架次序。四是鉴定销毁记录。应将档案鉴定工作表按编号顺序排列装订成册,连同档案销毁清册、鉴定工作报告等材料组成档案鉴定类材料,纳入全宗卷管理。①

四、延伸思考

(1) 档案开放鉴定中应把握的重点内容有哪些?

提示:

一是“特殊时段”。把握“档案是历史记录”这一本质属性,把档案放在它所形成的历史环境中,具体分析档案的内容和形式,并结合现实或将来的需要审定档案是否开放。

二是“敏感类别”。在符合国家有关保密、国家安全、信息保护等法律法规的前提下开展档案开放工作,对开放后可能会造成第三方合法权益损害的档案可延期向社会开放,如外侨统战、政法军警、组织人事、纪检案件、个人隐私等。

三是“为民服务”。牢固树立为民服务意识,以需求为导向,以服务为宗旨,最大限度地满足利用者对开放档案的利用需求。可以将与民生息息相关、社会利用需求高的档案优先审核、提前开放,更好、更及

① 丁德胜. 机关档案的鉴定与销毁:《机关档案管理规定》解读之十[J]. 中国档案,2019(9):30-31.

时、更平等地服务人民群众，如经济、教育、文化等单位的民生档案。①

(2) 数字时代，有学者和从业者提出：随着信息技术的发展与政府投入的增加，馆藏增长与库房紧张、利用效率之间的矛盾不复存在，即档案鉴定的基础不复存在。同时，由于档案价值的不完全可知性与鉴定人员能力的有限性，基于鉴定的档案工作保存的是主观、片面的历史，社会记忆被强化或弱化，因此不应再坚持这种错误的价值判定，而应将档案工作的重点放在档案信息资源开发上，档案鉴定应从"选择性管理"到"全部性管理"，与其零星销毁档案，不如完整保留历史。这些观点主张销毁鉴定应予废除、档案鉴定应予弱化，属于档案鉴定"非必要论"观点。就实际工作而言，鉴定标准与保管期限的划分过于抽象，档案工作升级达标中关于"馆藏量"等评估指标的误导，缺乏对销毁不作为的惩罚细则等，导致档案"有进无出"或者"进远大于出"的现象普遍存在。从理论研究来看，关于"开放鉴定"的思考与建议较多，而对销毁鉴定较少。② 请分析这些观点，并进行评价。

提示：

1. 尽管档案鉴定理论一直在主、客观价值判定中寻找平衡，在技术环境和历史撰写中寻求突破，但并没有一种鉴定理论能够覆盖所有的理论难题。

2. 就现代档案工作而言，鉴定就是选择。

3. 在鉴定与其他档案管理环节的先后序列上，可能实现从"先鉴定再保存"向"先保存再鉴定"的模式转变。

4. 档案鉴定需具备更大的包容性，以囊括复杂多元的数字文化现象。

5. 公众可以以直接或间接形式参与到特定的档案鉴定中。

6. 应辩证地看待智能鉴定。

(3)《中华人民共和国档案法》明确要求："禁止篡改、损毁、伪造档案。禁止擅自销毁档案。"企业档案人员和领导害怕承担责任，宁可把档案堆积在房屋或角落里也不敢鉴定销毁。鉴定销毁工作能不干就不干，能拖就拖。"鉴"而不"定"，"销"而不"毁"是普遍现象。请思考这一现象背后深层次的原因。

提示：

1. 国家档案主管部门层面。无论是《档案法》还是其他档案规章制度，均明令禁止擅自销毁档案，擅自销毁要负法律责任；然而，对于不进行档案鉴定销毁工作以及由此造成的后果是否应该承担法律责任却没有涉及，这很容易导致档案人员产生畏惧心理，不敢进行档案销毁工作。因此，应尽快出台档案鉴定与销毁的法规政策，制定具体的档案鉴定标准以及销毁档案程序和办法，明确档案到期后，经鉴定应该销毁的必须销毁；因未正常开展销毁工作而对档案及档案工作造成不良后果的，应列入法律惩罚的范围。

2. 档案鉴定的组织实施层面。档案馆的经费、目标管理大多与其馆藏量直接相关。各级档案部门大多没有将档案销毁工作列入工作计划，缺乏具体的要求和实施意见，更谈不上制定具体的量化考核指标和鉴定标准。片面追求馆藏数量而缺乏质量要求，以及缺乏对档案销毁工作的实施要求，是档案销毁工作难以顺利开展的主要原因之一。

3. 档案鉴定人员层面。档案鉴定人员缺乏客观的档案意识，且档案鉴定能力有限，直接制约了档案鉴定的质量。

五、实践训练

(1) 市档案馆接收了原市纺织工业公司的一批档案文件，现需对这些档案进行鉴定和销毁。请你制订一份可行的鉴定工作方案。

(2) 某高校校史馆即将建成，请你结合校史馆的档案工作实际，拟制一份校史馆档案鉴定工作制度。

---

① 徐军. 加大档案开放力度　积极服务社会民生：推进档案开放审核工作的实践与思考[J]. 档案记忆，2022(11)：3-5.

② 杨千，李星玥. 数字时代档案鉴定非必要论辨析与匡正[J]. 档案学通讯，2023(1)：45-52.

（3）小宋是某机械制造有限公司的档案管理员。在一次档案鉴定中，他发现几份关于该公司已撤销的一个内部机构的管理性文件，认为那个机构已经撤销，这几份文件也就没有什么用处了，于是就随手用碎纸机将其销毁了。过了一段时间，公司总经理想找出这几份文件作为参考，但小宋已无法找回。小宋做错了什么？请你结合档案鉴定工作，谈谈应该从哪几方面分析档案的保存价值。

六、知识拓展

见右侧二维码。

项目四

文书档案整理

【项目导读】

归档文件的整理，即将零散的、需要进一步条理化的档案进行基本的分类、组合、排列、编目等，使之构成有序体系的过程。实际工作中，在正规工作条件下，文书部门或业务部门首先对归档文件进行系统整理，档案部门（档案室、档案馆）在接收到已经整理好的案卷后，主要对其中整理不善的档案进行局部调整，并在更大范围内进一步系统整理，如对全宗和案卷的排列、案卷目录的加工等，以及对其他零散文件的全过程整理。本项目的主要内容是文书档案整理，它既是专门档案及特殊载体档案整理的基础，又在某些环节与专门档案及特殊载体档案整理存在差异。鉴于目前我国文件级和案卷级整理方法并行，因此，我们首先要明确两种方法的时代背景、适用范围及各自的优缺点，然后以主流的文件级整理方法为重点，依据最新版《归档文件整理规则》的逻辑顺序，理清文书档案的整理步骤。案卷级整理方法将在后面相关任务中进行实践练习。

任务一 区分案卷级整理和文件级整理

一、任务背景及目标

1987年国家档案局颁布的《机关档案工作业务建设规范》，正式将"立卷"作为机关归档文件的规范整理方法确定下来。后来陆续出台的《文书档案案卷格式》《档号编制规则》等一系列配套标准，形成了以"案卷"为基础的档案工作法规标准体系，并在全国范围内加以普及和推广。以"卷"为单位的整理方法，适应当时的社会生产力和科技发展状况，其分类组合、逐级检索便于实体管理（存放整齐、提取方便）。由于受当时的物质技术条件限制，手工检索是唯一途径。同时，在当时的社会条件下，安全、保密备受重视，"案卷"这种放大了的实体单位更能满足这方面的需求。

然而，随着办公自动化的不断普及和计算机技术的不断应用，案卷级整理方法逐渐暴露出其局限性：立卷归档标准和方法复杂、模糊、烦琐，在分类、立卷、保管期限的划定上随意性较大，导致人力、物力资源的大量浪费；业务指导和培训重复、烦琐；不利于档案的安全和保密；不便于拾遗补漏时的插卷；成为现代化管理的障碍；不便于统计；等等。

在此背景下，2000年12月6日，档案行业标准《归档文件整理规则》（DA/T 22—2000）正式颁布，并于2001年1月1日起实施。该标准施行二十多年来，在提高机关档案工作效率、提升档案整理质量方面成效显著，有力推动了立卷改革的顺利进行。然而，随着档案工作的深入发展和信息化技术的日益普及，该标准在实践中遇到了一些新情况、新问题。因此，新版《归档文件整理规则》（DA/T 22—2015）（本项目以下简称《规则》）代替旧版，于2016年6月1日起实施。实施新规则是顺应时代发展、应对档案工作新变化的重要举措，推动了档案工作走向成熟、完善。

本任务旨在了解案卷级和文件级两种整理理念的历史背景，明确它们各自的优劣势、适用范围、操作程序及方法差异，并能够根据本单位档案的特点，构建适用于本单位的档案整理组织层级体系。

二、知识介绍

2001年之前，文书档案的整理采用案卷级整理方法。自2001年起，文书档案整理不再以“案卷”为单位进行，即取消了“案卷”这一整理层级，直接采取文件级整理方法。

（一）文件级整理方法的优势与不足

1. 文件级整理方法的优势

（1）取消了“案卷”这一整理层级，简化了整理方法。该方法易于掌握，既减少了烦琐的组卷思维和复杂的分类工作，也降低了人为拟写案卷标题时的主观性偏差。

（2）便于利用计算机管理，查询方便。该方法不仅能充分发挥计算机存储量大、快速检索的优点，还能最大限度地将档案管理人员从手工检索中解放出来，提高工作效率。

（3）利于保密。利用档案特别是涉密档案时，只需要按“件”提供，不必因为利用一“件”而借出一“卷”，最大限度地降低了泄密风险。

（4）便于增加、删减内容。一旦有文件需要补充、删减，可以随机增加或剔除，不用重新拆卷、补卷，只需做好登记和标注即可。

（5）便于鉴定的开展。每件档案都有保管期限，到期需要逐份进行鉴定。按“件”整理使得鉴定、销毁工作的开展更为方便。

除此之外，在运用档案管理软件方面，以“件”为单位排序，也有利于编制各种专题文件资料汇编，并可通过网络系统实现档案信息资源共享，更好地开发利用档案。

2. 文件级整理方法的不足

采用文件级整理方法会导致整理、清点等工作量加大，单份文件磨损比原来突出，淡化了档案的有机联系。然而，这些不足可以用技术方法和手段克服。

（二）归档文件整理规则的内容重点

（1）简化整理、深化检索（利用），重内容而非形式。

（2）分类方法固定为年度、机构（问题）、保管期限三种。

（3）取消案卷，不再拟写案卷标题，不再编制案卷目录。

（4）对装订材料不做统一规定，改“卷皮”为“卷盒”。

（5）将档号模式由过去的“全宗号－案卷目录号－案卷号－件（页）号”改为“全宗号-档案门类代码·年度-保管期限-机构（问题）代码-件号”，取消了“目录号”。

（6）用“归档文件目录”这一种目录取代沿用已久的“案卷目录”和“卷内文件目录”这两种目录。

（7）在每份归档文件首页的上方加盖归档章。

（8）突破一年一次归档的模式，平时可随时进行归档。

（三）立卷类目/归档文件类目

无论采用案卷级还是文件级整理方法，都需要根据本单位职能活动、文书工作实际情况以及文件形成的规律，预先编制覆盖本单位全部拟归档文件情况的分类条目体系，作为整理拟归档文件的指导性文件。采用案卷级整理方法时，该体系称为立卷类目，亦称归卷类目、案卷类目；采用文件级整理方法时，则称为归档文件类目。日常文件归档整理时，可将其作为“索引表”指导文件“对号入座”。为每一条款准备一个卷盒（或卷夹），将类目中的条款和顺序号打印在纸条上，贴在准备好的卷盒脊背上，以便于年终整理定卷。立卷类目/归档文件类目一般按照文书档案、科技档案、专门档案、特殊载体档案等门类进行划分，展现了一个立档单位全部的拟归档文件，可以说是一个全宗所包含的所有档案类别。因此，编制立卷类目表/归档文件类目表是档案整理的一项基础性工作，有利于梳理本单位档案结构体系。

类目表一般由类别名称、条款和顺序号三部分组成。常见的企业单位归档文件类目表如表4-1-1所示。

表 4-1-1 企业单位归档文件类目表

顺序号	名称	说明
1	党群管理类	类别
1-1	党务综合	属类
1-1-1	党委综合性工作	条款
……		
1-2	组织工作	属类
1-3	纪检工作	属类
1-4	工会	属类
1-5	共青团	属类
1-6	妇联	属类
2	行政管理类	类别
3	经营管理类	类别
4	生产管理类	类别
5	产品生产类	类别
6	科研开发类	类别
7	项目建设类	类别
8	设备仪器类	类别
9	会计业务类	类别
10	干部职工类	类别
……		

三、实训任务及参考示例

(1) 请绘制我国综合档案馆归档文件的整理(组织管理)层级关系图,并进行说明。

参考示例:

我国综合档案馆归档文件的整理(组织管理)层级关系图见图 4-1-1。

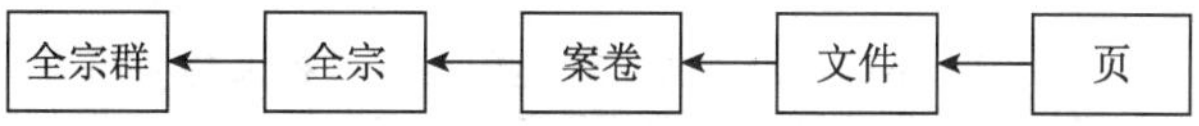

图 4-1-1 我国综合档案馆归档文件的整理(组织管理)层级关系图

一个全宗群由若干个全宗组成,一个全宗由若干个案卷组成,一个案卷由若干份文件组成,一份文件有若干页。

我国综合档案馆一般按照全宗群来组织全宗。全宗群是指某些具有历史联系的全宗的群体。一般以立档单位的存在时期、地区和职能性质为标准,根据馆藏的特点,按其横向或纵向的联系划分和组建全宗群。全宗群不像全宗那样界线分明。由于全宗之间的关系具有多维和立体的特点,全宗群也有多种不同的划分标准和组合形式。

全宗是一个国家机构、社会组织、个人形成的具有有机联系的档案整体。全宗是档案馆档案的第一层分类,是档案的基本管理单位。按全宗管理档案是档案管理区别于图书管理和其他文献管理的重要特征之一。对于接收进馆的全宗,应进行全宗的划分并编号。

注意:各机关、企事业单位形成的所有档案分别构成各自的"全宗"。满足全宗构成条件的立档单位的档案室,其所保管的档案整体本身就是一个全宗,因此,档案室不存在全宗群及全宗这两级管理分层,而是直接以"卷"或"件"进行整理。

2001年之前，采用传统的立卷整理，针对"案卷"这一层级，需要编制立卷类目、按"六特征"组卷(时间、地区、作者、通讯者、问题、文种)、拟写案卷题名、装订、填写封面、排列、编案卷号、编写案卷目录、案卷排架等。针对卷内文件，需要进行分类、排列、编号、编写卷内文件目录等操作。自2001年起，在新的立"件"整理工作中，由于取消了"案卷"这一层级，极大地简化了整理工作流程，减少了烦琐的组卷和复杂的分类程序，避免了因立卷质量问题影响检索准确率的情况。

(2) 判断下列哪些是全宗构成者。

① ××市水利局。

② ××省服装进出口公司(法人单位)。

③ ××省智能制造有限公司研发部。

④ ××大学人文学院。

⑤ ××区妇女联合会。

⑥ ××石油天然气集团公司办公厅(××石油天然气股份有限公司总裁办公室)。

⑦ ××服装总公司组委会(为了组织一场大型服装表演和展示会成立的临时性工作机构)。

解析：

按形成全宗单位和全宗内容的性质，全宗分为组织全宗、项目全宗、人物全宗；按全宗的范围和构成，全宗分为独立全宗、联合全宗、全宗汇集和档案汇集。

组织全宗的构成条件是：①可以独立行使职权，并能主要以自己的名义对外行文；②设有会计单位或经济核算单位，可以自己编造预算或财务计划；③设有管理人事的机构或人员，并有一定的人事任免权。

参考示例：

全宗构成者有①②⑤。

(3) YTHK控股集团有限公司是一家集土地整理与房地产开发经营、生命科技、能源开发于一体的集团化企业。自1992年创立至今，公司已成为资产逾数十亿元、员工逾2 000人的大型投资控股集团。作为一家以房地产起家的民营企业，其先后在多个省市成功开发了包括住宅地产、旅游地产、工业地产、商业地产及物流地产等在内的30余个项目。请为此类房地产企业编制归档文件类目表，并思考其他不同行业领域企业的归档文件类目表的设置要素。

参考示例：

某房地产企业"企业管理类"归档文件类目表见表4-1-2。

表4-1-2 某房地产企业"企业管理类"归档文件类目表

1 董事长办、董事会、监事会	2 总裁办、总经理室	3 人力、行政中心	4 财务中心
1.1 董事长办 1.2 董事会 1.3 监事会 1.4 股东会	2.1 总裁办 2.2 总经理室	3.1 人力资源部 3.1.1 人力资源部 3.1.2 员工招聘 3.1.3 员工转正 3.1.4 员工调(变)动 3.1.5 员工劳动合同 3.1.6 员工社会保险等 3.2 行政管理部 3.2.1 外部收文 3.2.2 内部发文 3.2.3 会议纪要 3.2.4 集团广告 3.2.5 行政费用 3.2.6 其他	4.1 财务综合 4.1.1 年度审计报告、财务报告、验资报告 4.1.2 清算报告 4.1.3 企业借贷款合同、保证合同财务章、法人章管理 4.1.4 财务其他 4.2 会计核算 ……

续表

5 运营中心 5.1 工作计划信息发布 5.2 业务 5.3 流程 5.4 宣讲 5.5 部门 5.6 绩效 5.7 其他	**6 资产审计中心、法务中心** 6.1 审计 6.1.1 审计报告 6.1.2 审计底档 6.1.3 其他 6.2 法务 6.2.1 法务案件 6.2.2 法务审合同等	**7 地产开发** 7.1 领世郡 7.1.1 项目会议记录 7.1.2 设计 7.1.3 前期 7.1.4 配套…… 7.2 梅江 ……	**8 资产投资** 8.1 金丰 8.2 工贸 8.3 红砌 8.4 经营 8.5 佳泰……
9 公司证照 9.1 永泰房地产 9.2 红砌房地产 9.3 子公司……	**10 党、团、职代会、工会** 10.1 工会 10.2 职代会 10.3 党团	**11 声像及电子档案**	**12 实物档案**
13 其他资料 13.1 尽职资料 13.2 子公司资质证件汇总等 ……	注：遇到某些文件材料难以给出分类号或无恰当类目可归时，应根据材料内容，给出上位类号或比较接近的同位类分类号。一旦给出分类，必须进行记录，便于以后遇到类似情况时，按照此例处理。①		

一般而言，形成档案数量较少的组织可选择综合性的归档文件类目表；形成档案数量较多，特别是某种门类档案数量相当多的组织，可选择专门性的归档文件类目表。综合性归档文件类目表中的企业管理类类目设置应充分尊重原有基础，遵循科学性与可行性相统一原则。一级类目一般采用“机构”和“职能”相结合的分类标准，根据各类档案的复杂程度，设置不同层次的子类。一级类目注重稳定性，二级及以下类目考虑伸缩性与灵活性。

四、延伸思考

2001年施行《归档文件整理规则》之后，是否所有的档案都以“件”为单位进行整理？立卷的精神和做法就完全弃用了吗？

提示：

《归档文件整理规则》规定了应作为“文书档案”保存的归档文件的整理原则和方法，适用于各级机关、团体、企事业单位和其他社会组织对应作为文书档案保存的归档文件的整理，其他门类档案可参照执行。该规则还将纸质文件和电子文件特有的整理要求单独列出。

文书档案主要以“件”为单位进行整理，但并不是简单地将文件以“散件”的形式排列。档案整理的本质是遵循文件的形成规律、保持文件之间的有机联系，以“文件”为单位进行整理也不例外。

从分类而治、避重就轻、取长补短等角度出发，“卷”“件”结合整理是必要的。作为社会实践活动的真实记录，档案文件既可以看作是在以主体为核心的活动过程中形成的(文书档案)，也可以看作是在以客体为中心的活动过程中形成的(科技档案)。一般用于反映主体活动的文书档案相互之间的联系相比科技档案等专门档案而言更为松散。特别是在计算机普遍应用的今天，档案生成和流转的办公条件和环境已发生很大变化，采用文件级整理更有利于提高整理效率。

综合性档案馆(室)保管的档案类型涵盖文书档案、科技档案及各类专门档案，大体都按照“文书档案按件整理，科技档案等其他档案立卷整理”的共识执行。但是这里的立卷也灵活采取了装盒的形式，不一定非要装订成“卷”。

五、实践训练

(1) 请调查自己所在的社区的归档情况，参考社区常见归档文件类目表(类别)，编制完整、科学的立

① 焦凡力. 房地产企业管理类档案分类研究[D]. 天津：天津师范大学，2010.

卷类目表，分一级类别、二级属类、三级条款等。

（2）下面这些文件是经过组卷的案卷中的 8 份文件，大部分文件是按照何种立卷特征组卷的？此外，您能找出不适合放在这一案卷中的文件吗？

① C 市卫健委关于印发《1998 年 C 市中医药工作要点》的通知。

② C 市卫健委关于责令××医院限期整改的通知。

③ C 市落实省 1998 年医疗卫生行业综合监管督察反馈意见的整改方案。

④ 关于开展 1998 年度 C 市社区卫生高级职称申报评审工作的通知。

⑤ 关于 1998 年 C 市中医医术确有专长人员医师资格考核报名的公告。

⑥ 关于印发 C 市开展争做“职业健康达人”活动实施方案的通知。

⑦ 关于开展优秀基层卫生骨干人才年度考核的通知。

⑧ C 市卫健委关于做好 1998 年传统医学师承人员出师考核工作的通知。

六、知识拓展

见右侧二维码。

任务二　归档文件的组件及分类

一、任务背景及目标

组件即件的组织，是归档文件整理的第一个环节，包括件的构成和件内文件排序。也就是说，完成组件流程需要明确两项内容：一是件由哪几部分构成的，二是这些构成部分如何排序。

任何单位都会自然形成大量的文件，在明确组件及组合件内文件排序的基础上，要善于从文件的形成特点和规律出发，编制分类方案，并根据分类方案进行科学的分类，即对全宗内档案进行分类，使全宗成为一个有条理、有逻辑的有机整体。

本任务的主要目标是区分自然件与组合件，明确分类方案的编制体例，建立所在组织的归档文件分类方法体系。

二、知识介绍

（一）“件”的概念

“件”是归档文件整理的基本单位。“一件”是指在实体上装订在一起，编目时也只体现为一个条目。归档文件一般以每份文件为“一件”，包括自然件和组合件。

自然件是指一份独立的文件。组合件的情形及件内文件排序如表 4-2-1 所示。

表 4-2-1　组合件的情形及件内文件排序

序号	情形	组件方法	件内文件排序
1	正文、附件	组为一件	正文在前，附件在后
2	文件正本与定稿（包括法律法规等重要文件的历次修改稿）	组为一件	正本在前，定稿在后
3	原件与复制件	组为一件	原件在前，复制件在后
4	正本与翻译本	组为一件	正本在前，翻译本在后
5	转发文与被转发文	组为一件	转发文在前，被转发文在后
6	汉文文本与少数民族文字文本	组为一件	如无特殊规定，汉文文本在前，少数民族文字文本在后

续表

序号	情形	组件方法	件内文件排序
7	中文本与外文本	组为一件	中文本在前，外文本在后
8	来文与复文（请示与批复、报告与批示、函与复函等）	一般独立成件，也可为一件；经若干环节、层次办理的来文、复文，超过两件的，则将所有来文、复文分别作为一件	组为一件时，复文在前，来文在后
9	文件与其处理单或发文稿纸	组为一件	文件处理单在前，收文在后；正本在前，发文稿纸和定稿在后
10	报表、名册、图册	一册（本）为一件（作为文件附件时除外）	
11	简报、周报	一期为一件	
12	会议纪要、会议记录	一般一次会议为一件；会议记录一年一本的，一本为一件	

其中，来文与复文（请示与批复、报告与批示、函与复函）一般独立成件，也可为一件。“合为一件”的做法能够保持文件间的有机联系，适合纸质文件，但对电子文件而言，则会增加管理层次，影响命名和即时归档。“独立成件”的做法能够确保每份文件的独立性，但在一定程度上削弱了同一事件文件间的有机联系。档案机构可以根据办公自动化水平、工作实际及工作习惯等因素自行选择、灵活确定该类文件的处理方式。

机关工作中形成的审批、审查、核准、处罚、处分、复议、国家赔偿等文件材料，如果按“件”整理，则一次审批、审查、核准、处罚、处分、复议、国家赔偿形成的文件材料应作为一件。在排序上，结论性材料在前，其他材料依工作流程顺序排列在后。

（二）分类

不论是按卷整理，还是按件整理，都需要提前制订适合本单位的分类方案。分类方案一般与立卷类目表/归档文件类目表合二为一，主要内容除了包括档案类目体系和分类层级外，还须保证各类目设置的逻辑性和非交叉性，重点说明在一般情况下所采用的统一的分类方法，以及在特殊情况下采取的变通做法。

分类是指对全宗内归档文件的分类，即将归档文件按其来源、时间、内容和形式等方面的特征，分为若干类别，并将各类别按照层级关系组合为一个有机整体。立档单位应对归档文件进行科学分类，同一全宗应保持分类方案的一致性和稳定性。

归档文件常用的分类方法如下：

1. 按年度分类

可以将文件按其形成年度分类。跨年度一般应以文件签发日期为准。对于计划、总结、预算、统计报表、表彰先进以及法规性文件等内容涉及不同年度的文件，统一按文件签发日期判定所属年度。跨年度形成的会议文件归入闭幕年。跨年度办理的文件归入办结年。当文件的形成年度无法考证时，可以将归档年度作为其年度，并在附注项加以说明。

2. 按机构（问题）分类

可以将文件按其形成或承办机构（问题）分类。机构分类法与问题分类法应选择其一，不能同时采用。按机构分类时，应根据文件形成或承办机构对归档文件进行分类，涉及多部门形成的归档文件应归入文件主办部门。按问题分类时，一般可分为“党群类”“业务类”“行政类”等，不得交叉。对于原执行或参照执行企业档案分类法的企事业单位，在按问题分类时，一般应分到一级类目，即“党群类”“行政类”“生产技术类”“经营管理类”。

3. 按保管期限分类

可以将文件按划定的保管期限分类。规模较小或公文办理程序不适于按机构（问题）分类的立档单位，可以采取年度-保管期限等方法进行二级分类。

常用二级复式分类法有“年度-机构/问题/保管期限”“机构/问题/保管期限-年度”。常用三级复式分类法有“年度-机构（问题）-保管期限”“年度-保管期限-机构（问题）”“保管期限-年度-机构（问题）”等。分类层次的多少取决于立档单位的规模、文档部门的设置情况、形成档案的数量等。现行单位一般采用先分年度的做法，而撤销单位和历史文书一般采用后分年度的做法。

三、实训任务及参考示例

(1) 判定下列归档文件的所属年度:

① 2020 年形成的《2021—2026 年工作规划》。

② 2023 年形成的《2022 年工作总结》,2021 年形成的《2022 年工作计划》。

③ 某公司召开的 2022 年度考评工作会议材料(2022 年 12 月 28 日开始考评,2023 年 1 月 5 日考评工作会议结束)。

④ 请示文件的落款日期是 2022 年,批复文件的落款日期是 2023 年。

⑤ 2015 年 10 月 25 日发布,2016 年 6 月 1 日起实施的《归档文件整理规则》定稿、正本。

⑥ 某商品合同纠纷案的案件材料(2021—2023 年)。

解析:

正确把握《归档文件整理规则》分类中的"年度"判断标准,尽可能将年度确定为反映文件自然属性的形成年度,需要注意以下几种情况:

1. 文件有多个时间特征。一份文件往往有多个时间特征,包括成文日期、签发日期、批准日期、会议通过日期、公布日期、发文和收文日期等,一般应以文件签发日期(落款日期)为准判定其所属年度。

2. 跨年度形成的文件。应区分两种情况:一是某些具体职能活动,如召开会议、处理案件等,可能会跨年度形成文件,这些文件如果组成一个整理单位(如组成一件),则实践中往往统一在办结年度归档,分类时所属年度以办结年度为准。二是对于年度跨度较大的职能活动,或该职能活动每年文件形成量较大,若不及时归档可能会影响文件齐全完整,或者无须将这些职能活动档案组成一个整理单位,则可以将这些文件分散到各年度归档。在信息化环境下,为了做到随办随归、方便电子文件管理,也应尽可能按照形成年度归档,以减少与文件本身无关且容易产生混淆的信息(如归档年度),以简化整理流程、方便管理。

3. 几份文件为一件。在整理中,几份文件为一件时,件的年度应以装订时排在最前面的文件的签发日期(落款日期)体现的年度为准。具体来说,正本与定稿为一件,以正本为准;正文与附件为一件,以正文为准;转发文与被转发文为一件,以转发文为准;来文与复文为一件,以复文为准。

4. 文件没有标注日期。此类情况常见于内部文件(白头文件),需要分析文件内容、制成材料、格式、字体以及各种标识,通过对照等手段来考证和推断文件的准确日期或近似日期,并据此确定形成年度。当文件的形成年度确实无法考证时,可以将归档年度作为其年度,并在备注项加以说明。

参考示例:

① 归入其形成年度 2020 年。

② 归入其内容针对年度 2022 年。

③ 归入其办结年度 2023 年。

④ 归入装订时排在最前面的文件(批复)的签发(落款)年度 2023 年。

⑤ 归入其签发年度 2015 年。

⑥ 归入其结案年度 2023 年。

(2) 举例说明各类单位在制订分类方案时,按照组织机构或问题进行分类,类目应如何进行排序。

参考示例:

① 某市政府办公室的归档文件按党群类、行政综合类、农林水类、工交类、财贸类、计统类、科教文卫类、劳人类、机关事务类等顺序排列。(按从总到分排列)

② 某经贸委的归档文件按经济总类、财政金融、工矿企业、商业、交通、邮电等顺序排列。(按从一般到具体排列)

③ 某党史征集办的归档文件按党史资料征集、党史研究、史料编辑等顺序排列。(按工作流程排列)

④ 某群团组织的归档文件按工人组织、农民组织、青少年组织、妇女组织、工商联组织、老年人组织、协会与学会等习惯顺序排列。(按习惯顺序排列)

⑤ 某教育培训集团企业的归档文件按学前教育、初等教育、中等教育、高等教育等顺序排列。(按从低级到高级排列)

⑥ 某考古研究所按中国史前考古类、中国历史考古类、外国考古类等顺序排列其专业归档文件。(按概念的系统性排列)

⑦ 某农机局按农业机械化规划类、农业机械化作业类、农业机械化管理类、农业机械化鉴定类、农业机械化推广类等顺序排列其专业归档文件。(按形成的阶段排列)

⑧ 某法院除诉讼档案外,其归档文件按刑事工作、民事工作、经济案件工作等顺序排列。(按工作内容排列)①

⑨ 某市经济开发区管委会内部组织机构设置有党委、工会和办公室、规划建设科、招商引资科(局)、经济发展科。在制订归档文件排序方案时,先分为党群工作、规划建设、招商引资、经济发展及其他类,然后每一类再按问题、事由分为若干小类及细目,如将规划建设类再分为规划论证、用地管理、工程建设管理、村民建房管理等小类和细目。

四、延伸思考

(1) 在组件环节,是否所有归档文件中的发文都由正本、发文稿纸、定稿、历次修改稿四部分组成?近年来,随着计算机辅助办公及办公自动化的普及,由于定稿一般与正本内容一致(生效标识除外),基于节约的考虑,是否可以不再留存定稿?

提示:

这些稿本在纸质文件和电子文件整理中的要求有所差别。因而,既要对这些稿本有正确认知,又要准确把握在不同条件下的整理要求,以更好地指导实践。

(一) 稿本的区别

1. 历次修改稿:又称草稿,是文件撰拟过程中形成的非正式、无执行效力的文稿,比如初稿、讨论稿、征求意见稿、送审稿等。历次修改稿不属于正式公文,不具备现实执行效用,一般情况下不需要归档保存。

2. 彩色留痕稿:在办公自动化过程中形成的、集中记录文件处理过程的"花脸稿"。彩色留痕稿保留了文件创建和历次修改的实施人、实施时间和内容,反映了在办公自动化过程中文件的形成过程。

3. 定稿:经领导人审阅或经会议讨论通过的最后完成稿,是缮印正本的依据。草稿在经过审核、修改并签发后即转变成定稿。对于经过多次修改的文件,其最后一稿经过签发后即成为定稿。判断定稿的唯一标准是看这个稿本是否经领导人审阅或会议讨论通过,若是,则为定稿,反之则不是定稿。

4. 正本:根据定稿缮印的、供受文者使用的具有法定效用的正式文本。公文正本一般具有规范格式和生效标识(发文机关盖章或有关领导人的签署),具有法定的行政效力,即俗称的"红头文件"。

正本、定稿、历次修改稿分别都是一件完整公文,每个稿本可能同时存在正文与附件。

(二) 稿本的留存

在纸质文件材料组件中,一件发文通常包含正本、发文稿纸、定稿三部分,历次修改稿一般不需归档。但是,对于法律法规等重要文件的历次修改稿或带有领导人重要批示的稿本,则需要归档保存。在这种情况下,一件发文就由正本、发文稿纸、定稿、历次修改稿四部分组成。

对于在计算机辅助办公或办公自动化的背景下是否需要继续留存定稿的问题,分析如下:档案通过对过程的记录,能够呈现既往决策过程,为之后提供更多参考借鉴,从而更好发挥档案的价值。定稿是领导人审定签发或会议审议批准的稿本,是正本的来源与依据,也是正本具有法定效力的重要支撑,可以有效避免不必要的法律风险,因而应当归档保存。

(2) 同一种分类方案中,为什么没有问题-机构分类法和机构-问题分类法?机构和问题两种分类法

① 严中和,陈壮.分类类目间的归档文件排列[J].湖北档案,2003(4):17-18.

为何不能同时采用，而只能择其一？

提示：

机构和问题分类法所分出的类别结果在内涵和外延上往往是重合的，这是因为立档单位的内部组织机构一般都是按其基本职能设立的。

机构和问题分类法所分出的类别虽然名称不同，但内容基本是一样的。

在分类实践中，若机构类的文件内容复杂且数量较大，再按年度分类却又不便（已经先分了年度或年度很少），可再分为更小的问题类。若先分了问题，则很难再分机构。

（3）现行组织归档文件与撤销组织归档文件或历史档案所适用的分类方法有何不同？

提示：

现行机关、企事业单位因立档单位存续时间具有不确定性，且归档文件逐年增长，一般先分年度，如此排架时就无须考虑预留空间。

撤销机关、破产（关闭）企业等单位的归档文件或历史档案，因立档单位存续时间既定、档案形成年限较短，一般后分年度；对于内部组织机构界限清晰且多年一直固定，或者在比较稳定的基础上有所调整的全宗，可先分机构；对于内部组织机构界限不清、变动频繁且档案数量不太多的全宗，则可先分问题。

五、实践训练

根据表 4-2-2 中年度、机构或问题分类法的特点、适用范围、注意事项，调研某一类企业，为其制订文书类（行政管理类）归档文件的分类方案（三级分类法和二级分类法均可）。

表 4-2-2　年度、机构或问题分类法的比较

方法	特点	适用范围	注意事项
年度分类法	保持文件在时间方面的联系；与文书处理制度吻合；标准客观	大部分立档单位	准确判定所属年度
机构分类法	保持文件在来源方面的联系；与文书处理制度吻合；标准客观	立档单位内部机构健全、稳定，且分工明确	按机构设类、确定适当分类层次；对涉及若干机构的文件规定统一的分类方法
问题分类法	保持文件在内容方面的联系；标准主观	立档单位内部机构分工简单，或有职能交叉；各机构之间文件易混淆	类目设置符合实际；类目体系符合逻辑；文件归类准确合理。一般可分为“党群类”“业务类”“行政类”等

六、知识拓展

见右侧二维码。

任务三　归档文件的排列及编号

一、任务背景及目标

归档文件的排列是指在分类方案的最低一级类目内，根据一定的方法确定归档文件先后次序的过程。

对归档文件编号是为了将排列后的顺序固定下来。编号是对不同类型档案进行统一管理的重要前提。档号是在文件整理过程中被赋予的，体现整理规则并包含归档文件类别、排列顺序等要素的一组数字、字符的集合。档号能够反映档案的基本属性，指示档案在全宗中的位置，是归档文件的"身份证"。以"件"为单位整理档案的档号应尽量与采用传统立卷方法整理档案的档号以及照片、录音、录像等其他形式档案的档号相衔接。

本任务的主要目标是掌握归档文件排列及编号的一般原则、基本方法，区别按"卷"和按"件"整理档案时档号的编制方法。

二、知识介绍

(一) 归档文件的排列

归档文件应在分类方案的最低一级类目内，按时间结合事由排列。同一事由的归档文件应集中排列在一起；同一事由内归档文件应按文件形成时间顺序排列；不同事由的归档文件应按照时间顺序排列；会议文件、统计报表等成套性文件可集中排列。

(二) 归档文件的编号

2022 年 7 月 1 日起实施的《档号编制规则》(DA/T 13—2022)中规定，档号是以字符形式赋予档案的一组唯一代码，用于反映、固定和识别档案排列顺序。档号编制应遵循唯一性、合理性、稳定性、扩充性、简单性、适用性原则。此规则对按卷整理档案的档号和按件整理档案的档号的编制规则进行了区分。

文书档案、录音录像档案、实物档案、网页信息档案等一般按件整理，科技档案、人事档案、会计档案、照片档案、专业档案一般按卷整理。在后续相应项目中将具体介绍按卷整理档案的档号编制。

1. **档号的构成元素**

(1) 全宗号。

(2) 类别号：

——一级类别号(档案门类代码)；

——二级及三级类别号；

——项目号；

——目录号；

——年度；

——保管期限代码；

——机构/问题代码。

(3) 案卷号/组号/册号。

(4) 件号/页号。

按卷整理档案的档号必选项(3 项)：全宗号、一级类别号(档案门类代码)、案卷号/组号/册号；可选项：二级及三级类别号、目录号、项目号、年度、保管期限代码、件号/页号。

按件整理档案的档号必选项(5 项)：全宗号、一级类别号(档案门类代码)、年度、保管期限代码、件号；可选项：二级及三级类别号、机构(问题)代码。

档号结构及档号必选、可选元素表见表 4-3-1。

表 4-3-1 档号结构及档号必选、可选元素表

分类	按卷整理档案的档号	按件整理档案的档号
档号结构	全宗号-类别号-案卷号/组号/册号-件号/页号	全宗号-类别号-件号
类别号构成元素	一级类别号(档案门类代码) 二级及三级类别号 目录号 项目号 年度 保管期限代码	一级类别号(档案门类代码) 二级及三级类别号 年度 保管期限代码 机构(问题)代码

续表

分类	按卷整理档案的档号	按件整理档案的档号
档号必选元素	全宗号 一级类别号(档案门类代码) 案卷号/组号/册号	全宗号 一级类别号(档案门类代码) 年度 保管期限代码 件号
档号可选元素	二级及三级类别号 目录号 项目号 年度 保管期限代码 件号/页号	二级及三级类别号 机构(问题)代码

2. **按卷和按件整理的档号结构比较**

按卷和按件整理的档号结构分别见表 4-3-1 和表 4-3-2。

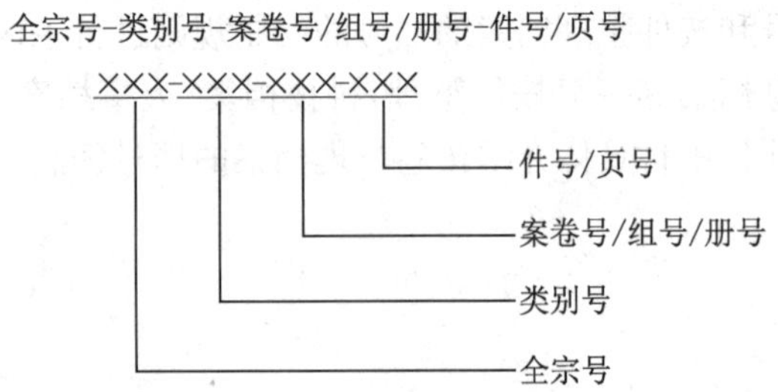

图 4-3-1　按卷整理的档号结构

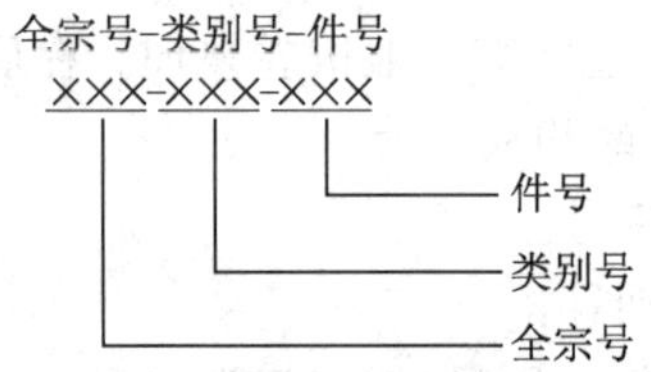

图 4-3-2　按件整理的档号结构

说明:档号结构中,左边为上位代码,右边为下位代码,连写时上下位代码之间用连接号"-"(短横线)相隔。类别号中各元素为同级代码,同级代码之间用间隔号"·"相隔。连接号和间隔号各占半个字位置,上下居中。

3. **档号的编制**

(1) 全宗号的编制方法。

一般采用 4 位代码标识全宗号。其中,第 1 位用大写汉语拼音字母标识全宗属性,后 3 位用阿拉伯数字标识顺序号。在同一个档案馆(室)内,全宗属性代码不应重复。在同一个全宗属性内,按排列次序流水编制全宗顺序号,不应有重号。

示例 1:某省档案馆藏新民主主义革命历史档案第 13 号全宗,标识为"X013"。

示例 2:某市档案馆藏旧政权档案第 4 号全宗,标识为"J004"。

(2) 档案门类代码的编制方法。

采用 2 位大写汉语拼音字母标识档案门类代码。

示例:机关档案门类代码标识为文书"WS"、科技"KJ"、人事"RS"、会计"KU"、专业"ZY"、照片"ZP"、录音"LY"、录像"LX"、业务数据"SJ"、公务电子邮件"YJ"、网页信息"WY"、社交媒体"MT"、实物档案"SW"。

在同一个档案馆(室)内或一个全宗内,不应有重复的档案门类代码。

(3) 二级及三级类别号的编制方法。

二级及三级类别号的设置应科学、简洁。根据实际情况,可扩展至四级。采用大写汉语拼音字母、阿拉伯数字或二者的组合编制二级及三级类别号,不应有重号。

示例:行政许可档案中登记注册档案中的注册类档案,标识为"XK·ZC·01"。

(4) 项目号的编制方法。

采用项目、课题、设备仪器等的代号或型号标识项目号。

（5）年度的编制方法。

采用 4 位阿拉伯数字标识文件（档案）的形成年度。

（6）保管期限代码的编制方法。

采用大写汉语拼音字母或大写汉语拼音字母与阿拉伯数字的组合标识保管期限。以代码“Y”标识永久，以代码“D”＋年限标识定期。

示例：保管期限为定期 30 年的标识为“D30”。

（7）机构（问题）代码的编制方法。

采用大写汉语拼音字母、阿拉伯数字或汉字标识机构（问题）。

示例 1：采用汉字“办公室”标识办公室。

示例 2：采用代码“003”标识党务类。

（8）案卷号/组号/册号的编制方法。

采用阿拉伯数字标识案卷号/组号/册号。档案馆（室）应按照实际数量确定案卷号/组号/册号的位数。应在案卷号/组号/册号前最低一级档号构成元素下按照排列次序流水编制案卷号/组号/册号，不应有重号。

（9）件号的编制方法。

采用阿拉伯数字标识件号。档案馆（室）应按照实际数量确定件号的位数。应在件号前最低一级档号构成元素下按照排列次序流水编制件号，不应有重号。

（10）页号的编制方法。

采用阿拉伯数字标识页号。档案馆（室）应按照实际数量确定页号的位数。应从卷内首页档案开始按排列次序流水编制页号，不应有重号。空白页不编制页号。

按卷整理的档号编制示例：J019-ZY・JC・CC・2019・D30-001-001。

说明：J019 为全宗号，ZY 为档案门类代码（专业档案），JC 为二级类别号（税务稽查），CC 为三级类别号（查处类），2019 为年度，D30 为保管期限代码，001 为案卷号，001 为件号。

按件整理的档号编制示例：A439-WS・2015・D30・003-005。

说明：A439 为全宗号，WS 为档案门类代码（文书档案），2015 为年度，D30 为保管期限代码，003 为问题代码（党务），005 为件号。

4. 归档章

归档文件应在首页上端的空白位置加盖归档章并填写相关内容。电子文件可以由系统生成归档章，或以条形码等其他形式在归档文件上进行标识。归档章应将档号的组成部分，即全宗号、年度、保管期限、件号及页数作为必备项，机构（问题）可以作为选择项，如图 4-3-3 所示。页数用阿拉伯数字标识。为便于识记，归档章保管期限也可以使用“永久”“30 年”“10 年”等简称标识，机构（问题）也可以用“办公室”等规范化简称标识。

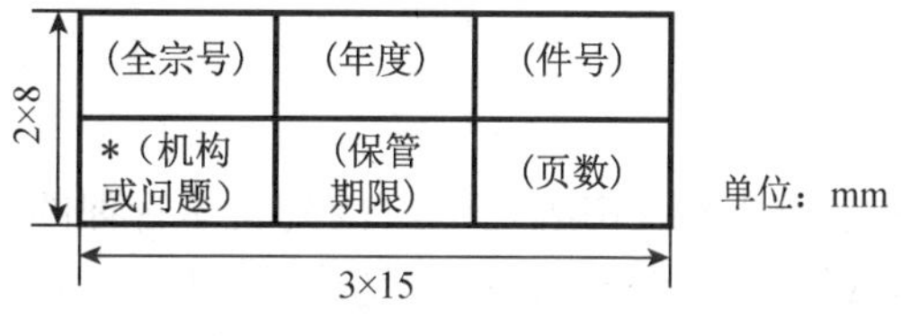

注：标有“＊”号的为选择项。

图 4-3-3 归档章式样

三、实训任务及参考示例

（1）某矿冶局办事处与他方合作，成立了“天源热力有限责任公司”，过程性文件涉及建站报告、上级部门批复、土地划拨、各项协议、管网铺设报告等。对这些归档文件应如何进行排序？

参考示例：

同一事由的归档文件统一应按文件形成时间顺序排列。将归档文件按照文件形成时间顺序进行排列后，该事由从开始、经过到结束的全过程便一目了然，也为日后查询提供了极大便利。如果按重要性排列，则主观性较强，不易反映出这一事由的发生、发展的全貌。

(2) YTHK 控股集团有限公司(参见本项目任务一中的实训任务)的文书档案，按照年度-机构-保管期限分类，其中两份归档文件如下：

① 关于发布《总裁办公室工作管理制度》的通知(总裁办〔2021〕1 号)，保管期限为 30 年，正文 2 页，另有附件 1 件：《总裁办公室工作管理制度》。

② 关于组织架构调整与人事任命的通知(总裁办〔2021〕8 号)，保管期限为永久，正文 5 页。

请编制这两份归档文件的档号并填写归档章项目。

解析：

关于全宗号的编制方法，对于入馆单位而言，按照档案馆给定的全宗号编制即可；对于非入馆单位而言，建议以 4 位英文字母组合作为全宗号，既可以是单位简称的汉语拼音首字母，也可以是单位英文简称。

档案门类代码由"文书"2 位大写汉语拼音首字母"WS"标识。其他门类档案，如照片、录音、录像、科技、专业档案，参照《归档文件整理规则》整理。

定期保管代码为"D"+年限，永久保管代码为"Y"，如定期 30 年标识为"D30"。"机构或问题"一栏填写"总裁办"或其汉语拼音首字母缩写"ZCB"。

参考示例：

① 档号：YTHK-WS·2021-D30-ZCB-0001。归档章见图 4-3-4。

YTHK	WS2021	0001
ZCB	D30	2

图 4-3-4　归档章①

② 档号：YTHK-WS·2021-Y-ZCB-0008。归档章见图 4-3-5。

YTHK	WS2021	0008
总裁办	永久	5

图 4-3-5　归档章②

四、延伸思考

(1)《归档文件整理规则》规定的档号结构既是纸质档案实体管理的客观需要，也是手工整理特征的突出体现。各地区、各部门应尽量使用上述统一的档号结构进行档号编制，以便在较大范围内实现档案数据的互通共享，为档案资源在全国范围内实现规范统一奠定良好的基础。请思考：档号结构中的项目为何如此排序？

提示：

《归档文件整理规则》从国家各级综合档案馆接收档案和档案信息资源在全国范围内实现规范统一的角度出发，规定了档号的结构，主要有两方面的原因：一是便于馆室衔接；二是考虑到机构(问题)为档号结构中的选择项，可以保持档号结构的易辨识度(固定项尽量放在档号结构的左侧，保证前段一致)。基于立档单位工作实际，还有两方面原因：一是文书档案基本以年度为单位进行归档，这种归档方式事实上已经按时间对归档文件进行了分类，因此放在档号第二级。二是在年度下以保管期限进行分类，使保管期限一致的文件归置在一起，便于对保管期满档案进行批量抽取、鉴定与销毁，一定程度上减少了保管期满档案销毁带来的倒架工作量。因此，保管期限位于档号第三级，最后是机构（问题）和件的流水排列号。

（2）实践中，一些单位为便于档案实体管理，存在于归档章上增加盒号项目，或将盒号标注于归档文件首页的情况。另外，有些单位在数字副本或电子文件管理中将盒号作为档号的一部分，甚至存在以盒为单位进行整理的做法。你如何看待这样的做法？

提示：

1. 在按件整理的情况下，档案盒仅仅是档案装具，与盒内文件没有逻辑关系。也就是说，在同一年度、同一机构、同一保管期限下，档案盒内放置文件的数量只取决于文件的薄厚和档案盒的尺寸，与档案内容没有直接关系。因而不必先确定盒内放置的文件，再编制盒号，完成装盒。

2. 在归档章上增加盒号项目或将盒号标注于归档文件首页，实际上是将盒号作为归档文件与档案盒之间关联关系的纽带。而两者之间已通过盒脊起止件号确定了唯一对应关系，因此没有必要再通过盒号建立第二套关联关系。否则，既成倍增加工作量，又可能出现两套关联关系指向不一的情况，增加管理的复杂性。

3.《归档文件整理规则》要求在档案盒盒脊编制盒号主要是为了满足排架需要，而非用于盒内文件的管理。由于档案管理过程中存在由于文件增减或者档案进馆导致档案盒盒号发生变化的情况，所以在文件上标注的盒号可能需要不断调整，这不仅徒增无谓的工作量，频繁修改还会对文件造成破坏。

4. 在数字副本或电子文件管理中，有些单位为实现与纸质文件材料形式上一致，存在把盒作为整理单位或一个管理层次的现象，这种做法不仅会加大系统开发的复杂程度，还会增加文件检索、管理的难度。

五、实践训练

请对下列归档文件进行组件、排序，并编制档号，填写归档章项目。

① 中共N镇H村总支部委员会关于H村党代表选举结果的报告，成文日期为2011年2月25日，正文1页，附件：中共常州市武进区N镇第三次代表大会代表登记表（10页）。

② 中共常州市武进区N镇委员会关于N镇H村党总支部党代表选举结果的批复（×复〔2011〕44号），成文日期为2011年3月14日，正文1页。

③ 中共常州市武进区N镇委员会关于中共N镇H村总支部委员会选举结果的批复（×复〔2010〕40号），成文日期为2010年10月8日，正文1页。

④ 中共常州市武进区N镇委员会关于中共N镇H村总支部委员会组成人选的批复（×复〔2010〕26号），成文日期为2010年9月22日，正文1页。

⑤ 中共N镇H村（社区）党组织委员会全体会议选举结果的报告，成文日期为2010年9月26日，正文1页，附件3个：书记选举结果报告单（1页）、副书记选举结果报告单（1页）、委员选举结果报告单（按姓氏笔画排列）（1页）。

⑥ 关于中共N镇H村（社区）党组织委员会候选人初步人选的请示，成文日期为2010年9月20日，正文1页，附件3个：村（社区）党组织书记候选人初步人选名单（1页）、副书记候选人初步人选名单（1页）、委员候选人初步人选名单（按姓氏笔画排列）（1页）。

⑦ H村民主推荐会议主持词，正文1页。

⑧ H村党组织候选人提名人选基本情况，正文1页。

⑨ N镇公推直选H村党组织委员会班子成员民主推荐办法（草案），正文1页。

⑩ N镇公推直选H村党组织委员会班子成员推荐提名人选的公告，成文日期为2010年9月17日，正文1页。

⑪ H村社区党组织换届工作民主推荐大会与会人员情况报告，成文日期为2010年9月17日，附件：H村党总支“五种特殊情况的党员”名单(1页)。

⑫ N镇公推直选H村(社区)党组织委员会班子成员书记、副书记、委员推荐提名人选名单汇总表，正文3页，附件：N镇公推直选H村(社区)党组织委员会班子成员党组织推荐表，附件6个，共6页。

⑬ 中共N镇H村总支部委员会关于H村党总支召开党员大会改选党组织委员会的请示，成文日期为2010年9月15日，正文1页。

六、知识拓展

见右侧二维码。

任务四 归档文件的编目

一、任务背景及目标

归档文件的编目是指编制归档文件目录，实现归档文件从一次文献向二次文献的初步转化，这也是其他各种编目工作的起点和基础，为档案的保管、鉴定、检索、统计和编研等工作的开展提供了基本条件。编目应按照分类、排列的结果进行，编制完成的目录应该能够准确反映分类体系和排列方法。按“件”整理而成的“归档文件目录”这一种目录取代了按“卷”整理而成的“案卷目录”和“卷内文件目录”这两种目录。

本任务的主要目标是掌握归档文件目录的编制规则及方法。

二、知识介绍

(一) 归档文件的编目规则

应依据档号顺序编制归档文件目录。编目应准确、详细，便于检索。

归档文件应逐件编目。来文与复文作为一件时，只对复文进行编目，但必须在题名栏中用“( )”注明来文，如“附请示”；来文与复文作为两件时，分别对其进行编目。对于同一事由形成的多份文件，应分别编目。例如，对于同一次会议形成的15件归档文件，应编制15条目录。

归档文件目录应设置序号、档号、文号、责任者、题名、日期、密级、页数、备注等项目。

(1) 序号：归档文件顺序号。每册归档文件目录的序号用阿拉伯数字从“1”开始逐条著录。

(2) 档号：按照本项目任务三中的要求编制。

(3) 文号：文件的发文字号。对于没有文号的归档文件，此栏目空置，不得著录诸如“会议文件之一”等文件顺序号或“情况反映”等文件名称。文号中的年度应用六角括号“〔 〕”括入，不使用方括号“[ ]”或实心方头括号“【 】”。

(4) 责任者：制发文件的组织或个人，即文件的发文机关或署名者。著录责任者项时一般应使用全称或通用简称，不使用“本部”“本局”“本公司”等含义不明的简称。

(5) 题名：文件标题。没有标题、标题不规范，或者标题不能反映文件主要内容、不方便检索的，应全部或部分自拟标题，自拟内容外加方括号“[ ]”。文件的附件独立性强，正文标题不能反映附件内容时，附件标题可一并抄录，外加“( )”补充说明。

(6) 日期：文件的形成时间。以国际标准日期表示法标注年、月、日，如19990909。

(7) 密级：文件密级。按文件实际标注情况填写。没有密级的文件不用标识。

(8) 页数：每一件归档文件的页面总数。文件中有图文的页面为一页。

(9) 备注：注释文件需说明的情况，包括缺损、修改、补充、移出、销毁等。前面在排列、编号部分提到的零散文件排列和档案进馆前再鉴定、整理即属补充、销毁情况。对备注项目的填写应严加控制，以免使目录条目杂乱不堪；另外，如果有些条目需说明的情况较多，备注栏难以填写，则在备注栏中加注“＊”号，将具体内容填入备考表中。

（二）归档文件目录的生成

归档文件目录（图 4-4-1）推荐由系统生成或使用电子表格进行编制。目录表格采用 A4 幅面，页面宜横向设置。使用电子表格或者文字处理软件进行归档文件目录编制时，项目内容应直接输入完成，不加空格和回车符，以免影响数据完整性，给数据检索带来不便。

随着档案信息化的发展，系统自动生成目录减少了数据导入环节，增加了数据导出环节。参照归档文件目录式样，可以设计档案管理录入系统，将序号、文号、题名等要素标识齐全，以“盒”为单位进行数据录入，录入完成后即可自动生成目录。

归档文件目录

序号	档号	文号	责任者	题名	日期	密级	页数	备注

图 4-4-1　归档文件目录式样

（三）归档文件目录的装订

归档文件目录除保存电子版本外，还应打印装订成册。归档文件目录可以按年装订成册，也可每年区分保管期限装订成册。对于装订成册的归档文件目录，应编制封面以便于传递、携带和阅读。归档文件目录封面应和归档文件目录同样采用 A4 纸。封面设置全宗号、全宗名称、年度、保管期限、机构（问题），如图 4-4-2 所示。其中，全宗名称即立档单位名称，填写时应使用全称或规范化简称。

归 档 文 件 目 录

全 宗 号__________
全宗名称__________
年　　度__________
保管期限__________
＊机构（问题）__________

图 4-4-2　归档文件目录封面式样

三、实训任务及参考示例

请为以下归档文件生成归档文件目录。

① W 区委办公室 W 区人民政府办公室文件，关于调整区四套班子领导挂钩联系镇、开发区（重点园区）分工的通知，武办发〔2021〕51 号，2021 年 8 月 10 日，2 页。

② 蔡旭《中国近 30 年来小麦改进史》著作手稿，1944 年，85 页。（注：蔡旭为我国小麦栽培及遗传育种学家、农业教育家，常州籍中国科学院院士）

③ 财政局工作简报（多份），2020 年 4 月至 6 月，60 页。

④ W 区 N 镇党委发《通知》（关于深入开展“两在两同”建新功行动 推进党史学习教育走深走实的通知），2021 年 8 月 13 日，5 页。

⑤ 档案局“强化目标管理，推动机关档案工作发展——××同志在机关档案工作会议上的讲话”，2021 年 1 月 6 日，6 页。

⑥ 财政局关于档案室建设规模的批复（请示与批复为一件），请示：2021 年 5 月 6 日，2 页；批复：2021 年 6 月 8 日，2 页。

⑦ C 市政府关于进一步加强我市精神文明建设的决定，附件为市民公约，2020 年 7 月 20 日，正文 1 页，附件 2 页。

⑧ C 市政府关于进一步加强我市精神文明建设的决定，附件为市民公约，附件单独作为一件，2020 年 7 月 20 日，正文 1 页，附件 2 页。

⑨ 档案局“十三五”档案事业发展规划定稿，2015 年 12 月 20 日，30 页。

⑩ XC 公司总裁办公会议记录，2021 年 1 月至 4 月，46 页。

解析：

① 联合发文时，若责任者过多，则可适当省略，但应注意：立档单位是责任者的必须著录，以体现“以我为主”的归档原则；文号所代表的机关必须著录。

② 个人责任者著录时，应在姓名后著录职务、职称或其他职责，并加“( )”。文件所署个人责任者有多种职务时，只著录与形成文件相应的职务。少数民族个人责任者称谓应依照该民族的署名习惯著录。外国责任者的姓名前应著录各历史时期易于识别的国名简称，其后著录统一的中文姓氏译名，必要时著录姓氏原文和名的缩写，国别、姓氏原文和名的缩写均加“( )”，如(美)爱因斯坦(A. Einstein)。未考证时间的每一数字用“□”标示。

③ 多人的介绍信(存根)、多份简报组成一件时，责任者应著录本机关全称或通用简称。

④ 内部文件等“白头文件”常会出现未署责任者的情况，著录时应尽量根据文件内容、形式等特征加以考证并著录。对于没有标题、标题不规范，或者标题不能反映文件主要内容、不方便检索等情况，应按照“责任者＋事由＋文种”结构全部或部分自拟标题。自拟内容应外加方括号“[ ]”，以与原标题内容相区别。

⑤ 文件同时存在正题名、副题名的应照实著录。对于同时存在正题名、并列题名的，填写时应一并著录。

⑥ 来文与复文作为一件时，除照实著录复文标题外，还应增加“及请示”“及函”字样，页数为来文和复文页数之和。

⑦ 文件的题名不能完全反映附件内容，应该在正件标题后著录附件标题。有多个附件的，附件之间用“;”隔开。

⑧ 附件单独作为一件的，应在附件标题前抄录正文标题，并注明“附件”字样。页数为附件的页数。

⑨ 定稿、历次修改稿分别作为一件时，除著录文件标题外，还应注明稿件性质。

⑩ 会议记录的责任者应著录本单位(或有关组织)全称或通用简称。多次会议记录组成一件时，题名格式为：“责任者＋起止时间＋会议记录名称”。

参考示例：

归档文件目录见表 4-4-1。

表 4-4-1 归档文件目录

序号	档号	文号	责任者	题名	日期	密级	页数	备注
1	略	W 办发〔2021〕51 号	W 区委办	关于调整区四套班子领导挂钩联系镇、开发区(重点园区)分工的通知	20210810	略	2	
2	略		蔡旭(院士)	“中国近 30 年来小麦改进史”著作手稿	1944□□□□		85	
3	略		财政局	2020 年 4 月至 6 月工作简报	20200401		60	
4	略		N 镇党委	关于深入开展“两在两同”建新功行动 推进党史学习教育走深走实的通知	20210813		5	

续表

序号	档号	文号	责任者	题名	日期	密级	页数	备注
5	略		档案局	强化目标管理,推动机关档案工作发展——××同志在机关档案工作会议上的讲话	20210106		6	
6	略		财政局	关于档案室建设规模的批复[及请示]	20210608		4	
7	略		C市政府	关于进一步加强我市精神文明建设的决定[附件:市民公约]	20200720		3	
8	略		C市政府	[关于进一步加强我市精神文明建设的决定]附件:市民公约	20200720		2	
9	略		档案局	档案局十三五档案事业发展规划[定稿]	20151220		30	
10	略		XC公司总裁办	XC公司2020年1至4月总裁办公会议记录	20210101		46	

注:此处的序号仅代表题目的序号,不代表实际归档文件的序号。

四、延伸思考

一般建议在库房档案柜架相应位置放置装订成册的归档文件目录,那么是否还需要在档案盒内放一套归档文件目录呢?

提示:

《归档文件整理规则》并没有对此做出要求。实践中,参照传统文书立卷方法在盒内放置目录,便于人工查验,但缺点是:这样会大大增加工作量,且按盒分割目录存在一定的操作难度,还有可能出现装订成册目录与盒内目录不一致的情况,易造成困扰;如果盒内文件信息有变化,需要同步更正目录,增加管理负担;浪费纸张,增加盒内文件厚度。而在盒内不放置目录则可有效避免出现前述情况。

因此,一般建议在库房档案柜架相应位置放置装订成册的目录即可。因为"卷"改"件"后,打破了盒与卷对应的关系,使用机读目录,直接可以准确定位到"件"号,然后从档案盒脊背上就能获取文件所在位置的准确信息,盒内无须再放一套目录。不过,考虑到传统做法和工作习惯,各地区、各部门存在其他规定或做法的,也可以遵照原有规定或延续习惯做法。

五、实践训练

请对本项目任务三中"实践训练"的归档文件进行编目。

六、知识拓展

见右侧二维码。

任务五 纸质归档文件的修整、装订、编页、装盒和排架

一、任务背景及目标

为使档案能安全保存和有效利用,装订前对不符合档案保护和利用要求的归档文件材料应进行必要的修整。

2015版《归档文件整理规则》相较于2000版，在装订方面进行了细化。装订是指采用符合档案保护要求的装订材料，将完成组件和件内文件排序的纸质文件以"件"为单位固定在一起。装订是纸质文件整理的基础环节。通过装订，从实体上将归档文件整理的基本单位——"件"确定下来，为后续工作的开展提供条件。

纸质归档文件的整理流程是：组件—修整—装订—分类—排列—编号—编页—编目—装盒—排架。其中，组件与分类、排列与编号、编目按照本项目任务二、三、四的规则进行。此处的修整、装订、编页、装盒和排架是纸质文件整理相对于电子文件整理而言特有的整理环节。

本任务的主要目标是明确纸质文件整理与电子文件整理的主要区别，掌握修整、装订、编页、装盒和排架等纸质文件特有整理环节及其操作方法。

二、知识介绍

（一）修整

(1) 归档文件已破损的，应按照DA/T 25—2000予以修复；字迹模糊或易退变的，应予复制。

(2) 归档文件应按照保管期限要求去除易锈蚀、易氧化的金属或塑料装订用品。

(3) 对于幅面过大的文件，应在不影响其日后使用效果的前提下进行折叠。

（二）装订

(1) 归档文件一般以"件"为单位装订。归档文件的装订应牢固、安全、简便，做到文件不损页、不倒页、不压字，装订后文件平整，有利于归档文件的保护和管理。装订应尽量减少对归档文件本身的影响，原装订方式符合要求的，应维持不变。

(2) 应根据归档文件保管期限确定装订方式，装订材料应与保管期限要求相匹配。为便于管理，相同期限的归档文件装订方式应尽量保持一致，不同期限的归档文件装订方式应相对统一。

(3) 用于装订的材料，不能包含或产生可能损害归档文件的物质。不使用回形针、大头针、燕尾夹、热熔胶、办公胶水、装订夹条、塑料封等装订材料进行装订。

（三）编页

(1) 纸质归档文件一般应以"件"为单位编制页码。

(2) 页码应逐页编制，宜分别标注在文件正面右上角或背面左上角的空白位置。

以文件中有图文(指与文件内容相关的文字、图画等)的页面为一页，凡有文字、符号、图形的每一面都必须依次编页，折叠的大张文件或附贴的字条均要按面编页(无论是筒子页、折叠页、大小页、一张纸上贴有数张小页等，都应逐一编页，信封也不例外)，空白页不计。大张的文件或图表折叠后，仍按未折叠前有图文的页面数计算页数。来文与复文、正本与定稿等作为"件"时，统计页数时应将构成该件的各文件页数相加所得总和作为该件的页数。

新中国成立前和成立初期的档案有的需要编张号，只需按张在正面编页即可。图表和声像材料等，也应在装具上或在声像材料的背面逐件编页。

(3) 文件材料已印制成册并编有页码的，以及拟编制页码与文件原有页码相同的，可以保持原有页码不变。

（四）装盒

装盒指将归档文件按顺序装入档案盒，并填写档案盒盒脊及备考表项目。不同年度、机构(问题)、保管期限的归档文件不能装入同一个档案盒。

1. 档案盒

(1) 档案盒封面应标明全宗名称。档案盒的外形尺寸为310 mm×220 mm(长×宽)，盒脊厚度可以根据需要设置为20 mm、30 mm、40 mm、50 mm等(图4-5-1)。

(2) 档案盒应根据摆放方式的不同，在盒脊或底边设置全宗号、年度、保管期限、起止件号、盒号等必备项，并可设置机构(问题)等选择项(图4-5-2)。其中，起止件号填写盒内第一件文件和最后一件文件的件号，起件号填写在上格，止件号填写在下格；盒号即档案盒的排列顺序号，按进馆要求在档案盒盒脊或底边编制。

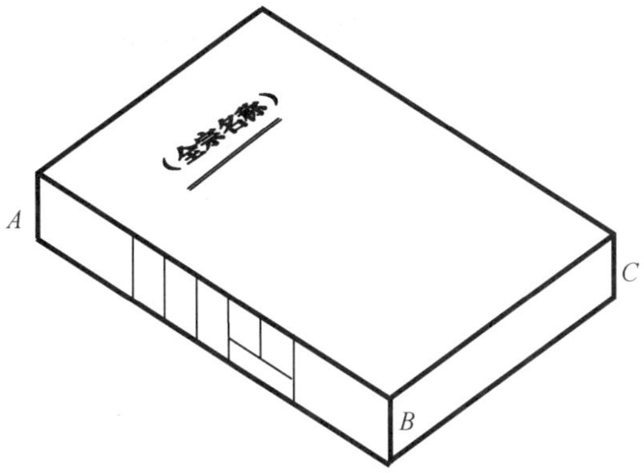

A=B=C=20 mm、30 mm、40 mm、50 mm 等

图 4-5-1　档案盒封面式样

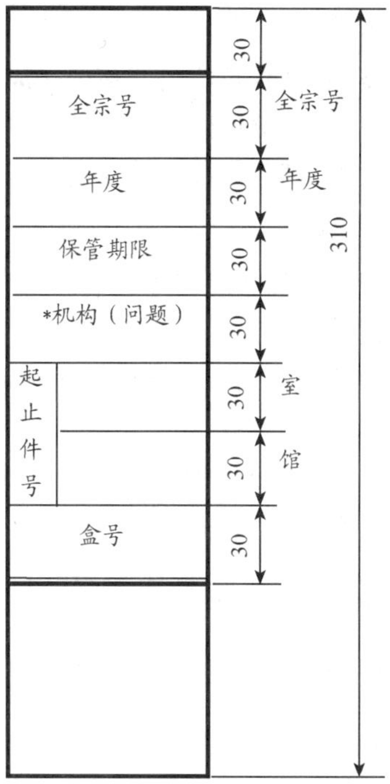

单位：mm

图 4-5-2　档案盒盒脊式样

(3) 档案盒应采用无酸纸制作。

2. 备考表

备考表置于盒内文件之后，项目包括盒内文件情况说明、整理人、整理日期、检查人、检查日期(图 4-5-3)。

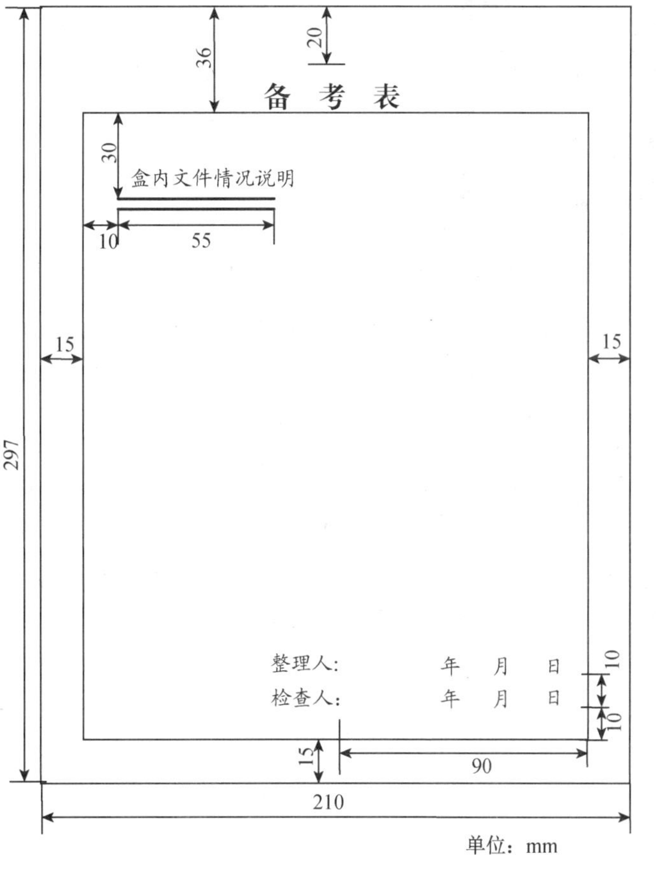

图 4-5-3　备考表

（1）盒内文件情况说明：填写盒内文件缺损、修改、补充、移出、销毁等情况。

（2）整理人：负责整理归档文件的人员签名或签章。

（3）整理日期：归档文件整理完成日期。

（4）检查人：负责检查归档文件整理质量的人员签名或签章。

（5）检查日期：归档文件检查完毕的日期。

（五）排架

（1）归档文件整理完毕装盒后，上架排列方法应与本单位归档文件分类方案一致。排架方法应设计得当，避免频繁倒架。

（2）归档文件按年度-机构（问题）-保管期限分类的，库房排架时，每年形成的档案按机构（问题）序列依次上架，便于实体管理。

（3）归档文件按年度-保管期限-机构（问题）分类的，库房排架时，每年形成的档案按保管期限依次上架，便于档案移交进馆。

三、实训任务及参考示例

对几种常用的归档文件装订法进行比较。

解析：

纸质文件的装订方法主要有线装法、变形材料装订法、粘接法、封套法等。

（1）线装法，指以棉线作为装订材料，对文件进行固定的方法。线装法主要包括“三孔一线”装订法（图 4-5-4）、直角装订法（图 4-5-5）和缝纫机轧边装订法。使用缝纫机在文件左上角或左侧轧边这种方式装订，存在针脚过密、易造成纸页从装订处折断的问题，设备成本也相对较高。

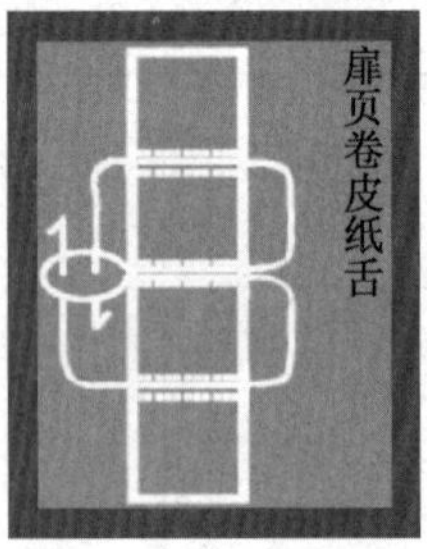

图 4-5-4 “三孔一线”装订法

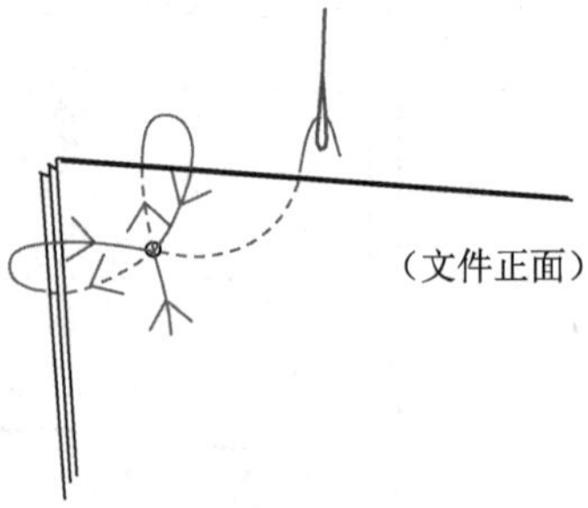

图 4-5-5 直角装订操作方法

（2）变形材料装订法，指以金属等易变形材料为装订材料，通过装订材料形变对文件进行固定的方法。常见的变形材料装订法包括不锈钢订书钉装订法、不锈钢夹装订法。要注意，使用金属材料装订的归档文件，不能使用微波设备进行消毒，否则可能引起火灾。

（3）粘接法，指通过粘接材料固定文件的方法，主要指浆糊装订法。实践中，浆糊装订多用于传统纸张文件或珍贵文件的装订。但这种方法存在可逆性差、复印及扫描时不能拆除等缺点。另外，还有使用热熔胶封装的办法，但由于成本较高而不易推广。

（4）封套法，指通过纸质封套将去掉原装订材料的散页文件夹装其中以达到固定目的的装订方法。由于没有统一规格，定制的封套可以用于任意厚度文件的装订。

装订方式和装订用品的选择应符合档案保护的要求。选用装订用品时，应尽量降低成本支出，装订方式应简便易行。

参考示例：

常用的装订法及其适用情况见表 4-5-1。

表 4-5-1 常用的装订法及其适用情况

方法	适用厚度	适用保管期限	是否属进馆范围
“三孔一线”装订法	文件较厚,页数较多	永久,长期	是
直角装订法、缝纫机轧边法	文件较薄,页数较少	永久,长期	是
不锈钢夹装订法或封套法	定制的封套可用于任意厚度文件	短期	否
浆糊装订法	珍贵档案		

注:同一保管期限文件的装订方式应保持前后统一。

四、延伸思考

(1) 2000 版《归档文件整理规则》未对纸质归档文件编页做具体要求。2015 版《归档文件整理规则》增加了纸质归档文件编页的具体要求:“页码应逐页编制,宜分别标注在文件正面右上角或背面左上角的空白位置。”“文件材料已印制成册并编有页码的,拟编制页码与文件原有页码相同的,可以保持原有页码不变。”如何看待这些变化?

提示:

2015 版《归档文件整理规则》规定页码宜分别标注在文件正面右上角或背面左上角的空白位置,能够对文件原有页码和编制页码进行有效区分;新规则规定可以简化流程,避免重复劳动。但是,印制成册的文件材料其页码一般位于正面右下角或反面左下角,与新规页码的编制位置相矛盾,在一定程度上破坏了页码整体的统一性。

(2) 在归档文件整理中,需要手工编制的项目包括页码、归档章、备考表、盒脊等。请思考:应以何种方式、何种字迹材料对其进行标注?

提示:

在进行标注时,应兼顾既往经验与整理需求,同时在确保符合档案保护要求的前提下,尽量减少手工工作量。归档文件需要编制页码的,应该在文件正面右上角、背面左上角的空白位置使用黑色铅笔进行标注。由于容易出错,不建议使用打号方式或者难以修改的签字笔等进行标注。

填写归档章项目时应使用符合档案保护要求的字迹材料,如碳素墨水、耐久性好的签字笔等,也可使用打号机打号;禁止使用圆珠笔、铅笔、纯蓝墨水等不耐久的书写材料进行填写。归档章、备考表、盒脊中有些项目比较固定,如全宗号、保管期限、机构(问题)等,有条件的单位可以直接打印或刻印。

五、实践训练

请打印一份《归档文件整理规则》(DA/T 22—2015),收集本单位(实习单位)五份以上需归档的文件,准备一个档案盒、一把直尺、若干棉线和空白纸。依据《归档文件整理规则》,对这几份归档文件进行文件级整理(组件、修整、装订、分类、排列、编号、编页、编目、装盒)。

六、知识拓展

见右侧二维码。

任务六　文书类电子文件的整理

一、任务背景及目标

《归档文件整理规则》中关于整理的一般要求同样适用于纸质文件和文书类电子文件整理。但由于电子文件存在不同于纸质文件的特性，二者在具体适用上也存在一定差异。

在信息化条件下，归档文件整理应符合文档一体化管理要求，便于计算机管理或计算机辅助管理。必须统筹考虑传统的纸质文件和电子文件的整理要求，避免因二者整理的基本原则、基本方法不同而带来的诸多问题。在纸质文件与电子文件并行的情况下，如何保证二者的协调统一是必须面对的问题。

本任务的主要目标是结合本单位实际情况，先确定是以纸质文件还是以电子文件整理为主，再依此确定整理的策略，掌握格式转换、元数据收集、归档数据包组织、存储等电子文件特有的整理环节及其方法，保证纸质文件整理和电子文件整理的协调一致。

二、知识介绍

归档电子文件的格式转换、元数据收集、归档数据包组织、存储等整理要求，参照《数字档案室建设指南》(2014 年)、GB/T 18894—2016、DA/T 48—2009、DA/T 38—2021 等标准执行。

归档电子文件的整理，除了将归档电子文件以“件”为单位进行组件、分类、排列、编号、编目等(此为纸质文件与电子文件整理的通用整理流程，符合《归档文件整理规则》一般要求)外，还包括格式转换、元数据收集、归档数据包组织、存储等环节。纸质文件和电子文件整理流程分别见图 4-6-1 和图 4-6-2。

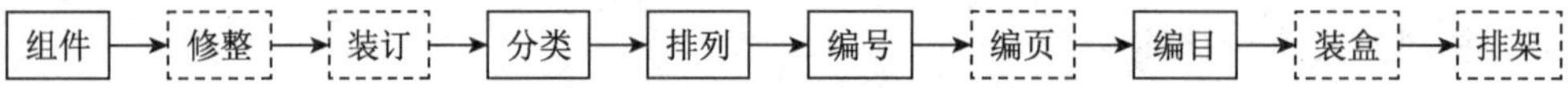

图 4-6-1　纸质文件整理流程

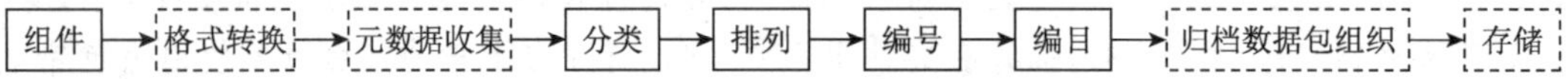

图 4-6-2　电子文件整理流程

(一) 格式转换

《数字档案室建设指南》(2014 年)对文书类电子文件(电子公文)的归档格式做出规定：电子公文的正本、定稿、公文处理单应以 OFD、PDF、PDF/A 等版式文档格式归档保存，版式文档格式应符合《版式电子文件长期保存格式需求》(DA/T 47—2009)。集中记录修改过程的彩色留痕稿以及确有必要保存的重要修改稿可以 WPS、RTF、DOC 等同级综合档案馆认可的格式归档保存。

实行文档一体化的单位，可在办公系统与档案系统的归档接口中集成文件格式转换服务，对不符合归档格式要求的电子文件自动进行格式转换。未实行文档一体化的单位，可由有关档案整理人员手工完成格式转换工作。

(二) 元数据收集

《文书类电子文件元数据方案》(DA/T 46—2009)结合我国目前电子文件管理实际，将文书类电子文件元数据从概念层次上区分为文件实体元数据、机构人员实体元数据、业务实体元数据、实体关系元数据四个域。这四个域及其 25 个元素、63 个子元素共同构成文书类电子文件元数据的基本结构框架。该框架的设置可以按照“主体—行为—对象”的逻辑来理解。

《文书类电子文件元数据方案》给出的 88 个元素及子元素中，有 20 项为必选项，25 项为条件选项，43 项为可选项。其中，“条件选项”表示在特定环境和条件下必须采用。各单位可根据自身实际添加适合本单位文件、档案管理的元数据项目。文书类电子文件元数据必选项如表 4-6-1 所示。科技类、专业类电子文件管理方式与文书类电子文件类似，其元数据收集范围可以参考文书类电子文件元数据收集范围。

表 4-6-1 文书类电子文件元数据必选项

编号	元数据中文名称	元数据英文名称	编号	元数据中文名称	元数据英文名称
M1	聚合层次	aggregation level	M38	密级	security classification
M2	来源	provenance	M40	形式特征	formal characteristics
M6	立档单位名称	fonds constituting unit name	M65	存储位置	storage location
M7	电子文件号	electronic record code	M67	脱机载体编号	offline medium identifier
M8	档号	archival code	M70	权限管理	rights management
M11	年度	year	M77	机构人员名称	agent name
M12	保管期限	retention period	M80	业务状态	business status
M21	内容描述	content description	M81	业务行为	business activity
M22	题名	title	M82	行为时间	action time
M33	日期	date	M85	实体标识符	entity identifier

（三）归档数据包组织

电子文件通过数据接口形式归档时，各单位业务系统要以一定的格式组织和存储电子文件和元数据。常用的归档数据包组织形式包括文件包和封装包两种形式。

1. 文件包形式

文件包形式是将电子文件和元数据分别保存为格式文件，然后将这些文件按照一定的关系组织在一起，形成一个“包”形式的文件组合。

2. 封装包形式

封装包形式是按照档案行业标准《基于 XML 的电子文件封装规范》(DA/T 48—2009)要求生成的文件数据包，包括电子文件各种元数据和电子文件内容。按照标准形成的电子文件封装包，除了保存电子文件和元数据外，还具有电子签名验证功能和封装包修改功能。因此，归档时捕获的电子文件封装包在完成电子文件归档工作后，应进行长期保存；只要电子文件没有销毁，其封装包应一直保存下去。

归档时的电子文件封装包一般情况下没有档号，只有电子文件在原业务系统中的电子文件号，无法与归档后的封装包一并管理，因此应按照归档时间和批次建立文件夹，原样保存。在档案管理系统中整理完毕的电子文件，在通过相应的档案检查后应重新封装，参照开放档案信息系统(OAIS)中电子文件长期保存的要求制作 AIP 包。

3. 两种数据包形式的异同

文件包和封装包这两种归档数据包形式的相同点是都采取 XML 格式组织电子文件元数据，体现了归档数据包与软硬件系统无关的特性。两者的不同点是文件包格式的数据采取分类保存的方式，不便于查看某一份电子文件及其元数据情况；封装包格式的数据采取逐个电子文件和对应元数据组合保存的方式，单独查看一份电子文件比较方便，但是全方位地浏览归档的电子文件情况则比较麻烦。

三、实训任务及参考示例

A 公司还未使用文档管理系统，为了对平时的电子文件做到有效管理，应当如何组织归档数据包并进行存储？

解析：

可以档案光盘为存储载体，将同一全宗、同一属性的归档电子文件存入一盘或多盘光盘中，涉密档案单独存入一盘光盘。光盘存储结构：在光盘根目录下的文件夹（光盘标识）下设“说明文件”“目录文件”“其他文件夹”“电子文件文件夹”4 个子目录。

归档文件包括以下内容（图 4-6-3）：

1. 说明文件（命名为“说明文件. TXT”）：存放数据包有关信息，包括数据包参数（如数据包容量、数据包基本内容等）、数据包编号、数据包归档单位、数据包检查单位、读取本数据包内电子文件和元数据所需要的软硬件环境等信息。

2. 目录文件（命名为“目录文件. XML”）：存放电子文件的目录信息。目录文件中的每条记录与每份电子文件相对应，每条记录包括数据包内电子文件顺序号、档号、责任者、题名、日期、密级、电子文件名称、备注等内容。

3. 其他文件夹（命名为“其他文件夹”）：存放各种其他存入载体的文件，包括元数据规范、数据封装规范、分类编号规则、文件命名规则及电子文件归档交接信息等。这些文件应采用文本、XML 和其他符合长期保存要求的文件格式。

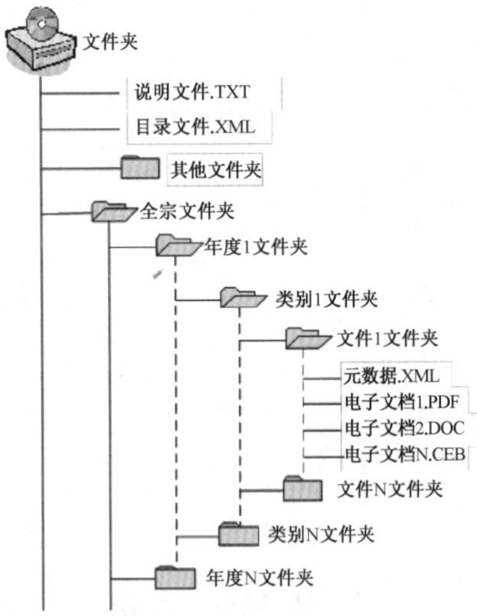

图 4-6-3　归档文件包结构

4. 电子文件文件夹（图 4-6-3 中的“全宗文件夹”及其包含的全部内容）：一般按照档案管理的惯例以全宗号命名（没有全宗号的单位可以使用其他代码代替，只要能将不同的立档单位区分开即可），用于存放电子文件及其元数据。电子文件文件夹一般按年度-类别-文件的层次设置最底层文件夹。根据档案整理和分类方案以及实际情况，可对存储结构中的类别、文件等层级进行取舍。最底层文件夹（图中的“文件 1 文件夹”等）一般以文书处理号、件号或流水号命名，用于存放电子文件的元数据和电子文档。

此外，应采用 DVD-R 光盘全盘一次性刻录方式进行数据刻录，不允许压缩保存。刻录光盘一式三套，单个装盒，盒上标注全宗号、年度、载体顺序号、数据量、密级、保管期限、存入日期、运行环境、套别号等。套别号分别用大写字母 A、B、C 表示，A 表示封存保管，B 表示查阅利用，C 表示用于异地备份。同时，应将归档内容存储在一套磁性载体上。归档数据包组织好后，可以通过离线或在线的方式移交档案部门。

参考示例：

一般情况下，电子文件内容存储在计算机硬盘或磁盘阵列中，电子文件元数据保存在档案管理系统数据库中。

（一）电子文件内容存储

电子文件整理完毕后，应依据档号等标识符构成要素在计算机存储器中逐级建立文件夹，分门别类、集中有序地存储电子文件及其组件，并在元数据中自动记录电子文件在线存储路径。

如图 4-6-4 所示，左侧的层级文件夹分别代表全宗号（Z109）、档案门类（WS）、年度（如 2011）、保管期限（如 D10）、机构（问题）（如 BGS）和件号（如 0001），在此“件号”文件夹内存储的就是该件电子文件包含的全部计算机文件。

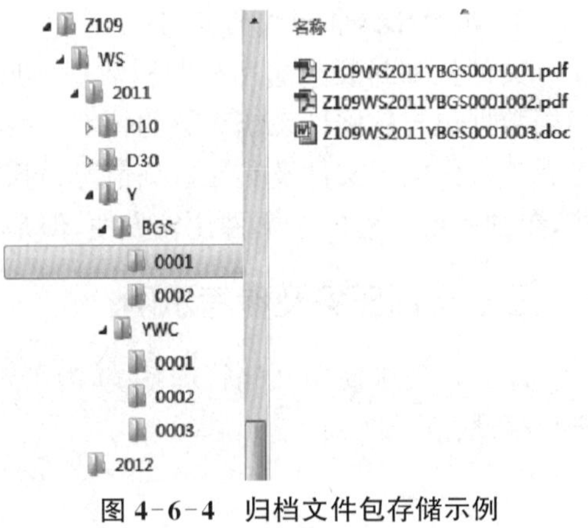

图 4-6-4　归档文件包存储示例

（二）元数据存储

在档案管理系统中，电子文件元数据一般使用关系型数据库进行管理。元数据存储时，因不同类型的元数据项目与电子文件的对应关系不同,需要区分几个数据表存储和管理电子文件元数据。

电子文件元数据在系统内可分成文件实体信息、文档信息、业务实体信息等数据表进行管理。

1. 文件实体信息数据表。该表保存与电子文件存在“一对一”关系的文件实体元数据,数据表中的每一条记录对应一件电子文件实体信息。

2. 文档信息数据表。该表保存与电子文件存在“一对多”关系的,与电子文件所包含的文档有关的元数据项目,如文档序号、稿本、格式信息、计算机文件名、计算机文件大小、文档创建程序等。数据表中的每一条记录对应一份电子文件包含的一个电子文档信息。

3. 业务实体信息数据表。与“文档信息数据表”相似,业务实体信息数据表保存与电子文件存在“一对多”关系的,与电子文件业务实体有关的元数据项目,如业务行为、行为时间、机构人员名称等。数据表中的每一条记录对应一份电子文件的一项业务记录,如一件电子文件可能包含拟稿、审核、签发等业务记录,一项业务记录在该数据表中就是一条记录。

四、延伸思考

以电子文件为主型单位应使用较为完善的办公自动化系统,即全部使用电子文件方式形成和发送文件,接收的电子文件直接进入办公系统处理,收到的纸质文件则需数字化后再进入办公系统处理,且应使用网络化的档案管理系统。此类单位可以按照何种流程开展档案整理?

提示:

1. 将收到的纸质文件通过数字化手段转换成电子文件,与接收的电子文件和本单位形成的电子文件一并以电子形态进入办公系统,进行文件流转处理。

2. 电子文件流转过程中由文书、业务部门人员对文件进行价值鉴定,对有归档价值的文件应直接确定保管期限,并赋予档号。

3. 电子文件流转完毕后对文件进行分类整理,完成电子文件整理工作。

4. 将收到的纸质文件、电子文件的打印版本和本单位形成的电子文件对应的纸质版本合并整理为纸质档案。纸质档案应与整理完毕的电子档案采取相同的保管期限、分类排列方法,并编制相同的档号,与电子档案合并为一体进行管理。

电子文件为主型单位的归档流程见图 4-6-5。

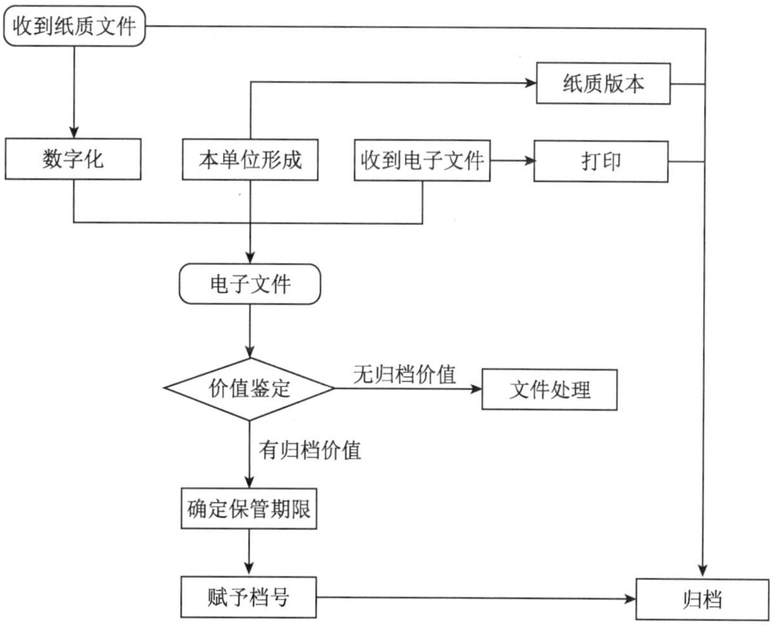

图 4-6-5　电子文件为主型单位的归档流程

注意：在电子文件组件时，按照《数字档案室建设指南》要求，一件发文通常包含正本、发文稿纸、定稿、彩色留痕稿四部分。彩色留痕稿由于反映文件的形成过程，是维护电子文件真实性的重要手段，在目前条件下具备留存的必要性和可能性，因而一律要求归档保存。

五、实践训练

某单位通过外部公文交换系统收发文，内部有办公自动化系统（OA）和电子文档管理系统。目前，该单位通过 OA 系统完成了拟稿、审核、校对、签发、盖章等流程，形成了一份电子文件《关于举办电子文件管理业务培训班的通知. doc》，附件为《报名表》。请对如图 4-6-6 所示电子文件及其元数据进行归档操作。

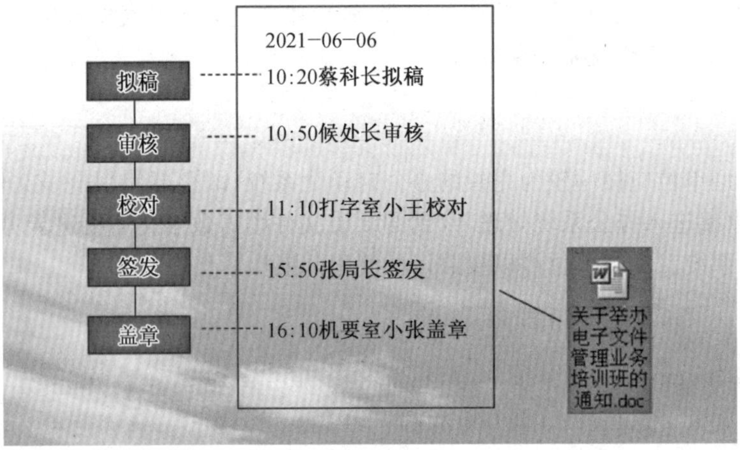

图 4-6-6　某单位关于举办电子文件管理业务培训班的通知

六、知识拓展

见右侧二维码。

项目五

档案保管

【项目导读】

档案保管工作的内容大致可分为三个方面：第一，在具备相应物质条件的基础上，对档案库房进行日常技术管理，并对受损档案实施治理性技术措施；第二，进行库房档案的有序化管理；第三，做好档案在流动过程中的安全防护。档案保管工作的主要任务是维护档案的完整性、安全性、系统性和条理性。在档案保管过程中，主要通过使用档案装具、档案库房建筑及库房设施设备等，防止或减少存贮环境中不利因素的影响，从而延长档案的使用寿命。档案保护功能具有明显的层次性特征，从形式上可分为外层、中层、内层三个层次。外层由档案库房构成，符合建筑设计规范的档案馆库能够防晒、防雨、防大气污染，并具有防盗、防火等功能，同时配备温湿度调控系统、安全报警系统等。中层由档案外装具构成，能够防止或减缓档案库房中光照、灰尘及不适宜的温湿度等因素对档案的破坏。内层由档案内装具构成，具有防光、防尘、防挤压、防机械磨损等功能，能减缓不适宜的温湿度对档案的影响。这三层"防护罩"有机结合，为档案的存贮创造了最佳环境。此外，档案保管工作中还需使用易耗品，如防霉防虫药品、吸湿剂、办公用品等。

任务一 管理档案库房

一、任务背景及目标

档案库房是各单位专门用于保存各类档案的场所，它是档案的外层"防护罩"，库房安全则档案安全。因此，档案库房管理也是档案保管工作的核心与重点。

本任务的主要目标是熟悉档案库房建筑设计规范，学会制定档案库房日常管理制度，了解档案库房环境、设施设备，能够按照档案库房防护的具体内容，完善库房的物质条件，实施库房管理。

二、知识介绍

档案库房是档案保管的长期影响因素，一旦启用，必须符合档案保管要求。在库房新建、改建过程中，务必坚持适用原则，把有限的建筑投资尽量用于提升其围护结构（屋顶、墙体、地面、门窗等构造）及其材料的防火、防盗、防高温、防水（潮）、防光、防尘、防有害气体、防有害生物等方面，以期尽量延长档案的使用寿命。

（一）制定档案库房管理制度

档案库房管理制度应针对所涉及的对象形成一个完整的规章制度体系，应包含但不限于以下几项制度：

（1）档案出入库制度：主要是针对进出库房的档案及人员的限定与相关要求，包括审批手续、人员进出库房登记、档案清点检查，以及档案调卷、还卷及交接时的登记与交接手续等。

（2）库房人员行为管理制度：主要涉及档案使用的方式、方法，需注意防范的不良行为，以及对损毁档案行为的严格惩罚规定。例如，档案在库房外未被使用时，不允许长时间摊放在桌子上，应及时放入专用的柜子中锁好；库区内不得存放与工作无关的物品，特别是不得带入或存放食物，堆放易燃、易爆物品和火种；不得在库房内用水。

（3）档案安全管理制度：主要包括库区应安装门禁系统，库房门锁管理实行专人分管负责，明确库房钥匙、门禁卡的保存要求，确保库房消防安全、电器设备使用安全、门窗启闭安全，并将温湿度调控在合规范围内，保持库房整洁与卫生等。

（4）检查和清点制度：主要包括做好库藏档案定期清点记录，平时不定期检查档案有无遗失、虫蛀、霉变等现象，发现问题应及时报告并采取相应措施解决；每天检查仪器设备的运行情况，做好日常维护和保养，每年要进行一次设备全面维护；明确库房人员变动时的档案处理及交接手续等。

（5）应急预案制度：主要包括成立应急工作领导小组，明确职责任务，组织人员定期组织演练，以应对突发事件和自然灾害。

（二）档案库房的各项要求

按照《档案馆建筑设计规范》(JGJ 25—2010)，档案库房的各项要求如下：

1. 档案库房的基本要求

（1）档案库房必须专用（库房、阅览、办公“三分开”），不能同时存放其他用品。

（2）档案库房应为正规非临时建筑物。

（3）档案库房应远离火源、水源、污染源，并符合防火、防水、防潮、防光要求。

（4）木质结构房屋、地下室、顶楼不宜作为档案库房。

2. 档案库房的建筑及技术参数要求

（1）各馆室的最小面积应能容纳目前各资料存放，还必须考虑一定的发展空间。

（2）地面承重最大容量为 1 240 kg/m^2，不得小于 800 kg/m^2，采用密集架时应不大于 1 200 kg/m^2。

（3）密集架每组分为六层搁板，每层搁板承重 80 kg，柜体自重 80 kg。

（4）每组柜体存放档案盒的多少应根据档案盒子尺寸来计算。

（5）一般档案室门高 2 m、宽 1 m，特殊档案室门可加高、加宽。门窗必须加防尘橡胶条密封。窗户建议采用防盗窗，门采用防火、防盗门。

（6）给水管、排水管、雨水管不宜穿越档案室（库）；消防栓不应设在档案室（库）内，应设在明显而又易于取用的走廊内或楼梯间附近。

（7）空调安装位置应避免空调出风直接吹向文件资料。

（8）馆室内应避免真菌、霉菌等微生物的繁殖，防止啮齿类动物（如老鼠等）的存在。管道通过墙壁或楼、地面处均应用不燃材料填塞密实，其他墙身孔洞也应采取防护措施，底层地面应采用坚实地坪。

3. 档案库房的采光、通风要求

（1）采光包括自然光和人造光两种形式。在正常情况下，应该采用自然光照明；在条件不允许的情况下，应使用人造光照明。

（2）档案室、档案查阅室及其他技术用房应防日光直射，并均应消除紫外线对档案、资料的危害。

（3）档案室和档案查阅室等用房采用人工照明时，应选用防爆灯，防止因用电时间过长而引发火灾。当采用荧光灯时，应有过滤紫外线和安全防火措施。

（4）档案室通风应优先采用自然风；在采用自然风不方便的情况下，也可以使用空调通风。

4. 档案库房的温湿度要求

温湿度控制对于保存档案具有极其重要的意义。档案库房的温湿度直接影响档案的寿命。

（1）不论气候条件如何，有条件的情况下均应设置常年运行的温湿度控制装置。《档案馆建筑设计规范》中规定档案库房的最佳温度是 14～24 ℃，最佳相对湿度是 45%～60%，并且昼夜温差不大于 ±2 ℃，相对湿度差不大于 ±5%。注意：温湿度的测量点应设置在地面以上 1.5 m、书架柜前 0.4 m 的位置处。

（2）在干燥地区，可采用加湿机来维持适宜的环境湿度；而在湿度过大的地区，如南方地区，可采用抽

湿机来降低湿度。

(3) 档案库房应加装空调,不宜采用以水、汽为热媒的采暖系统。若确需采用此类采暖系统,应采取有效措施,严防漏水、漏气,并确保采暖系统不会出现过热现象。

5. 档案库房的洁净度要求

(1) 地面、墙面、顶棚面应采用不起尘的材料。

(2) 开向室外的门窗宜设置纱门、纱窗,外窗应具有较好的防尘功能。

(3) 定期打扫室内卫生,清洗防尘网。

6. 档案库房的防雷接地要求

(1) 机房建筑以钢筋混凝土结构为宜。计算机机房的保护接地应与建筑的防雷接地共用一组接地体。

(2) 接地引入线的长度不应该超过 30 m,其材料宜采用截面积为 40 mm×40 mm 或者 50 mm×50 mm 的镀锌扁钢。接地线不得使用铝材;不同金属互连时,应防止电化腐蚀。

7. 档案库房的电源要求

(1) 如果电压稳定性不能满足要求,应采用调压或稳压设备满足电压波动范围要求。

(2) 计算机机房或数据机房要求交流电不间断或无瞬变的通信负荷,应采用 UPS 供电系统或逆变器供电系统。

(3) 蓄电池一般设计两组并联,而 UPS 蓄电池一般只设计一组并联。在进行 UPS 设计时,需要设计冗余备份,可以采用串联或并联方式。采用逆变器/UPS 时,主要逆变器按最大功率确定,有条件的情况下最好配备一台备用。

(4) 档案库房内照明的照度标准应符合规范要求。

(三) 档案库房智能化管理

信息化、智能化是新时代档案管理的必然发展趋势,档案库房的管理模式也要逐步由仓储式管理转变为信息化、智能化管理模式。智能型档案库房,就是以计算机网络系统为核心,将建筑技术、计算机技术、通信技术、控制技术、电子技术、监视技术和现代管理技术等众多相关的新技术有机集成,实现设备控制、通信、办公、消防、保安和物业管理的自动化,建设具有高度舒适性、高效性、便捷性、开放性、安全性、先进性和经济性的档案库房。智能型档案库房管理方式从单一、独立、零散的传统库房管理方式向复杂、综合、联动的现代库房管理方式转变,将档案、档案密集架、档案温湿度调控系统、消防系统、档案利用系统和档案库房本身连接成为一个大型的多功能自动化管理系统。

2022 年,档案行业标准制修订计划之一——《档案库房智能化建设规范》标准编制项目启动。该标准将明确档案库房智能化建设的范围及主要技术内容,其中包括档案库房智能化建设的定义,档案库房各智能系统的建设要求,档案库房电气安全、防水安全、消防系统安全、绿色节能等方面的建设要求,档案库房智能化管理系统设计原则与设计要求,档案库房可视化建设要求及通信要求等。

三、实训任务及参考示例

(1) 由于某单位档案数量激增,急需修建档案库房。假如你是档案员,请完成下列任务,并形成报告以供参考。

① 档案库房的建筑设计要求如何?可从选址、楼层、位置、构造、材料等方面明确要求。

② 档案库房的防护要求有哪些?请详细说明档案库房中分别应配备哪些设施、设备、装具、用品等。如出现不符合要求的情况,如何及时调整、改善和补救?

参考示例:

① 详见两项标准:《档案馆建设标准》(建标 103—2008)和《档案馆建筑设计规范》(JGJ 25—2010)。

②《档案馆工作通则》(国档发〔1983〕14 号)规定,档案库房必须坚固适用,并应具有抗震、防盗、防火、防水、防潮、防尘、防虫、防鼠、防高温、防强光等设施。《机关档案工作业务建设规范》(国档发〔1987〕27 号)规定,档案库房的"八防"要求是防盗、防光、防高温、防火、防潮、防尘、防鼠、防虫。在此基础上,"八防"

又得到调整和优化，有人建议将防鼠和防虫合并为“防有害生物”，有人建议新增“防有害气体”“防磁”“防紫外线”等。《机关档案管理规定》(2018 年 10 月 11 日国家档案局令第 13 号)要求做好“防火、防盗、防紫外线、防有害生物、防水、防潮、防尘、防高温、防污染”等防护工作。《中华人民共和国档案法实施条例》(2024 年 3 月 1 日起施行)第二十二条要求“配置适宜安全保存档案、符合国家有关规定的专门库房，配备防火、防盗、防水、防光、防尘、防有害气体、防有害生物以及温湿度调控等必要的设施设备”。

档案库房防护工作的要求见表 5-1-1。

表 5-1-1　档案库房防护工作的要求

序号	标准	设施设备	实施措施
1	防火	洁净气体、惰性气体或高压细水雾灭火设备、甲级防火门	① 配备专用消防设备，安装火灾自动报警装置。掌握消防知识，会使用消防器材。 ② 消除火源，档案库房严禁吸烟，不能堆放易燃易爆物品。 ③ 建立严密的防火制度并配备消防灭火系统，保持档案库房、柜架整洁整齐，定期对密集架、线路、消防设施进行检查
2	防盗	防盗门、防盗窗、门禁	① 门禁卡、库房钥匙由专人保管。 ② 依据使用权限设置门禁。 ③ 定期巡检，有条件的可配置电子监控系统
3	防水	防溢水报警设施	① 顶层、底层安装防溢水报警设施。 ② 供暖季节随时检查暖气管道情况，杜绝漏水事故发生。 ③ 雨季防雨水渗漏
4	防光	遮光窗帘等	① 照明装置宜使用白炽灯，避免日光灯紫外线对档案纸张的破坏。 ② 严格执行照明管理制度，确保档案库房在无人时关闭照明，做到人走灯灭
5	防尘	风淋室、吸尘器等	① 配置密封性好的窗户，如双层窗。 ② 采用环氧地坪、PVC 地板或防静电地板等不起尘材料。 ③ 入库档案要做好除尘工作，人员进入库区要经过风淋室除尘
6	防有害气体	空气净化系统、气体监测设备	① 远离污染源。 ② 定期检测库房内空气质量。 ③ 及时更换空气净化滤网。 ④ 制定有害气体泄漏预案。 ⑤ 人员进入库房需要更换无尘服，禁止使用含挥发性物质的产品
7	防有害生物	消毒设备、防虫药、防霉药、鼠夹、防鼠药	① 定期更换防虫、霉药物，发现虫、霉现象及时处理。 ② 配置除鼠设备，定期更换防鼠药物。 ③ 火种、食品和有毒、易燃等物品一律不得入库。 ④ 入库档案要做好消毒工作
8	温湿度调控	空调(恒温恒湿空调)、除湿机等	① 定期做好温湿度的记录、检测、分析，掌握库内外温湿度变化规律，制订综合管理计划。 ② 档案柜应与墙壁保持一定距离(一般柜背与墙之间的距离不小于 10 cm)。 ③ 调控档案库房温度，温度保持在 14～24 ℃，日变化幅度不超过±2 ℃。 ④ 调控档案库房相对湿度，相对湿度保持在 45%～60%，日变化幅度不超过±5%。 ⑤ 保存母片的胶片库温度控制在 13～15 ℃，相对湿度控制在 35%～45%。 ⑥ 放置吸潮剂。 ⑦ 可通过机械通风、自然通风等方式避免库内温度过高。 ⑧ 档案柜架成行地垂直于有窗的墙面摆设，便于通风降温

(2) 库房管理系统与文档管理系统如何衔接以实现档案的智能定位？请进行系统架构，并指出操作思路。

参考示例：

通过采用专业的网络密集架控制程序，实现档案库房的分库、分区、分组、分列的精确控制，同时通过该程序和 PDA(装有档案智能定位软件的掌上设施)的使用实现档案网络查询、自动检索和定位的功能，最终实现档案库房从入库上架、借阅出库到归还上架的全过程智能化管理。具体操作流程如下：给每一份档案都赋予馆藏号条码和库房位置码，档案人员上架时将二者通过 PDA 建立对应关系，批量将档案定位上架。这时，档案存放的位置信息就自动同步到文档系统对应档案信息中，借阅档案时只需在文档管理系统查到所需卷册，并将该卷册信息发送至 PDA，档案人员手持 PDA 进入库房后，点击对应档案信息，密集架对应列自动打开，档案人员即可取出所需档案完成借阅。①

四、延伸思考

（1）档案保管的首要任务是确保档案实体安全。当档案保管场所发生自然或人为突发事件时，如何做好应急处理？

提示：

可参照国家档案局发布的《档案馆应急管理规范》（DA/T 84—2019）。

（2）档案库房在长期密闭条件下会产生放射性气体——氡。此外，档案表面附着的粉尘、细菌、霉菌、尘螨等，为防治虫霉而投放的各种杀虫灭菌产品，以及纸张老化过程中产生的细微颗粒与空气中的物质反应生成的有害物质等，都加重了库房污染。档案库房空气污染不仅影响档案管理人员的健康，同样也会对档案的安全产生极大的影响。请思考：为保障档案库房工作人员的职业健康和档案安全，档案库房空气质量治理措施有哪些？

提示：

1. 对档案库房进行必要的改造。如在库房设置过渡间，加装封闭外廊，在库房出入口安装空气幕或风淋设备，所有档案管理人员、档案、设备经过通道时需经风淋除尘。
2. 尽量保持档案库房内外空气的流通，可适时开窗通风。但要注意，只有在室外温湿度和库房内温湿度相差不大、风力较小且空气清新的情况下才可以开窗通风，且一般只能小面积通风。
3. 条件允许的单位可以安装新风系统。
4. 在通风系统内安装活性炭过滤网。
5. 在风机的回风口安装驻极体静电过滤器。
6. 在库房外围种植植物。

五、实践训练

（1）某公司在成立之初，考虑到档案工作的保密性要求，领导决定将档案室设置在办公楼顶层靠里面的一个房间。尽管这个房间位置相对隐蔽，但光线充足，每天有 5 小时日照，且环境安静，便于工作人员工作。根据档案保管工作的标准，案例中哪些做法不符合要求？

（2）某市城市建设和自然资源档案馆成功采用无线射频识别（RFID）技术，设计了一套智能档案库房管理系统，实现了基本信息存档、档案盘点以及档案利用等多个档案管理环节的自动化、高效化管理。请了解该系统的设计及实施路径，为新形势下本单位的档案库房管理提供参考和借鉴，并提出适当的改进建议。

（3）请对智能档案库房的最新研究方向和前沿技术进行调研，如面向智能档案库房档案存取的仿生机械手、VR 库房等，并形成调研报告。

六、知识拓展

见右侧二维码。

① 周璐. 从传统档案库房到智能型档案库房的跨越：以中国能源建设集团广东省电力设计研究院为例[J]. 云南档案，2013(1)：42-44.

任务二 存放档案

一、任务背景及目标

收集到的大量档案需要按照一定的次序排列和存放于档案库房。若存放方式不合理，可能导致保管混乱。档案排列有序、存放方式合理，是保证档案完整与安全、实现快速便捷存取的基本条件。因此，必须建立科学合理的存放秩序，并确保这一秩序得到维护。

本任务的主要目标是掌握档案库房的排架原则和编号方法，掌握全宗档案的排架方法，选择合适的档案存放方式，编制清晰的档案存放位置索引，学会编制全宗卷。

二、知识介绍

（一）档案库房编号和档案排架

档案库房编号是档案管理的基础性工作，通过构建科学合理的编号系统，可实现库房定位清晰化、档案存取高效化的目标。编号原则如下：一是唯一性，即每个库房（或库区）应分配唯一编号，避免重复。二是系统性，即编号需体现层级关系，如“区域-楼栋-楼层-房间”的递进结构。三是可扩展性，即预留编号余量，适应未来库房扩建或功能调整的需求。四是直观性，即编号应简洁易记，便于工作人员快速识别。常用的编号方法：①层级编号法，其形式为“楼栋代码-楼层代码-房间代码”，如图 5-2-1 所示；②功能导向编号法，按库房功能划分为文书档案库（W）、声像档案库（S）、电子档案库（D）等，如 W-203 就表示文书档案库 2 层 3 号库房。

档案排架是档案实体保管的核心环节，直接影响存取效率和档案保护效果。档案排架的原则是：便于管理，相对稳定，有益于档案的保密和保护。排架时应统一编号，一般从入口开始，依次从左往右编柜（架）号；每个柜（架）分栏的，从左至右编栏号，每栏由上至下编格号（图 5-2-2）。库房大的，可绘制库房存放平面图，方便查找。布局上要注意承重的均匀度，密集架的摆放一定要预留足够的移动空间，与窗户保持一定的距离，考虑工作人员的活动路线，以便于快捷操作。

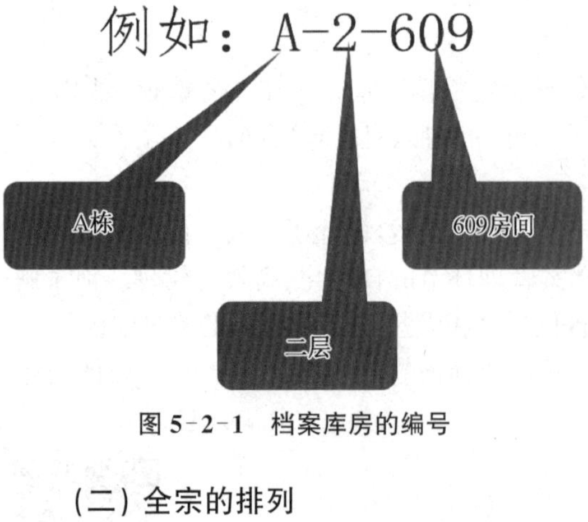

图 5-2-1 档案库房的编号

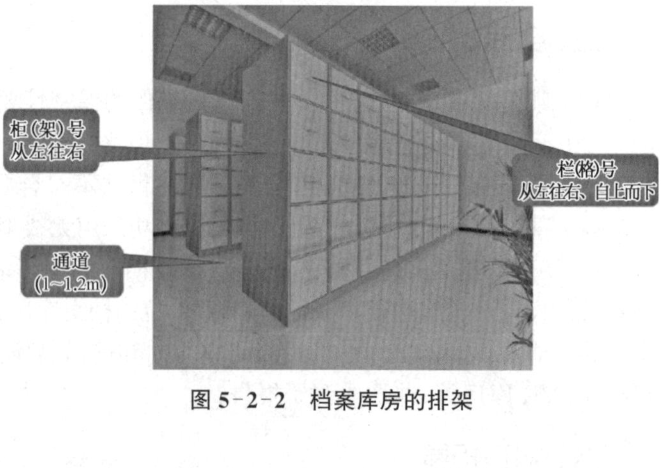

图 5-2-2 档案库房的排架

（二）全宗的排列

档案在档案库房中的存放应按全宗来排列，库房内各个全宗应进行系统排列。上架排列方法应与本单位归档文件分类方案一致，排架方法应避免频繁倒架。全宗内不同载体类型的档案（如照片、录音、录像等）需分别保管，但在全宗指南、案卷目录中应指明存放地点。

全宗的排列方法有三种：一是按全宗顺序号排列，这是最常用的排列方法；二是全宗分类排列法，即先对全宗进行分类，再对类内全宗按流水号排列；三是按全宗群排列的方法，即将同一时期、同一系统或相同性质的全宗放在一起，以保持全宗与全宗之间的联系。

（三）档案存放方式

档案存放方式通常有四种：竖放、平放、卷放、折叠（表 5-2-1）。

表 5-2-1 档案存放方式比较

存放方式	优点	缺点	适用范围
竖放	存取方便	在内装具有较大空余空间的情况下可能变形	装订成册的档案、磁带、光盘等
平放	符合承重的范围内，利于保护档案	存取不便	大幅照片、质地脆弱的底图等
卷放	节省存储空间	存取不便	特大、特长幅面的照片、图片、字画、题词等
折叠	操作简单	折叠处易受损	幅面较大、纸张质地好、机械强度高的档案，如蓝图

（四）编制档案存放位置索引

为了便于保管工作人员切实掌握档案馆（室）档案的存放情况以便迅速地取放档案，还必须为排好的档案编制存放位置索引。档案存放位置索引是以表册或卡片形式将档案在库房及装具中的存放秩序如实记录和反映出来，便于档案人员及时掌握档案馆（室）内档案存放情况并迅速取放档案的一种记录性、引导性管理工具。其编制方法有两种：一是全宗存放位置索引，即以全宗及其各类档案为单位，指出它们的存放地点；二是库房存放全宗索引，即以库房、架柜为单位，指出它们存放的全宗档案。

（五）全宗卷的内容、作用和管理

《档案馆工作通则》规定："每个全宗都要建立全宗卷，记载立档单位和全宗历史演变情况。"全宗卷是由档案馆在管理某一全宗过程中形成的，由关于该全宗历史情况的文件所组成的专门案卷。它不是全宗内的案卷，而是"关于全宗的案卷"。

1. 全宗卷的主要类别

（1）综合分析类：在对该全宗档案分析研究过程中形成的案卷，如整理工作方案、立档单位与全宗历史考证、分类方案、机关档案保管期限表、销毁档案报告、全宗指南等。

（2）交接文据类：在对该全宗档案进行交接过程中形成的案卷，如文书处理部门向机关档案室移交案卷时的移交目录、机关档案室向档案馆移交档案时的移交目录、档案馆（室）征集档案的交接文据、档案销毁清册、档案人员调动时的交接单等。

（3）检查记录类：在对该全宗档案进行日常管理和检查过程中形成的案卷，如档案工作人员在对全宗进行定期或不定期的检查过程中填写的各种检查报告、检查记录等。

（4）统计报表类：在对该全宗档案进行登记和统计时形成的案卷，如以全宗为单位进行的档案数量与状况的登记和统计的表格、档案利用情况的统计等。

2. 全宗卷的作用

全宗卷是在管理该全宗过程中形成的一种特殊的案卷，有助于在档案员变动时以此了解过去管理该全宗的历史情况，缩短新档案员熟悉工作内容与档案情况的时间，提高工作效率。

（1）全宗卷可以概括地反映该全宗的管理情况。要了解某个全宗的管理情况，通常无须浏览整个全宗，只需查阅全宗卷中的相关文件，即可基本了解该全宗在收集、整理、鉴定、保管、统计、检索、编研和利用等方面的情况。

（2）全宗卷可以概括地反映该全宗档案的情况。通过查阅全宗卷，可以基本了解全宗内档案的内容和数量，了解档案的被利用情况，以及全宗内档案的历史沿革与现状。

3. 全宗卷的管理

全宗卷一般置于每个全宗的卷首，也可按照全宗号专柜保管。由于全宗卷的文件是逐渐增加的，一般不装订，用活页夹或盒子，利于不断补充和整理。卷内文件可按类相对集中排列，类内文件可按时间先后顺序排列。全宗卷并不是固定地保存在形成全宗卷的档案馆（室），而是随着全宗的流动而改变存放馆（室）。

三、实训任务及参考示例

（1）编制档案存放位置索引。

参考示例：

1. 编制全宗存放位置索引（表5-2-2）：以全宗为单位，具体指明有关档案的确切存放位置。

表5-2-2　全宗存放位置索引

全宗名称：　　　　　　　　　　　　　　　　　　　　　　　　　　全宗号：

案卷目录号	案卷目录名称	起止卷号	存放位置					
			楼	层	房间	柜（架）列	柜（架）	层（格）

2. 编制库房存放全宗索引（表5-2-3）：以库房和档案柜（架）为单位，指出其保存的全宗及其组成部分的档案。通常采用图表形式，把每个库房内档案的存放情况绘成示意图（一般采用平面图形式），并将其张挂于库房入口处，以便随时参阅。

表5-2-3　库房存放全宗索引

楼：　　　层：　　　　　　　　　　　　　　　　　　　　　　　　房间：

柜（架）列	柜（架）	层（格）	存放位置				
			全宗号	全宗名称	案卷目录号	案卷目录名称	起止卷号

（2）按照《全宗卷规范》（DA/T 12—2012），编制全宗卷。

参考示例：

（一）全宗卷的编制原则

各综合档案馆（室）对其所管的每个全宗都应以全宗为单位编制全宗卷；全宗卷内容应完整、准确、规范；全宗卷内的文件材料，应按其固有的特点，保持文件材料间的有机联系，反映全宗管理的历史面貌，以便保管和利用。

（二）全宗卷的主要组成内容

按照档案业务环节程序，全宗卷可分为以下几类：

1. 档案综合管理：主要包括全宗指南（全宗介绍）和立档单位大事记（包括档案工作大事记）等。

2. 档案收集：档案交接文据（按国家标准《档案交接文据格式》填写）、移交目录（指档案交接过程中档案门类、年代、不同保管期限档案的数量及双方签字的记录，不包括案卷目录）、接收和征集记录、档案来源和价值说明等。

3. 档案整理：整理工作方案、分类方案（大纲）、案卷目录说明、整理工作小结（每年的立卷说明）等。

4. 档案鉴定：鉴定小组成员名单、档案保管期限表（分类大纲、归档范围、保管期限表合在一起的，亦可归入此类）、鉴定档案分析报告、销毁档案的请示与批复、销毁档案的清册等。

5. 档案保管：档案安全检查记录、报告，重点档案采取的特殊保护措施，档案的抢救修复情况报告等。

6. 档案统计：档案收进、移出登记，全宗单（按国家标准《全宗单》填写），案卷基本情况统计和重要利用统计表等。

7. 档案利用：开放利用和控制使用范围说明，档案汇编和公布出版情况及报批文件，档案产生社会、经济效益的典型事例等。

8. 档案管理新技术的应用：缩微复制和计算机辅助管理（指该全宗的档案分案卷级、文件级、全文或重要内容摘要录入计算机的情况，如档案门类、年代、条目数量以及录入的主要项目、数据流向、信息载体管理应用效果情况）的文字说明材料等。

（三）全宗卷的整理

首先，将全宗卷内的文件材料按照上述内容及编号分成 8 个大类。大类的类别号是固定不变的，有哪几个类，就编上哪几个类的类别号；缺少的大类，其类别号也空着。然后，将每个大类内的文件材料用软卷皮（尺寸大小及著录内容参见 DA/T 12—2012《全宗卷规范》）组成小卷，可不装订。每个大类内的文件材料应按时间顺序排列，在类别号下分别从“1”开始编制大流水件号。如 2-2 代表档案收集类的第 2 件材料，即著录件号时应著名类别号，以免互相混淆。件号编制完成后，将一个大类的文件材料装入一个软卷皮内，并填写卷内文件目录，最后按 1 类到 8 类的顺序分别装入一个或几个卷盒（卷盒的外形尺寸、高度及著录项目见图 5-2-3）。卷盒上除著录全宗号外，在盒脊下方可编制一个盒号，以固定全宗卷盒的位置。盒内的案卷始终按上述各大类顺序排列，每个软卷皮只需标明类别号及类别名称。在著录全宗卷盒面和软卷皮封面时，全宗栏内只填写全宗号。

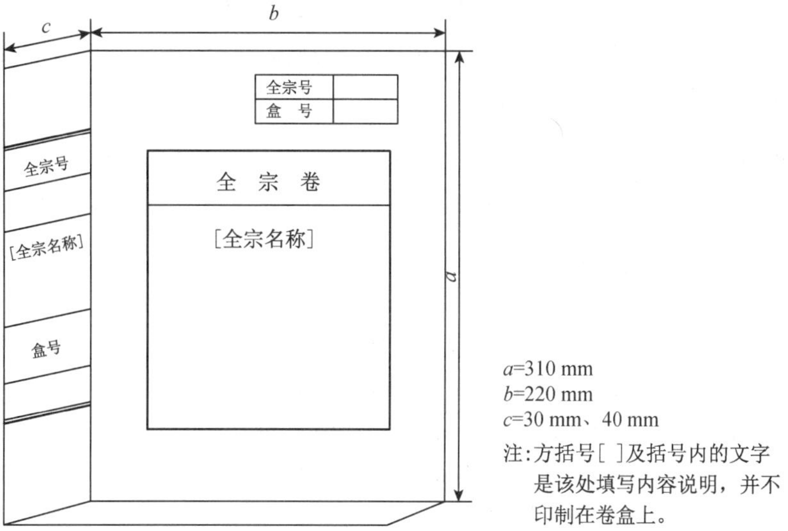

图 5-2-3 全宗卷盒式样

四、延伸思考

（1）目前图纸的存放方式大致有以下四种方式：折叠式、图袋法、图柜式和卷筒式。请思考：在此基础上，还有哪些创新的图纸存放方式？对于特殊类型、规格的档案，有哪些适合的存放方式？

提示：

图纸的存放方式比较见表 5-2-4。

表 5-2-4 图纸的存放方式比较

存放方式	具体做法	特点	适用范围
折叠式	将大于 16 开的图纸均折叠成 16 开纸的大小，然后以每 3 cm 厚的图纸为一卷，放在档案盒里	图纸的纸质纤维较脆弱，易老化断裂。使用频率高的图纸在经过反复折叠后，折痕处会发生断裂或墨迹脱落，从而缩短其使用寿命；有的折痕深的图纸还原和复制难	尽量不用；如果不得已要用，也主要针对质地优、强度高的纸张
图袋法	平放在特制的袋（多为 A4、A3 幅面）中	大于 A3 规格的图纸无法放入普通袋	适用于规格较单一（A4 或 A3）的图纸

续表

存放方式	具体做法	特点	适用范围
图柜式	直接平放在特制的多层抽屉的档案柜中，给每张图纸编号	有利于保持图纸平整，存取方便，有利于图纸的保护、检索和利用	适用于库房空间足够且已购置专门图纸柜的情况；若需存放特殊规格图纸，还需定制特殊大规格图纸柜(架)
卷筒式	按套或案卷，将一张或多张图纸卷成筒状，排放在底图柜中，按顺序编写“份号”或“卷号”，每份(卷)中再依次编写张号	能有效节约库房面积和空间；利用时，须将图纸取出并反卷几次才可使用，取放不如平放方便；经常卷绕会增加底图磨损	适用于特大、特长幅面的图纸
图筒吊装式	将图纸卷成筒状，装入两头开放的图纸筒中，用一根绳子从筒中穿过，然后在筒的两端出口处各盖上一个盖子，竖直吊在固定的柜中，在筒的下端填写编号及名称	一目了然，便于快速存取；磨损较少，利于图纸保护	适用于图纸比较大、厚及利用率较高的珍贵图纸

(2) 不同载体档案不能按相同的要求保管。防磁柜专门用于存放磁性档案，图片、光盘和胶片通常与照片一起存放。有些单位为视频光盘单独开立全宗，有些单位则作为实物档案或文书档案的附属件一并存放。请思考：基于同一立档单位生成的不同载体档案需要分开存放的现实，是否有必要建立档案存放地点与目录的对应关系？

提示：

灵活调整目录数据库的结构设计及“智能化”保管系统等。

五、实践训练

(1)《富春山居图》是元朝画家黄公望的作品，被誉为中国十大传世名画之一。该画分为前段《剩山图》和后段《无用师卷》。2011 年 5 月 11 日，《剩山图》在浙江省博物馆举办了点交启运仪式。文物出库时，工作人员详细记录了其上的折痕、霉点、污迹；待其回库时，再进行点交，以确认文物是否受损等。请了解珍贵文物、档案的日常保管、转移运输、存取要求。

(2) 试编立一个全宗卷。

六、知识拓展

见右侧二维码。

任务三 选择档案装具

一、任务背景及目标

档案装具是指存放档案的各种夹、盒、箱、柜、架等物品。按其作用的不同可分为内装具与外装具两种。内装具有卷夹、卷盒等。外装具有箱、柜、架等。档案的内、外装具为档案穿上了双层“防护服”。

本任务的主要目标是在认识档案装具的基础上，科学合理、因地制宜地选用档案装具。

二、知识介绍

(一) 档案装具的类型

1. 内装具

卷皮和档案盒都是直接用于保护档案的纸质或其他材质的包装物，一般采用无酸纸制成，主要适用于一般文书档案的保管。卷皮多为封面与封底连为一体的半封闭式卷夹，现行档案卷皮多为棉草纸卷皮。档案盒为全封闭式的盒子，常规型号为 A3 型、A4 型。

2. 外装具

从古至今，档案外装具经历了麻袋、木箱、档案橱（柜）、密集架、专用装具等发展过程。档案外装具可分为两种：封闭式的箱柜和开放式的案架。常用的外装具有以下几种：

（1）普通档案柜（架）。档案柜即用于存放档案的带盖的箱子和有门的柜子，一般用木材或金属制成，有的还做成组合式，分开为箱，叠放成柜。常用的五节柜（图 5-3-1）由五个独立单元（“节”）组合而成，通常为五个可拆卸的金属节段，通过螺栓固定形成整体柜体。固定档案架分为单柱式、双柱式（图 5-3-2）、复柱式和层积架等多种类型。固定档案架采用方形空心铁柱作主支柱，有两根立柱，在立柱两侧冲有许多等距的插孔，根据需要的间距插入挂板，挂板上搭放搁板。架旁再并接立柱，即成双节架（双柱式档案架），依次并接可延长成多节架（复柱式档案架）。

图 5-3-1　五节柜

图 5-3-2　双柱式档案架

（2）专用档案柜架。底图、胶卷、底片、磁带、磁盘等的存放具有特殊要求，要用特殊装具，如底图柜（图 5-3-3）、照片柜、防磁柜（图 5-3-4）、光盘柜、磁带柜等。其中，底图柜由多个按一定图幅尺寸规格的抽屉组成，这些抽屉叠加在柜体内，多个柜体可叠放，主要用于存放不易卷放的图纸、图表、地图及其他需要平放的、幅面较大的载体材料。

图 5-3-3　底图柜

图 5-3-4　防磁柜

（3）密集架。密集架是在复柱式双面固定架的底座上安装轴轮，能沿地面铺设的小导轨直线移动的架子，可根据需要将多个架子靠拢或分开。密集架可分为带机械传动助力和不带机械传动助力两种类型。带机械传动助力的密集架有手动、电动和加配计算机控制的电动直列式密集架等形式（图 5-3-5、图 5-3-6）。

图 5-3-5　手动密集架

图 5-3-6　智能密集架

(二) 档案装具的选用要求

(1) 符合各地区、各单位的实际情况(财力、库房场地、空间等)。

(2) 符合保护档案的要求。防止使用对档案有害的材料,优选具有较强耐腐蚀、抗氧化等性能的装具。

(3) 便于档案调阅、存取及日常管理。

(4) 应根据存放档案的载体、形成特点、规格等因素,分类、灵活选用装具,既要确保档案能装得进去,又要充分利用空间。

(5) 适应科学管理的新要求,如响应国家“节能减排”号召,采用绿色环保档案装具,使用无公害防虫防雾制剂等。

(6) 适当考虑突发事件发生时档案的转运要求。

(7) 装具的外观应尽量整齐美观。

三、实训任务及参考示例

假设你所在单位新建了档案库房,准备购置一批档案装具。请比较常用档案装具(普通档案柜、密集架)的优缺点,并提出选用建议。

参考示例:

常用档案装具的比较见表 5-3-1。

表 5-3-1　常用档案装具的比较

装具类型	保护效果	单位面积存储量	对地面的承载力要求	搬运便利度	造价	适用对象
普通档案柜	非常好	小	不高	高	低	档案部门广泛使用
直列式密集架	很好	较大	较高	较高	较高	适合替代文件柜使用
手推式密集架	很好	较大	较高	低	较高	中小型档案机构
手动密集架	很好	很大	很高	很低	很高	大型档案机构
电动密集架	很好	非常大	非常高	非常低	非常高	超大型专业档案机构

说明:

(1) 当手推式密集架载重量较大时,拉动会相对费劲,因此其架体高度一般不高。

(2) 手动密集架的容积利用率一般为普通直列式密集架的三分之二左右。

(3) 电动密集架可通过键盘实现柔性操控等功能,有的智能密集架还可实现联网检索和多种控制等功能。

(4) 密集架库房的地面承载力与单位面积存储重量成正比,《档案馆建筑设计规范》规定使用密集架的地面承载力为 1 200 kg/m^2。

(5) 在投资成本方面,一般电动密集架比手动密集架要提高 60%～70%。

四、延伸思考

(1) 在选用档案装具时,如何权衡投资造价和防护功能要求之间的关系?

提示:

研究表明,温湿度变化对多数档案载体(如光盘、胶片、磁性材料等)的影响最大,是档案防护工作中应考虑的主要因素。相比之下,其他因素(如光照、粉尘等)的影响相对较小,且常规装具都可对这些因素形成一定的屏蔽作用。因此,满足温湿度调控是选用档案装具的首要要求,其他功能则可适当考虑。若过度追求特定条件下使用的多功能装具,不仅投资成本高,且许多功能长期闲置,反而造成资源浪费。

近年来,有的档案库房配备了很多防磁柜保存磁性载体材料,甚至建设专门的防磁库房,导致投资成本大幅增加。而通常档案库房不可能离强磁源很近。经检测，多数档案库房、档案室的磁场强度低于740 A/m，而对磁带产生作用的起点强度为2 387.34 A/m。放置磁性材料的铁皮柜本身具有一定的磁屏蔽作用，且空气对磁传导阻力很大，磁场强度随着距离增加也会迅速衰减。因此，一般条件下，磁场对磁性材料的危害有限，可视库房条件、材料的防磁性能选配防磁设备。

（2）目前，相关研究提出了应对地震、火灾等突发事件中档案安全转移的对策，如开展应急演练，建立异地备份制度等。请对档案装具重新进行审视思考，并思考在档案装具的设计、制造和选用上，如何应对突发事件的转运要求。

提示：

1. 材料方面，应具备轻便易搬、防火耐热、耐碰撞等特性，同时还需考虑成本、密封性、防水性等因素。
2. 尺寸规格方面，要求内部空间充分利用，且适于一人搬运。
3. 转运体积方面，推荐使用具有防火、耐热、防尘、防光、防水等性能的折叠式软装具，以减少空间占用。
4. 注重装具之间的整体匹配，方便搬运（装轮子、装拉杆、增加把手）。此外，可设计"一把钥匙开多把锁"，设置密码功能，分人保管钥匙和密码等。

五、实践训练

（1）如今，市面上出现了一些多功能档案装具新品，如具有防火防磁、温湿度控制及杀虫灭菌等功能的档案柜，具有温湿度控制、火灾报警等装置的密集架等。此外，智能化装具功能日趋多样化。例如，其具有完善的检索功能，可作为借阅平台，实时跟踪外借档案的名称、位置及外借时间、外借办理人员等信息，并支持到期催还及统计外借资料，可以智能记录温湿度，支持手动控制、架体界面控制、计算机控制一体的架体控制方式等。请对市面上主流的智能密集架进行调研，探索智能化档案装具如何与档案管理系统融合，形成一篇调研报告。

（2）请对目前国内外广泛应用的纸质档案的包装材料（如微腔纸包装材料、无公害整本脱酸加固与杀虫灭菌同步包装材料、真空充氮包装材料）进行调研，思考对于特殊载体档案如声像档案（含乳胶）的包装材料应如何选择，形成一篇调研报告。

六、知识拓展

见右侧二维码。

项目六

档案登记和统计

【项目导读】

档案登记与统计的总体关系是：登记虽然不是专门为统计目的而设置的，但登记的结果却可以成为重要的统计素材和基础。统计工作除专门设置的统计调查项目外，大量的原始数据是从各种各样的登记材料中获得的。从这个意义上来说，登记是统计的一种原始记录方式，是统计工作的基础和前提。可以这样理解：登记工作是统计工作的前端环节，侧重于原始的记录性，以此全方面地掌握档案管理活动动态；统计工作则侧重于通过定量描述和分析，确认最终形态和性质，为档案政策制定提供服务。

任务一　档案工作状况登记

一、任务背景及目标

档案登记是对档案的收进、移出，以及整理、鉴定、保管、利用等情况，通过簿、册、表、单等形式加以记载，以揭示它们的过程、现状和变化的工作。档案登记是档案管理中最基本的管理手段，是在日常档案管理活动中对各种事实、行为的工作记录性登记，它区别于带有司法行为性质的认证性登记，如婚姻登记、工商注册登记等。

本任务的主要目标是明确档案登记的种类和形式，比较档案室、档案馆与档案行政主管部门登记工作的异同，掌握档案室工作状况登记的内容、形式、操作要点。

二、知识介绍

档案室和档案馆侧重于对档案的原始记录性登记，这些登记数据是统计的原始基层素材，对档案统计工作具有基础性意义。档案行政主管部门更侧重于统计分析、管理，除了进行自身的原始记录性登记以外，还需要依据所属档案馆（室）上报的表册进行综合分析，同时根据工作需要拟制其他统计表册。

（一）档案室常见原始登记表册

档案室的原始登记工作主要包括档案状况（相对静态）登记和档案工作状况（相对动态）登记。

1. 档案状况登记表册

档案状况登记表册主要包括：

（1）案卷目录。

（2）卷内文件目录。

（3）归档文件目录或全引目录（立卷改革后，上述两种目录的合并目录）。

（以上三项详见项目四中的任务四、项目十中各任务、项目十二中的任务三、项目十三中的任务一等按卷整理的相关任务。）

（4）室藏档案情况一览表/总登记簿。

2. 档案工作状况登记表册

档案工作状况登记主要针对档案工作过程中发生的一些重要情况和一些基本的工作行为、事实、数字。其中，档案利用工作是登记的重点内容。档案工作状况登记表册主要包括：

（1）工作日志。

（2）档案出入库登记簿。

（3）档案检索工具登记表。

（4）档案编研成果登记表。

（5）档案利用登记簿（借阅、复制、摘抄登记）。

（6）档案利用效果登记簿。

（7）档案清点、检查登记簿。

（8）档案变化情况年度报表。

（二）档案馆常见原始登记表册

档案馆常见原始登记表册主要包括：

（1）收进登记簿。

（2）全宗名册。

（3）全宗单。

（4）案卷目录登记簿。

（三）档案行政主管部门常见登记/统计表册

档案行政主管部门常见登记/统计表册主要包括：

（1）全宗卡片（全宗单的简化形式）。

（2）全宗变化情况年度报表。

（3）档案机构人员基本情况统计表。

（四）档案登记备份

档案登记备份是指由县级以上档案行政管理部门对本行政区域内形成的对国家和社会有重要保存价值的电子文件和数字档案进行登记认证，并由同级综合档案馆对经过认证的电子文件和数字档案进行数据备份。

档案登记备份的范围包括两个层次：第一，法定进馆单位的重要电子文件和数字档案，包括各级机关、团体、国有企业、事业单位和其他组织形成的尚未到移交进馆年限的归档电子公文、档案数字化成果等。第二，涉及公共利益或者单位、个人权益的重要民生领域形成的重要电子文件和数字档案，主要是人力资源和社会保障、城乡住房建设、医疗卫生教育、民政、环保、质监、食品监督、安全生产监督、国土资源等领域。

三、实训任务及参考示例

档案室在档案接收、保管、检索、编研、利用、鉴定直至销毁的整个过程中会使用和形成哪些主要的档案登记原始记录性表格（工具）？请编制表册并填写相关信息。

参考示例：

全宗卷包含的事实、数据相关文件材料均属于档案登记工作范围。档案室主要的档案原始登记表册如表 6-1-1 至表 6-1-9 所示。

表 6-1-1　总登记簿

案卷目录号	案卷目录名称（组织机构名称）	所属年度	案卷收入			案卷移出				目录中现有数量		备注
			接收日期	目录数量	实收数量	移出日期	移往地点	移出原因	数量			
				卷（米）	卷（米）				卷（米）	卷	米	

表 6-1-2　档案室档案成分和数量变化情况报道表

全宗号	全宗名称（组织名称）	新收进		移出		年　月　日 全宗内档案总数			备注
		类别	年度	类别	年度	已整理编目		未整理	
						卷	米		

表 6-1-3　库房温湿度登记表

库别______　　　　　　　　　　　　　　　　______年______月

日期	时间	温度	相对湿度	记录人	日期	时间	温度	相对湿度	记录人

表 6-1-4　库藏资料清点登记记录表

代号	名称	起止时间	数量	清点检查情况					处理意见	备注
				完整情况	变化情况					
					霉变	虫蛀	破损	丢失		

清点检查人：________

表 6-1-5　检索工具登记簿

检索工具名称	检索对象	主要功能	检索工具形式	数量	编制人	编制时间	备注

表 6-1-6 检索编研成果登记簿

年度	编研项目名称	作者	完成时间	出版情况	字数	获奖情况	备注

表 6-1-7 档案利用登记簿

顺序号	日期	利用者情况			利用目的	利用方式	档案		利用者签名	归还	
		姓名	职务	单位			卷号	数量		日期	经手人

表 6-1-8 借阅档案登记簿

序号	日期	单位	案卷或文件题名	利用目的	保管期限	卷号	借阅人	归还日期	备注

表 6-1-9 档案利用效果登记簿

日期		单位		姓名		案卷或文件题名	
利用目的							
利用效果							

四、延伸思考

(1) 目前,很多档案室的档案工作台账和档案登记簿等大部分仍为纸质形式。部分档案室虽运用了电子表格方式进行登记,但多为独立的单个表式,未形成档案登记数据库。这些数据分散孤立,文本结构缺乏数据关系与自动统计功能。在进行年报统计时,仍需对各个登记表分别进行统计计算,再将得出的数据填入档案工作报表的对应表格中,导致大量重复的统计核对及纠错更正工作的产生。档案登记和统计尚未进入数字化时代,这与档案信息数字化工作的迅速发展形成了鲜明的对比。请思考:如何实现档案登记工作的信息化、智能化? 请举例说明。

提示:

建议使用:①数字档案登记备份软件;②基于政务云的档案登记备份平台。

常熟市档案局研发的"档案信息化行政监管系统"是一个集行政、执法、业务于一体的管理平台,是一份科学合理的档案登记电子文本台账,项目齐全,内容丰富,智慧提示,科学有序,其项目内容围绕档案和档案工作状况展开登记(图 6-1-1)。

该平台建立了全新的档案登记体系,对下列项目进行了详细登记:①立档单位概况;②年度工作计划;③档案工作管理网络名单;④专业档案目录;⑤室藏资料;⑥检索工具登记;⑦档案室资产登记;⑧安全保管状况检查记录;⑨年度档案利用登记;⑩编研成果登记;⑪数字化档案情况登记;⑫库房安全等级评估表;⑬档案管理技术文件。

图 6-1-1　常熟市档案信息化行政监管系统档案登记界面(江苏省常熟中学)①

另外，需要的数据可从数据库中直接调取采集，多数项目均可根据表间关联自动生成，无须一一登记，实现了档案室统计年报的自动生成和报送。上级档案行政部门通过电子信息平台实现年报汇总，全面提升了档案登记统计的时效，实现了档案登记和统计工作的智能化。

档案室的各种管理数据逐年积累，在电子信息平台上进行登记，能使档案管理数据库不断丰富，形成良性循环。档案人员移交工作时需做到管理数据完整交接，工作传承有序。登记内容一经提交，数据就被锁定，不容随意修改。若出现实物与数据不符就要追责，杜绝了档案室随意更改数据的漏洞。利用平台系统进行档案登记，实现了对数据的有效监管。

(2) 与档案室相比，档案馆的登记工作有何特点？

提示：

《档案馆工作通则》第十五条规定：对档案的收进和移出、全宗和案卷数量、利用等情况，及时准确地进行统计；按照统一的规定和要求，向同级和上一级档案业务管理机关报送本馆基本情况统计表和全宗卡片，并于每年 1 月份补报上一年度的全宗变化情况。由此可见，档案馆除了针对档案管理各环节的登记和统计，还需要围绕全宗形成登记表册，如全宗名册、全宗单、全宗变化情况年度报表等。

全宗名册是用来统计档案馆保存的全宗数量，并固定全宗顺序号的登记册，一般包括：全宗号、全宗名称、案卷目录起止号、起止年代、档案数量(永久、长期所占比例)、存放位置、初次入馆日期、移出说明。

全宗单以全宗为单位分别登记，在档案初次进馆登入收进簿和全宗名册之后填写，其封面格式见图 6-1-2。全宗单是档案馆比较重要的一种综合性登记文件，具体反映了每个全宗档案的全面情况，由三个主要部分组成：全宗情况介绍(图 6-1-3)、未编目档案和已编目档案，依据《全宗单》(GB/T 13967—2008)编制。

图 6-1-2　全宗单封面格式

---

① 陶丽霞，丁耀琪. 关于切实推进基层档案登记工作的思考：以江苏省常熟中学为例[J]. 档案与建设，2016(06)：84-87.

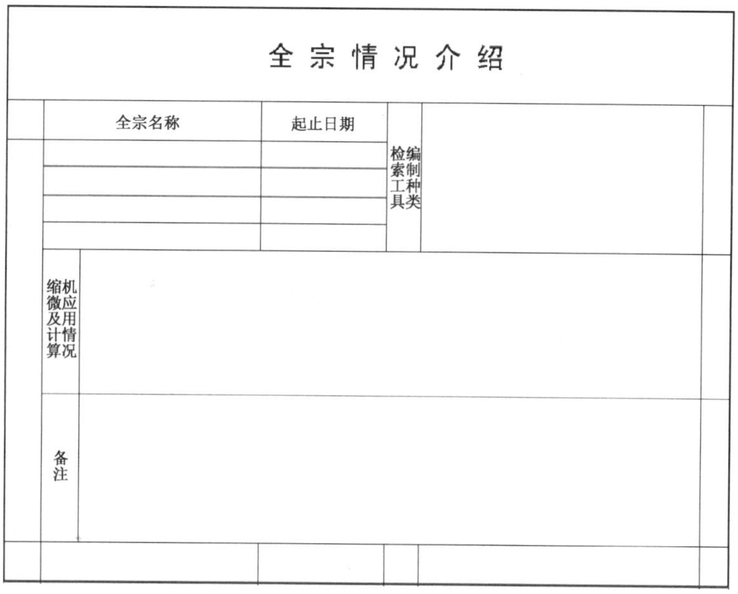

图 6-1-3 全宗情况介绍表格格式

地方档案行政主管部门可构建具有地方特色的登记和统计制度，增设登记统计栏目，如档案馆“名人档案”“重大活动档案”及各镇档案馆“非遗档案”等，可增加《国家基本专业档案目录》清单中档案的登记和统计。

五、实践训练

（1）请对本单位档案馆（室）的档案登记和统计工作进行调研，提出针对性的完善建议。

（2）了解某国家综合档案馆的馆藏全宗，编制全宗名册。

（3）了解典型省份档案登记备份办法、工作规范及其执行情况，对近五年的工作实践进行总结与思考。

六、知识拓展

见右侧二维码。

任务二 档案统计调查、整理和分析

一、任务背景及目标

档案统计就是通过质和量的联系，对档案工作领域中各类现象的数量关系进行观察、分析和研究，从而揭示其发展过程、现状及一般规律的工作。档案统计工作是档案事业建设中一项重要的基础工作，具有不可忽视的作用。从宏观层面来看，档案统计能为国家提供档案统计资料，反映档案事业的发展水平，为档案学研究、制定和检查档案政策提供依据，从而为国家发展档案事业提供丰富且准确的依据。从微观层面来看，档案统计能及时对档案和档案工作诸多方面、多种情况的数据进行统计调查、整理和分析，比如档案与档案工作的规模、水平、结构、速度等在一定时间、地点、条件下实际的数量表现，进而系统地积累资料、总结经验，为编制档案工作计划，以及检查、监督计划执行情况提供依据，同时也为加强档案管理、提高科学管理水平提供依据。

档案统计工作的基本程序：确定统计任务—设计统计指标和方案—统计调查—搜集、整理统计资料—分析统计研究资料—统计资料的显示和运用。其中，统计调查是关键环节，而档案统计报表是最基本、最常见的档案统计形式。

本任务的主要目标是在明确档案统计工作体系和基本程序的基础上，熟知档案事业统计调查制度及其要求，完整、准确地填报档案室基本情况表；同时，掌握档案统计整理与分析的方法，编制档案统计研报。

二、知识介绍

（一）我国档案工作的统计体系

档案统计是通过统计指标，用数字形式来描述档案工作中的现象、状态、水平、进程及发展程度。档案统计的对象应该是整个档案事业领域。目前，我国档案工作的统计体系基本上分为四个层次：第一，全国档案工作基本情况统计，纳入国家国民经济和社会发展的统计指标，由国家档案局组织进行，由国家统计局指导与监督；第二，专业系统档案工作基本情况统计，由专业主管机关组织进行；第三，地方（包括省、省辖市、县各级）档案工作基本情况统计，由地方档案行政机构组织进行；第四，档案馆、档案室档案工作基本情况统计，由各档案馆、档案室自行组织进行。

可见，凡是档案工作领域可进行量化描述与量化研究的种种现象和问题都可被视为统计对象而纳入统计工作的范畴，如档案和档案工作的规模、水平、结构、比例关系、差别程度、普遍程度、发展速度、平均规模和水平、平均速度等。这是档案统计工作区别于其他档案业务工作的突出特点。以上四个层次中，档案馆和档案室的统计具有基础意义。

（二）档案统计指标的主要内容

选定档案统计指标是档案统计工作的首要环节，也是档案统计调查的基础。档案统计指标主要涵盖档案实体统计、档案管理活动统计、档案事件统计（宏观和微观），其主要内容如下：

（1）关于档案馆藏或室藏情况的指标，主要包括以下几点内容：一是档案馆（室）所藏档案总量统计；二是档案结构分量统计，即对不同种类、不同时期、不同保管期限、不同整理状况的档案数量的分别统计；三是馆藏资料和实物情况统计。

（2）关于提供利用情况的指标，一般有两种：利用者情况统计和利用服务情况统计。

（3）关于档案经费及结构建设方面的指标，包括档案事业经费、机构设置情况、基本建设情况、档案库房面积以及档案室（馆）内设备等方面的统计。

（4）关于档案工作人员基本情况的指标，包括档案室（馆）工作人员总体数量（定编）和档案人员结构分量（年龄段、文化程度、档案专业文化程度以及专业技术职称等）方面的统计。

（5）关于档案专业教育基本情况的指标，包括普通高校、成人教育、中等学校等教育机构的学生和师资情况等方面的统计。

（三）档案统计调查

档案统计调查的主要任务是获取大量原始的、真实的材料，这些材料主要通过统计报表和专门调查获得。其中，专门调查是根据一定的目的和要求临时组织起来的调查，它是统计报表的一种补充形式，但专门调查不宜太多。

我国已建立档案事业统计调查制度，每隔2～3年调整一次。档案室、档案馆、档案主管部门根据平时管理中形成的档案机构及人员状况、全宗档案状况、档案工作状况的登记信息，填报相应的统计报表。档案事业统计调查制度建立在各项原始记录资料核算的基础上，要求通过档案统计报表的形式组成档案登记、统计、利用等统计表册，体现档案数量、变化与各类状况。我国自1991年起开始实行《全国档案事业统计年报制度》（历经多次修订）。2019年起，该制度更名为《全国档案事业统计调查制度》（以下简称《制度》）。《制度》的调查对象和统计范围为各级档案行政管理部门，各级各类档案馆，县直以上机关、人民团体、民主党派档案室（处、科），企业、事业单位档案室（处、科），以及开办档案专业教育的高等院校、中等学校。《制度》共包含总说明、报表目录、调查表式、主要统计指标解释、附录五部分。其中，调查表式分为档案行政管理部门基本情况年报、档案馆基本情况年报、档案室基本情况年报三部分。《制度》要求统计报表按报告期别为年度报表，采用全面调查的统计调查方法，并实行统一组织、分级实施的报送方式。为实现兼顾历史数据、简化统计方式的目标，《制度》将原来执行的双套表制修订成单套表制，并对报表进行适度整合；将原来的6张基本表和2张附表整合为3张报表，降低了统计人员数据收集的工作难度;充分考虑档案室人员流动快、兼职人员多等情况,结合档案工作发展实际和档案室意见反馈,将不再适用的统计指标删减了 80 余个;为适应统计工作发展要求,《制度》总说明部分明确了“统计数据的公布”“统计信息共享”“质量控制”等内容,附录部分增加了“向国家统计局提供的统计资料清单”“向统计信息共享数据库提供的统计资料清单”。

(四) 档案统计整理

档案统计整理是指对档案统计调查获取的大量原始资料进行加工汇总,使其系统化、条理化,具体包括统计资料的审核、统计分组、统计汇总和填写统计表等步骤。档案统计整理起着承前启后的作用,它既是档案统计调查阶段的延续和深化,又是统计分析阶段的基础和前提。概括而言,档案统计整理的内容主要涵盖分组、汇总和编表三方面,具体包括:

(1) 对大量的原始资料按档案统计研究的任务进行科学分组,这是档案统计整理的核心内容,其目的是把同质总体中具有不同性质的单位分开,把性质相同的单位合在一起,保持各组内统计资料的一致性和组间资料的差异性。分组标志是统计分组的关键,主要分为品质标志和数量标志。

(2) 在资料审核的基础上进行汇总,计算出各组单位数和总体单位数,以及各组与总体的有关标志值之和。

(3) 将汇总整理的资料填入统计表。

(五) 档案统计分析

档案统计分析是对档案统计整理的资料进行分析研究,最终形成档案统计结论的过程。通过分析,可揭示档案和档案工作的内在联系及发展变化的规律,发现问题,为决策提供数据支撑。

三、实训任务及参考示例

2022 年 12 月 19 日,修订后的《全国档案事业统计调查制度》经国家统计行政管理部门审批后实施,2023 年 1 月 10 日由国家档案局办公室正式发布,有效期三年。请明确该制度的导向价值,了解全国档案事业统计调查制度数据的上报程序,熟悉其中的“档案室基本情况表”中的指标内容(共 12 方面、109 个指标),理解和把握具体指标填写要求,并尝试填写。

参考示例:

档案室在档案“收、管、用”的全过程、各环节、各阶段都要做好常规档案登记工作,才能组成科学管理档案的完整记录。基层档案部门首先要以《全国档案事业统计调查制度》为导向,满足国家报表统计的需要。如果登记的目的仅限于内部管理,仅确保相关工作有记录可查,而未考虑到与国家档案统计年报的衔接,那么在需要填报电子档案利用数量等信息时,若基层档案登记工作未能及时跟进,就会导致档案登记信息不全面却仍需提交统计数据的尴尬局面,进而可能产生估算或臆断的数据,使得最终得出的统计数据失去其应有的价值。因此,必须按照“档案室基本情况表”要求的项目建立完备的档案登记表,并如实认真地登记,保证报送的各种工作报表内容真实、数据准确、报送及时。

根据《全国档案事业统计调查制度》(2022 年 12 月),下载“全国档案事业统计调查制度数据上报模板”(图 6-2-1),填报“档案室基本情况表”(表 6-2-1)。其中,“本年是否向档案馆移交档案”“本年是否有移出档案”“本年是否有销毁档案”3 项根据档案室实际工作情况采用勾选填报的方式,不再统计具体数量。

图 6-2-1 全国档案事业统计调查制度数据上报模板

表 6-2-1　档案室基本情况表

表　　号:DA-3 表
制定机关:国家档案局
批准机关:国家统计局
批准文号:国统制〔2022〕190 号
有效期至:2025 年 12 月

01　统一社会信用代码:
02　单位名称:　　　　　　　　　　20　年

03	单位类别代码:	06	电话:	
04	邮政编码:	07	机构情况	□1. 独立设置档案室(处、科等)
05	单位地址:			□2. 无独立设置档案室(处、科等)

指标名称	计量单位	代码	数量
甲	乙	丙	1
一、人员情况	—	—	—
专职人员	人	08	
其中:女性	人	09	
年龄	—	—	—
50 岁及以上	人	10	
35—49 岁	人	11	
34 岁及以下	人	12	
专职人员文化程度	—	—	—
博士研究生	人	13	
硕士研究生	人	14	
研究生班研究生	人	15	
双学士	人	16	
大学本科	人	17	
大专	人	18	
高中(含中专)及以下	人	19	
专业文化程度	—	—	—
博士研究生	人	20	
硕士研究生	人	21	
研究生班研究生	人	22	
大学本科	人	23	
大专	人	24	
中专	人	25	
档案干部专业技术职务	—	—	—
研究馆员	人	26	
副研究馆员	人	27	
馆员	人	28	
助理馆员	人	29	
管理员	人	30	
兼职人员	人	31	
本年接受档案业务在职培训教育	期	32	
	人次	33	
二、室存情况	—	—	—
总计数量	—	—	—
纸质档案	—	—	—
以卷为保管单位档案	卷	34	
以件为保管单位档案	件	35	
总排架长度	米	36	

续表

指标名称	计量单位	代码	数量
甲	乙	丙	1
电子档案	GB	37	
其中：文书类电子档案	件	38	
	GB	39	
数码照片	张	40	
	GB	41	
数字录音、数字录像	小时	42	
	GB	43	
其他载体档案	—	—	—
照片档案	张	44	
录音磁带、录像磁带、影片档案	盘	45	
实物档案	件	46	
其中室存永久档案情况	—	—	—
纸质档案	—	—	—
以卷为保管单位档案	卷	47	
以件为保管单位档案	件	48	
电子档案	GB	49	
其中：文书类电子档案	件	50	
	GB	51	
数码照片	张	52	
	GB	53	
数字录音、数字录像	小时	54	
	GB	55	
其他载体档案	—	—	—
照片档案	张	56	
录音磁带、录像磁带、影片档案	盘	57	
实物档案	件	58	
其中室存30年(长期)保管档案情况	—	—	—
纸质档案	—	—	—
以卷为保管单位档案	卷	59	
以件为保管单位档案	件	60	
电子档案	GB	61	
其中：文书类电子档案	件	62	
	GB	63	
数码照片	张	64	
	GB	65	
数字录音、数字录像	小时	66	
	GB	67	
其他载体档案	—	—	—
照片档案	张	68	
录音磁带、录像磁带、影片档案	盘	69	
实物档案	件	70	
三、档案数字化成果	—	—	—
纸质档案	—	—	—
以卷为保管单位档案	卷	71	
	GB	72	
	万幅	73	
以件为保管单位档案	件	74	
	GB	75	
	万幅	76	

续表

指标名称	计量单位	代码	数量
甲	乙	丙	1
其他载体档案	—	—	—
照片档案	GB	77	
录音磁带、录像磁带、影片档案	GB	78	
其他	GB	79	
四、档案编目情况	—	—	—
机读目录	—	—	—
案卷级	万条	80	
文件级	万条	81	
五、检索工具	种	82	
六、本年接收档案情况	—	—	—
纸质档案	—	—	—
以卷为保管单位档案	卷	83	
以件为保管单位档案	件	84	
电子档案	GB	85	
其中:文书类电子档案	件	86	
	GB	87	
数码照片	张	88	
	GB	89	
数字录音、数字录像	小时	90	
	GB	91	
其他载体档案	—	—	—
照片档案	张	92	
录音磁带、录像磁带、影片档案	盘	93	
实物档案	件	94	
七、本年是否向档案馆移交档案	—	95	□是　□否
八、本年是否有移出档案	—	96	□是　□否
九、本年是否有销毁档案	—	97	□是　□否
十、档案利用情况	—	—	—
本年利用档案	人次	98	
	卷(件)次	99	
本年编研成果	—	—	—
公开出版	种	100	
	万字	101	
内部参考	种	102	
	万字	103	
十一、档案室设施设备情况	—	—	—
档案室建筑面积	平方米	104	
其中:档案库房建筑面积	平方米	105	
档案室设备	—	—	—
服务器	台	106	
安全防范系统	—	—	—
火灾自动报警系统	套	107	
温湿度控制系统	套	108	
十二、数字档案室	个	109	

单位负责人：　　统计负责人：　　填表人：　　报出时间：　年　月　日

注：1. 本表由县直以上机关、人民团体、民主党派档案部门，企业、事业单位档案部门填报。
2. 代码07“机构情况”、代码95“本年是否向档案馆移交档案”、代码96“本年是否有移出档案”、代码97“本年是否有销毁档案”为勾选填报。
3. 统计指标间的关系（以下数字为统计指标代码）：
(1) 专职人员＝各年龄段人数总和＝各类文化程度人数总和，即08＝10＋11＋12＝13＋14＋15＋16＋17＋18＋19。
(2) “室存档案”中，包括“本年接收档案”，不包括“本年向档案馆移交档案”、“本年移出档案”和“本年销毁档案”数量。
(3) 代码34～46室存档案数量包括室存永久档案、30年（长期）档案数量。
(4) 档案室建筑面积（平方米）≥档案库房建筑面积（平方米），即104≥105。

对“档案室基本情况表”中具体指标的理解和把握：

(1) 人员情况（略）。

(2) 室存情况。

以卷为保管单位档案：由互有联系的若干文件组合成的档案保管单位的纸质档案。

以件为保管单位档案：不以案卷为基本保管单位，而以件为基本保管单位的纸质档案。

总排架长度：全部纸质档案竖排在柜架上的长度与叠放排列的厚度总和。

电子档案：机关、团体、企事业单位和其他组织在处理公务过程中形成的对国家和社会具有保存价值并归档保存的电子文件。

照片档案：专门集中保管的照片档案，与其他档案一起立卷保管的照片档案不计在内。

(3) 档案数字化成果：室存传统载体档案经扫描仪等数字化转换设备转换得到的数字格式副本。

(4) 档案编目情况。

机读目录：计算机可读目录，指输入计算机并通过计算机进行编制和检索的档案目录。

案卷级目录：以全宗为单位登录案卷的题名及其他特征，并按案卷号次序编排而成的一种档案目录。

文件级目录：登录文件题名及其他特征，并固定文件排列次序的一种档案目录。

(5) 检索工具：用于存储、查找和报道档案信息的系统化文字描述工具，是目录、索引、档案馆指南、全宗指南、专题指南等的统称。例如，人名索引、地名索引等均为索引，计为1种。

(6) 本年接收档案：本年度接收的档案。

(7) 本年移出档案：本年度因机构或职能变化导致部分室存档案所有者变更，而移交给有关单位（非档案馆）的档案。

(8) 档案利用情况。

利用人次：当年每日查档人数累计。

利用卷（件）次：当年每日提供档案的数量累计。

本年编研成果：本单位利用档案自编或与其他有关部门合编的档案汇集、参考资料等。一个书名为一种。其中，“公开出版”指当年由各级出版社正式出版的书籍（包括公开发行和内部发行），“内部参考”指当年编纂完毕未公开出版、留作内部使用的参考资料。

(9) 档案室设施设备情况。

服务器：信息系统中为客户端计算机提供特定应用服务的计算机系统，是信息系统的重要组成部分。按照服务器的外观，可以分为台式服务器和机架式服务器。不能正常使用的服务器不计入本指标。

火灾自动报警系统：探测火灾早期特征、发出火灾报警信号，为人员疏散、防止火灾蔓延和启动自动灭火设备提供控制与指示的消防系统。

温湿度控制系统：运用现代科技手段，通过传感技术、自动化技术、信息化技术实现对温度和湿度的实时监测，并控制空气调节设备、通风设备、除湿设备等保持库房温湿度符合标准规范的集成系统。

(10) 数字档案室：机关（团体和其他社会组织）在履行职能过程中，通过省级及以上档案主管部门认证的，运用现代信息技术对机关电子档案和数字化档案信息进行采集、加工、存储、管理，并通过不同类型网络提供共享利用和有限公共档案信息服务的档案信息集成管理平台。

四、延伸思考

(1) 为了揭示档案和档案工作的内在联系及发展变化的规律，必须对统计调查获得的大量经整理后的资料进行分析研究。请思考：档案统计分析的方法有哪些？其表现形式有哪些？

提示：

在获得准确全面的登记数据后，可以借助信息化管理平台，自动采集各单位上报的档案工作数据，建立适宜的档案工作统计分析模型，对数据进行分析，提取有用信息并形成结论，以供宏观决策之用。例如，根据库藏档案排架长度数据的年度增长值，判断档案增长的合理性，推断库房容量，预测库容余量，以科学衡量库藏数量的变化。

统计分析的步骤是：选用统计分析方法、撰写统计分析报告、得出结论、提出建议。

(一) 档案统计分析方法

1. 动态分析法。

动态分析法是指运用统计表中的动态数列来说明档案工作现象发展变化规律的统计分析方法。动态数列是将某种现象在时间上变化的一系列统计指标，按照时间先后顺序排列而成的数列。

常用动态分析指标包括发展水平、增长量、发展速度、增长速度等。某档案馆“十三五”期间室藏档案增长情况分析表见表 6-2-2。

表 6-2-2　某档案馆“十三五”期间室藏档案增长情况分析表

年份	发展水平/万卷	增长量/万卷		发展速度/%		增长速度/%	
		累积	逐期	定基	环比	定基	环比
2016	7			100			
2017	10	3	3	142.9	142.9	42.9	42.9
2018	12	5	2	171.4	120	71.4	71.4
2019	20	13	8	285.7	166.7	185.7	66.7
2020	30	23	10	428.6	150	328.6	50

2. 分组分析法。

将档案工作的各种现象分成不同组别，可以加深对档案工作构成与现象之间相互关系的认识，使得统计分析的结果更有针对性。选择正确的分组标志是分组分析的前提，常用的分组标志有案卷数量、档案类型、利用目的等。某单位 2023 年档案利用情况统计表见表 6-2-3。

表 6-2-3　某单位 2023 年档案利用情况统计表

利用目的	利用人次	利用案卷数		利用方式				打印/复印张数
		卷次	件次	电话/短信	在线查档平台	异地查档	现场查档	
编史修志								
工作查考								
学术研究								
经济建设								
宣传教育								
其他								
总计								

3. 综合分析法。

综合分析法是利用综合指标分析档案工作现象的总体特征及其相互联系的方法。它将总量指标、相对指标、平均指标综合运用。运用综合指标时应该注意以下几点:绝对数统计分析中必须合理应用计量单位,否则就不能准确反映档案工作领域具体的量。相对数用以说明档案工作中两个相互联系指标的对比关系,所以保证指标的可比性是运用相对数的基本原则。分析时应将相对数和绝对数结合使用。可以将几种相对数结合使用,以多方面说明档案工作情况,如使用计划完成相对数、动态相对数、结构相对数、比较相对数等。在运用平均数时,应该遵循总体同质性的原则。只有同类现象才可以计算平均数,否则会歪曲事实。还需要分组计算平均数和典型材料来补充说明总体平均数。某单位2023年档案利用情况综合统计表见表6-2-4。

表6-2-4 某单位2023年档案利用情况综合统计表

档案类型	利用人数	利用卷次/件次	拒用率/%	利用率/%	平均复制量/(件/人)
纸质档案					
电子档案					
其他载体档案					
实物档案					
总计					

(二)档案统计分析的表现形式

1. 统计分析报告,包括定期分析报告、专题分析报告、综合分析报告等。

2. 文字说明,一般是结合统计报告内容所做的说明。

3. 统计图,包括条形图、饼状图(图6-2-2)、象形图、动态曲线图、圆形结构图等。

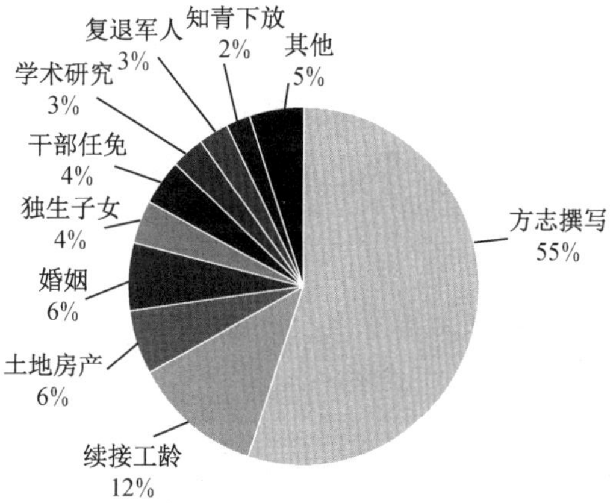

图6-2-2 某档案馆2024年档案查阅利用类型(卷、件数)饼状图

(2)学习国家档案局发布的《关于进一步加强和改进档案统计工作的意见》(档发〔2018〕1号),思考提高我国档案统计数据共享和安全保密的思路,主要思考以下几个问题:①如何依法对档案统计数据划分公布范围?②如何确定不宜公开的档案统计数据资料的边界范围?③如何按照《全国档案事业统计调查制度》的规定公布档案调查取得的统计数据?④如何建立科学有效的档案统计信息共享机制,提高统计数据的综合效用?⑤如何实现档案事业统计调查中统计数据共享最大化?

提示:

《关于进一步加强和改进档案统计工作的意见》明确提出了依法对档案统计数据的"强化公布与共享"的要求。《关于进一步加强和改进档案统计工作的意见》按照国家统计局发布的《部门共享国家统计基本单位名录库信息管理暂行办法》的要求,明确了建设档案系统统计基本单位名录库的制度要求。

五、实践训练

(1) 请对企业集团公司的档案统计工作进行调研，分析信息化时代企业档案统计工作所面临的挑战。

(2) 某药业集团股份有限公司根据公司各时期工作重点开展统计工作。例如，随着《工业企业档案分类试行规则》的颁布执行，公司为及时掌握十大类档案的分类情况及案卷数量，增补了“档案室分类统计表”。通过档案利用效果统计发现，某胶囊原料工艺档案被借阅 15 次，其中一人多次反复利用该案卷。利用者依据该案卷对车间工艺设备进行改进，不仅保障了正常生产，还使公司每年增加产值 26 万元。又如，公司设备部通过图纸重复利用率统计发现，一套车间施工图纸在车间改造、管道施工等项目中被使用两次以上，同一套图纸在不同施工项目中多次发挥作用。请分析：如何充分发挥档案统计分析工作对提高档案管理水平的作用？

六、知识拓展

见右侧二维码。

项目七

档案检索

【项目导读】

档案检索是对档案的内容和形式进行分析、选择、浓缩和记录，按照一定次序编制各种检索工具，并根据利用者的需求运用档案检索工具准确检出档案的过程。广义的档案检索包括存储与查检两个过程，二者相互联系，共同构成了档案检索系统。档案检索系统的构成模式如图 7-1 所示。其中，存储主要包括著录、标引和编制检索工具；查检主要包括构建检索策略和查找操作。狭义的档案检索可从字义上理解，检的含义就是“查”，索的含义就是“取”，档案检索就是查找档案中有用信息的过程。

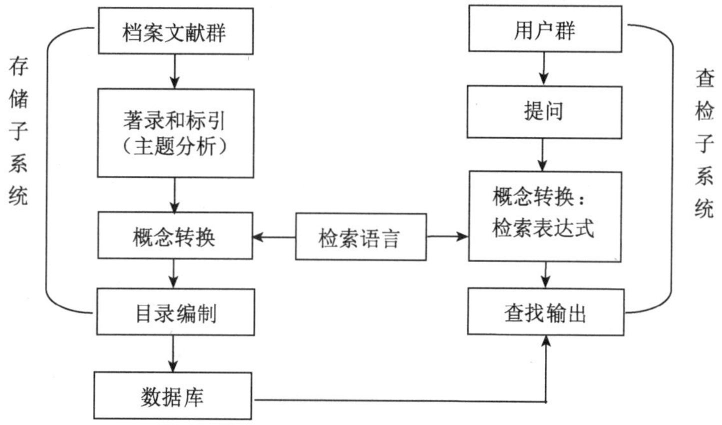

图 7-1　档案检索系统的构成模式

任务一　档案著录

一、任务背景及目标

档案著录是为了检索和管理档案资源，对档案内容、结构、背景或管理活动进行分析、选择、组织和记录的过程。档案著录通过具体地描述和记录每份文件或每个案卷的内容和形式特征，揭示档案主题内容、科学价值，指明出处，区分它们相互之间的异同，有效地揭示馆藏，帮助利用者准确、迅速地检索所需要的档案材料。档案著录是编制档案检索工具的基础，著录的质量直接影响检索工具的质量。

《档案著录规则》是档案工作的基础性标准，最初以国家标准(GB/T 3792.5—1985)的形式发布，是我国第一个档案标准。1999 年，国家档案局对其进行了第一次修订(补充)，并将其作为行业标准(DA/T

18—1999)发布。1999 版标准自实施以来,在建立统一档案检索体系、开展档案报道与交流、深入开发档案信息资源等方面发挥了重要的作用。该标准的发布和实施,为实现中国档案工作的标准化、规范化和现代化奠定了良好的基础。然而,随着计算机技术和网络技术的发展,传统档案著录实践已不能很好地适应档案著录现代化和标准化的要求,难以满足利用者对档案信息资源在深度与广度上开发利用的需要,也不利于机构间和国际档案著录信息的交换。2022 年 4 月 7 日,国家档案局发布了修订后的《档案著录规则》(DA/T 18—2022),并于 2022 年 7 月 1 日起实施。《档案著录规则》对于我国健全档案著录标准体系、推动档案资源管理信息化目标的实现具有良好的实践推广价值。

本任务的主要目标是明确著录项目及其著录细则,学会使用文档管理软件系统进行档案著录。

二、知识介绍

新版《档案著录规则》吸纳了国际档案著录规则的多级著录思想,与国际接轨,方便国际档案著录信息的交换。它主要具有三个特点:一是实现了多级著录。档案著录从全宗著录起,逐级向下著录到类别、案卷、文件。二是适应了电子环境的著录。删除了手工著录的符号、格式等要求,强调对档案内容、结构、背景或管理活动进行分析、选择、组织和记录,符合电子档案的特点。三是调整了著录项目。著录项目改为标识、背景、内容与结构、查阅与利用控制、相关档案材料、附注、著录控制 7 个大项、35 个小项。

(一) 档案著录项目清单

档案著录项目有“必著”“有则必著”“选著”三种约束条件,各著录项目分别有适用的著录层级和著录主体。档案著录项目清单见表 7-1-1。

表 7-1-1 档案著录项目清单

著录项目		约束性	著录层级	著录主体
标识	档案馆代码	必著	全宗级	档案馆
		选著	文件级、案卷级、类别级	档案馆
	著录层级	必著	所有	档案室、档案馆
	档号	必著	所有	档案室、档案馆
	题名	必著	所有	档案室、档案馆
	文件编号	有则必著	文件级	档案室
	日期	必著	所有	档案室、档案馆
背景	责任者	必著	所有	档案室、档案馆
	组织机构沿革/人物生平	选著	全宗级	档案室、档案馆
	档案保管沿革	必著	全宗级	档案室、档案馆
		选著	文件级、案卷级、类别级	
内容与结构	范围和提要	选著	所有	档案室、档案馆
	人名	选著	文件级、案卷级	档案室
	稿本	选著	文件级	档案室
	文种	选著	文件级	档案室
	附件	选著	文件级	档案室
	载体形态	有则必著	文件级	档案室
		选著	案卷级、类别级、全宗级	档案室、档案馆
	计算机文件大小	选著	文件级、案卷级	档案室、档案馆
	计算机文件格式	选著	文件级、案卷级	档案室、档案馆
	生成方式	选著	文件级、案卷级	档案室、档案馆

续表

著录项目		约束性	著录层级	著录主体
内容与结构	整理情况	选著	类别级、全宗级	档案室、档案馆
	保管期限	必著	文件级、案卷级	档案室、档案馆
	销毁情况	有则必著	文件级、案卷级	档案室、档案馆
查阅与利用控制	密级	有则必著	文件级	档案室、档案馆
	公开属性	有则必著	文件级	档案室
	开放标识	必著	文件级、案卷级	档案室、档案馆
	语言或文字	选著	文件级	档案室
	主题词或关键词	选著	文件级	档案室
	分类号	选著	文件级、案卷级	档案室、档案馆
	缩微号	选著	所有	档案室、档案馆
	存储位置	选著	所有	档案室、档案馆
相关档案材料	原件存放位置	选著	所有	档案室、档案馆
	复制件存放位置	选著	所有	档案室、档案馆
	相关著录单元	选著	类别级、全宗级	档案室、档案馆
附注	附注	选著	所有	档案室、档案馆
著录控制	著录者	选著	所有	档案室、档案馆
	著录日期	选著	所有	档案室、档案馆

(二)档案著录项目及其著录细则

1. 标识项

标识项包括以下 6 个项目:①档案馆代码,是指国家档案主管部门为每个档案馆赋予的唯一代码。档案馆代码应照实著录。②著录层级,是指记录著录单元的著录层级,如文件级、案卷级、类别级、全宗级等。③档号,是指以字符形式赋予档案的一组唯一代码,用于反映、固定和识别档案排列顺序。④题名,是指表达档案中心内容、形式特征的名称,可以是文件题名、案卷题名、类别题名、全宗题名。文件题名一般指正题名,也可能同时存在并列题名、副题名和说明题名文字。⑤文件编号,是指文件制发过程中由制发机关、团体或个人赋予文件的顺序号。文件编号包括发文字号、科研试验报告流水号、标准规范类文件的统编号、图号等。⑥日期,是指著录单元(文件或案卷)的形成日期或起止日期。文件级著录单元应著录其形成日期,案卷级以上(含案卷级)著录单元应著录其起止日期。

2. 背景项

背景项包括以下 3 个项目:①责任者,是指对档案内容进行创造或负有责任的组织机构或个人。②组织机构沿革/人物生平,是指简要记录全宗级著录单元责任者的历史沿革或生平传记。③档案保管沿革,是指接收、接受捐献、购买、代存等收集档案的过程。内容包括:历次保管权转移的情况及时间,对于保管历史不清晰的著录单元,也应据实记录;全宗级著录单元应详细著录档案保管史,其他著录层级的著录单元可根据实际情况选择著录。

3. 内容与结构项

内容与结构项包括以下 12 个项目:①范围和提要,是指在相应的著录层级上,简要概括并记录著录单元的范围和内容,如时间范围、地点范围、主要内容和重要数据(包括技术参数)等。②人名,是指记录著录单元中具有检索意义的人物姓名,必要时可同时著录人物的身份证号码、职务、出生地、工作简历等信息。③稿本,是指档案文件的文稿、文本和版本,应按实际情况著录。④文种,是指文件种类的名称,应按实际情况著录。⑤附件,是指文件正文后的附加材料。⑥载体形态,是指著录单元的载体类型、数量、单位和规格。⑦计算机文件大小，是指电子文件、电子档案和传统载体档案数字化成果的字节数，如 0.14 MB(说明：文件级)、20 MB(说明：案卷级)。⑧计算机文件格式，是指电子文件在计算机等电子设备中组织和存储的编码方式。应记录文件格式的名称，必要时著录格式版本和格式描述。⑨生成方式，是指电子档案比特流首次形成的方式。生成方式包括原生、数字化、编辑。应依据以下规则著录：著录单元为电子档案时，生成方式著录为"原生"；著录单元为数字化转换形成的数字副本时，生成方式著录为"数字化"；著录单元为在尊重客观事实基础上经剪辑或非线性编辑形成的电子档案时，生成方式著录为"编辑"。⑩整理情况，是指著录单元的内部结构、排序及分类体系等信息。对于类别级以上的著录单元，简要说明其整理情况。⑪保管期限，是指档案划定的留存年限。2006 年以前的档案，保管期限一般分为永久、长期和短期三种；2006 年以后的档案，保管期限分为永久和定期。应著录原定的保管期限；保管期限有更改的，应著录新的保管期限。⑫销毁情况，是指鉴定后对失去保存价值的著录单元进行毁灭性处置的说明，应著录销毁时间和销毁方式。

4. 查阅与利用控制项

查阅与利用控制项包括以下 8 个项目：①密级，是指文件保密程度的等级。应著录文件形成时所确定的密级和保密期限，可同时著录保密期限届满年月。已升密、降密、解密的文件应著录变更情况，如新的密级、保密年限和解密日期等。②公开属性，是指著录单元的公开审核意见。公开属性应照实著录。不予公开的著录单元，宜在附注中注明理由。③开放标识，是指著录单元的开放审核意见。开放标识应照实著录。受控的著录单元，宜在附注中注明受控依据。④语言或文字，是指著录单元中使用的语种名称。应按照 GB/T 4880、GB/T 4881 中语种的汉语名称著录。⑤主题词或关键词，是指用以表达档案主题内容并具有检索意义的规范化或非规范化词或词组(详见本项目任务三)。⑥分类号，是指对档案进行主题分析，并依照档案的内容和特点分门别类后形成的类目标记符号(详见本项目任务二)。⑦缩微号，是指档案馆(室)赋予档案缩微制品的编号，应照实著录。⑧存储位置，是指档案的物理或逻辑存址。

5. 相关档案材料项

相关档案材料项包括以下 3 个项目：①原件存放位置。当著录单元是复制件或包含复制件时，著录其在本机构或别处是否存在原件以及原件的存放位置；如确认原件不复存在，应加以说明。②复制件存放位置。当著录单元在本机构或别处有相应的复制件时，著录其存放位置。③相关著录单元，是指保存在本机构或别处的具有来源联系或其他关联的著录单元。应记录相关著录单元题名、档号等相关信息，并说明具体的关系。

6. 附注项

附注是其他著录项目中无法展现但需解释和补充的信息。各著录项目中需注明的信息应按照各著录项目的顺序著录，著录项目以外需解释和补充的信息列在其后。每一条附注都应分段著录。附注项包括以下 7 个项目：①题名附注，用以注明同一文件的不同题名或其他称谓。②日期附注，用以注明考证前的原日期和考证依据。当著录的日期为非形成日期时，应注明为何种日期。③责任者附注，用以注明考证前的原责任者、考证依据。④稿本附注，著录单元有不同稿本者应予注明。⑤附件附注，用以注明有独立检索意义的附件的文件编号、责任者、日期等。⑥载体形态附注，用以记录载体发生的重要变化，如破损、残缺、变质、字迹退变和无法播放等情况。⑦其他需要注明的事项。

此外，《档案著录规则》还规定了著录项目以外需要注明事项的著录细则，包括：著录单元另有其他载体形式者、著录单元经考证为赝品者、著录单元有重要批示者及其他相关附注事项。

7. 著录控制项

著录控制项包括以下 2 个项目：①著录者，是指完成档案著录工作的责任人员。应记录著录者姓名及其工作单位名称。②著录日期，是指完成著录条目的日期。著录条目有更新时，应同时著录更新日期。

三、实训任务及参考示例

请认真学习《档案著录规则》(DA/T 18—2022)，深入理解并掌握不同著录层级的著录细则，对各类档案进行著录。

参考示例：

著录条目示例见表7-1-2至表7-1-9。

表7-1-2 "纸质文书档案"文件级著录条目示例

著录项目		著录内容
标识	档案馆代码	411010
	著录层级	文件级
	档号	H104-WS·1946·Y-013-0043
	题名	关于体育专科学校校舍修缮工程函
	日期	[19461211?]
背景	责任者	北平市政府教育局第一科
内容与结构	稿本	正本
	文种	函
	附件	工程项目单；北平市立中小学校校舍修缮工程标准说明书
	载体形态	3页
	保管期限	永久
查阅与利用控制	开放标识	开放
	主题词或关键词	专科学校；校舍修缮；体育学校
	分类号	J112.22
	缩微号	107-23
附注	附注	考证前的原日期为□□□□1211 发文单位名称字迹模糊

表7-1-3 "电子文书档案"文件级著录条目示例

著录项目		著录内容
标识	著录层级	文件级
	档号	K129-WS·2020·Y·002-0001
	题名	某某科学院工作会议报告
	日期	20201230
背景	责任者	某某科学院办公厅
内容与结构	范围和提要	2020年12月30日，侯院长在某某院工作会议上作题为《强化国家战略科技力量使命担当　努力在科技自立自强中发挥骨干引领作用》的会议报告
	计算机文件大小	0.27 MB
	计算机文件格式	pdf
	生成方式	原生
	保管期限	永久
查阅与利用控制	公开属性	主动公开
	开放标识	开放
	主题词或关键词	院工作会议；会议报告

表 7-1-4 “历史文书档案”文件级著录条目示例

著录项目		著录内容
标识	档案馆代码	462001
	著录层级	文件级
	档号	Q001-WS·1869-8172-039
	题名	[奏为请饬川省筹拨银两以济甘民采买籽种情由并与左宗棠接交篆务事]
	日期	同治八年二月十八日(18690330)
背景	责任者	(清)穆图善(署理陕甘总督)
内容与结构	稿本	副本
	文种	录副奏片
	载体形态	13 面
	保管期限	永久
查阅与利用控制	开放标识	开放
	主题词或关键词	筹拨银两;采买籽种;交接篆务;左宗棠;四川省
	分类号	M33+P13
	缩微号	83-45
附注	附注	朱批时间同治八年三月二十九日(18690510)

表 7-1-5 “科技档案”文件级著录条目示例

著录项目		著录内容
标识	档案馆代码	432001
	著录层级	文件级
	档号	K003-KJ·SB-074-053
	题名	YJR6 油碱比配机
	文件编号	78002
	日期	19780829
背景	责任者	商业部无锡粮食科学研究设计所;赵威萁;汪涛
内容与结构	范围和提要	YJR6 是油脂精炼工艺中的新设备,可任意调节流量,达到最佳比配。油流量 0～1 000 L/h,碱流量 0～120 L/h,最高排出压力不小于 10 kg/cm^2,柱塞直径:油泵 62 cm,碱泵 22 cm,行程长度最大 60 mm,往返次数 102 次/min,设备结构紧凑,操作稳定可靠,获 1987 年江苏省科技成果奖
	稿本	正本
	文种	说明书
	载体形态	9 页,260 mm×184 mm
	保管期限	永久
查阅与利用控制	开放标识	开放
	主题词或关键词	油碱比配;油脂精炼;机械;YJR6
	分类号	NJ4392
	缩微号	34-56
附注	附注	日期为通过鉴定日期

表 7-1-6 “录像档案”文件级著录条目示例

著录项目		著录内容
标识	档案馆代码	411010
	著录层级	文件级
	档号	A004-LX·1993·C-007
	题名	北京业余外语英语广播讲座教学片:初学班
	日期	19771215
背景	责任者	张冠林,屠蓓,朱欣茂(朗读);屠蓓,朱欣茂,吴千之[等](演播);钱慧娜,施鸿鄂,张正宜(演唱歌曲);中国唱片社(出版)
内容与结构	范围和提要	通过句型练习和对话,进行口语和笔译训练。共 42 课,是适用于自学英语者的听说材料
	载体形态	塑料薄膜唱片,28 张,17.5 cm
	保管期限	长期
查阅与利用控制	开放标识	开放
	主题词或关键词	英语;讲座;广播;业余教育;北京
	分类号	GD113223+GE6.2
附注	附注	同内容纸质铅印教材 2 本 播放时间 201′40″

表 7-1-7 案卷级著录条目示例

著录项目		著录内容
标识	档案馆代码	411001
	著录层级	案卷级
	档号	Z109-ZP·1991·Y-0010
	题名	全国档案工作会议
	起始日期	19910820
	终止日期	19910822
背景	责任者	唐珂(摄影)
内容与结构	范围和提要	1991 年 8 月在北京回龙观宾馆召开全国档案工作会议,会议工作人员唐珂拍摄的大会主席台、国务院秘书长罗干讲话、国家档案局局长冯子直报告及大会会场分组会会场等 10 张照片
	稿本	正本
	载体形态	照片,10 张,5 英寸
	保管期限	永久
查阅与利用控制	开放标识	开放
	主题词或关键词	档案工作;会议;罗干;安成信;冯子直;北京
	分类号	GA41-24
附注	附注	彩色 参见文书卷 Z109-WS·1991·Y-2430

表 7-1-8　类别级著录条目示例

著录项目		著录内容
标识	著录层级	类别级
	档号	X033-ZP
	题名	某某省人大办公厅全宗照片档案
	起始日期	1950
	终止日期	2020
背景	责任者	某某省人大办公厅;李慧平,彭瑞华,冷敏剑[等](拍摄者)
内容与结构	范围和提要	某某省人大办公厅全宗照片档案共 80 卷,卷内共计 3 800 张,形成时间为 1950 年—2020 年,包括纸质照片档案和照片类电子档案。档案记载的内容主要是 20 世纪 50 年代某某省首届各界人民代表会议、省第一届人民代表会议,以及 2003 年—2020 年以来历届省人大会议、省人大常委会会议、"人大讲堂"等重大活动和学习活动的全程史实。全部照片档案保管期限为永久。本全宗照片档案将持续增加
	整理情况	以卷为整理单元。通常,一次活动中形成的照片档案组成一个卷,卷下编件号(照片顺序号)
查阅与利用控制	存储位置	某某省档案馆档案库房,计算机主机房

表 7-1-9　全宗级著录条目示例

著录项目		著录内容
标识	档案馆代码	435002
	著录层级	全宗级
	档号	A018
	题名	某某日报社
	起始日期	1981
	终止日期	1996
背景	责任者	某某日报社;某某晚报社
	组织机构沿革/人物生平	1958 年 6 月,某某日报社成立,1959 年被撤销; 1981 年 5 月,成立某某晚报社; 1998 年 8 月,撤销某某晚报社,成立某某日报社
	档案保管沿革	1990 年,接收文书档案 12 卷进馆; 1998 年,接收文书档案 110 卷进馆; 2017 年,接收文书档案 172 卷进馆
内容与结构	范围和提要	馆藏该全宗档案 294 卷,起止时间为 1981 年—1996 年。档案内容包括党务、人事秘书、领导指导、业务 4 方面的活动
	整理情况	全宗内档案的排列顺序是按原有的顺序保管的,并被整理成 4 类,以反映档案形成者在其中的主要活动

四、延伸思考

请思考《档案著录规则》(DA/T 18—2022)存在的问题,并提出改进建议。

提示:

1. 适应档案数据化环境,助力档案知识管理的实现。

2. 从提供知识服务的角度出发，对档案内容进行语义描述、文本挖掘和知识发现，以适应档案信息资源的智能化检索的要求。

3. 建立档案数据间的关联，促进文献遗产领域的合作，保持信息著录的一致性，为实现文化遗产的跨领域合作及信息资源共享创造条件。

4. 术语和定义方面的问题及解决建议。

5. 个别著录项目细则说明(如生成方式、保管期限等)的准确性问题及解决建议。

6.《档案著录规则》与其他相关著录规范，以及与电子档案元数据标准之间的关系。

五、实践训练

江苏省内大部分单位使用由江苏省档案局研发的单机版“永乐文档通用一体化软件”(简称“永乐”)进行档案管理。该软件系统根据档案管理的实际情况设计，简明实用，功能完备。请按照《档案著录规则》要求，利用该系统进行相应模块的著录，建立档案目录数据库。

“永乐文档通用一体化软件”简介：

(一) 文书档案目录(WD 模块)

档号格式：××××-××××-×××-××××-××××，即全宗号-年度-保管期限代码(或目录号)-盒号(或案卷号)-件号(或页号)，共 19 位。

档号各部分按实际位数著录，不够规定长度时，前面用“0”填充。例如，全宗号 X1，年度 2010，目录号 1，盒号 1，件号 1，著录时应输入“00X1201000100010001”。软件显示档号中的短横杠“-”是为了便于阅读而自动显示的，无须输入。

文书档案目录如图 7-1-1 所示。

文件级管理 | 案卷级管理 | 报表输出 | 件的二级目录

记录	档号	页数	文号	责任者	题名	成文日期	期限	备注
1	0159-1992-001-0001-0001	200		常州铸造厂	常州铸造总厂关于执行常劳薪[19	1992-04-00	永久	
	0159-1994-001-0001-0001	200		常州铸造厂	常州铸造总厂按常铸劳字[94]16	1994-11-00	永久	

图 7-1-1 文书档案目录

(二) 会计档案目录(CD 模块)

CD 模块包含 5 个子模块：会计凭证管理、会计账簿管理、财务报表管理、其他会计档案管理和报表打印。会计档案的数据管理都是案卷级的数据管理。档号格式：××××-××××-×××-××××，即全宗号-年度-目录号(或分类号)-案卷号。其输入内容、操作方式与文书档案相同。

会计档案目录如图 7-1-2 所示。

会计凭证管理 | 会计账簿管理 | 财务报表管理 | 其它会计档案管理 | 报表打印

记录	档号	年度卷号	案卷名称	起始日期	终止日期	凭证起始号码	凭证终止号码	凭证张数	附件张数	保管期限	备注
1	0133-1984-005-0001	0001	记账凭证(常州市电子工业	1984-05-01	1984-05-31					15年	
2	0133-1984-005-0002	0002	记账凭证(常州市电子工业	1984-06-01	1984-06-30					15年	

图 7-1-2 会计档案目录

(三) 科技档案目录(KD 模块)

KD 模块包含 6 个子模块：文件级、案卷级、底图、特殊载体、报表和类目。

科技档案卷内目录在“文件级”输入，案卷目录在“案卷级”输入。档号格式：××××-××××-×××-××××，即全宗号-(年度)-分类号(项目代号或目录号)或案卷号-件号(或页号)。文件编号：文件代号或型号或图号或代字(代号)等。

科技档案目录如图 7-1-3 所示。

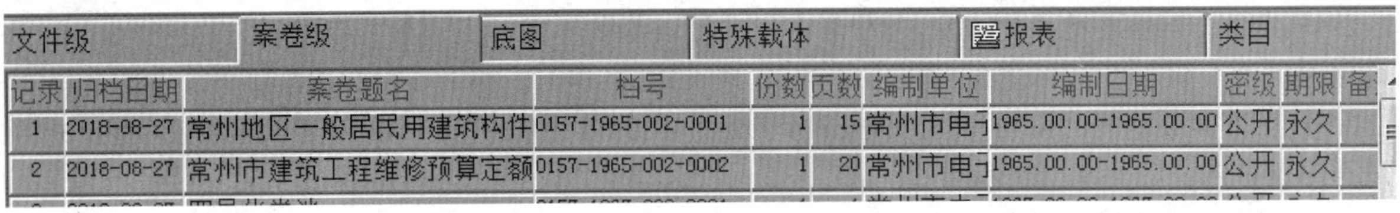

图 7-1-3　科技档案目录

（四）特殊载体档案目录

特殊载体模块可输入光盘档案目录和实物档案目录。档号格式：××××-××××-×××-××××，即全宗号-年度-分类号（或目录号）-册号或件号（盘号）。载体形式：光盘、实物、奖牌、证书、锦旗、书画等。其他内容、操作方式与文书档案相同。

特殊载体档案目录如图 7-1-4 所示。

图 7-1-4　特殊载体档案目录

（五）照片档案目录（ZD 模块）

照片档案目录在 ZD 模块下输入。照片/底片号格式：××××-××××-×××-××××-××××，即全宗号-年度-目录号-册号-张号。照片题名必须充分反映照片所摄地点、人物、事件等要素。其他输入内容、操作方式与文书档案相同。

照片档案目录如图 7-1-5 所示。

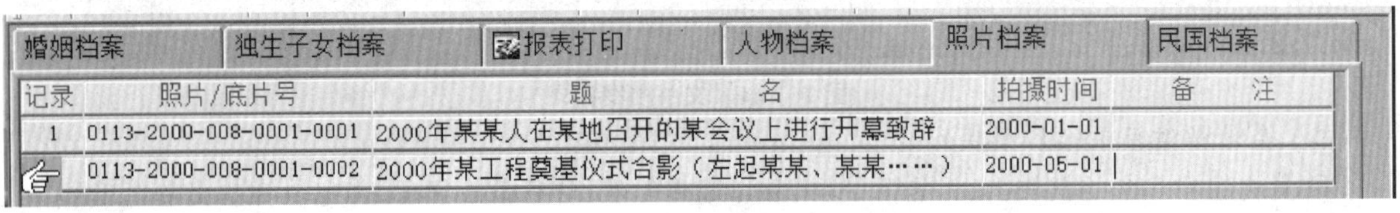

图 7-1-5　照片档案目录

六、知识拓展

见右侧二维码。

任务二　档案分类标引

一、任务背景及目标

档案标引，按照检索体系分为档案主题标引和档案分类标引。档案分类标引是将档案文献进行主题分析，赋予分类标识（分类号）的过程。它是揭示馆藏档案的一种手段，也是组织分类目录的依据。档案分类标引的主要依据是《档案分类标引规则》（GB/T 15418—2009）、《中国档案分类法》及其使用指南。

本任务的主要目标是能够依据《档案分类标引规则》，利用工具书《中国档案分类法》，为所著录的档案给出准确恰当的分类号。

二、知识介绍

分类标引根据标引的程度又分为整体分类标引、全面分类标引、分类互见标引。所谓整体分类标引，就是对一份文件或一个案卷只给予一个分类号，即概括标引。全面分类标引是指当一份文件或一个案卷有若干主题时，依据所属类目分别给予分类号。分类互见标引是指当一份文件或一个案卷论述的主题涉及几个类目时，标出一个主要的类号之后，再在其他类目中进行重复整体标引，标出的类号称为互见分类号。

（一）《中国档案分类法》及《中华人民共和国档案分类表》

《中国档案分类法》是国家标准《档案著录规则》的配套图书，由国家档案局主编，1987 年出版第一版，1997 年出版第二版。《中华人民共和国档案分类表》是《中国档案分类法》的主体，由主表和辅助表组成，主表设置 19 个基本大类，基本大类下视需要分设了若干属类；《清代档案分类表》由主表和辅助表组成，主表设置了 18 个基本大类，基本大类下一般设置三级类目；《民国档案分类表》由主表和辅助表组成，主表设置了 16 个基本大类；《新民主主义档案分类表》由主表和辅助表组成，主表设置了 13 个基本大类，基本大类下一般设置三四级类目。

《中华人民共和国档案分类表》按照我国实际设置的 19 个基本大类分别是：A 中国共产党党务，B 国家政务总类，C 政法，D 军事，E 外交，F 政协、民主党派、群众团体，G 文化、教育、卫生、体育，H 科学研究，J 计划、经济管理，K 财政、金融、保险、审计，L 商业、旅游业、服务业，M 农、林、牧、渔业，N 工业，P 交通，Q 邮电通信，R 城乡建设、建筑业，S 环境保护，T 海洋、气象、地震、测绘，V 标准、计量、专利。每一基本大类下，视需要分设了若干属类，一般设立四级类目，有的设立了五级类目，个别的只设立了三级类目。

（二）档案分类标引流程

档案分类标引流程见图 7-2-1。

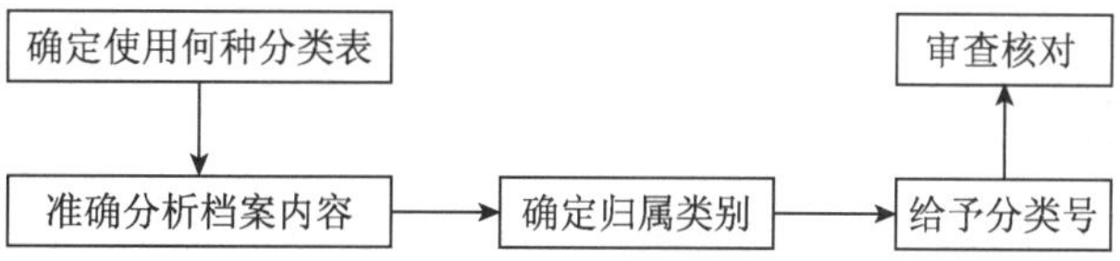

图 7-2-1　档案分类标引流程

1. 确定使用何种分类表

《中国档案分类法》包含四个分类表：《中华人民共和国档案分类表》《新民主主义档案分类表》《民国档案分类表》《清代档案分类表》，应根据档案类型选择合适的分类表。

《中华人民共和国档案分类表》适用于对 1949 年 10 月中华人民共和国成立以来所形成的现行档案的分类。

《新民主主义档案分类表》适用于对 1919 年五四运动到 1949 年 10 月中华人民共和国成立，整个新民主主义革命时期，中国共产党各级组织和党领导下的军队、政权机构、群众组织、企事业单位、革命活动家所形成的新民主主义档案（亦称革命历史档案）的分类。

《民国档案分类表》适用于对 1911 年辛亥革命推翻帝制建立中华民国至 1949 年 10 月中华人民共和国成立之前这一历史时期内各级党政军机关、社会团体、学校、企业事业单位、著名人物以及外国侵华机构在其活动中形成的民国档案（新民主主义档案除外）的分类。

《清代档案分类表》适用于对清代历朝统治者及其中央、地方的各种机构在处理日常公务中形成的文书、图籍、档册等清代档案的分类。

2. 准确分析档案内容

分析档案内容的目的在于找出分类标引的依据，准确把握档案的主题和主题概念因素。

（1）分析标题。题名一般能概括反映出文件、案卷的中心内容和所论述的事物，为分类标引提供重要线索。然而，有些文件、案卷的题名由于拟写上的缺陷，不能正确揭示主题内容，有的甚至根本不能揭示主题内容。因此,题名不是分类标引的唯一依据,还应浏览正文。

(2) 浏览正文。将正文粗略地浏览一遍,目的在于了解撰写目的、中心内容,确定文件论述和研究的主题,判定应归入什么类目,提供哪些检索途径。

(3) 查阅文件的版头与附加标记。党政机关行文都有固定版头,标明发文机关的全称或通用简称、发文字号,文尾有分支机关、抄送机关、成文日期、盖印与签署。此外,附加标记包括密级、缓急时限、阅读范围等,有助于人们了解文件主题、写作目的、使用范围、参考价值等。

3. 确定归属类别

在完成对文件、案卷的主题等诸因素的分析后,即可根据所用分类表准确判定该归属的类目,按照分类标引规则进行标引。为了准确辨别每份文件或每个案卷主题所属的类目,分类标引人员除需掌握分类表中一般列类标准、列类原则、列类方法、类目含义外,对一些类目划分、排列的隐含规则和类目隐含内容也应有所了解和掌握。这样才能按照分析出来的主题,通过分析、比较、类推的方法,从分类表中找到适当的类目。档案文件的主题有的在分类表中只有一个位置,标引比较容易;而有些档案文件的主题常常涉及几个门类,或者一个门类中的几个问题,在分类表中与几个类目都有关系,标引时除了归入主要类目外,在有关类别中也要充分反映出来,才能为利用者提供更多的检索途径。

4. 给予分类号

类目确定之后,应立即把类目的代号或代码记录在卡片或书本上。给予分类号时,必须注意以下几点:第一,确定给予何种分类号,要有充足的、令人信服的根据。必须按照档案内容的本质属性,归入最妥当的类目。第二,给号要多考虑利用者查找档案的习惯和检索的方便。第三,对难以分类和新主题的档案文件,分类号一经确定就应记录下来,以备查考。当再遇到同类主题或重复的文件时,应照此办理,确保一贯性。第四,给号要完整,书写应正确无误,特别是在对复分表加复分号时更应该注意。

5. 审查核对

为了验证分类标引是否准确,应组织专人逐条审校,遇有主题分析不准、归类不当、前后不一等情况,应立即纠正。

三、实训任务及参考示例

请依据《档案分类标引规则》,查阅《中华人民共和国档案分类表》,对以下材料进行分类标引:

① 中共中央关于整党问题的决定。

② 棉花种植、棉花购销。

③ 知识分子入党和提干问题。

④ 关于进一步做好市场管理和加强物价检查监督的通知。

参考示例:

① 只论述一个事物或问题时,按内容的职能性质归类。"中共中央关于整党问题的决定"归入 A251。

② 从不同的方面论述同一事物的档案,按分类表中有关集中与分散的要求归类。"棉花种植"归入 MA12 农业类,"棉花购销"归入 LA311 商业类。

③ 论述同一事物的两个或两个以上方面的档案,若论述的方面属于同一职能的同一类别,归入其上位类。"知识分子入党和提干问题"归入"A2"组织类。

④ 若论述的事物属于不同职能类别,则依据档案论述的事物的主要方面归类。"关于进一步做好市场管理和加强物价检查监督的通知"归入"J44"物价检查监督类。

四、延伸思考

档案分类标引的正确与否将直接影响档案检索的准确性。如何在分类表中找到所需的类目,特别是对难以归类的内容,使之归入最确切的类目至关重要。请思考:对难以归类的内容如何进行档案分类标引?

提示：

根据分类表及分类原则，首先辨清类目的确切含义和类目之间的联系，然后以档案内容及其他特征为依据，对文件进行周密的主题分析，查明文件所论述的对象属于什么主题、什么用途。

具体做法是：

1. 研究文件或案卷的本质属性，尽量归入专属类目。

2. 分类标引时，不应孤立地理解类目字面上的含义，应根据文件形成的一般规律，从事物发展整个过程的角度去理解。以就业为例，从字面上理解仅仅是待业人员参加工作，而从历史发展的过程看，以下情况都应归入就业类目：比如职工转正、定级、复工、复职、回城就业、集体转全民等。

3. 当分类表中无恰当类目时，才能增设类目，或者归入范围较大的上位类或与档案最密切的相关类目。

档案分类标引工作是一项技术性较强、细致的工作，这就要求标引人员除了具备一定程度的专业知识、档案业务知识、历史知识和语言水平外，还必须在平时的实际操作中，不断总结、摸索经验，从而提高标引质量。

五、实践训练

请查阅《民国档案分类表》，对以下民国档案进行案卷级的分类标引：

① JS省1944年城市地籍整理事务进度表。

② JS省银行章程。

③ JS省××县收复善后工作概述。

六、知识拓展

见右侧二维码。

任务三 档案主题标引

一、任务背景及目标

档案主题标引是在档案文献的加工、存贮和检索过程中，将其内容主题的自然言语转换成规范化的主题词检索语言的过程。具体来说，就是通过对每一份档案文献内容主题的分析，从主题词表中选择若干个主题词来标识文献的内容主题。档案主题标引是使档案文献获得检索款目的重要手段，是利用者与档案文献之间的媒介。正确的主题标引是查全和查准的关键。

本任务的主要目标是能够依据《档案主题标引规则》(DA/T 19—1999)，查找工具书《中国档案主题词表》，为所著录的档案给出准确恰当的主题词。

二、知识介绍

主题标引从采用标引语言是否规范的角度来区分，有自由标引、受控标引、混合标引。自由标引又称非控标引，是指直接使用自然语言中的词，即档案材料中出现或未出现的未经规范的自由词进行标引。受控标引，是指严格根据主题词表中规范化的主题词进行标引。混合标引，是指在标引时除使用主题词表中规范化的主题词外，也同时选用一些未经规范的自由词、关键词来标引。

《中国档案主题词表》是由表达档案内容主题的自然语言中优选出的语义相关、族性相关的科学术语所组成的规范化词典。它是一部综合性主题词表，主要供各级综合性档案馆和档案室收藏档案的标引与检索使用，企事业单位的文书档案、各机关一般公文及资料的主题标引和检索也可参考使用。其收录了不同历史时期的词汇，能够反映各个历史时期被标引文件（包括明清档案和民国档案）的特点。《中国档案主题词表》主要由主题词字顺表、范畴索引（主题词分类索引）、词族索引（主题词等级索引）及专有主题词索引（包括人名表、机构名表）组成。它对党政管理工作方面的词汇收录较全，但对科技档案中的词汇收录较少，故较难满足专业档案机构的需要。科技档案的主题标引应该选用专业的主题词表，如水利水电领域可选用《水利水电科技主题词表》，医学领域可选用《医学主题词表》。

档案主题标引流程见图 7-3-1。

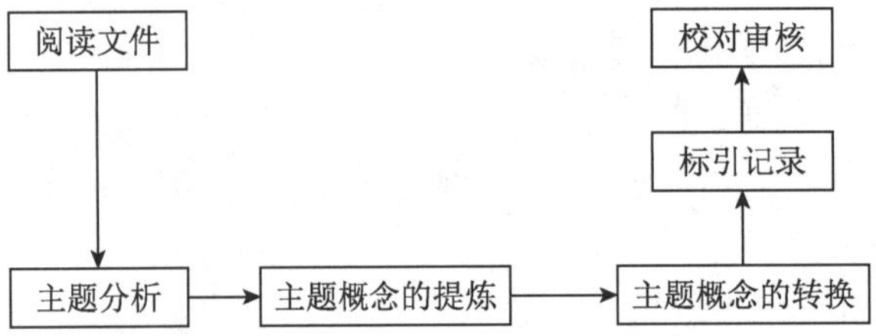

图 7-3-1　档案主题标引流程

（一）阅读文件

通过重点查看文件的题名、段落、前言、内容提要、结论、批语等，大体了解作者的意图和文件的主题内容。此外，还应查看文头、文尾和附加标记，力求准确把握文件主题。阅读文件应先看文件题名，这是了解主题的捷径之一。文件题名通常由责任者、问题、文件名称组成，能够反映文件的内容和成分，概括揭示文件的主题。查看文件题名，便于从中抽取关键词再转换成主题词，但不能把文件题名作为了解主题和进行标引的唯一依据，必须浏览正文。

（二）主题分析

在审读文件的基础上，对文件的内容进行分析，从中提炼出主题概念是标引工作的重要步骤。只有主题分析准确，才能进行正确的标引。假如主题分析失误，则标引必错无疑。主题分析的主要内容，一是分析主题类型，二是分析主题结构。

1. 分析主题类型

文件的主题类型，一般分为单主题和多主题两种。单主题是指一份文件所论述、研究的对象或问题是单一的，只有一个主题。多主题，又称并列主题，是指一份文件所论述、研究的对象或问题有两个以上相互独立的主题，具有并列关系。标引时单主题可用一个专指性的主题词或几个主题词进行组配来表达主题；多主题则应先分解为一个个单主题，用几个主题词或分组组配的形式来表示。

2. 分析主题结构

按照国家标准《档案主题标引规则》的规定，主题因素分为以下五种：

（1）主体因素。它是指文件或案卷中所论述的关键性主题概念，是主题中的主体部分，也是主题词表中具有独立检索意义的主题词，能作为文件或案卷的检索入口，给利用者提供检索途径。主体因素的范围很广泛，几乎包括各种事物、问题及学科领域中最基本的概念。

（2）通用因素。它是主题因素中的次要部分，多用以补充说明主体因素，起细分的作用，目的是使档案文件内容的主题概念表达完全和准确。它们一般没有独立的检索意义，也不能作为查找文件的检索入口。例如，方法、设备、意义等均属通用因素。

（3）位置因素。它是指文件或案卷所论述的对象所处的空间、地理位置的主题因素。它具体指出文件所论述的主题的位置属性，即指明在何处，对主体因素所在的空间、地理位置起限定作用。主题词表中的国家、地区、机构名称等方面的主题词均属位置因素。

（4）时间因素。它是指文件或案卷内容所论述的对象所处的时间范围的主题因素。它具体指明主题的时间属性，对主体因素起限定和修饰作用。例如，朝代、年代、年度等主题词一般没有独立的检索意义，也不作主标题使用。

（5）文种因素。它是指文件种类或名称的主题概念，如会议记录、指示、通知、报告、通报、命令、布告等。

以上五种因素基本上概括了档案文件的主题因素。其中，主体因素是首要因素，是主题构成的核心，是利用者查找文件的主要检索入口，必须加以标引，作为主标题使用。通用因素比较次要，不作为主标题，但对主体因素有细分和修饰作用，能与主体因素结合而成为一个完整的主题。位置因素和时间因素是对主体因素在位置或时间方面的一种限定和修饰，是一种辅助因素。文种因素与主体因素没有内在的联系，但有助于了解论述的对象，所以放在最后。进行主题标引时，要分清主题概念的核心部分、次要部分、辅助部分，确定主题因素的重要程度、检索意义、主题词的组配关系及词序，便于对主题概念进行取舍，提高标引的一致性、准确性，避免分歧和混乱，同时也为编制主题目录、拟定条目标目提供依据。

（三）主题概念的提炼

在分析主题类型和主题结构后，就掌握了一份文件、案卷的全部主题概念。这些主题概念并不需要全部标引出来，而应当根据要求有所取舍，使提炼出的主题既不加重检索系统的负担，又有较高的查全率、查准率和一定的检索速度，能较好地满足利用者的需求。主题概念的提炼应充分考虑检索的需要和文件主体的内容与价值，力求保持主题分析的客观性，按照档案文件的本来面貌揭示主题，防止主题概念提炼不全、过多甚至出现差错，导致漏标、误标、过度标引，从而造成漏检、误检。

（四）主题概念的转换

在完成主题分析和主题概念的提炼之后，就需要进行主题概念的转换。由于选定的主题概念还是自然语言，必须将其转换成规范化的主题词。主题概念的转换方法是：标引人员先根据选定的主题概念，查看主题词表中有无与该主题概念相对应的正式主题词。若有，就将该主题词作为标引词记录下来，于是便完成了转换过程。如果选定的主题概念在主题词表中没有相对应的主题词，就应将主题概念分解成若干个概念成分，再从主题词表中选用与各概念成分相对应的正式主题词，通过组配的方法来表达所选定的主题概念。若直接转换与组配转换都没有相应的主题词，则可从主题词表中选用最直接的上位主题词或近义主题词来作标引词。若这样仍无法达到目的，则应增补新的主题词。总之，要到把该份文件或案卷经过提炼确定的主题概念转换为主题词才算完成了转换工作。

（五）标引记录

标引记录是标引成果的体现。它一方面是按照一定的格式，将主题概念转换的主题词准确地记录在卡片、书本或其他载体上；另一方面是对标引中所处理的一些重要问题进行记录，如把新增的主题词、删除的主题词、修改的主题词填入“主题词增、删、改记录卡”，送交词表管理部门处理。此外，对主题词的标引频率、直接上位词或近义词标引的情况也应做详细记录。通过对各种记录数据的分析，可以总结经验，不断提高标引质量。

（六）校对审核

建立审核制度，对主题标引结果予以核实，能确保标引工作的质量，是标引工作的内容之一，也是最后一道工序。应派精通业务的工作人员审核，也可组织标引人员互审。审核主要包括查看对文件、案卷的主题分析是否全面、准确，有无遗漏，主题概念选定是否恰当，能否满足检索的要求，转换的主题词是否符合标引规则和组配规则，同类主题所标引的主题词是否一致，标引记录有无差错等。发现问题应及时解决。审核工作十分重要，因为标引中的任何差误在纳入检索系统后都很难被发现和纠正，会导致某些档案内容被埋没，长期无法使用。

三、实训任务及参考示例

请依据《档案主题标引规则》，查阅《中国档案主题词表》，对下列档案进行主题标引：

① 国务院关于加强精神文明建设的通知。

② 普通高等学校函授教育暂行工作条例。

③ 国务院关于老干部离休、退休制度的规定。

④ 1994 年钱塘江水情预报。

参考示例：

① 国务院关于加强精神文明建设的通知。
主题分析：单元主题。
标引结果：精神文明建设。
② 普通高等学校函授教育暂行工作条例。
主题分析：复合主题，采用方面词组配标引。
标引结果：高等学校-函授教育-条例。
③ 国务院关于老干部离休、退休制度的规定。
主题分析：多主题，分别标引。
标引结果：老干部-离休制度-规定，老干部-退休制度-规定。
④ 1994年钱塘江水情预报。
主题分析：复合主题，该主题不能省略位置因素和时间因素。
标引结果：水文预报-钱塘江-1994。
说明：词表中没有“钱塘江”一词，此处为自由词标引。

四、延伸思考

主题分析是分析档案或用户提问的中心内容的过程，是对档案去粗存精、去伪存真、由表及里、由此及彼的分析过程。请思考：档案的主题词是否越多越好？影响档案主题标引质量的因素又有哪些？

提示：

（一）确定主题词的数量

1. 从用户需求出发。主题分析要充分考虑用户的检索需求。标引人员应从用户的角度出发，分析选定对用户有实际意义的主题概念。

2. 保持主题分析的客观性。主题分析的客观性，是指按照档案或用户提问的本来面目来分析其主题。应做到不偏不倚，提高主题分析的专指度、网罗度和一致性，最大限度地满足用户查全查准的要求。

3. 保证主题分析的专指度。有人认为，主题词越多，专指度就越高。这其实是一种误解。过度标引除了会造成人力、物力和时间的浪费外，还会造成极大的误检率。一般来说，用最少的主题词最完善地表达档案的主题内容称为最佳标引。

（二）影响档案主题标引的因素

1. 客观因素。

(1) 档案案卷自身的问题。档案标引的对象是档案文件，如果文件或案卷标题不规范、不确切，内容重点不突出，组卷不合格等，往往会使标引人员产生理解偏差，直接影响标引质量。例如，某案卷标题中的“炉”这一专业术语用的是英文字母缩写，它在主题词表中的正式主题词是“真空炉”，所以在主题标引时应用“真空炉”进行标引。

(2) 档案检索语言在理论上的缺陷。主要表现在主题词数量的有限性和客观需要之间的矛盾，检索语言的相对稳定性和社会不断发展之间的矛盾，检索语言的规范化要求与客观现实的矛盾等。例如，“机构名称”“工厂及车间”“地名”等，由于主题词表收录范围有限，这些词未被收录，但是根据检索需求，我们还是要用其进行主题标引，但要与正式主题词加以区分。

2. 主观因素。

(1) 标引人员的自身素质。从档案工作目前的发展水平来看，在较长一段时间内难以实现计算机自动标引，只能以人工标引为主。因此，标引人员素质的高低、分析和解决问题的能力、责任心的强弱，都直接影响主题标引的质量。

(2) 档案标引方法的误差。如果档案标引所用方法或规则不恰当或不完善，就会造成主题标引的误差。例如，主题分析错误或分析不充分，会导致提炼出的主题概念与文件内容的真实情况不符，主题标引不准确。

(3) 标引工作中组织管理的不科学。档案主题标引工作涉及面广、质量要求高，若组织管理不科学，就会影响主题标引的质量。例如，某案卷标题中的“袋式除尘器”，在进行主题标引时，“袋式除尘器”或“除尘器”都能用于主题标引，这就有可能因标引人员的素质、标引思路不同，造成主题标引结果不同。

五、实践训练

(1) 请为以下档案进行主题标引：

① 关于×××同志任职的决定。

② 关于进一步推进外资引用工作的通知。

③ 关于加强普通高等学校招生计划宏观管理的意见。

(2) 对主题标引和分类标引的定义、标引程序、标引的基本规则以及标引方法进行对比分析，找出两者之间的共性与特性，据此进行主题标引与分类标引的深度研究，提出合理的建议。

六、知识拓展

见右侧二维码。

任务四 编制档案检索工具

一、任务背景及目标

在不同的时间或空间，人们利用档案的目的和要求各异，只靠一两种检索工具难以满足利用者从不同角度利用档案的需求。为了适应客观形势的要求，帮助使用者提高档案资料的查准率、查全率，逐渐形成了种类繁多、内容丰富、形式多样的检索工具。

本任务的主要目标是了解档案检索工具体系，学会编制常用的检索工具。

二、知识介绍

研究档案检索工具的种类和形式，便于掌握其特点，正确地区分、编制和使用检索工具，有助于建立合理的检索工具体系。目前，档案检索工具常见的分类方法有以下几种：

(一) 按编制方法分类

档案检索工具按编制方法可分为目录、索引、指南。

(1) 目录：将档案著录条目按照一定方法编排、组织，并提供查找信息线索的检索工具，如分类目录、主题目录。

(2) 索引：将档案材料的某一方面内容或外形特征及其出处按一定的方法排列起来形成的检索工具，如人名索引。

(3) 指南：以文章叙述的方式综合介绍档案情况的一种书面材料或工具书，如档案馆指南、全宗指南、专题指南等。

(二) 按检索范围分类

档案检索工具按检索范围可分为全宗范围检索工具、若干全宗范围检索工具、专题范围检索工具。

(1) 全宗范围检索工具：以一个全宗或全宗的一部分档案为对象的检索工具。这种档案检索工具的功用是回答一个全宗或其中的某一部分档案材料与特定文件的有无，是档案馆工作人员开展档案利用工作的必备工具，包括案卷目录、案卷文件目录、全宗文件目录、全宗文件卡片目录、文号目录、全宗指南。

（2）若干全宗范围检索工具：以一个或若干个档案馆（室）的全部或部分全宗为检索和介绍对象的检索工具，有全国性和地方性的各种档案联合目录。它综合报道若干档案馆（室）收藏的档案，具有资源共享的功能，也是创建目录中心的基础和前提。从内容上分，有综合性和专题性的联合目录；从地区上分，有全国性和地区性的联合目录；从种类上分，有明清档案、民国档案、革命历史档案的联合目录。

（3）专题范围检索工具：以档案馆（室）有关某一专题的档案为检索和介绍对象的检索工具。其功用是揭示某个档案馆（室）全部或部分馆藏档案的概貌，提供查找档案的途径，具体回答本馆有什么档案。主要有分类卡片目录、分类目录、主题卡片目录、主题目录、专题卡片目录、专题目录、人名卡片目录、人名目录（索引）、地名卡片目录、地名目录（索引）、档案馆指南、专题指南等。

（三）按载体形态分类

档案检索工具按载体形态可分为书本式检索工具、卡片式检索工具、缩微式检索工具、机读式检索工具。

（1）书本式检索工具：一种聚合形式的载体，一次编装成册，编排紧凑，性能稳定且实用、整齐、美观，不易损坏，便于传递、携带和阅读，能充分发挥检索档案的作用。

（2）卡片式检索工具：把档案的内容和形式特征记录在用硬纸制作的长方形卡片上，再按一定的规则组织而成，是一种离散式的目录载体。

（3）缩微式检索工具：以缩微摄影的方式制作的，以胶片为载体的检索工具。它将档案馆检索工具的内容拍摄在缩微胶卷或平片上，可通过阅读器进行查阅，也可用于计算机检索。

（4）机读式检索工具：以代码形式存贮在材料上供计算机识读的检索工具。它把档案检索工具的文字、图形、数字与符号转换成机器可识别的代码输入计算机，以特定的格式存贮在计算机的磁盘上。

（四）按功能分类

档案检索工具按功能可分为馆藏性检索工具、查检性检索工具、介绍性检索工具。

（1）馆藏性检索工具：反映档案收集和管理情况的各种登记簿，它是档案实体管理的重要依据。馆藏性检索工具具有馆藏管理与检索的双重功能。常用的馆藏性检索工具包括以下三种类型：

① 档案总目录，是以案卷为单位，按案卷归档的先后顺序排列的目录。

② 档案实体分类目录，是以案卷为单位，按档案实体分类整理的顺序排列的目录。

③ 文件目录，是以文件为单位，按卷内文件的有机联系排列的目录。实际上它是由案卷目录和卷内目录组合而成的，比案卷目录更详细、更具体。

（2）查检性检索工具：为了解决从不同角度检索档案而专门编制的检索工具，是对外服务和馆内查找档案的重要手段。这一类的检索工具有全宗文件目录、分类目录、专题目录、主题目录、人名目录（或索引）、全宗文件卡片目录、分类卡片目录、专题卡片目录、主题卡片目录、人名卡片目录、文号目录、存放地点索引、地名索引等。

（3）介绍性检索工具：报道和介绍档案内容及相关情况的检索工具。它主要是为了报道和介绍馆藏，开展馆际交流而编制的，有的可称为工具书。属于这一类的检索工具有档案馆指南、专题指南、全宗指南等。

档案检索体系就是档案管理部门为满足不同需要而编制的以上各类在功能上相互联系、相互补充的档案检索工具的集合体。

三、实训任务及参考示例

（1）请编制一个全宗指南。

参考示例：

根据《全宗指南编制规范》，全宗指南由两部分构成：第一部分是全宗构成者沿革简介，主要包括：立档单位名称（含更改名称）、组建情况、成立时间；地点、性质、任务、职能、隶属关系、所辖区域；内部组织机构的设置及职能、主要负责人姓名及变化情况；经历的重大事件、执行的特殊任务及机构变化情况等。第二部分是全宗内档案内容和成分介绍。这部分是全宗指南的核心，直接关系到整个全宗指南的编写质量。编写时应做到客观、准确、真实，语言简练，文字表达清楚，便于利用。档案内容和成分介绍主要包括：档案的来源、产生时间、数量；档案的内容、成分、可靠性及完整程度；整理、鉴定、利用、编研情况；编制检索工具的种类与用途；档案是否遭受过损失或销毁，受损原因、时间，受损档案的具体内容、数量等。

(2) 某机关档案室先后接待了三批用户。第一批用户需要查找精神文明建设专题的档案资料，第二批用户需要查找某一年度的三份发文，第三批用户只是想了解一下该档案室的室藏情况。档案管理员小王为了及时调出档案，找出了事先编好的检索工具。然而，由于只有全引目录和分类目录，他每次都要花费很长时间才能找到相应的档案。请分析案例后回答问题。

① 该档案室的档案检索体系是否健全?

② 为尽快满足这三批用户的需求，你认为可分别运用哪种类型的检索工具?

参考示例：

① 不健全。

② 第一批：专题目录；第二批：文号索引；第三批：档案室指南(介绍)。

四、延伸思考

档案检索工具是由反映档案内容和形式特征的条目，按照既定的顺序组成的档案检索信息的载体。档案检索工具的功能有哪些?

提示：

(一) 存储功能

档案检索工具的形成是档案信息存储的结果，即按照档案著录与标引规则，准确地将档案检索信息揭示出来形成著录条目，并由著录条目组成某种类型的检索工具。它以二次文献的形式有效地将档案信息集中起来。

(二) “桥梁”功能

档案库藏数量庞大，检索工具在利用者与档案之间架设起一座“桥梁”。利用者借助检索工具，可以迅速、准确地了解和查找相关档案的内容。

(三) 交流功能

作为一种信息载体，档案检索工具可以通过一定的途径进行交流。它不仅可以提供查询服务，还能成为档案馆(室)与利用者以及档案馆(室)之间的交流工具。

(四) 管理功能

馆藏性档案检索工具可反映档案实体的分类和排列次序。档案检索工具还是档案工作人员查找档案、提供咨询、开展档案编研工作的必要手段。

五、实践训练

请调查我国档案网络检索(包括档案目录中心、档案馆门户网站等)的现状及问题，并提出发展策略。

六、知识拓展

见右侧二维码。

项目八

档案编研

【项目导读】

档案编研工作指档案工作人员以馆(室)藏档案为基础所进行的编辑、研究、输出档案信息,主动向社会提供档案服务的一项工作。档案编研工作讲究编中有研、编研结合,是保护档案原件的有效措施,是提高档案馆(室)工作水平和社会影响力的重要途径。按加工层次分,档案编研成果可分为一次、二次及三次编研成果。一次编研成果是按照特定的题目,对有关档案材料进行收集,将档案原文从原件中提取出来,形成某种档案文件的汇集,如各种文件和图样汇编(汇集)。二次编研成果是根据一定题目的需要,采撷、浓缩或提炼档案信息,用新的体例和语言制成的编研成果,如大事记、简介、组织沿革等。三次编研成果是在一次、二次编研成果的基础上,经过综合分析、情报研究而编制出的成果,如手册、年鉴、志书等。本项目将着重介绍几种常见档案编研工作:编写大事记、编写组织沿革、编写年鉴、编写志书。按照加工深度的递进,大事记和组织沿革是年鉴的重要内容,而大事记、组织沿革、年鉴是志书的重要素材。

任务一 编写大事记

一、任务背景及目标

在日常学习与工作中,往往需要对区域发展、组织变迁、人物生平、事件演进等进行宏观层面的了解。如何在短时间内厘清脉络,掌握规律,提高认知?"大事记"成为有效的工具与素材。编写大事记是记录历史、延续记忆、总结经验、资政参考的重要方式之一。

编写大事记在我国有着悠久的历史。商周时期的甲骨文和金文中已经出现了标注有明确时间、年代的事件记叙。到了春秋时期,正式形成了按时间顺序记事的方法,孔子编订的《春秋》是我国第一部编年体史书,也是我国最早的大事记。《史记》中的本纪和表,以及司马光编撰的《通鉴目录》,都是以时间为纲进行记事的大事记。许多档案馆(室)都非常重视大事记的编写,并取得了显著成效。

本任务的主要目标是全面了解大事记的种类、结构以及编写方式,学会编写大事记。

二、知识介绍

(一)大事记的概念与种类

大事记是按照时间顺序简要地记载一定历史时期发生的重大事件的一种档案编研材料。它系统扼要地记载一定事件的历史发展事实,揭示重要事件和活动的发生、发展的过程以及它们彼此之间的关系。

大事记可分为机关工作大事记、国家或地区大事记、专题大事记、人物生平大事记等。

(二) 大事记的内容构成

大事记的内容主要由大事时间和大事记述两部分组成，一般按时间顺序逐条编写，一条一事，简练概括。此外，还可以根据大事记的规模，设置前言、目录、注释、附录、索引、图表等内容。

(1) 大事时间。大事时间是大事记的首要组成和排序依据，一般前置于条目开头。时间的记载要特别注意其准确性，力求写明某年、某月、某日，有的需精确到时、分、秒。若无法考证准确时间，应当遵循"日无考则记月，月无考则记年，年无考则不记"这一原则。有些情况下，亦可采用近似时间，如某年初、上半年、秋、月底等。

(2) 大事记述。大事记述是大事记的主要组成部分，它通过简练概括的语言如实将大事发生的各项要素记录下来，可抽象归纳为"主体在何地做了何事，其结果如何"。大事记述应突出重点，避免事无巨细地罗列材料，也防止断章取义、歪曲事实。大事记述应根据客观事实进行编写，不必加入编者评述，就算有观点倾向，也应将观点寓于条文之中，用史实说明问题。

(三) 大事记的编写要求与注意事项

首先，要合理区分大事与小事。既然称为"大事记"，所写之事势必牵涉较广、影响较大。那么如何区分大事与小事呢？一般说来，凡是涉及全面性的事件、重要活动、典型事件，对工作和历史发展有重要影响的事件等，都应列为大事；局部性的、只有一般意义的事件和活动，则可作为小事对待。但"大"与"小"是相对性的概念，应当结合大事记的编写对象和主旨范畴判断。譬如，机关内部大事，在全市、全国就不一定是大事，应变通看待。

其次，内容收录应全而不滥。在大事收集的材料来源上，应做到"宁多勿漏"；而在大事挑选时，则要"宁缺勿滥"。所谓"宁多勿漏"，是指选材应全面，不仅限于档案这一主要来源，必要时还应辅以报刊、资料、图书、调查访问材料等；所谓"宁缺勿滥"，是指在确定挑选某份材料时，去粗取精、去伪存真，对于似是而非、含糊不清、疑点较多的材料内容不予收录。

最后，编写体例应灵活得当。大事记多采用"编年体"的方式进行编排，即严格按照年月日的顺序记载历史事件。其特点是以时系事，便于查考事件的发生时间，易于了解事件之间的历史联系，但不利于集中叙述某一历史事件的全部过程，连续性较差。因此，可在编年体上适当穿插使用"纪事本末体"，即以事件为主，将事件分别列目，独立成篇，各篇在保证整体性的基础上再按时间顺序编写，使重大、特大事件的内容集中、连贯、清楚、完整。

三、实训任务及参考示例

每年的4月23日是常州解放纪念日，为铭记历史、逐梦前行，常州各界都会在解放纪念日当天开展形式多样的活动。为了追寻常州解放历程，宣扬伟大胜利，歌颂英雄壮举，呼吁人们珍惜来之不易的美好生活，请利用常州市档案馆馆藏资料，整理解放初期的相关史料，回顾解放一周年时常州的变化，编写《1950年，解放一周年的常州大事记》。

参考示例：

新中国　新常州　新天地

1950年，解放一年的常州大事记

1950年4月23日，是常州解放一周年的纪念日。一年前，人民解放军横渡长江进入常州城。一年间，常州各界人民团结协作，克服困难，常州发生了天翻地覆的变化。

一年间，新生的常州发生了哪些变化呢？我们来看档案：

1949年

4月

23日，常州解放；专员公署随大军入城办公。

28日，常州军管会成立，吴觉、陈直斋任正、副主任，同时成立警备司令部。

5月

4日，常州青年学生开会纪念"五四"。

8 日，常州到江阴、宜兴等地汽车通行。

11 日，常州举行新中国成立以来第一次职工代表大会，成立常州市职工筹委会。

18 日，常州市举办工人知识青年培训班。

22 日，常州军管会初步接管文教部门。

……

1950 年

4 月

3 日，人民银行常州支行处贷放票种三万五千张。

5 日，常州市公私营金融业联合放款处正式成立。

8 日，江阴正式成立团县委会。

16 日，贯彻苏南行政公署治螟方案，常州专署发出指示。

17 日，中国人民银行常州支行成立现金管理部。

20 日，常州市纺、织、染工业劳资协商会议成立。

21 日，常州市区首届团代大会揭幕。

四、延伸思考

如今，越来越多的企业开始重视大事记的编写修订。大事记记载了企业发展的整个历程，再现了企业文化理念和价值取向，影响着企业未来的发展方向，激励着员工团结拼搏的雄心斗志。企业大事记应如何编写？又该注意哪些事项？

提示：

1. 充分利用档案资源，广泛收集编写材料。重视平时各部门档案文件的归档，保证档案资源来源的完整性。除此之外，还可以从企业简报、媒体播报、调研采访、会议纪要等多种渠道获取资料。同时，也可直接向企业专家、领导征集约稿，收集科研文献等作为编写大事记的补充。

2. 准确鉴别材料内容，客观记录发展历程。对于企业大事、要事的选择，应以反映企业重要活动、重大工作为基本出发点，包括公司的组织变动、干部任免、重要会议、创新技术、重大工程、外事活动和新闻报道等。企业大事记记载的事项应当真实、可靠。当某份材料与其他材料表述不一致时，应当以多数材料所述为准；当某项工作开展过程中的表述与结束后的表述不一致时，应以结束后的表述为准。

3. 重视编写组织领导，规范工作管理流程。由企业领导带头成立大事记编写委员会，制定《大事记编写规范》，统一编写思想、编写工序、编写要求、表述方式等。另外，要加大编写的审核把关力度，确保大事记的准确无误，以保证其权威性。

五、实践训练

(1) 请参考《常州市志(1986—2010)》大事记部分的编写内容和体例，以所在专业班级或职能部门为单位，成立大事记编写班组，按时间段进行分工，为你所在学校或单位编写近一年的大事记。

(2) 常州工商业历来发达，请联系常州市档案馆，查阅近代常州知名企业的大事记，以此为例，为你所在企业编写近一年的大事记。

六、知识拓展

见右侧二维码。

任务二 编写组织沿革

一、任务背景及目标

“沿革”是指事物沿袭、变革、发展的历程,“组织沿革”指一段时期内机构发展和组织人事的演变与更替。编写组织沿革,可从事物内部揭示其运动和变化的规律,对探究人类社会的发展具有积极作用。

习近平总书记在党的十九大报告中就深化机构改革做出重要部署。党的十九届三中全会通过的《中共中央关于深化党和国家机构改革的决定》明确指出:“深化党和国家机构改革是推进国家治理体系和治理能力现代化的一场深刻变革。”为更科学地进行机构改革,提升政府工作效率,应深入研究机构的职能特点和发展历程,全面了解机构的组织领导和管理方式。可以说,编写组织沿革为机构改革提供了重要参考,成为完成这一重要任务的有效手段。同时,编写组织沿革能为其他档案参考资料的编写打下基础,有助于正确划分档案全宗和类别,使档案检索工具的编制更为完善,且可以为档案利用者提供可靠的依据和线索。

本任务的主要目标是全面了解组织沿革的种类、内容及编写体例,学会编写组织沿革。

二、知识介绍

(一)组织沿革的概念及作用

组织沿革是系统记载一个机关、地区或专业系统的体制、组织机构和人员编制变革情况的一种材料。根据需求和目的,组织沿革的编写可大可小,既可从机构、人员变化情况出发,简要编写情况梗概,又可放眼于机构历史演进,编写成资料性书籍。

组织沿革的作用:一是便于人们查考研究本地区、本机关、本系统的机构和人员发展变化情况;二是能为研究国家机关史、革命史和专业史提供必要的参考材料;三是能为档案馆(室)编写立档单位历史考证提供系统素材,对整理档案、鉴定档案价值和帮助利用者了解立档单位的历史情况也有一定的作用。

(二)组织沿革的种类和内容

根据所述对象不同,组织沿革可分为机关组织沿革、地区组织沿革、专业系统组织沿革。组织沿革的内容一般包括:

(1)序言。序言主要说明编写目的、材料来源、编写体例等问题,便于读者顺利使用组织沿革。

(2)机关历史概况。机关历史概况包括机关成立、撤销、更名的时间和原因,机关的性质、职能和任务,机关的党、工、团组织设置及变化情形等。

(3)组织变革情况。组织变革情况主要说明直属单位和内设部门的演变,领导干部的任免,编制扩大与缩小等。

(4)工作成就。有些组织沿革也把工作所获重要荣誉加入其中,总结任务完成情况,彰显社会贡献与影响。

(5)附录。附录主要交代说明一些问题或补充组织沿革的相关材料。

(三)组织沿革的编写体例

组织沿革有以下三种编写体例:

一是编年体。编年体,即按年代顺序,逐年编列出某一单位(地区或专业系统)的内部机构设置及其负责人情况。这种方法能清楚地反映机构的发展变化情况,但不利于全面反映某一问题的概况,只适用于组织机构不太稳定的单位。

二是系列法。系列法,即以组织机构或问题形成系列,分别记述其沿袭变化的始末概况。这种体例能比较系统地揭示有关问题的发展脉络,但内设机构复杂且变化频繁时,会因头绪太多而编写困难,因此只适合机构相对稳定的单位。

三是阶段法。阶段法，即根据机关(地区或专业系统)发展特点，划分若干历史阶段，在各阶段分别记述各方面情况。它秉承前两种体例的优点，既能体现变革趋势，又能体现稳定状况，从而清楚地反映出事物历史发展的过程和内在联系。

(四) 组织沿革的编写方法

组织沿革的编写一般采用文字和图表相结合的方式。首先，要明确组织沿革的编写范围。编写范围包括时间范围和内容范围两个方面。时间范围指组织沿革记述或反映的时间段，即从哪年开始至哪年结束；内容范围指组织沿革记述或反映的内容，如一个机关或一个系统，具体涵盖的部分等。其次，要拟定组织沿革的编写大纲。拟写大纲时需详细地列出类目，以便纵观组织沿革所包含的内容，利于重点选材和架构。再次，要收集组织沿革的编写材料。编写材料以档案材料为主，必要时可采访一些当事人。材料收集完毕后，还需对材料内容进行甄别挑选，存真求实，发现不同材料间的有机联系，从而做出符合实际的判断。最后，要审核组织沿革的编写内容。具体包括：检查体例、格式、文字表述等方面是否符合要求，以及稿件的内容是否存在前后矛盾等问题。

三、实训任务及参考示例

请前往本市档案馆，从馆内全宗中选择其一，查阅它的组织沿革，了解组织演变和内部机构的设置。

参考示例：

C市文化局组织沿革

(一) 行政组织沿革

1. 机关成立

C市文化局的前身为1950年12月31日建立的C市人民政府文教局。1953年6月，改称C市人民政府文教局文化课；1954年上半年，文化课改称文化科。1955年1月7日，文化、教育实行分科管理，成立C市人民政府文化科，专管文化机构。同年4月5日，改称C市人民委员会文化处，下设文化、秘书2组。1956年4月，各组改称科。1959年10月10日，始称C市文化局。1960年2月5日起，文化局与市文联合署办公。1968年9月28日，成立C市文化系统革命委员会，下设政工、文艺、办事3组。1972年5月24日，又改称C市革命委员会文化局。1980年10月15日，恢复C市文化局。

2. 机构设置。

继1985年原有办公室、组织科、宣传教育科、纪检委、艺术科、文化科、计划财务科、人保劳资科、剧目创作室、戏曲研究所(与剧目创作室两块牌子、一套班子)、文化工会、团委等科室后：

1987年增设了新闻出版管理科(对外挂C市新闻出版管理处)，C编(87)45号，分管新闻出版审定和检查正作。

1989年增设了文化市场管理委员会办公室，C政发(89)183号；监察室，C编(89)118号(与纪检委两块牌子、一套班子)。

3. 历任领导：职务、姓名、任职时间(略)。

(二) 党委组织沿革、历任领导

1949年C解放初期，文化工作属中共C市学校委员会领导。1950年3月，学校党委撤销，成立C市文化工作者委员会。1951年10月27日，文化工作者委员会撤销，成立C市文化党总支。1953年12月，文化党总支撤销，成立C文卫党总支。1956年1月，文卫党总支撤销，市委成立文教卫生工作部。同年12月4日，再次成立C市文化党总支。1962年8月16日，再度撤销文化党总支，成立C文卫党委。1962年3月18日，撤销文卫党委，始建中共C市文化局委员会。1972年4月28日，成立中共C市文化系统核心小组。1979年7月15日，改称C市文化局党的核心小组。1977年1月，恢复中共C市文化局委员会至今。

1. 党委历任领导：职务、姓名、任职时间(略)。

2. 共青团C市文化局委员会。

前身为新民主主义青年团C市文化总支委员会。1956年夏成立，周桂鸣、包树森兼任正、副书记。

1957年1月撤销，改建C市文化卫生团委。同年5月，改称共青团C文化卫生委员会。1973年3月14日，文化局在C书场召开文化系统首届共青团代表大会，重建共青团C市文化委员会，××任副书记。1979年4月19日，召开第二次代表大会，××任副书记。1987年4月7日改选，由××任副书记。

3. 文化工会联合会。

1949年12月15日，C市店员工会联合会筹委会成立，市属各电影院、剧场、书场等娱乐场所职工组成C市文艺工会联合会筹委会。1950年1月18日，各专业剧团演职员工等组建C市文化工作者工会联合会筹委会。同年8月10日，文化教育工作者工会改组，成立C市文化艺术工作者工会。1956年2月10日，市总工会成立文化工作委员会。1958年二季度，市总工会精简机构，将文化、教育、医务和机关四个基层工会合并成立文教工会联合会。1963年3月，文化、教育、卫生三个系统合并成立文卫工会。1966年3月18日，撤销文卫工会，分别建立文化、教育、卫生三个行业工会。1978年8月，成立C市文化工会。1984年8月10日，增设文化局机关工会。文化工会历任负责人略。

四、延伸思考

企业组织沿革是系统记载企业生产经营范围与规模、管理体制、内部组织机构、人员配置等基本情况及其沿袭和演变的综述型档案编研成果。企业组织沿革与机关组织沿革的编写有相似之处，但也有明显的区别与特点。企业组织沿革的内容、特点及相应的编写要求如何？

提示：

（一）企业组织沿革的内容

1. 企业概况及其沿革简介。包括企业名称变更、组建合并背景、生产经营范围、产权关系、隶属关系等内容。

2. 企业领导人、高级管理人员和企业领导机构的设置及其变化。不同时期、不同企业的领导体制往往有很大不同，领导任免方式各异，应力求全面、准确地反映实际情况。

3. 企业内部其他组织的设置、职能或主要生产经营任务及其变化情况，机构主要负责人的姓名及任免情况。企业内部机构，除了管理机构外，还必须包括一线实体机构。

4. 企业及其内部机构在册职工人数及其变化情况。在册职工可分类统计，如工业企业可按生产工人、维修及辅助工人、专业技术人员、管理人员、其他人员等分类。

5. 企业与主要相关单位的联系及其变化，以及主要相关单位的重大变革等事项。

（二）企业组织沿革的特点及编写要求

由于企业与党政机关不同，组织沿革的编写不可局限于权力机构、管理部门的沿革，而应该把重点放在从事生产经营活动的一线部门，包括分厂、车间、分公司、研究所、经营部等。要准确反映整个单位的组织体系，将整个组织机构分别按层次、序列梳理清楚。

企业组织沿革须概略介绍企业及其下属机构基本生产经营范围与规模及其变化情况，因为这是企业内部组织机构设置、人员配置及其变化的重要根据之一。

企业组织关系较机关、地区更为复杂。总厂与分厂、母公司与子公司、集团总部与集团成员企业之间不是简单的上下级关系，而表现为产权关系、利益关系等。为了更清晰地反映这些关系，组织体系部分的内容可以用图表表述，再加以文字叙述说明。采用编年体编写组织机构时，为了避免过多的内容重复，可以只写有变动的部分。

五、实践训练

乡镇组织沿革是地区性的组织沿革，是记述本乡镇的建制，以及机构和人员编制变化情况的参考资料。它主要供乡镇领导和有关业务人员了解本乡镇组织的历史演变，用以指导工作；同时，也可为档案馆整理和利用乡镇档案提供参考。请利用假期，深入调研你家乡的乡镇（街道）、村（社区）的发展演变，选取合适的时间范围，为其中某个乡镇（街道）、村（社区）编写组织沿革。

六、知识拓展

见右侧二维码。

任务三 编写年鉴

一、任务背景及目标

“年鉴”一词最早见于1345年《宋史·艺文志》中《年鉴》一卷，但它并不是真正的年鉴工具书。直至清同治三年(1864年)，中国才出现第一部现代年鉴——《海关中外贸易年鉴》。20世纪20年代起，我国年鉴事业进入快速发展阶段，地方性综合年鉴相继出版。新中国成立后，我国年鉴的编写逐渐步入正轨，尤其是改革开放以来，《中国百科年鉴》《中国年鉴》《中国哲学年鉴》相继创刊，年鉴的数量和种类不断增加。近年来，年鉴的编写逐渐从“国家范式”向“社会范式”转变，许多企业也开始注重年鉴的编研与发布。

本任务的主要目标是全面了解年鉴的作用、种类、内容、结构及编写体例，学会编写年鉴。

二、知识介绍

(一) 年鉴的概念和种类

年鉴是以全面、系统、准确地记述上年度事物运动、发展状况为主要内容的资料性工具书。年鉴逐年编辑，按年度连续出版，汇辑了一年内的重要时事、文献和统计资料。年鉴所编资料权威翔实、反映内容及时准确，具有功能齐全、查阅方便的特点。

目前，我国年鉴在实际工作中自然划分为综合年鉴、专业年鉴、企业年鉴三大类。

(1) 综合年鉴：主要是指国家或地方全面反映本国或本区域内政治、经济、文化等基本情况的年鉴，如《中华人民共和国年鉴》《常州年鉴》《杨浦年鉴》等。

(2) 专业年鉴：也可称作行业年鉴，主要是指中央和地方政府各专业部门或行业协会主办的年鉴，如《中国农业年鉴》《中国出版年鉴》《常州统计年鉴》《常州财政年鉴》等。与综合年鉴相比，专业年鉴更侧重于某个方面或某个局部，更具体、更细致。

(3) 企业年鉴：近几年崭露头角的一种年鉴类型，其发展势头强劲，如《宝钢年鉴》《中国商飞年鉴》等。这些年鉴保存了企业创业发展的史料，为企业编史修志提供了重要参考。

(二) 年鉴的内容

年鉴的编写并无固定篇章的划分，但综合各类年鉴的内容体系，可以抽象出几大共通的篇幅编排：概况(概述)、大事记、组织机构、职能活动、附录等。

(1) 概况(概述)：概括性地介绍本单位(地区)一年内各方面的基本情况，使利用者有较全面的了解。

(2) 大事记：按时间顺序简要记载一年内各方面的重大事件和重要活动。

(3) 组织机构：主要介绍本单位(地区)的党政社团、行政机构及主要负责人等情况。

(4) 职能活动：主要介绍一个单位(地区)根据职能分类所进行的活动。这部分是年鉴的主体，可根据单位的职责范围进行主题划分，或以地区行业领域为单元设置类目。常见内容包括党团组织、人口变动、人事变动、“三业”经济状况、各部门(各线)工作实际、重要会议(文件)等。

(5) 附录：主要包括重要文件、领导讲话、各种重要统计数据等。

(三) 年鉴的结构和编写体例

年鉴有明显的结构特征，编写过程也必须遵循特定的体例逻辑。因此，框架设计是年鉴编写的首要任务，也是最为关键的一步。年鉴的结构框架和编写体例一旦确定，就基本决定了该年鉴的特点和风格，同时也框定了内容和取材范围。

从宏观上看，年鉴的编写体例一般采用分类编辑法，其结构分为"类目""分目""条目"三个层次。"类目"为上层，最为宏观；类目下设"分目"，有较具体的划分；分目下设"条目"，是年鉴的基层组织，承载了年鉴的主要内容。年鉴的结构体例如同教科书的篇、章、节、目，使年鉴编排有序、脉络清晰。有的年鉴有更细致的划分，在分目下设副分目，条目下设子条目，最终形成"类目—分目—副分目—条目—子条目"的结构体例，但一般年鉴不必超过五个层次。

(1) 类目设计。类目是年鉴的第一层次，是打开年鉴的窗口。通过类目可透视正本年鉴的全貌。类目设置应当全面。以地方综合年鉴为参考，一般以设置20～30个类目为佳，如《常州年鉴(2019)》共包含"特载、专记、大事记、常州概况、政治、军事、法治、开放型经济、工业、农村工作和农村经济、商贸服务业、旅游、金融、城乡建设……"共34个类目。类目不宜过多，过多的类目会使年鉴显得松散，可能产生交叉重复。

(2) 分目设计。分目是年鉴的第二层次，具有衔接类目和条目的作用。分目大多是一个完整的标题，由一个单位独立撰写完成。在进行分目设计时，应尽量避免分目之间相互交叉，因为分目之间的从属和交叉会影响年鉴的科学性。分目的设计要简洁精炼，与类目相比，所述对象更为具体。以《常州财政年鉴(2002)》为例，"财税法规选编"是其中一个类目，该类目下设有"预算(国库)管理、综合财政管理、税政法制管理、经济建设财务管理、企业财务管理……"不同分目。

(3) 条目设计。条目是年鉴结构中的最低层次，是年鉴内容最直接的表现形式。条目的编写质量决定了年鉴的质量。年鉴的条目并非于编写前确定，而是交由撰稿人拟定。条目的编写应当注重真实客观，记录有信息资料价值、参考咨询价值、社会价值和存史价值的事情。条目的编写也应注重详略得当，记述重点应放在年度大事、要事、新事、特事上，与条目无关、比较模糊而不确定的杂事、琐事则不必记述。条目的编写还应注重公开性和可读性，条目所述内容要适合公布于众，不涉保密信息，简单明了，不加主观解读和观点倾向，更不可歪曲事实、编造作假。以《常州年鉴(2019)》为例，其中，"工业-新兴产业"下共设"新材料产业、生物医药产业、汽车产业……"共10个条目，每个条目用500～600字进行记述，最长篇幅在千字左右。

三、实训任务及参考示例

请走访你熟悉的一个品牌企业，了解其发展的历史脉络，翻阅企业年鉴并阅读其中的内容，总结该企业年鉴的内容组成，分析它的结构和编写体例。

参考示例：

《××企业年鉴》编辑说明

1. 《××企业年鉴》由××企业集团有限公司史志编纂委员会主办，创办于2001年，是系统记述××企业各方面情况的年度资料性文献。

2. 本年鉴由××企业集团总部各部门和子公司供稿。除特别说明外，记载的时间跨度均为2014年1月1日—12月31日。

3. 本年鉴设专记，专文，大事记，综述，规划发展，企业管理，科技研发，环境经营，人力资源管理，财务、财产与审计，钢铁主业，多元产业，海外公司，综合管理，党群工作，企业文化，人物与表彰，附录，索引19个栏目(类目)，部分栏目下设置分栏目。主体内容以条目为记述的基本形式。

4. 本年鉴系统记述××企业集团总部各部门和子公司2014年改革与发展的基本情况和重大事项，配有照片、图表。全书力求全面反映企业集团及所属单位的新变化、新特点、新成就，为读者了解、认识、研究企业提供真实可靠、可鉴、可用的翔实资料。

5. 本年鉴所用的部分公司全称、简称对照表见附录。

6. 本年鉴采用双重检索。书前设目录，书后设索引。索引采用主题词(专用名、人名)索引法，方便读者检索。

四、延伸思考

一部好的企业年鉴,能将企业的精气神展现至最佳,既能吸引业界关注,又能提升职工信心。但编写企业年鉴非易事,如何安排编写环节,优化编纂流程,提升年鉴质量?企业年鉴的编写又需要注意哪些问题呢?

提示:

首先,需要组建一支以总编为中心,企业职能部门、基层责任编辑为组员的年鉴撰稿团队。

其次,应科学设置框架,合理划分类目。年鉴类目划分需具备全局视野,通过类目设置及其相互关联清晰反映企业经济运行轨迹,并紧扣各时期的工作重点。编纂人员应开展调研,向企业领导、职能部室、有关专家等征求相关意见和想法,并开会讨论决定编纂体例和类目设置,最终根据决定编制"类目实施细则",在写作要点、图表设置、编写格式等方面进行统一规范。

再次,应明确年鉴资料的收集范围和内容,按要求征收稿件。年鉴的编纂过程,需要多个部门相互配合,共同整理、收集分析资料,同时对收集的资料进行加工,充实资料的内容。要注意收集企业近年来的重大事件、特殊事件、新鲜事件,禁止对内部消息的片面收集,保证收集的资料能科学反映事物的内在规律。

此外,年鉴总编需统筹组稿,调整结构,突出重点,抓住亮点。年鉴总编应围绕工作重点、工作成绩,对结构进行调整,体现企业的发展趋势和宏观特点;还应抓出细节亮点,定位相关条目,把条目放到最能体现价值的地方。统筹组稿还需注意年鉴的整体性和前后的逻辑联系,尽可能删除重复内容。

最后,应重视年鉴的编校审核,提升年鉴的质量。

五、实践训练

请你结合自身的职业生涯发展规划,选定一个将来有可能择业的城市,浏览政府门户网站中该城市的年鉴资料,重点了解你想从事的行业领域的现状和发展趋势,并摘录年鉴中有价值的行业信息,为将来的就业求职积累资料。

六、知识拓展

见右侧二维码。

任务四 编写志书

一、任务背景及目标

盛世修志,志传盛世。志书是一种古老而独特的民族文化形式。修志是一项传承历史、服务当代、泽被后世的原创性文化建设工程。南宋郑兴裔在其《广陵志》序言中明确提出:"郡之有志,犹国之有史。所以察民风、验土俗,使前有所稽,后有所鉴,甚重典也。"这一论述首开志书"存史、资治、教化"的先河,被后世公认为志书的三大基本功能。当代中国,政清人和、物阜民康,国人开启了实现中华民族伟大复兴中国梦的宏伟篇章。习近平总书记曾讲到:"要马上了解一个地方的重要情况,就要了解它的历史。了解历史的可靠方法就是看地方志,这是我的一个习惯。"

本任务的主要目标是全面了解志书的演变、种类、内容、结构及编写体例,把握编史修志的基本方略,学会编写志书。

二、知识介绍

(一)志书的概念、起源与演变

志书,又称志、方志、地志、地方志。"方"是指地方、方域;"志"是指记载、记述。志书,是以地区为主,综合记述该地自然、社会的历史与现状的著述。

志书起源很早。周朝《周礼·春官》有外史“掌四方之志”的说法。在秦汉、魏晋南北朝时期，志书尚处于形成阶段，且多以地理为记叙内容。现存的第一部内容比较完整的志书《越绝书》，就出现在这个时期。

隋唐时期，官修志书较为盛行。这些志书因以图文兼备的方式编写，故多用“图经”之名。流传至今的图经，最著名的是唐代李吉甫撰的《元和郡县图志》，另外还有《沙洲图经》和《西州图经》。宋代是我国志书发展的重要时期，志书编写出现了多方面的变化：内容上，宋代志书除了叙述地理情况外，有关“人物”“艺术文化”等方面的记载大增，再加上作者常引用史料，因而“史”多于“地”；体例上，宋代志书记事增多，目录也随之增添，因而在分目上又加总目；名称上，南宋改“图经”为“志”，这是因为文字叙述多于绘图，绘图已不再像隋唐时期那么受重视了。总之，隋唐至宋代，志书编写趋于成熟，越来越彰显资治、教化的功能。

明、清两代是修志的全盛时期。明朝十分重视修志，所修志书范围广泛，甚至连小市镇也修志。清朝中央政府下令撰修“一统志”。《大清一统志》前后编修过三部，成为中国方志的集大成之作，也是中国方志史发展的重要里程碑。除国家修志外，清朝地方官员对修志也十分热衷，各省、府、州、县、乡所修志书种类繁多，《浙江通志》《苏州府志》《扬州府志》等都是其中的典型代表。清代亦盛行私人修志，人们将修志当成治学途径，或出于乡土情感而撰辑方志。

（二）志书的种类

志书大体可分为区域志、专志、杂志三类。

(1) 区域志：记载一定区域范围的志书。这是志书中最主要的种类。根据行政区域的大小又可分为总志（记载两省以上范围的志书）、省志、府志、州志、厅志、市志、区志、县志、乡镇志与村志等。

(2) 专志：专记某专业、某事业、某项内容的志书。一般分为工程志、山水志、风土志、边关志等。此外还有宫殿、祠庙、书院、物产、人物、艺术文化等专志。现当代又出现了厂志、公司志、部门志、校志等。地方志中，每一“分志”都可以独立成为专志。

(3) 杂志：历史上一些私人杂述之志。杂志是志书中的旁支。杂志数目并不多，现今少有人编纂。

（三）志书的编写体例

志书与史书的体例存在显著差异。古代史书体例大多以年代为经、事件为纬，侧重于从纵向反映历史的连续性，以史论结合的方式论述往事。而志书体例则侧重横向展现事物的广泛性，“横排门类、纵述史实”是构建志书框架的基本原则，遵循“述而不论”的编纂要求。许多地方志书将事物划分为自然、政治、经济、文化、社会五个大类，集中体现了志书“横向编排、以类聚事”的特征。

从志书的宏观布局方面看，一本志书由概述、大事记、各专志、人物志、附录五个部分组成，卷首加序和凡例，卷末附跋；以概述为纲，以大事记为经，以各专志（门类）为纬，形成总体基本结构。

志书的编写体裁包括述、记、志、传、图、表、录等，以志为主，各为专用。

(1) 述：简述、概述或总述。用简明扼要的文字，概括地综述志书所述范围的历史发展大势和基本现状。

(2) 记：用于大事记，以时系事，它是为志体所吸收的史体。

(3) 志：这是志书的一种特殊体裁，是志书的主体，按门类进行编写，以文字叙述为主，采用纪事本末体横排纵述各项事业及其各个侧面的内容。

(4) 传：人物传记，专门用于写人物。

(5) 图：各种地图、照片、统计图、分布图、示意图等。

(6) 表：各种表格，也是过去修史的一种专门体裁。

(7) 录：附录、丛录，是资料辑存。

三、实训任务及参考示例

C市作为历史文化名城，自古文教昌盛、风雅蕴藉，其文脉绵延不断、代代相传，在千百年来的历史长河中熠熠生辉。为了加强党和政府与广大文艺工作者的联系，C市文联于1952年成立，至今已有70余年的历史。为了全面梳理C市文联的发展历程，展示C市文艺界的繁荣景象，特别编纂了《C市文联志》。

现请结合志书的基本知识以及专业学习的相关背景，翻阅《C市文联志》，徜徉在C市文艺的历史长河中，学习这本志书的编写体例和篇目设置。

参考示例：

《C市文联志》记述重点以C市文学艺术界联合会为主，完整反映了C市地域内文学艺术事业的各项发展，上溯1949年C市文联筹备成立，下迄2022年整体现状，体现了C市文脉的传承影响。

《C市文联志》各部分的排列次序：扉页、编纂委员会、图照、序、凡例、总述、大事记、志、附录、后记、撰稿编校审稿人员。其中，“志”为全书主体，共设九章，章下设节，节下设目。全志形成“章—节—目”三个层次，节或目为详记实体，个别内容设立分目，条理清晰，层次分明。对“志”的篇目编排总结如下：

第一章记述组织机构，分为“市文联”“中共组织”两节。“市文联”包含机构沿革、人事、内设处室、人员编制、直属事业单位等内容；“中共组织”包含党组、党总支和党支部等内容。

第二章记述重要会议，分为“文代会”“全委会”“主席团会议”三节，每节概述历次会议的主要内容和单位发展。

第三章记述协会。C市文联下设多个协会，包括作家协会、美术家协会、书法家协会、摄影家协会、戏剧家协会、音乐节协会、曲艺家协会、舞蹈家协会、民间文艺家协会、电影电视家协会、工艺美术家协会、苏东坡研究会、花鸟画研究会、诗词协会，共计14个，依次编排成节，从会议反映协会建设。

第四章记述基层及行业文联，分为“武进区文联”“金坛市文联”“溧阳市文联”“行业文联”四节，分别记述各自发展情况。

第五章记述文艺社团。C市文联共有12个文艺社团，包括越剧之友联谊会、声乐协会、国标舞协会、政协书画社、地方文化研究会、地方戏剧发展研究会、吟诵艺术协会、古琴研究会、舣舟诗社、散文学会、杂文学会和文学艺术评论学会。

第六章记述文学。从文学体裁的角度，分为“小说”“诗歌”“散文”“报告文学”“传记文学”“儿童文学”“戏剧文学”“民间文学”“影视文学”“文艺评论”十节，每节下设不同条目详细概述。

第七章记述艺术。从艺术种类的角度，分为“美术”“书法”“摄影”“戏剧”“音乐”“曲艺”“舞蹈”“民间艺术”“电影电视”“工艺美术”“表演艺术团体”“艺术文论”十二节，每节下设不同条目详细概述。

第八章记述文艺活动，分为“综合活动”“专题活动”“品牌活动”“对外交流”四节。每节通过不同活动的精彩呈现，展示C市文联的魅力与影响。

第九章为人物传，侧重记述对文艺事业有重要贡献的人士，以本籍为主，酌情收录对本籍文艺事业有突出贡献的客籍人士。

《C市文联志》采用述、记、志、传、图、表、录、引等多种体裁。志用语体文记述，力求做到文约事丰；表、图随文而出，以达到简明扼要、图文并茂的效果；大事记以编年体为主，兼及纪事本末体。

四、延伸思考

编写企业志，对企业发展脉络进行梳理，总结经验，吸取教训，探寻企业发展规律，有利于企业做出科学预测和准确定位。在编写企业志的过程中，篇目的设计尤为关键，也是企业志编写的一大难点。企业志篇目对志书的体裁、结构、写法起指导、规范和约束的作用，篇目用词是否准确、精炼，也直接影响志书质量。如何科学地设计企业志的篇目？企业志的篇目设计又应遵循哪些原则？

提示：

1. 坚持“志体”——事以类分，横排纵述。企业志作为志书的一种，首先应坚持采用“横排竖写”的基本体例，横排门类（篇、章、节、目），纵写始末（每一目内容按时间顺序编写）。

2. 坚持企业志的属性——资料性、专业性、系统性和研究性。资料性要求编写方法述而不论，各篇目名称尽量保持客观准确；专业性指企业志书应以内部职能分工和事物属性，并结合企业本身的特色来分类设篇；系统性要求篇目设置应该讲究整体统筹，做到领属得当、归属得体，不要侵犯疆界；研究性要求篇目设计突出企业重点，大类设计上具有高度概括性和思想性，体现出企业志书的学术价值。

3. 突出主线，服务企业志编修目的。企业志的篇目设计应突出主线、明确重点。总的来说，企业志应该以生产力为主线，但具体针对不同类型的企业时，其生产力表现形式存在差异，因而在具体篇目设置上需要有所区别。

4. 与时俱进，彰显企业特色。一方面，企业志要体现企业的经营管理特色，通过篇目设置突出企业特色，成为对外宣传、形象展示的窗口；另一方面，企业志要体现时代特色，在篇目安排上，增加新生事物的记载篇幅，或将其作为标题等。

5. 类目设置科学，便于操作。类目设置的科学性体现在分类标准的科学合理性、篇目排序的整体逻辑性、篇目名称的概念准确性方面。

例如，江苏省电力工业志丛书之《江苏华电戚墅堰发电有限公司志(1988—2006)》各部分的排列次序如下：扉页、图照、编纂委员会、总序、序、凡例、概述、大事记、志、人物、荣誉录、专记、附录、跋。其中，主体部分志书不分编，分建设、生产、科技与环保、管理、人力资源、多种经营、党群等七大篇。以文字叙述为主，采用纪事本末体横排纵述各项事业及其各个侧面的内容。①

五、实践训练

(1) 志书和年鉴都是深层次的档案编研品，文档部门参与相关年鉴和志书的编修已经成为一种常态。但有一部分学者认为志书和年鉴都具有存史的功能，且都是资料性的工具书，因此可以相互取代、融为一体。请对比志书和年鉴的起源、特征，罗列其不同之处。

(2) 在乡村振兴战略背景下，一些传统村落或经济基础强、文化底蕴厚的村落已经意识到村志对乡村历史文化传承和发展的重要意义，开始着手编修村志。请参考典型的镇志、村志，查阅自己所在乡村或社区的档案史料，拟写村志编修方案。

六、知识拓展

见右侧二维码。

① 江苏华电戚墅堰发电有限公司志编纂委员会. 江苏华电戚墅堰发电有限公司志(1988—2006)[M]. 北京：中国电力出版社，2009.

项目九

档案利用

【项目导读】

档案利用服务是指档案工作者将本馆(室)及其他单位所收藏的档案信息资源,通过一定的方式进行开发并传递给利用者,为其提供服务,满足社会需求的工作。档案利用服务工作是档案工作的中心任务,亦是档案工作诸环节中最富有活力的一个环节,是档案工作为社会服务的直接体现,对整个档案工作有检验和促进作用。新时期档案利用呈现环境休闲化、手段智能化、平台移动化、过程便捷化的新特点。档案部门也在传统利用方式的基础上积极探索创新,开拓线上服务、移动服务、掌上服务、智慧服务。本项目将立足档案馆(室)传统服务方式,如提供档案借阅服务、开具档案证明、举办档案展览,同时重点介绍在信息化、网络化、移动化背景下的档案远程化、移动化、智慧化服务等,还涉及档案综合利用服务的新形式和新领域,如开展档案文化教育活动、档案文化创意服务等。

任务一 提供档案借阅

一、任务背景及目标

《“十四五”全国档案事业发展规划》提出的五大原则之一就是坚持人民立场,“贯彻以人民为中心的发展思想,坚持档案工作为了人民、依靠人民,建设好覆盖人民群众的档案资源体系和方便人民群众的档案利用体系,提高人民群众满意度”。档案借阅是档案馆(室)通过线上提供档案扫描件或线下提供档案原件来实现档案利用的一种传统方式。

本任务的主要目标是熟悉档案借阅的流程,学会制定档案借阅相关制度,探索创新档案借阅服务模式。

二、知识介绍

档案借阅主要有以下两种方式:一是在档案馆内开辟阅览室,利用者在馆内阅读一般文件的原件;二是在某些情况下,利用者可将档案原件暂时借出馆外利用。

(一) 档案的阅览

设立阅览室并组织接待利用者在阅览室内利用档案,是档案馆开展档案利用服务的主要方式之一。

阅览室是档案馆为接待档案利用者而设立的专门用于阅览、利用档案的场所。档案是人们社会活动直接形成的历史记录,多为孤本,且档案的内容往往具有一定的机密性,因此,既要确保档案的安全性,又要满足利用的便捷性,这就决定了在馆内阅览档案成为提供档案利用的主要方式。馆内阅览室不仅配备了专门设施以提供良好的阅览条件,还备有一些必需的参考资料和工具书。同时,档案工作人员也可直接为利用者解答各种相关问题。

阅览室的设置需兼顾服务的便捷性与档案管理的便利性。建立阅览室一般要求选择宽敞、明亮且舒适安静的场所，以靠近档案库房的场所为宜，方便调卷、阅览和研究等活动。阅览室应配备服务台、阅览桌、布告栏和存物柜等设施。阅览桌最好不要设置抽屉，以免相互干扰，也便于档案工作人员对档案的监护。有条件的档案馆，除了设立综合性的阅览室外，还可设立若干专门的小阅览室，比如音像档案阅览室、缩微档案阅览室等。阅览室可以附设为利用者服务的图书资料室，收集有关的历史、经济、政治出版物和报刊资料，以及文摘、书目、索引、辞典、年鉴、手册、指南等工具书籍，同时提供档案检索工具和档案参考资料，以供利用者使用。

阅览室还应当建立和健全各种必要的规章制度，其内容主要包括接待的对象、档案材料的借阅范围和批准手续，以及阅览者应当遵守的各种规章制度。

为了保护档案和满足保密要求，利用者不得借阅与其利用范围无关的档案。对于页面残缺、脆化等易损档案和特别珍贵的档案，一般只提供其复制件，不出借原件。

2024 年 3 月 1 日起施行的《中华人民共和国档案法实施条例》第三十二条规定："档案馆提供社会利用的档案，应当逐步实现以复制件代替原件。数字、缩微以及其他复制形式的档案复制件，载有档案保管单位签章标识的，具有与档案原件同等的效力。"对于一些尚未经过整理、编目的零散档案文件，一般不提供借阅服务；倘若因特殊情况确需借阅，则必须逐件登记。利用者在借阅期间必须爱护档案，不得在档案文件上做任何记号或随意涂改。严禁在接近档案的地方抽烟、喝水，以防损坏档案。倘若条件许可，建议另设休息室和存物柜，这样既能为利用者提供便利，又有利于保护档案。利用者不得将档案带出阅览室，阅读完毕后须及时归还，认真清点，办理归还手续。如果发现借阅档案有污损、涂改、遗失或出现其他异常情况，须立即采取措施，妥善处理。

（二）档案的外借

档案的外借就是利用者在办理一定的批准和借阅手续后，将档案借出馆外阅看。

（1）档案外借的范围。出于维护档案的完整性和安全性的考虑，档案一般不借出档案馆。特殊情况下，确因党政领导工作需要，或者某些机关需以档案原件作为证据的，可暂时将档案借出利用。

（2）档案外借的手续。档案外借使用应有严格的制度，经过一定的批准手续。党政领导以及机关负责人借阅档案材料，或机关内部各业务部门借阅本单位档案，都必须填写借阅单，履行签收手续。外单位借阅档案材料，应持有介绍信，写明借阅人身份、借阅目的、借阅范围和借阅期限等，经批准后方能借出。

（3）档案外借的管理。档案借出利用的时间不宜过长，一般不超过一周。借出档案时要交接清楚，履行登记签字手续。借阅档案的单位或个人必须承担保护档案完整性和安全性的责任，不得擅自将档案拆散或变更顺序，不得转借、转抄、损坏、遗失档案，也不得自行拍摄、复制档案，并且必须按期归还。档案馆对所借出的档案要定期检查，了解借用档案的单位或个人对档案的保管、利用情况，并且应在借出案卷的位置设置醒目的代卷卡，注明借阅卷号、借阅时间、借阅单位和借阅人姓名，以便备查和督促借阅者按期归还。借出的档案归还时，工作人员必须认真清点，并在借阅登记簿上注销。倘若发现档案有拆散、抽换、涂改、散失、污损等情况，要及时向有关领导报告，进行严肃处理。

三、实训任务及参考示例

（1）为培育大众档案意识，某市档案博览中心将组织中小学生开展为期一天的"档案查阅"社会实践活动，请为本次社会实践活动设计活动方案。

参考示例：

（一）活动时间：周六/日。

（二）活动地点：某市档案博览中心一楼档案查阅服务大厅。

（三）参加对象：4 人一组，分别体验来访群众与查档人员角色。

（四）活动流程：

1. 档案博览中心工作人员现场指导学生了解全宗号、目录号、册号、保管期限的含义。

2. 工作人员现场指导学生熟练使用 LAMS 永乐文档检索方法。

3. 模拟一次查档全流程：来访群众出示相关身份证明、证件，并复印留档存根→查档人填写“文件档案利用登记表”→利用现有单位目录快速检索出需要查档的单位全宗号→打开永乐文档，需要检索文书类档案的点击“WD”按钮，需要检索财务类档案的点击“CD”按钮，对照查档利用登记表，把检索到的重要信息记录下来→对照库房档案平面分布图，快速找到所需档案上架位置→从库房中把所需档案取出后翻阅查找→将找到的档案复印盖章并在利用档案登记表上做好记录（档案号出处）→利用人签字后取走档案复印件。

4. 活动结束后，分享活动感受，如活动中学到了什么，存在哪些方面的问题，以及实践过程中发现了什么问题，如何解决这些问题。

（2）为了进一步完善查档要求、明确查档流程，请为某综合档案馆制定《档案利用者须知》。

参考示例：

档案利用者须知

尊敬的查档利用者：

热忱欢迎您的到来！请阅读并遵守以下规定：

一、本馆阅档大厅设有监控装置，您进入大厅后即处于视频监控范围内。请将随身携带的物品存入存包柜（身份证、水杯除外）。手机、照相机、摄像机、扫描笔、U 盘、有拍照功能的笔记本电脑及平板电脑等电子设备不得带入阅档大厅。

二、您可以自行或在工作人员的帮助下检索本馆开放档案目录。

三、调阅、复制档案资料，须填写调阅单和复制申请表，经工作人员审批同意后免费办理。调阅、复制档案资料的内容、数量，按本馆有关规定执行。请勿自行拍摄、复制档案资料。

四、为有效保护档案，凡能提供数字化副本的档案，原则上不再提供原件。如档案处于破损抢救状态，本馆暂不提供利用。

五、查阅利用档案，须遵守有关法律法规和本馆有关规定。严禁将档案带出大厅。严禁折叠、损毁、涂改、沾水翻阅档案。

六、纸质档案阅览完毕，应及时归还工作人员。交接时，应与工作人员共同清点档案数量，检查档案完好程度。

七、我馆免费提供茶水和便笺纸，免费借用签字笔、老花镜、雨伞、轮椅等便民物品。如有需求，请及时向工作人员提出。

八、请自觉维护安静整洁的阅档环境。严禁吸烟、进食，不大声喧哗，不乱丢垃圾，不在阅档桌上放置杂物，水杯统一放置在饮水区。

九、本馆法定工作日对外开放服务，开馆时间与办公时间同步，闭馆时间为上午 11:30、下午 17:00。

特此告知，谢谢合作！

某省档案馆

2023 年 6 月

四、延伸思考

当前各类档案室的档案借阅管理流程还大量存在手工化或半自动化的环节，效率有较大的提升空间。在传统的“重保密、轻利用”的思维指导下，尤其是对于重要档案、涉密档案、未开放利用档案或部分限制利用档案，往往需要经过烦琐往复的审核手续才能实现档案利用（图 9-1-1）。如何在确保档案信息安全的基础上，运用流程管理的理论和方法，结合现代自动识别技术，优化档案借阅管理流程，使档案借阅管理工作更好地服务于科学研究与生产工作？

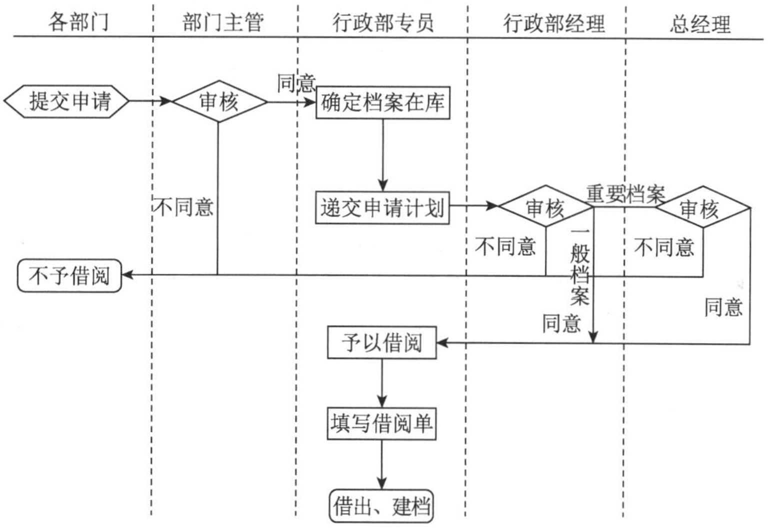

图 9-1-1　传统的档案借阅流程

提示：

假设企业某部门的一位工程师需要借阅档案，整个流程可能要涉及检索、申请、审批、预约、调取、领取、使用、归还、反馈等一系列环节。这些环节可能涉及几个不同的部门，具体可能会在该工程师、部门主管、正副经理、档案管理员之间反复流转，是一个跨部门、跨岗位的流程。全过程中，仅凭借阅者的自我约束和档案人员的人工监管，无法完全保证检索和获取信息的便捷性，也难以保证申请、审批、身份验证、效果反馈等环节的安全性。因此，需要借助流程的优化和重组，借助于相关技术的运用解决这些问题。

1. 借阅流程电子化。由具备明确规则的 IT 系统完成涉密、非涉密档案的一站式检索，不需要人的经验和智慧去判断。在线提交借阅申请、审批、领取、验证、档案安全、信息反馈等，各环节实现全程优化。

2. RFID 技术由于具备非接触式、远距离、不易污损、可内嵌、可读可写等特点，非常适合应用于涉密档案管理。可在档案首次登记入库时将 RFID 标签附着于档案内部，且在整个档案部门的出入口和各关键路径点安装 RFID 天线。当带有 RFID 标签的档案经过这些重点出入口和关键路径点时，天线可以在几米之内探测到 RFID 标签，也就是特定档案的存在。此时，系统会根据该档案的状态（在库、阅览中、外借中等）来判定该档案出现在指定位置的合理性，并采取进一步的措施（报警、放行）。

3. 生物识别技术，主要包括指纹识别技术和人脸识别技术，适合于涉密档案管理借阅环节的身份验证。可事先采集职工的指纹信息（某些情况下也可直接从考勤系统中导出现有的指纹信息）或人脸信息，并要求借阅者在领取重要档案、涉密档案之前进行指纹信息或人脸信息验证。

五、实践训练

某市档案馆设有“一网通办”自助服务机，供市民自助查阅民生档案等信息。档案全文自助打印、楼宇智能机器人导览、社保卡查档、展览二维码延伸阅读等新服务陆续投入应用。依托大数据分析、物联网、AI 等技术，档案馆建立起“人、档案、档案馆”之间的智慧互联，实现了所有馆藏档案的定位查询、快速存取等智能化管理。档案馆还通过搭建网办平台集群，实现了让“数据多跑路，群众少跑腿”的服务目标。请调查发达地区档案馆的新举措，思考未来数字化、智慧化档案馆（室）在档案借阅方面的发展方向。

六、知识拓展

见右侧二维码。

任务二 开具档案证明

一、任务背景及目标

随着法治化社会进程的加快及民众法律意识的提高，民生档案利用工作逐渐成为档案工作的热点。国家档案局印发了《关于加强民生档案工作的意见》等一系列指导性文件，提出新时期档案事业发展的“三个体系”建设，实现档案资源体系对民生、对社会的全覆盖等目标。《中华人民共和国档案法》将档案作为国家治理的基本行政工具，将档案工作纳入推进国家治理体系和治理能力建设，为档案部门更好地服务民生指明了方向。因此，各级档案部门，特别是地市级国家综合档案馆应以人民需求为导向，建立和完善适应民生工作标准和要求的民生档案利用体系。而档案馆开具档案证明，为党政机关、社会各界和人民群众提供凭证服务，是档案工作服务民生的重要方式，体现了档案工作者“为人民谋幸福”的初心。

本任务的主要目标是明确开具档案证明的作用，熟悉开具档案证明的手续，学会开具档案证明。

二、知识介绍

（一）档案证明的作用

档案证明是档案馆根据机关、团体、企业、事业单位或者公民个人的询问和申请，为证实某种事实在本馆保存的档案内有无记载和如何记载而摘抄的书面证明材料。现实生活中，一些机关、团体、企业、事业单位或公民个人需要档案馆提供有关档案中所记载的涉及某一问题和事实的证明材料，比如司法机关需要有关审理案件方面的证明材料，公民个人需要有关工资、学历、职称、财产等方面的证明材料。

（二）开具档案证明的手续和要求

开具档案证明是一项政治性高、规范性强的工作。机关、团体、企业、事业单位和公民个人必须在申请书中写明申请发给档案证明的目的、所要证明的事项或事实及其发生的时间、地点等情况，有关部门对申请书进行审查后方可进行查找证明材料、编写和制发档案证明等工作。档案证明必须根据档案的正本或可靠的副本来编写；在两者都灭失的情况下，方可根据草案、草稿来编写，而且需要在档案证明上加以说明，比如可注明未经签署、记录草稿或试行草案等。无论根据什么材料编写，均须在档案证明上注明出处和根据。档案证明的文字要确切明了，要限定其内容范围，不得超出申请证明问题的范围而列入其他无关材料。

此外，由于档案馆是专门管理档案的机构，档案馆制发的档案证明只是向有关机关或公民个人证明某个事项、某种事实在本档案馆所保存的档案中有无记载和如何记载，不是直接对某个问题或事实下结论或赋予某种权利。为此，在编写档案证明时，必须以引述或节录档案原文为主要方法。倘若必须由档案工作人员根据档案的内容综合或摘要叙述，则务必确保其表述的准确性和真实性，切不可擅自对档案材料进行解释，否则就会削弱档案证明材料的真实性、可靠性，失去其作为凭证依据的作用。倘若发现若干档案材料对某个事项或某个事实的记述互有矛盾，则应当将几种不同的材料同时列入档案证明中供使用者分析研判。对于某些名词、术语或事件，编写者可酌情添加必要的注释和说明。在档案证明中还须写明档案证明接受者（申请者）、制发档案证明的档案馆名称和制发时间。档案证明编写完成后，须经认真校对、审查批准，并加盖档案馆或机关公章，以示对该材料负责。

三、实训任务及参考示例

（1）档案馆作为政府职能部门，其所保管的档案与民生息息相关。档案记载历史，保留了最为原始及真实的凭证。通过提供有效凭证为百姓解决生活中遇到的各类实际问题，是档案凭证作用的直接体现。请查找开具档案证明的典型案例，分析体会档案的凭证价值。

参考示例：

某日，一位男青年急匆匆来到某市档案馆，想要查找其母亲的有关材料，以证明他与其母亲的母子关系。原来，这名男子小学时父母就离婚了，他一直跟随父亲生活，母亲离异后另组了家庭。是年8月，他母亲病重入院需输血维持生命。根据我国义务献血的相关规定，义务献血人的直系亲属可无偿使用与献血人义务献血等量的血浆。该青年曾义务献血，献血证已充分显示他献血的次数与数量，只要能证明他与其母亲的母子关系，他母亲就可享受此政策。

经工作人员认真查询，在他母亲的职工档案中找到了4份职工登记表。其中，1976年和1983年的职工登记表提供了相关线索。1976年的那份登记表显示了当时的家庭成员关系，包括他父亲和他；1983年的那份登记表显示的是他母亲改嫁后的家庭成员关系，但他母亲在"说明"那栏里详细说明了她离异的事情，并把之前的家庭成员一并写上去了。工作人员把这两份职工登记表复印后交给了那位男青年。过了几天，那位男青年再次来馆，一再表示感谢，因为医院认为这两份职工登记表已经能够证明他与他母亲的关系了。

（2）某毕业生不慎将毕业证丢失，现因工作调动的需要，请为其开具学籍证明，并说明开具此类档案证明的注意事项。

解析：

学籍证明办理流程见图9-2-1。

1. 利用者向档案馆工作人员出示必要的身份证明。
2. 提供以下信息：学生姓名、专业、入学及毕业年份、生源地。

↓

1. 档案馆工作人员根据利用者提供的信息查阅馆藏档案，核实其学历、学位真实性。
2. 开具学籍证明。

图9-2-1　学籍证明办理流程

参考示例：

学籍证明参考模板见图9-2-2。

学籍证明

×××，男，1998年8月2日出生，身份证号：××××××××××××××××××，于2016年9月至2020年6月在我校 新能源科学与工程 专业 4年制 本科 学习，修完教学计划规定的全部课程，成绩合格，于2020年6月毕业，毕业证书号为110×××××××××××××××88。

特此证明。

联系人：×××××档案馆×××

联系电话：××××××××

×××××档案馆（公章）

2024年6月19日

图9-2-2　学籍证明参考模板

开具档案证明的注意事项：

1. 开具档案证明只是依据档案文件的正式文本证明某个事实在档案中有无记载及如何记载，不对事实下任何结论，也不对档案内容进行评论与解释。

2. 档案证明的内容必须真实、准确，只能引述和节录档案原文，一般不概括、解释、评论。其中对个人的档案证明，不可摘录履历表、组织鉴定等不宜对本人公开的内容。

3. 档案证明的正文中应注明材料的出处和根据，列出所采用档案的全宗号、目录号、案卷号、文件页码及证明的制发日期等。

四、延伸思考

《最高人民法院关于修改〈关于民事诉讼证据的若干规定〉的决定》(2020年5月1日起生效)规定，电子数据包括下列信息、电子文件：①网页、博客、微博客等网络平台发布的信息；②手机短信、电子邮件、即时通信、通讯群组等网络应用服务的通信信息；③用户注册信息、身份认证信息、电子交易记录、通信记录、登录日志等信息；④文档、图片、音频、视频、数字证书、计算机程序等电子文件；⑤其他以数字化形式存储、处理、传输的能够证明案件事实的信息。请思考这些条款对开具档案证明的影响和启示。

提示：

电子档案属于电子数据的一类，具有凭证价值。但电子档案是否具有证明力，需要审判人员依据法律规定及相关标准对电子档案的证据能力及证明力的大小进行认定。需要通过认定电子档案的客观性、合法性、关联性来审查其证据能力。

五、实践训练

请调查本地民生档案查询系统，体验如何用手机申请查档并获取档案证明。

六、知识拓展

见右侧二维码。

任务三 举办档案展览

一、任务背景及目标

采取编制全宗介绍、组织沿革、大事记、基础数字汇编、专题文件汇集，以及举办陈列展览、拍摄专题片等多种形式，可以充分实现档案价值。档案展览是档案馆最生动的档案工作环节，通过整合相关主题的档案素材并进行集中展示，能够达到档案文化教育、宣传和交流的目的。国家档案局发布的《机关档案管理规定》指出，机关应当积极推进档案信息开发工作。2024年3月1日起施行的《中华人民共和国档案法实施条例》指出，档案公布是指通过下列形式首次向社会公开档案的全部或者部分原文：通过报纸、期刊、图书、音像制品、电子出版物等公开出版；通过电台、电视台、计算机信息网络等公开传播；在公开场合宣读、播放；公开出售、散发或者张贴档案复制件；在展览、展示中公开陈列。可见，举办档案展览是档案部门主动公布档案信息的重要形式。根据《档案展览工作规范》(DA/T 102—2024)，档案展览是按一定主题组织，以档案为主要展品的展览，包括但不限于基本陈列、专题展览等。

本任务的主要目标是了解档案展览的特点、作用、形式，把握举办档案展览的要求和操作方法。

二、知识介绍

(一) 举办档案展览的主要目的和作用

举办档案展览是为了配合各项工作开展，按照一定的专题，系统地揭示和介绍档案馆内所保存的档案的内容、成分的一种档案提供利用的方式。举办档案展览的作用主要有：第一，档案展览会本身就是一个提供档案利用的现场，利用者可以从中获得比较集中、系统的档案材料，甚至还可能发现从未见过或难以找到的档案材料及其线索。第二，经过选择和组织展出的典型档案材料，能以档案的原始性、真实性、可靠性及鲜明形象，给参观者以深刻的印象，生动、有力地宣传档案的价值和作用。第三，档案展览可以充分展现档案内容的丰富性、种类的多样性及其特有的吸引力，引起人们对档案的重视和利用档案的浓厚兴趣，从而成为对档案工作意义和作用最实际、最富有说服力和感染力的宣传。第四，举办档案展览能够以其丰富的史料、确凿的史实，对广大人民群众，尤其是对广大青年进行爱国主义教育，发挥档案馆在加强社会主义精神文明建设方面的作用。

（二）档案展览的形式

档案展览的主要形式有两种：一是档案馆根据自身的条件，可在馆内设立长期的、比较固定的展览厅，比较全面系统地陈列本馆保存的本馆、本地区及国家、民族的历史珍贵档案文件，使人们一进入档案馆就能对档案和档案工作有一个概要的了解，以引起社会对档案馆的重视和关注。二是档案馆平时根据各种工作和有关活动需要，可举办革命历史档案展览、人物或事件展览等专题展览。档案馆为配合机关工作的开展，亦可举办各种小型档案展览，如工作成果展览、厂史或校史展览等。档案展览既可以由一个档案馆举办，也可由几个档案部门共同举办，还可由档案馆联合有关单位共同举办。档案展览既可长期展出，亦可临时展出。档案展览的地点和方式可根据实际需要和条件灵活选择，既可固定展出，也可巡回展出。

（三）举办档案展览的注意事项

举办档案展览是一项政治性、思想性较强，同时兼具科学性和艺术性的工作，必须做到认真细致。首先，应当明确举办档案展览的目的，拟定展出档案的内容和范围，选准主题、中心突出、指导思想明确。其次，围绕所确定的档案展览的主题，精心查找和挑选档案材料。选取材料时，既要求材料具有典型性、代表性和说服力，又要考虑参观对象的层次，还要注意史料档案的保密。再次，要拿出总体设计方案和图样，细致地进行档案展出设计，对所选出的档案按照专题、时间等进行分类排列，编写前言、标题、提要和介绍。在不涂改档案的原则和前提下，可适当做一些较鲜明的标记。最后，要利用媒体进行广泛宣传，组织好接待参观工作。在档案展出期间，必须高度重视档案的保护和保密工作。档案展览一般以展出档案复制件为宜。若确有必要展出档案原件，则须采取切实有效的保护措施。

档案展览工作流程见图 9-3-1。

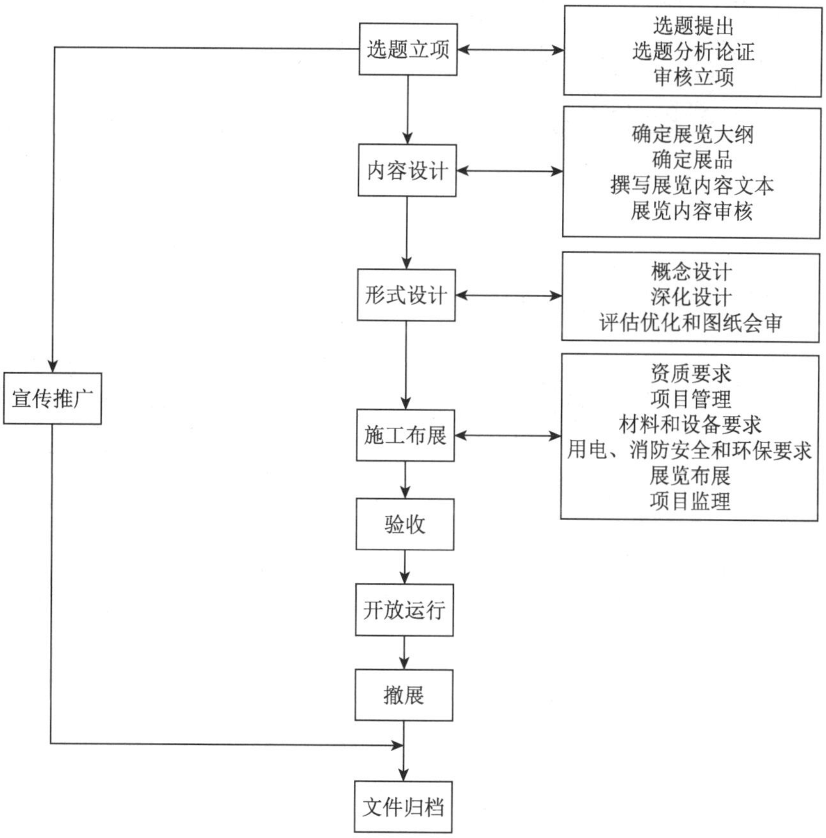

图 9-3-1　档案展览工作流程图

三、实训任务及参考示例

每年的 6 月 9 日是国际档案日，也是我国档案部门的宣传活动日，近年的主题如下：

2017 年：档案——我们共同的记忆；2018 年：档案见证改革开放；2019 年：新中国的记忆；2020 年：档案见证小康路，聚焦扶贫决胜期；2021 年：档案话百年；2022 年：喜迎二十大·档案颂辉煌；2023 年：奋进新征程·兰台谱新篇；2024 年：筑梦现代化·奋斗兰台人。

请选择一个主题，并为这一主题设计一场专题展览。

参考示例：

以 2021 年“档案话百年”为主题：“百年工商 常州印象——庆祝中国共产党成立 100 周年”馆藏图片展（图 9-3-1）。

以 2022 年“喜迎二十大·档案颂辉煌”为主题：“喜迎二十大——新老厂门见证今与昔 穿越时光看龙城”图片展（图 9-3-2）。

图 9-3-1 “百年工商 常州印象——庆祝中国共产党成立 100 周年”馆藏图片展

图 9-3-2 “喜迎二十大——新老厂门见证今与昔 穿越时光看龙城”图片展

四、延伸思考

国外档案馆开展了哪些具有代表性的线上或线下档案展览？对我国档案展览的主题确定、布展实施、展出管理有何借鉴意义和启发？

提示：

新型冠状病毒全球大流行期间，各国档案部门积极提供线上观展服务。如澳大利亚国家电影和声音档案馆推出“蜂巢”数字互动展览，观众可参与游戏、欣赏音乐作品、通过智能手机聆听艺术家和策展人的演讲等，丰富精神文化生活。

档案线上展览开始走进社会、贴近百姓，成为档案信息资源开发与利用的“高速公路”。2017 年 3 月，美国国家档案馆为纪念美俄《转让阿拉斯加》(Treaty of Cession)条约签署 150 周年，举办了一系列纪念活动，包括：“隐藏宝藏”(Hidden Treasure)阿拉斯加全景摄影展览、安克雷奇博物馆“北极熊花园”(Polar Bear Garden)展览。①

启示：

1. 拓宽选题，增加展品种类。
2. 采用多样化的展出形式和多维度的表现方式。
3. 多部门合作、跨界合作开发档案信息资源。

五、实践训练

蔡旭，字勖敏，1911 年生于常州武进，1980 年当选为中国科学院学部委员(院士)，是中国小麦杂交育种的开拓者和新中国小麦育种工作的奠基人。他一生奉献于小麦育种研究，为我国农业发展做出了重大贡献。坐落于常州市大观路 32 号的蔡旭故居，已有 100 多年历史，曾是蔡旭院士青少年时期的居所，2008 年 2 月被常州市人民政府公布为常州市第四批文物保护单位。蔡旭院士事迹陈列馆也是常州首家院士事迹陈列馆。请查找相关资料，以“走进蔡旭院士的‘小麦人生’”为主题，设计档案展览内容。

六、知识拓展

见右侧二维码。

任务四　开展档案文化教育活动

一、任务背景及目标

习近平总书记曾多次强调：“我们的初心、真理就蕴含在这些档案之中。”档案因其客观、真实、丰富、全面等特性而具有很强的教育功能，记录了意义重大的历史事件和历史文化，拥有十分丰富的精神内涵，凝结着伟大的民族精神。国家综合档案馆，作为历史的守护者，拥有得天独厚的教育环境和资源优势，成为全国中小学生档案教育社会实践基地、省市爱国主义教育基地以及社会科学普及基地。2021 年 1 月 1 日起施行的《中华人民共和国档案法》第三十四条规定：国家鼓励档案馆开发利用馆藏档案，通过开展专题展览、公益讲座、媒体宣传等活动，进行爱国主义、集体主义、中国特色社会主义教育，传承发展中华优秀传统文化，继承革命文化，发展社会主义先进文化，增强文化自信，弘扬社会主义核心价值观。

开展档案文化教育和社会实践，不仅可以丰富学生、党员干部、普通员工等相关群体的业余生活，还可

① 谭志强，王嘉逊. 档案展览对档案信息资源建设的促进作用研究：以美国“阿拉斯加系列档案展览”为例[J]. 办公室业务，2018(3)：50.

以发挥档案的宣传教育功能和辐射引领作用，培养人们的档案意识。通过引导各类群体以档案为线索，寻脉本地历史，感悟本地精神，感受家乡情怀，可以培养其爱国主义、集体主义精神，增强其对本地的荣誉感和归属感，从而增强热爱家乡、建设家乡、服务人民的历史责任感。

本任务的主要目标是把握档案文化教育的性质和特点，学会组织档案文化教育活动。

二、知识介绍

国家综合档案馆是进行中小学生爱国主义教育、本土历史文化教育的基地。爱国主义教育基地举办的各项活动应有利于传播促进社会进步的思想、科学技术和文化知识；有利于弘扬爱国主义精神，丰富人民的文化生活；有利于提高公众素质，促进文化交流。

（一）丰富档案主题教育活动的形式

档案主题教育活动以基本陈列和展览为主。传统的档案主题教育形式主要是利用节假日和重大历史事件、历史人物纪念日，举行各种庆祝纪念仪式、展览或活动。传统的“玻璃＋展橱”“图板＋挂板”等固定陈展形式，以及“等人上门”“请人上门”等被动教育模式，因缺乏主动性和多样性，已逐渐与时代脱节。在新时代塑造社会主义核心价值观和“不忘初心、牢记使命”的主题教育背景下，应认真分析社会需求，结合时代精神，积极探索创新载体和形式，努力营造全社会广泛参与的浓厚氛围。在教育引导的手段、路径上，应充分发挥报刊、广播、电视等大众传媒的作用，特别是要大力运用互联网、手机等新媒体，把各类时尚元素融入爱国主义教育活动中，切实提升对大众的吸引力和感染力，不断增强教育的知识性、科学性、趣味性、互动性。

为充分发挥国家综合档案馆作为爱国主义教育基地的资源优势和特色，除陈展外，应有组织、有目的地开展适合活动对象特点的多种活动，深化教育效果。具体形式包括专题讲座、讨论、报告会、征文比赛、演讲，党、团、队日主题活动，夏(冬)令营以及其他网络教育活动等。尤其是在移动互联网、自媒体和融媒体迅速发展的背景下，应创新档案主题教育活动的形式，比如将融入档案元素的历史事迹编排成话剧、快板、歌舞等喜闻乐见的艺术形式，在国际档案日、《中华人民共和国档案法》颁布周年庆、烈士纪念日、南京大屠杀国家公祭日等重大纪念日，开展文化教育活动。

（二）设计特色鲜明、针对性突出的教育主题

努力探索适合不同学历层次、认知水平的实践体验。比如，针对中小学生，设计参观展览、业务观摩、视频演播、专题讲座、知识竞赛、学习成果分享等活动，使其了解历史，感知文化；针对历史、档案等相关专业大学生，开展研讨会、研修营、专题讲座等，研究历史、剖析历史；针对机关干部职工、党员，开展“党员信仰”“公务员纪律”等学习教育活动，以史为鉴，增强职业道德修养。

开展主题鲜明的教育活动，能有效地拉近历史与现实的距离，并将静态与动态结合起来。活动应突出教育性、实践性和趣味性，增强活动的吸引力、参与性和互动性。比如，江苏省太仓市档案馆先后举办了一系列档案实践教育夏令营活动：以“太仓城市建设”为主题的“逐梦太仓现代田园城市”活动、以“家乡印记”为主题的“档案里的太仓”活动、以“中国梦　强军梦”为主题的“档案促成长　圆我航空梦”活动、以“家训家规家风”为主题的“家风家训　助我成长”活动等。

（三）建立馆校间长效合作机制

档案部门应积极与教育部门建立长效合作机制，实现优势互补与资源共享，充分发挥档案部门的主导作用和教育部门的指导作用，引导大、中、小学生关注家乡历史、学习历史课程，并学会运用正确的历史观去理解和评价历史，使档案馆成为弘扬本土历史文化的重要阵地，充分发挥其社会教育职能。两部门应扩展在科学研究、人才培养、社会服务等领域的互助与合作，建立常态化合作机制，共建教学“第二课堂”，共同为加强爱国主义教育、传播正能量、弘扬社会主义核心价值观贡献力量。

为扩大档案知识普及利用范围，进一步优化和提升档案馆历史资源的内涵和品质，加强馆校互动，结合学校课堂教学内容，根据馆藏的历史事件、名人事迹、书画艺术、建设成就等档案内容，可编辑出版适合学生和大众阅读的系列课外教材，使丰富的档案资源与课程需求、社会需要有效对接。

三、实训任务及参考示例

档案馆(室)是重要的社会实践教育平台,可组织社会公众(主要为学生、党员、机关干部、教育从业者等)开展相应的主题教育活动,尤其是针对学生可开展小记者营、夏令营、冬令营、研修营、讲解员和志愿者培训营,给予学生思想上的启迪、心灵上的震撼和精神上的激励。某市档案馆委托当地高校文秘系组织2023年暑假小学生档案夏令营活动。请在调研的基础上,完成活动策划方案。

参考示例:

2023年暑期小学生档案夏令营活动方案

(一)活动背景(略)

(二)活动目的(略)

(三)活动主题

"传承、红色、爱乡"或"漫游档案　传承记忆"。

(四)活动时间

2023年7月至8月暑假期间(具体时间待定);时长:一天或两天。

(五)活动地点

某市档案馆爱国主义教育基地等。

(六)参加对象

四至六年级学生。

(七)活动分工

1. 承办单位×院长与主办单位×馆长进行统筹设计。
2. 承办单位×老师负责与主办单位×主任沟通协调,主要负责活动的总体策划、开营仪式议程安排(开营仪式背景PPT)、活动整体组织与协调等。
3. 志愿者A负责微信群组建、与学生及家长联系沟通、活动当天签到、组织档案小游戏、带队分工等。
4. 志愿者B负责开营仪式的主持、活动流程中的串词。
5. 志愿者C负责全程摄影摄像、撰写新闻稿。
6. 承办单位负责所有活动支出项目。
7. 所有老师与志愿者在活动中分小组带队,每位学生的安全落实到负责人。

(八)活动预算

活动预算见表9-4-1。

表9-4-1　活动预算

类别	规格	金额/元	备注
午餐	×元/人		包括学生、带队老师、讲座人员及志愿者
文化衫及帽子	×元/套		定制文化衫及帽子
学生保险费	×元/人		意外险
交通费	×元/辆		40人包车,接送学生往返
宣传用品			营旗、营杆、横幅
设备购买			扩音设备、摄影设备
纪念品、奖品			书、文具(笔记本、笔、便签本等)
劳务费			主持人、带队老师、志愿者
合计			

(九)活动安排(见附件)

附件:2023年暑期小学生档案夏令营活动流程(表9-4-2)。

表 9-4-2　2023 年暑期小学生档案夏令营活动流程

时间	项目	活动内容	预期目标	地点	讲解人员
9:00—9:30	集合	全体学生集合		某市档案馆	主持人及志愿者
9:30—9:50	开营仪式	做简要活动介绍	①明确活动目的和意义;②了解流程和内容;③强调要求和纪律	某市档案馆	主持人、出席领导、相关人员
9:50—10:30	走近档案	参观档案工作区域(查档中心、库房、档案整理及数字化工作室)	建立对档案的形象认知,了解档案的作用、档案工作的意义,提高对档案及档案价值的认识	某市档案馆	保管利用处工作人员
10:30—11:30	档案课堂	档案基础知识及家庭档案整理讲座	① 通过档案知识学习,认识“什么是档案”“档案从哪里来”“档案到哪里去”等; ② 通过家庭档案整理讲座,了解家庭档案整理的意义,初步了解家庭档案的种类、内容及整理方法	某市档案馆会议室	人文学院老师
11:30—13:30	午休	午餐后乘车前往运河五号档案博览中心			
13:30—14:30	档案与记忆	参观“龙城记忆——档案史料陈列馆”“全国劳模档案展示馆”“百年工商档案展示馆”	了解本地的历史变迁,体会档案记录历史、传承文明的重要作用,增强学生的爱国爱乡情怀和档案意识	档案博览中心	展厅讲解员
14:30—15:10	影像常州	观看本地名人、历史介绍等视频	通过观看视频资料,引导学生熟悉本地历史,了解档案相关的知识和档案中蕴含的真实历史故事	档案博览中心	主持人及志愿者
15:10—15:30	总结	活动总结及交流	① 初步评估本次活动的成效; ② 收集学生对此次活动的意见和建议; ③ 鼓励学生撰写新闻稿、档案小故事、夏令营心得等,择优发表于某刊	档案博览中心	主持人及志愿者

四、延伸思考

当前,企业单位档案部门如何利用档案,发挥档案的“爱厂、爱企”教育作用,培养员工对企业的责任心、归属感,拓展档案的文化服务功能,使其服务于企业文化建设?

提示:

(一) 企业档案的价值和作用

企业档案涵盖了企业在不同发展阶段形成的多种文字材料和所获得的荣誉证书、奖杯、奖牌、奖品、锦旗、牌匾,以及反映领导人考察的照片、获赠的名人题词等。企业档案蕴藏着企业的经营理念、发展目标、竞争优势、文化精神、优良传统等。利用这些档案,尤其是反映企业发展关键时间节点的纸质档案、照片、视频等,举办展览或编纂企业文化读物,能使员工更深入地了解企业历史文化,培养其企业归属感,提升其职业自豪感。利用企业档案开展企业文化建设,能够不断强化企业精神、构建企业共同愿景、及时调整战略目标。

(二) 企业档案利用的方式

1. 建立“厂史馆”“历史设备陈列室”“厂史教育基地”等,使其成为企业文化的核心承载体。着力宣传能够代表企业价值观和时代精神的典型代表和事例,通过本企业先进模范人物的示范和宣传,展现企业文化的新风貌。

2. 开展新员工入职教育。组织每一位新入职的员工进入展馆学习,帮助员工快速建立对企业形象的认知,充分发挥企业文化宣传和教育的作用,让展馆成为企业文化宣传的大本营。

3. 定期组织员工到企业档案室参观,让员工深入了解企业的发展历程、经营理念、价值精神、战略目标等，接受厂史教育。

4. 策划各类对外活动。例如，举办“开放日”活动、学生假期社会实践（游学）活动，主动对外开放；举办“企业文化论坛”，宣传企业形象；制作档案文创产品，提升社会公众对企业历史的认知度和对企业文化的认可度。

五、实践训练

（1）某市档案馆为扩大档案资源的影响力，提升社会对档案馆馆藏资源的认知度和利用率，拟举办为期一周的首届“档案视阈下的城市史”研修营。请拟写该项活动的策划方案，并配上方案展示 PPT。

（2）请联系一家本地老字号企业，调研其档案工作情况，为其提供关于厂史档案教育宣传活动的方案建议。

（3）部分高校的档案文化教育仍局限于校史讲座和档案展览等传统形式，内容单一，缺乏互动性和参与性。如何将高校的档案文化教育与学生实际生活和学习相结合，并与社会需求充分对接，以增强学生的参与感和主动性？请提出相关方案。

六、知识拓展

见右侧二维码。

任务五 基于新媒体平台的档案服务

一、任务背景及目标

在《中华人民共和国档案法》正式施行的背景下，我国省辖市及以上综合档案馆绝大多数已开通或曾开通微博账号和微信公众号，部分档案馆还开通了头条号、视频号。此外，各专业领域也相继开发出档案类小程序和档案类 APP。

随着网民数量的不断增加以及移动互联网技术的不断升级，“官方政务微博”“微信公众号”借助平台承载的人际关系网络，以传播速度快、服务定位精准、用户交互性强等特点，成为数字社会中信息传播的有效媒介。档案部门通过“双微”（官方政务微博、微信公众号）平台，链接官方网站查档服务，发表原创文章，开辟“网上展厅”，征集档案，并提供“远程学习”服务等。目前，微信公众号已经成为档案部门主要的对外交流平台，在推动档案开放利用方面具有重要意义。档案类微信公众号建设已取得显著成效，全国有近 400 个档案类微信公众号处于运营状态，其中以档案部门为运营主体的档案类微信公众号建设情况备受关注。

与此同时，我国短视频领域蓬勃发展。以抖音、微信视频号为代表的短视频平台，凭借其庞大的用户基础，也逐渐被应用于档案移动服务，档案（局、馆）等档案机构也在这些新兴平台上设立官方账号并发布内容。此外，微信小程序、客户端 APP 等也成为档案数字化转型发展的重要趋势。

本任务的主要目标是了解档案部门微信公众号等新媒体平台的价值、作用，熟悉档案部门微信公众号等新媒体档案平台的运营模式，思考其在服务、宣传、教育等方面的功能创新。

二、知识介绍

近年来，微信平台在图文信息推送的基础上，拓展了小程序、音视频、直播等功能。随着其功能的不断完善，微信已经成为档案部门主要的对外交流平台。以微信公众号为代表的新媒体平台在我国拥有庞大的用户群体，其用户交互性强，具有显著的传播优势，这为档案局（馆）线上开展工作提供了重要支撑。

新媒体平台已成为档案工作转型升级的重要抓手。在移动互联网背景下，档案部门新媒体平台通过创新服务方式、拓展开放利用空间，有效提升了档案宣传效果和服务能力，为我国档案部门在数字化时代的发展提供了重要机遇。

（一）档案部门微信公众号的作用

1. 提升档案馆的“亲民”形象

所谓档案馆形象，是指档案馆的活动及其工作在用户脑海中留下的印象，以及用户对档案馆整个工作的评价。根据《中华人民共和国档案法》规定，各级档案馆是集中保管档案的文化事业机构。然而，与同样作为文化事业单位的图书馆、艺术馆等相比，档案馆的“亲民”形象仍然不足，甚至还有不少民众对档案馆不甚了解，这在一定程度上阻碍了档案部门工作的开展。当前，微信公众号平台拥有庞大的用户群体，档案部门完全可以借“微”发力，积极吸引用户关注，加强与用户的沟通交流，优化用户服务体验，改善和提升档案部门在民众心目中的形象。

2. 促进档案宣传工作

我国档案事业水平的提高和发展离不开档案宣传工作的加强。近年来，随着新媒体的兴起，档案宣传工作已拓展至新媒体领域。微信公众号凭借其良好的传播优势，能够有效弥补传统档案宣传方式的不足，显著提升档案宣传的整体效果。一方面，通过对档案资源的整合，可以即时向大量用户发布内容，使用户能够更及时地获取相关信息；另一方面，通过平台互动，能够增强用户的参与感，提高用户群体的活跃度。此外，由于微信公众号的用户层级和覆盖面广泛，档案宣传在纵深发展的同时，还能扩大横向辐射范围，进一步提升全社会的档案意识。

3. 提升档案服务水平

在移动互联网时代，档案用户对档案信息资源的需求日益增长，档案局（馆）有必要借助现代信息技术不断完善档案服务水平。以微信平台为例，许多档案机构已经开始探索“指尖上的档案馆”发展路径，充分发挥“指尖‘政’能量”：一方面，将查档服务、资源检索、档案咨询等传统档案服务深度嵌入平台；另一方面，在移动服务的横向拓展方面积极探索。从这一角度来看，微信公众号平台与档案工作的有效结合，不仅极大地方便了用户，还提升了档案馆的服务能力，优化了服务模式，使曾经“养在深闺人未识”的档案得以通过微平台逐步“飞入寻常百姓家”。

4. 增强档案部门与用户的沟通交流

当前，档案部门的工作服务方式仍在一定程度上缺乏主动性，档案部门与社会成员之间也缺乏有效的沟通交流机制。作为一个高效的交互平台，微信公众号为档案部门提供了了解用户需求和共享信息的渠道。通过微信公众号的多种交互功能，档案部门可以加强与用户之间的沟通，汇集不同领域、不同层次用户的意见与需求，主动分析并研究相关影响因素，从而制订合理有效的工作计划，调整用户服务策略，进一步改善档案工作。

（二）档案部门微信公众号的功能

微信公众号平台在档案利用服务中的应用，通常从业务办理、主动推送、在线咨询、资源共享、业务查询、个性化定制、档案宣传等方面展开构建。通过微信公众号平台，档案部门可以提供档案咨询、资源共享、文化宣传、人才培养等服务，从而实现主动式、互动式、自助化以及个性化的档案服务模式。某档案部门微信公众号栏目设置见图 9-5-1。

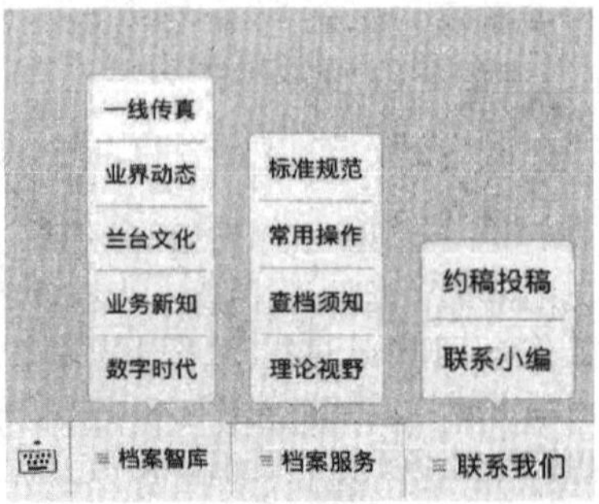

图 9-5-1　某档案部门微信公众号栏目设置①

① 王璞珉，董智文，范好为．基于新媒体平台的档案服务拓展与创新研究[J]．机电兵船档案，2019(4)：52-55.

档案部门微信公众号的功能大致可分为两类：一类是传统功能向微信公众号平台的迁移，如档案查询检索、预约查档和档案宣传等；另一类是传统档案机构功能的拓展，即传统档案服务中不具备的功能，如主动推送、在线咨询、资源共享等。档案部门微信公众号推文主题分类如表 9-5-1 所示。

表 9-5-1　档案部门微信公众号推文主题分类①

一级主题	二级主题	三级主题
档案服务	服务指南	服务应用指南、局馆参观指引
	查档服务	查档预约、档案咨询、查档公告
	展览服务	展览公告、展览介绍
	档案教育	业务培训、知识讲座、档案知识科普
	档案资源	档案编研成果、档案征集
机构管理	局馆动态	党建工作、工作交流、馆内工作动向、所受荣誉
	工作总结	工作总结或安排
文化宣传	地方文化	地方发展史、镇街历史、地方地名故事、地方红色故事、地方历史故事、地方民俗文化
	地方景观	古迹介绍、建筑史
	名人故事	地方历史名人、地方先进人物、名人在地方发生的故事
	群众故事	个人往事、知青岁月、抗战回忆
	事物介绍	地方历史政策、地方品牌、地方企业、地方产业、珍贵字画故事、服饰及饮食的介绍和演变史、校史介绍、老物件
	文化杂谈	读史有感
其他	公众号相关	节日问候、年度文章盘点
	社会新闻	时政学习教育、政府工作动态、政府通知公告、社会民生消息

（三）新媒体环境下数字档案服务的创新

1. 档案资源整合与标准化建设

一是多源采集与资源扩展。深度挖掘新媒体传播特性，通过社交媒体、短视频平台等多渠道扩大档案资源收集范围，涵盖电子档案、音视频、用户生成内容（UGC）等新型载体。建立动态资源更新机制，结合用户兴趣标签实现档案内容的精准采集与分类。二是重构数字化归档标准。制定适应新媒体时代的档案管理规范，明确数字文件的格式统一性、元数据标准及长期保存策略。构建跨系统兼容的档案数据仓库，整合传统档案与数字资源，打破信息孤岛。

2. 全媒体检索平台与服务优化

一是构建智能化检索体系。开发支持多模态检索的全媒体平台（文字、图片、语音、视频识别），集成标签云、语义分析等技术，提升检索效率与检准率。设立专题收藏夹与关键词索引体系，如按“历史人物”“地方文化”等主题建立专栏，优化用户体验。二是搭建移动端服务矩阵。建设微信小程序、公众号等轻量化入口，提供“档案查询”“在线咨询”“服务反馈”等一站式服务。强化跨平台兼容性，确保 PC 端、移动端及不同操作系统间的服务无缝衔接。

3. 用户中心化服务模式创新

一是设计社交化互动机制。在官方账号增设“建言献策”板块，嵌入用户评分、评论、话题讨论功能，形成“服务—反馈—优化”闭环。设立“活跃用户榜单”与“荣誉勋章”体系，通过积分奖励、专属标识提升用户黏性与参与感。二是制定个性化内容推送策略。基于用户行为数据（如浏览记录、收藏偏好）构建画像，利

① 黄君婷，叶文举. 基于推文标题的档案微信公众号传播策略研究：以地方综合档案馆公众号为例[J]. 档案，2023(5)：15-22

用算法推荐定制化档案专题(如"红色文化""非遗传承")。结合社交平台热点事件策划"档案故事连载",增强内容的时效性与传播力。

4. 技术驱动的信息安全保障体系

一是深度应用区块链技术。构建基于区块链的档案存证系统,实现电子档案的不可篡改存储与全生命周期追溯。通过分布式账本技术保障档案实体与数字副本的安全性,防止数据泄露与恶意篡改。二是进行数据挖掘与知识管理。建立档案数据仓库,运用关联规则挖掘、聚类分析等技术提炼潜在价值信息。开发档案知识图谱可视化工具,将零散档案关联为网状知识体系,辅助用户多维度探索。

三、实训任务及参考示例

请选取国内一些较为活跃、传播热度较高的档案官方微博、微信公众号、档案类小程序或 APP、档案视频号,调查其提供的档案服务范围(种类)、服务方式、服务效能等情况,并进行比较、分析和评价。你认为哪(几)个平台最具典型性、影响力和推广价值?请说明原因。

参考示例:

1. 2011 年至 2014 年是微博发展的鼎盛时期,但从 2015 年开始,微博注册用户量急剧下降。这一现象与微信的兴起相吻合。从 2015 年起,档案部门也将新媒体开发的重点转移到微信和 APP 等平台。2016 年 4 月,"档案微平台研究"微信公众号正式上线,其收录了全国 460 多个活跃的档案微信公众号,每年发布年度全国档案微信公众号排行榜(TOP100)。"2024 年度全国档案微信公众号排行榜"共含四个榜单,除全国档案微信公众号排行榜外,依据公众号运营主体性质分为副省级以上局馆类档案微信公众号排行榜、高校类档案微信公众号排行榜和企业类档案微信公众号排行榜三类榜单。近年来,微信小程序、微信视频号相继上线,为档案推文由传统图文转化为视频形式提供了可能。同时,档案部门积极融合新兴媒体,基于新媒体平台提供远程服务。

2. 各行业领域已推出或正在研发的专业档案 APP 包括电子健康档案 APP、汽车维修电子档案与跟踪服务系统 APP、照片档案共享 APP、农业科技档案信息服务 APP 等。2013 年 6 月 9 日,武汉档案馆在全国推出首个手机档案 APP——"武汉档案"。这款基于国家综合档案馆馆藏开发的档案综合 APP 具有档案新闻宣传、档案教育培训、档案业务工具服务等多项功能,具体包括开放目录查询、馆藏资源查询下载、预约查档、档案政务资讯推送、档案杂志浏览及订阅、档案培训、网上展厅、网上查档、档案业务指导、在线咨询等,涉及档案业务活动的多个方面,能够为用户提供多样化的服务。

我国部分省市级档案机构创建的档案 APP 见表 9-5-2。

表 9-5-2 我国部分省市级档案机构创建的档案 APP①

序号	APP 名称	负责单位	类型	栏目内容	官网宣传情况
1	北京市海淀区档案馆	北京市海淀区档案馆	新闻	政府信息、杂志阅读、杂志订阅	
2	福建档案	福建省档案局	教育	新闻公告、档案法制、档案知识、学习园地	
3	漳州档案	福建省漳州市档案馆	工具	漳州记忆、查档指南、动态、学会工作、展览信息	
4	广州市国家档案馆	广州市档案馆	旅游	场馆概况、语音导览、地图导览、导览攻略	
5	广西档案信息	广西壮族自治区档案局	阅读	局馆概况、政务快讯、互动通知、档案查询、期刊	√

① 吴倩,王运彬. 我国档案 APP 建设的历程、瓶颈与出路:兼论 APP 运营中的长尾现象[J]. 档案与建设,2020(12):10-16.

续表

序号	APP名称	负责单位	类型	栏目内容	官网宣传情况
6	湖北省档案局	湖北省档案局	工具	馆藏简介、网上查档、档案解密、网上展厅	√
7	网易云阅读	辽宁省档案馆	阅读	该APP宣传于辽宁省档案馆官网“APP发布平台”栏目中,但实质为辽宁省档案馆作为文化发展中心的阅读APP,无档案内容	√
8	查档利用	山东省档案馆	工具	查档大厅、留言咨询、联系我们、用户中心	
9	深圳市档案局移动门户	深圳市档案局	新闻	公告、动态、馆藏介绍、机构介绍等	√
10	天津档案	天津市档案馆	工具	馆藏介绍、津沽史料、动态、本馆位置、档案查询	
11	浙江档案	浙江省档案局	阅读	信息公开、动态、档案数据库、杂志、政策、法律	
12	掌上档案通	浙江省衢州市档案局	新闻	法律法规、重点工作、咨询、本地动态、业内动态	
13	温州档案云阅读	浙江省温州市档案馆	工具	档案资讯、微课堂、深度阅读、预约查询、档案咨询、精品典藏、办事指南、个人中心	

注:表中“√”表示该APP在其负责单位的官网上有相关的宣传信息。

3. 截至2024年3月13日,官方认证的档案机构抖音号共计17个,公开作品总数3 333个,粉丝总数23.4万,作品点赞总量约438.35万,作品评论总数约11.16万,收藏总数约12.61万,转发总数约186.45万(表9-5-3)①。

表9-5-3 抖音官方认证的档案机构账号

序号	官方抖音号名称	作品数量	粉丝总数	点赞总数	评论数量	收藏数量	转发总数	首个作品发表时间
1	陆良记忆(陆良县档案局)	1 718	20.5万	417.4万	9.4万	11.6万	18.36万	2020-04-09
2	荔浦市档案馆	67	9 498	7.3万	4 400	1 389	6 424	2020-09-25
3	奉贤档案(奉贤区档案局)	99	765	3 035	83	1 280	1 171	2020-06-09
4	淄博市档案馆	44	1 540	1.9万	219	154	694	2021-04-27
5	石家庄市档案馆	107	4 624	4.5万	148	1 010	3 787	2021-05-28
6	榆树市档案馆	13	183	969	24	5	30	2021-05-13
7	湖北省档案馆	18	180	141	1	19	59	2021-08-05
8	兰台新乐	90	3 074	3.0万	8 949	2 149	8 909	2022-02-08
9	随州市城市建设档案馆	47	1 791	7 710	930	1 133	3 065	2023-02-08
10	黄陵县档案局	26	365	1 722	70	4	73	2019-06-05
11	西安档案(西安市档案局)	10	259	248	16	3	18	2018-04-13
12	衡阳市档案馆	715	1 426	1.1万	557	1 445	1 810	2022-04-29
13	平顶山市档案馆	80	720	1 326	320	78	166	2022-03-25

① 张倩.浅析档案机构短视频号发展现状及其影响力提升策略:以抖音平台为例[J].档案天地,2024(11):55-58.

续表

序号	官方抖音号名称	作品数量	粉丝总数	点赞总数	评论数量	收藏数量	转发总数	首个作品发表时间
14	叶县档案馆	72	406	1 919	374	202	154	2022-11-08
15	青岛市城市建设档案馆	124	954	3 446	1 061	721	1 070	2020-06-05
16	金华市档案馆	7	26	28	7	10	9	2023-05-31
17	濮阳档案	96	3 053	1.1 万	416	538	1 102	2023-08-11

4. 可围绕“界面设计”“技术支持”“内容质量”“功能服务”“用户体验”等维度，进行比较评价，评价指标见表 9-5-4。

表 9-5-4　评价指标

一级指标	二级指标	具体描述
界面设计	设计美观性	界面布局合理性、视觉一致性、色彩搭配协调性
	导航便捷性	一级菜单分类清晰度、二级页面跳转流畅性、搜索功能易用性
	响应速度	页面加载时间、交互操作延迟度
技术支撑	系统稳定性	平台日均故障率、故障恢复时长、系统兼容性(多终端适配)
	安全性	数据加密技术、隐私保护机制、访问权限控制
	智能化水平	AI 辅助内容推荐、自然语言处理技术应用、区块链存证功能
内容质量	资源全面性	档案类型覆盖度(文书、音像、实物等)、专题数据库建设情况
	权威性与准确性	信息来源可信度、内容审核流程规范性、错误率
	开放性与共享性	民生档案开放比例、跨机构数据共享接口数量
功能服务	检索效率	支持多维度检索(关键词、时间、分类)、检索结果相关性排序
	互动功能	评论、点赞、分享功能完善度，用户投稿、问答模块可用性
	个性化服务	用户画像分析能力、定制化信息推送精准度
用户体验	满意度	用户满意度调查得分、负面反馈处理及时性
	参与度	日活跃用户数(DAU)、内容互动率(评论、转发、完播率)
	便捷性	移动端适配程度、查档服务“最多跑一次”实现率

四、延伸思考

请思考：档案部门在选择自媒体、新媒体传播平台时，应遵循什么原则？常用的传播技术和技巧有哪些？

提示：

1. 应遵循的原则：

(1) 充分运用新媒体思维，建立新媒体发展联盟，加强档案馆之间纵向和横向的业务优势资源整合，构建档案资源跨媒体传播矩阵。

(2) 实事求是、因地制宜，根据需求、能力、保障水平，开设某一类或某几类新媒体档案服务平台。

(3) 同一档案部门(机构)的各新媒体平台账号应注重统一化、形象化、品牌化。

(4) 进行平台联动，弥补自建平台内循环传播的不足，实现跨平台传播，提升档案信息传递效率和效果，扩大影响范围。

2. 常用传播技术和技巧：

(1) 合理设置自动回复、自定义菜单、话题标签、原创声明及相关功能，加强留言、消息和用户管理，及时回复网友并与其互动，提升网友的参与感和互动体验。

(2) 在微博平台上，应对关注的好友进行分组管理，灵活选用话题、视频、直播、头条文章、地点、定时发送等功能。同时，需关注网友评论和留言，及时回复咨询、投诉等，有效引导舆论。

(3) 聚焦实时热点，挖掘话题素材，发掘本地、本馆特色档案资源。

(4) 在文章内容叙事结构上，可采用“微小说”叙事体。

(5) 普及公众最关心的档案实用知识，如人事档案递交程序和规定、档案证据留存等，切实帮助公众解决生活和工作中与档案相关的问题。

(6) 带动档案文创产品及周边衍生产品的曝光与转化。

五、实践训练

(1) 请使用“微博话题”策划一次档案活动。

(2) 任选一个你感兴趣的档案主题，以“微小说”叙事体撰写一篇微信公众号主题推文。

(3) 为盘活非遗档案资源，激活非遗产品市场，提高非遗产品引流能力，可以通过搭建“短视频+直播”一体化运营通道，打造“短视频+文化 IP”品牌，探索“短视频+乡村振兴”发展模式，从而助推非遗产业化发展，实现社会价值与经济效益的双重提升。请制作一条本地非遗档案“微视频”。

六、知识拓展

见右侧二维码。

任务六 档案文化创意服务

一、任务背景及目标

2024 年 3 月 1 日起施行的《中华人民共和国档案法实施条例》第三十七条规定：国家档案馆应当根据工作需要和社会需求，开展馆藏档案的开发利用和公布，促进档案文献出版物、档案文化创意产品等的提供和传播。档案部门尤其是公共档案馆在提供传统档案服务的同时，也在积极探索开发基于档案馆藏信息和档案科普知识的创意产品。档案创意产品的开发和推广有利于社会记忆的传承、国家文化的传播，是档案利用服务创新发展的重要途径。美国、英国、法国、澳大利亚的档案文化创意服务起步较早，已积累了一定经验。

在全球文化创意产业蓬勃发展的浪潮下，我国公共文化机构的文化创意服务逐步兴起。2015 年国务院颁布的《博物馆条例》第三十四条明确规定：国家鼓励博物馆挖掘藏品内涵，与文化创意、旅游等产业相结合，开发衍生产品，增强博物馆发展能力。2021 年 6 月 9 日，中共中央办公厅、国务院办公厅印发《“十四五”全国档案事业发展规划》，其中提及要加强档案文化创意产品开发，探索产业化路径。相比博物馆、图书馆等机构的“文创热”，同属公共文化机构的档案馆的文化创意服务发展较为滞后。以故宫博物院文创实践为例，早在 2017 年，故宫博物院开发的文创产品就已超 1 万种，其创造的收入高达 15 亿元人民币。为充分满足大众的消费需求，故宫博物院除在线下设有多家文化产品商店外，还在官网设置了“故宫博物院文创旗舰店”“故宫淘宝”“故宫文创旗舰店”“故宫博物院文创馆”4 个线上窗口，为文创产品的宣传、推广及销售提供了诸多便利。故宫文创不仅为故宫博物院带来了可观的经济收入，还使故宫丰富的文化内涵得到了广泛传播。据调研，全国 31 家省级综合档案馆中仅有半数左右进行了档案文创产品的开发；虽然多数档案馆都建有官网，但对档案文化创意服务的线上推广较少。上海市档案馆外滩馆设有主题展厅、售品部、咖啡吧、电子阅览区、多媒体厅等，方便群众参观和查询资料；其文化售品服务区向大众出售与档案有关的文化创意产品，用来宣传和推广本地历史和文化。

本任务的主要目标是了解档案文化创意产品和活动的类型，分析我国档案文化创意服务面临的困境，提出档案文化创意服务的发展方向。

二、知识介绍

档案文化创意服务是指以馆藏资源为依托，挖掘档案所蕴含的文化历史价值，以此形成创意灵感，并将其融入档案文化创意产品与活动设计中，最终以大众喜闻乐见的形式进行呈现的一项服务。近年来，与档案文化创意服务相关的理论与实践不断发展，档案管理创新对文化创意具有重要的基础作用和助推作用。

（一）档案文化创意服务的内容构成

档案文化创意服务开发的主题和来源呈现多元化趋势。目前我国 20 多家省级综合档案馆推出的档案文化创意服务涉及本土历史文化、社会精神文明建设、非物质文化遗产、少数民族文化、档案工作等主题，其中富有地域特色、时代特色和贴近人民群众的主题更受关注。能够彰显其珍贵性、载体材质特殊、体现社会情怀、具有人文价值、有利于价值观宣传的馆藏档案更受设计开发者青睐。少数档案部门得益于馆藏丰富和结构改善，初步形成品牌化、序列化服务成果。

（二）档案文化创意产品和活动的类型

档案文化创意产品主要可分为纸质印刷品、电子出版物、典藏复制品与纪念类产品四类。纸质印刷品主要包括导览手册、图书、期刊、明信片、相关图录、日历、书签、笔记本、邮票等；电子出版物主要包括音视频、软件程序（游戏）等；典藏复制品是馆藏档案的高仿品与一般仿品；纪念类产品则是通过对馆藏特色资源的直接复制或元素的提取（如装饰纹样、色彩、工艺等），开发出来的具有纪念性且便于携带的高度创意的产品。近年来，利用 5G、人工智能、大数据等信息技术，融合 VR、AR 等数字形式，开发出了体验式档案文创产品。

档案文化创意活动主要包括展览展示、创意教育活动、文化体验活动、融媒体视听、演出表演等，如表 9-6-1 所示。

表 9-6-1　档案文化创意活动的主要类型和开发方式①

类型	形式	开发方式
展览展示	多媒体互动展览、线上虚拟展厅	引入多媒体、实景复刻等辅助展品，运用 VR 全景式、元宇宙 3D 漫游式等方式增强沉浸式、交互式效果；线下综合运用触摸屏、滑轨屏、电子放大镜、虚拟翻书等设备，精巧设置 VR 换装、交互拍照等互动环节；线上借助高清图片、音视频等手段，附加评论、视角切换等功能，增强趣味性和互动性
创意教育活动	专题讲座、主题沙龙、互动式课程、参观教学与主题实践、亲子活动	以信息单向传递的"说教式"活动为主；部分活动引导公众参与互动，思考背后的历史和文化；为公众提供针对性教育计划，内容和形式兼顾正式性与非正式性、专业性与趣味性
文化体验活动	档案修复装裱体验、手工艺展示互动、互动游戏、创作比赛	重视操作式、体验式感受，应用多媒体展示、互动答题、手工制作等简单技术，有意识地设置互动参与环节，兼具休闲性与启发性；公众可与工作人员及其他参与者直接交流，深度感知和体验档案文化创意活动
融媒体视听	短视频、中视频、广播节目、播客、云直播	在视听内容上，融入地方特色，叙事视点亲民，取材、设计、编排巧妙，兼具情感性和深度性；在呈现形式上，带来视听新体验，激发主观感受力；在媒介平台上，采取联合制作方式在属地平台分发，实现跨媒介、立体式传播
演出表演	话剧、音乐剧、情景表演	直观演绎档案故事，实现对档案内容的提炼、融合、再创作和故事性表达；通过布景道具、声、光、电等舞台技术的配合和渲染，形成更具表现力、感染力、直观性的艺术成果

① 周耀林，杨文睿. 新文创语境下我国档案文化创意服务的现状调查与发展思路：基于我国 31 个省级档案馆的调查[J]. 档案学研究，2024(1)：85-92.

（三）我国档案文化创意服务面临的困境

首先，从目前实际情况来看，档案文化创意活动数量有限，技术含量相对较低，模式单一且突出公益性，尚不具备进行产业化开发的条件。此类活动主要表现为馆际间的交流互动，其核心目标在于塑造文化形象和发挥服务功能。尽管部分活动涉及成本核算和经济效益评估，但追求经济利益并非其主要目标。其次，从机构属性与机构职能上来看，档案馆是文化事业单位，并不具备“企业化”的条件。再次，从档案文化创意产品上来看，档案文化产品的“可市场化”程度很多未达到产业化标准。严格来说，档案文化创意产品并不具备商品属性，它只是档案馆提供的利用服务的外化形式，商品交换因素含量低。最后，现有的档案文化创意服务还存在诸多问题。例如，内容和主题同质化程度较高，服务形式和开发方式趋于宣教化；产品及服务提供者对需求者的个性化需求的关注度不高，供需双方的匹配度不高，服务体验者在档案文化创意服务的生产、创作等环节的参与度不高等。

三、实训任务及参考示例

目前，大多数档案文创产品都同历史元素联系紧密，开发形式以“文化内容＋生活用品”为主。如故宫博物院专设文创部门，研发了故宫中国节、金榜题名、清明上河图、千里江山等系列产品，并与相关企业合作，推出了一系列故宫主题游戏；辽宁省档案馆与辽宁旅游集团文化发展有限公司文创部合作，以珍贵档案《满洲实录》作为开发对象，吸收其中印章、战马样式等元素，设计制作档案文创产品；江苏省档案机构开发了包含甲骨文元素的文创产品。请了解文博部门的文创实践，借鉴各国、各类、各层次公共档案部门的文创经验，为本地国家综合档案馆开发一件（一套）档案文创产品并进行宣传推广。

参考示例：

故宫博物院在档案文化创意开发领域成果卓著。故宫博物院以其丰富的文物和历史文化资源为基础，通过创意设计、制作和销售，将传统文化元素与现代设计理念相融合，创造出具有独特魅力和实用性的文化创意产品。淘宝平台的故宫博物院文创旗舰店与故宫博物院展览配合，以“把故宫文化带回家”为理念，对主题文化进行充分挖掘，推出的文创商品可以满足不同年龄段和人群的需求，将传统文化融入现代生活，为公众提供了丰富多彩的文化消费体验。国家综合档案馆应学习故宫博物院开发文化创意产品的经验，并将其应用于实践工作中。

开发原则：

1. 以档案蕴含的信息内容和档案科普知识为重点，突出档案馆的珍品，开发特色档案产品。

2. 考虑创意元素与档案自身间的适配度问题，开辟具有独特竞争力的档案文创产品开发产业化路径。档案的承载方式多以文字记录为主，缺乏文博藏品具有的直观审美价值与艺术形象，因此完全按照文博文创产品的开发路径并不是创意要素与档案融合的最优选择。档案文创产品开发应注重将创意要素更多注入具有叙事表达特征的产品创作中，使档案内容得到最为完整、系统的表述与传播。①

3. 了解最新的文化休闲娱乐方向，创新形式，利于引导读者与产品及剧情的交互，提高用户的体验感和沉浸感，加深其对文创产品内容的理解、体验、记忆。

4. 借助任务五中介绍的各种媒体平台，传播、宣传、销售档案文化创意产品。采取线上或线下抽奖、直播介绍等营销方式；与发行方合作，借鉴当前市场中 IP 产品的合作模式，由档案机构担任顾问，开发公司负责设计及后期宣传、出售、售后等工作；与全国各地的桌游门店合作，依托档案文创产品形成“一个中心点＋多个宣传点”的传播模式。

5. 可在档案馆内设立专门的互动解谜产品体验场地，利用丰富的档案资源，结合相关的产品，打造沉浸式的体验。例如，可以围绕红色故事类产品，利用红色档案内容搭建富有档案元素的沉浸环境。可以在“七一”“八一”等特定时间节点开展主题档案活动，吸引用户体验；也可以配合部分党支部开展主题党日活动，进行学习教育。

① 孙大东，杨子若．数字创意产业融合视角下档案文创产品开发产业化的两条路径[J]．档案与建设，2023(2)：33-36.

四、延伸思考

针对档案文创产品面临的同质化、缺乏特色、形式上简单移植组合等现状，借鉴国内外优秀的档案文化创意服务的经验，提出几点建议。

提示：

1. 馆际、馆企、馆校多元主体合作开发文创产品。如广州市档案馆与广州大学产品设计系联合举办文创大赛，以红色档案为主题，融合地域档案文化，共完成40项档案文创成果。其中，“文创口罩”在2021年国际档案日正式推出，广受好评。

2. 针对不同用户细分，精准面向公众消费需求。例如，借鉴《我在故宫修文物》《档案》纪录片的经验，开发了与馆藏特色相关的影视题材节目；《上新了·故宫》综艺真人秀节目借助明星影响力进行大范围的宣传；故宫博物院针对青少年开发出《故宫大冒险》游戏，探索神秘的故宫魔兽世界；美国国家档案馆针对妇幼两种群体需求，面向儿童制作了儿童服装、读物、毛绒玩具，针对女性开发了女士丝巾、手提包、拉链袋等产品。①

3. 利用新型数字技术对传统内容进行创新表达。加强对数字传输与影像处理技术、全息投影技术、人工智能技术等数字技术的引进、研发与应用，探索其与档案文创产品开发二者间的契合点，通过协调内容与技术间的关系，打破历史与现代之间的文化壁垒。

4. 开发体验式、互动性、解密类的档案文创新品，开展档案科普。例如，中国丝绸档案馆围绕“第七档案室”IP主题，以“中央文库”为背景开发了单人互动解谜书籍《第七档案室》、互动密室“漳缎疑云”、剧本杀《查无此人》、大型实景解谜活动“追踪者的倒计时”，以及“盒避卡壳”盲盒等文创产品在内的一系列档案文创产品；敦煌研究院通过IP授权的方式，以麦积山石窟44号窟中的乙弗女像为原型，推出了多人互动解谜作品《东方美人》。②

五、实践训练

（1）为全面了解我国档案馆文化创意服务发展现存问题，请围绕“档案文化创意服务主体”“档案文化创意服务内容”“档案文化创意服务合作方式”“档案文化创意服务相关支持”“档案文化创意服务效果”五大主题开展调研，形成调研报告。

（2）剧本杀《兵临城下2：你好，新天津》围绕平津战役的真实故事展开。在体验过程中，玩家需要在保护人民和保护文物之间做出选择，同时结合真实的照片档案增强沉浸感，帮助玩家了解平津战役的始末。请参考此类档案文创产品的创作设计过程，以某一历史事件为原型，充分利用档案元素进行改编，创作一个剧本杀。其中，玩家扮演历史事件中的角色，根据提示做出选择，获得线索、搜证讨论，最终完成目标任务。

（3）请对档案事业发展史中的重要历史事件“八千麻袋事件”进行改编，将“找到被售卖的档案”设定为任务，采用互动解谜形式，让用户在完成任务的过程中体验故事，在体验故事的过程中了解档案文化。

六、知识拓展

见右侧二维码。

---

① 苗云芳.档案多元化视角下档案文创产品开发研究[J].兰台世界，2023(1)：123-125.

② 楚一泽，陈祖芬.互动解谜类档案文创产品的开发初探[J].浙江档案，2023(3)：44-46.

项目十

科技档案管理

【项目导读】

根据《科学技术档案工作条例》(1980 年 12 月发布),科技档案是指在自然科学研究、生产技术、基本建设(科研、生产、基建)等活动中形成的应当归档保存的图纸、图表、文字材料、计算材料、照片、影片、录像、录音带等科技文件材料。根据《科学技术档案案卷构成的一般要求》(GB/T 11822—2008),科学技术文件材料是记录和反映科学研究、生产运营、项目建设活动和设备仪器运行、维护及其管理工作的文字、图表、声像等不同形式文件材料的总称,简称科技文件;科学技术档案是国家机构、社会组织以及个人从事各项社会活动形成的,对国家、社会、本单位和个人具有保存价值的,应当归档保存的科技文件,简称科技档案。科技档案最突出的特点是专业性、多样性、成套性、现实性。为充分保持与以客体为核心的活动过程相吻合的天然有机联系,真实反映客体的状况、结构、特点或运动规律,科技文件整理更适用于案卷级整理。按照科技活动的不同领域和专业,科技档案可分为科学技术研究档案、农业技术档案、工业技术档案、交通运输技术档案、基本建设档案、城市建设档案、设备仪器档案、医药卫生档案、自然现象观测档案(气象档案、天文档案、水文档案)、地质档案、测绘档案、地震档案、环境保护档案等多种类型。一个立档单位的科技档案通常包括建设项目档案(代字 JS)、产品档案(代字 CP)、设备档案(代字 SB)、科研档案(代字 KY)四种基本类型。

任务一　建设项目档案管理

一、任务背景及目标

2018 年 10 月 1 日起实施的《建设项目档案管理规范》(DA/T 28—2018)取代《国家重大建设项目文件归档要求与档案整理规范》(DA/T 28—2002),成为建设项目档案管理的最新依据性文件。依照上述新标准,建设项目是指在建筑、安装等形成固定资产的活动中,按照一个总体设计进行施工,独立组成的,在经济上统一核算、行政上有独立组织形式、实行统一管理的单位。建设项目档案是指建设立项、审批、招投标、勘察、设计、施工、监理及竣工验收等活动中形成的科技档案。

广义的建设项目包括建设工程,其中,建设工程主要分为建筑工程和市政工程。城市建设项目基本涵盖了主要的建设项目(工程)类型。我国专门设立了城建档案馆,用于保管城市建设中形成的各类专门档案。根据《城市建设档案管理规定》,城市建设工程主要有:①工业、民用建筑工程;②市政基础设施工程;③公用基础设施工程;④交通基础设施工程;⑤园林建设、风景名胜建设工程;⑥市容环境卫生设施建设工程;⑦城市防洪、抗震、人防工程;⑧军事工程档案资料中,除军事禁区和军事管理区以外的穿越市区的地下管线走向和有关隐蔽工程的位置图。其中,基建工程项目是一项专业性强、过程复杂的建设项目。以基建工程中的建筑工程为例，该工程涉及地基基础、主体结构、建筑装饰装修、屋面、建筑给水排水及供暖、通风与空调、建筑电气、智能建筑、建筑节能、电梯共十个分部工程，每个分部工程包含子分部工程，每个子分部工程又包含着诸多的分项工程。因此，要做好建设项目档案的管理，除了要具备档案管理的专业知识和技能外，还需要具备建设工程管理的专业知识。

本任务的主要目标是熟悉建设项目文件归档制度，学会整理建设项目档案，探索建设工程管理新体制下建设项目档案管理工作的创新路径。

二、知识介绍

（一）建设项目档案工作的组织

一个建设项目是由建设单位和参建单位共同完成的。建设单位对项目实施进行组织管理，并在项目建设过程中负总责。参建单位是承担特定法律责任的所有单位，主要包括勘察、设计、施工、总承包、监理、设备制造、第三方检测等单位。

建设单位应明确项目档案工作的分管领导，设立或明确与项目建设管理相适应的档案管理机构，配备满足项目档案工作需要的档案人员，并在项目建设期间保持档案人员的稳定。同时，建设单位还应建立以档案管理机构为核心，工程管理相关部门和参建单位参与的项目档案管理工作网络。

建设单位档案管理机构负责监督、指导本单位工程管理相关部门及参建单位项目文件的形成、管理的全过程，审查参建单位制定的针对该项目的文件管理和归档制度、规范，参加项目建设的重要会议、重大活动、阶段性检查验收、竣工验收。

（二）建设项目文件的归档范围

建设项目档案最突出的特点是按项目成套。一个建设项目的档案是具有有机联系的整体，它以时间为线，在不同的建设项目阶段会形成下列文件：

（1）项目前期文件：项目在可行性研究、立项、招标投标、合同协议、征地拆迁、移民安置及审批过程中形成的文件。

（2）项目设计文件：项目建设中，为进行勘察、测绘而编制的文件，用以指导施工。

（3）项目施工文件：项目施工过程中形成的反映项目建筑、安装情况的文件。

（4）项目监理文件：工程监理单位在履行建设工程监理合同过程中形成或获取的，以一定形式记录、保存的文件。

（5）项目竣工验收文件：项目竣工后试运行及竣工验收时形成的文件。

（6）评奖创优文件：项目竣工后，参与评奖、评优的过程中形成的文件。

（7）项目后期维护文件：在后期使用、维修、改建、扩建中形成的文件。

依据《建设项目档案管理规范》(DA/T 28—2018)的附录 B《建设项目文件归档范围和保管期限表》，按文件形成阶段结合文件类型，建设项目文件的归档范围如表 10-1-1 所示。

表 10-1-1　建设项目文件的归档范围

序号	归档文件	备注
1	立项文件	
2	招标投标、合同协议文件	
3	勘察、设计文件	
4	征地、拆迁、移民文件	
5	项目管理文件	
6	施工文件	
7	信息系统开发文件	
8	设备文件	详见本项目任务三
9	监理文件	

续表

序号	归档文件	备注
10	科研项目文件	详见本项目任务四
11	生产技术准备、试运行文件	
12	竣工验收文件	

《建设工程文件归档规范》(GB/T 50328—2019)中,附录A《建筑工程文件归档范围》规定了建筑工程文件归档范围(表10-1-2)、保存单位,以及归档保存的必要项和选择项;附录B《市政工程文件归档范围》规定了道路、桥梁、地下管线工程文件归档范围、保存单位,以及归档保存的必要项和选择项。

表10-1-2 建筑工程文件归档范围

阶段类别	归档范围	
A工程准备阶段文件	A1 立项文件 A2 建设用地、拆迁文件 A3 勘察、设计文件 A4 招投标文件	A5 开工审批文件 A6 工程造价文件 A7 建设基本信息
B监理文件	B1 监理管理文件 B2 进度控制文件 B3 质量控制文件	B4 造价控制文件 B5 工期管理文件 B6 监理验收文件
C施工文件	C1 施工管理文件 C2 施工技术文件 C3 进度造价文件 C4 施工物资出厂质量证明文件及进场检验文件	C5 施工记录文件 C6 施工试验记录及检测文件 C7 施工质量验收文件 C8 施工验收文件
D竣工图		
E工程竣工验收文件	E1 竣工验收及备案文件 E2 竣工结算文件	E3 工程声像资料等

项目前期文件、管理性文件、工程技术文件应符合国家有关法律法规、相关行业有关技术规范和标准的规定。重要活动及事件、原始地形地貌、建设过程中的工程形象进度、隐蔽工程、关键节点工序、重要部位、地质及施工缺陷处理、工程质量、安全事故、重要芯样等应形成照片和音视频文件。

(三)建设项目文件的整理

建设项目文件的整理应根据文件的形成规律和成套性特点,进行案卷级整理。

1. 建设项目文件组卷

成册、成套的科技文件宜保持其原有形态。引进项目中的成套科技文件材料及设备说明书等可不拆散组卷,应保持原有装订方式。

基建文件应按形成阶段结合内容分别组卷。基建文件材料数量多、规格杂,组卷时可考虑将同一阶段内同一种格式的材料组卷,如竣工图组一卷或若干卷,原材料检测、质保书组一卷或若干卷。按子项组卷主要适用于基本建设工程项目文件材料的组卷,即将一个工程项目按结构上的隶属关系划分为若干个子项目,以子项目为单位,将有关文件材料组成一个案卷。

按照《建设项目档案管理规范》(DA/T 28—2018),建设项目文件的组卷方法如下:

(1)项目前期文件、项目管理文件按事由结合时间顺序组卷,其中招标投标、合同文件按招标的标段、合同组卷,勘察设计文件按阶段、专业组卷。

(2)施工技术文件按单位工程、分部工程或装置、阶段、结构、专业组卷。

(3)信息系统开发文件按应用系统组卷。

(4)设备文件按专业、系统、台套组卷。

(5)监理(监造)文件按监理(监造)的合同标段、事由结合文种组卷。

(6) 科研项目文件按科研项目(课题)组卷。

(7) 生产准备、试运行、竣工验收文件按工程阶段、事由结合时间顺序组卷。

通用图、标准图可放入相应项目文件中或单独组卷。其他涉及这些通用图、标准图的项目,应在卷内备考表中注明并标注通用图、标准图的图号和档号。底图以张或套为保管单位进行整理。建设项目后评估、改扩建或重建所形成的科技文件应单独组卷。

2. 建设项目案卷及卷内文件排列

科技文件宜按系统性、成套性特点进行案卷及卷内文件排列。建设项目案卷宜按项目前期、项目设计、项目施工、项目监理、项目竣工、项目验收及项目后评估等阶段排列。

管理性文件材料排在整个项目首卷。卷内文件的排列方法:文字材料在前,图样在后;译文在前,原文在后;审批文件在前,申请文件在后;主件在前,附件在后。

不同阶段建设项目文件的卷内排列方法如下:

(1) 项目前期文件、项目管理性文件按主题、事由结合时间(阶段)或重要程度排列。卷内文件遵循文书档案的排列要求:印件在前,定稿在后;正件在前,附件在后;复文在前,来文在后。

(2) 施工文件按综合管理、施工技术支撑、施工(安装)记录、检测试验、评定验收排列。

(3) 信息系统开发文件按需求、设计、实施、测试、运行、验收排列。

(4) 设备文件按质量证明、开箱验收、随机文件、安装调试、检测试验和运行维修排列。

(5) 监理(监造)文件按依据性、工作性文件顺序排列。

(6) 科研项目文件按开题、方案论证、研究实验、阶段成果、结题验收排列(详见本项目任务四)。

(7) 生产准备、试运行、竣工验收文件按主题、事由排列。

图样的排列方法:如果图样形成时编制了图样目录,则按图样目录排列;如果图样形成时未编制图样目录,则可按结构隶属关系、总体与局部关系、比例尺寸大小等顺序排列。按照《建设工程文件归档规范》(GB/T 50328—2019)的要求,可预先编制图纸类别号,排列顺序是:地质图,初步设计图,建筑竣工图,结构竣工图,钢结构竣工图,幕墙竣工图,室内装饰竣工图,建筑给水、排水及供暖竣工图,建筑电气竣工图,智能建筑竣工图,通风与空调竣工图,室外工程竣工图,规划红线内的室外给水、排水、供热、供电、照明管线等竣工图,规划红线内的道路、园林绿化、喷灌设施等竣工图。

3. 案卷编目

(1) 编写页号。

案卷内文件材料以件为单位,使用号码机逐页敲号或者手工编写页号。页号应编写在文件的右上角(单页)或背面左上角(双页),以有效内容的页面为一页,用阿拉伯数字从“1”开始编流水号。图样页号编写在标题栏外。

对于成套图样或印刷成册的文件材料,已编有连贯的页号且自成一卷的,原目录可代替卷内目录,不必重新编写页号;与其他文件材料组成一卷的,应排在卷内文件材料最后,将其作为一份文件填写卷内目录,不必重新编写页号,可在备注中注明总页数。卷内目录、卷内备考表不编写页号。

(2) 编制案卷封面。

案卷封面应印制在卷盒正表面,亦可采用内封面形式。封面内容包括档号、案卷题名、立卷单位、起止日期、保管期限、密级等,如图 10-1-3(a)所示,应填写齐全完整。

编制案卷封面的注意事项如下:

① 档号:应填写全宗号、分类号(项目代号或目录号)、案卷号。其中,分类号根据本单位分类方案设定。科技档案常见分类号:建设项目档案(代字 JS)、产品档案(代字 CP)、设备档案(代字 SB)、科研档案(代字 KY)。建设项目档案号编制示例:X032(全宗号)- KJ(科技档案)· JS(建设项目档案)· 001(项目号)- 003(案卷号)- 056(页号)。

② 案卷题名:应简明、准确地揭示卷内建设项目文件的内容,为建设项目名称或代字(号)、结构名称、阶段名称、文件类型名称等。

案卷题名的几种写法:

a. 如果能准确分成工程前期准备阶段、施工、竣工文件材料三部分,并且每部分能单独成卷,则文字材料的案卷题名为工程名称＋材料名称，图纸的案卷题名为工程名称＋图纸名称。

b. 如果施工前期或竣工文件材料较少，视情况组立案卷，文字材料的案卷题名可为施工前或竣工文字材料一、二、三……，图纸的案卷题名为工程名称＋图纸名称。

c. 如果某类文件材料单独成卷，如工程预决算、分部分项工程、质量评定等，案卷题名即为工程名称＋材料名称。

③ 立卷单位：填写案卷内竣工文件材料的形成单位或主要责任者。建设工程竣工档案一般填写建设单位。

④ 起止日期：应填写案卷内全部文件形成的起止日期。

⑤ 保管期限：填写案卷划定的保管期限，按城乡建设环境保护部(88)城办字第 29 号《城乡建设档案保管期限暂行规定》执行。

⑥ 密级：按建设部、国家保密局(1989)建办第 541 号《建设工作中国家秘密及其密级具体范围的规定》执行。

(3) 填写案卷脊背。

案卷脊背是指竖立排放的案卷显露在外侧的部分。案卷脊背的内容与案卷封面上一致，如图 10-1-3(b)所示。

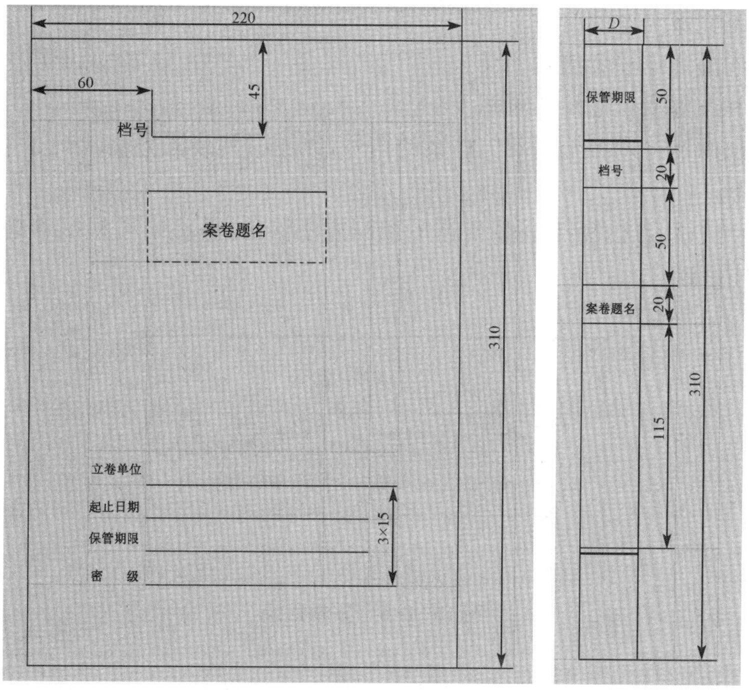

(a) 案卷封面　　(b) 案卷脊背

D=10、20、30、40、50、60　单位：mm

图 10-1-3　案卷封面和脊背

(4) 编制卷内文件目录。

卷内文件目录置于卷首，起到介绍卷内文件材料的内容和成分，便于查找利用和进行统计的作用。卷内文件目录的内容包括序号、文件编号、责任者、文件题目、日期、页数、备注等(图 10-1-4)。

	档号		卷内目录			
序号	文件编号	责任者	文件题目	日期	页数	备注

图 10-1-4　卷内文件目录

① 序号：依次标注卷内文件排列顺序。

② 文件编号：填写文件文号或图号。

③ 责任者：填写文件形成者或第一责任者。

④ 文件题目：填写文件标题。没有文件题目的，立卷人应根据文件内容拟写题目。

⑤ 日期：填写文件形成的时间（年、月、日）。

⑥ 页数：填写每份文件的总页数。

⑦ 备注：根据实际填写需注明的情况。

填写卷内文件目录时，不能重复或缺漏，每一份文件材料的著录项目应尽可能填写完整，同时要求字迹工整清晰。

（5）编制备考表。

每个案卷内均须配备备考表。备考表应置于卷尾，用于说明卷内文件的数量、状况及在管理过程中的变化情况，既明确了有关人员的责任，又便于利用者和保管人员更好地了解和掌握案卷情况。

备考表的内容包括情况说明、立卷人、立卷日期、检查人、检查日期、互见号等。

① 情况说明：注明卷内全部文件总件数、总页数，以及在组卷和案卷提供使用过程中需要说明的问题。

② 立卷人：由立卷责任者签名。

③ 立卷日期：填写完成立卷的时间。

④ 检查人：由案卷质量审核者签名。

⑤ 检查日期：填写案卷质量审核的时间。

⑥ 互见号：填写反映同一内容不同载体档案的档号，并注明其载体类型。

（6）编制案卷目录。

案卷目录中序号、档号、案卷题名、保管期限的填写方法同前，备注中可根据管理需要填写案卷密级、互见号或存放位置等信息。

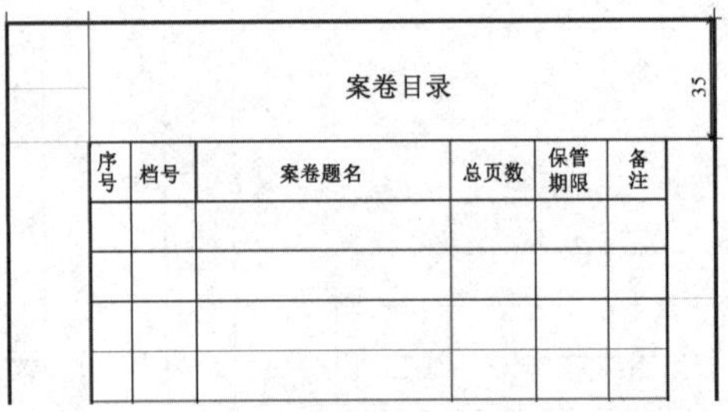

图 10-1-5　案卷目录

4. 案卷装订

案卷可以采用装订或不装订两种形式，同一单位要尽量统一选用一种装订方式。不装订的案卷应在每份文件材料的右上角用红色印泥加盖“档号章”。不装订的图纸或书本式的成册件以一盒为一个案卷。

（1）图片采用卷皮、卷盒（袋）方式保管。蓝图大于卷盒的，以手风琴式折叠成四号图纸的规格，底图采用卷筒或平放两种方式保管。蓝图、底图可以不装订，透明底图必须用缝纫机打图边。

（2）采用整卷装订的案卷，应对卷内文件连续编页号。

（3）工程技术人员填写归档说明，交基建部门分管负责人审查后，放在第一卷的卷内目录之后。

（四）归档验收

1. 归档时间

项目文件一般应在验收合格后及时归档。

（1）前期文件在相关工作结束时归档。

（2）管理性文件宜按年度归档，同一事由产生的跨年度文件应在办结年度归档。

（3）施工文件应在项目完工验收后归档，建设周期长的项目可分阶段或按单位工程、分部工程归档。

(4) 信息系统开发文件应在系统验收后归档。

(5) 监理(监造)文件应在监理(监造)的项目完工验收后归档。

(6) 科研项目文件应在结题验收后归档。

(7) 生产准备、试运行文件应在试运行结束时归档。

(8) 竣工验收文件在验收通过后归档。

2. 归档审查

施工文件组卷完毕经施工单位自查后(实行总承包的项目,分包单位应先提交总承包单位进行审查),依次由监理单位、建设单位工程管理部门、建设单位档案管理机构进行审查;信息系统文件组卷完毕后,提交监理单位、建设单位信息化管理部门、档案管理机构进行审查;监理文件和第三方检测文件组卷完毕并自查后,依次由建设单位工程管理部门和档案管理机构进行审查。每个审查环节均应形成记录和整改闭环。

归档单位(部门)应按建设单位档案管理机构要求,编制交接清册(含交接手续、档案数量、案卷目录等内容),双方清点无误后交接归档。

三、实训任务及参考示例

(1) 请了解建设工程项目分类,并绘制分类层级图。

参考示例:

建设工程项目的划分通常遵循单项工程→单位工程→分部工程→分项工程的层级体系(图 10-1-6)。其中,单项工程(一般称为工程项目)是指具有独立的设计文件,竣工后可以独立发挥生产能力或效益的工程。单位工程是指具有单独设计和独立施工条件,但不能独立发挥生产能力或效益的工程,是单项工程的组成部分。分部工程是单位工程的组成部分。分部工程的划分是按照专业性质和建筑部位确定的。专业性质指设备安装,如给排水、采暖、通风、空调、电梯、电气等;建筑部位指地基与基础工程、主体结构、建筑屋面等。分项工程是分部工程的组成部分,是施工图预算中最基本的计算单位。

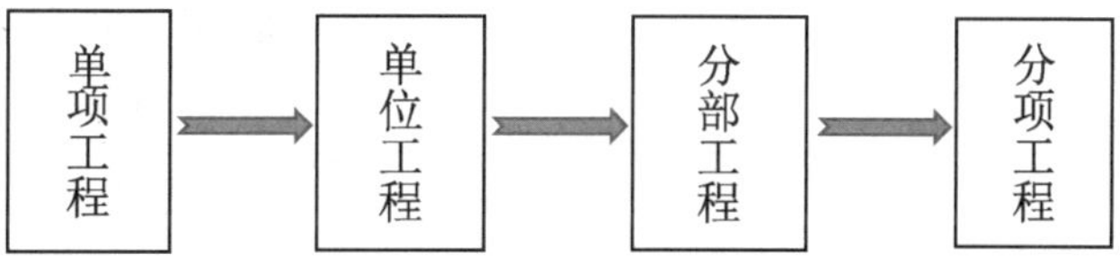

图 10-1-6 建设工程项目分类层级图

(2) 下面是××市工程竣工验收备案文件,请熟悉验收流程和相关文件内容。

① ××市工程竣工验收备案文件档案(见附件 1)。

a. ××市建设工程竣工验收备案表(目录)。

b. 竣工验收备案文件。

c. ××市工程质量监督报告。

② 工程质量监督档案。

a. 工程监督资料。

b. ××市电梯工程质量监督报告。

c. ××市人防工程质量监督报告。

d. ××市工程质量监督报告。

③ ××市房屋建筑工程和市政基础设施工程竣工验收备案表。

④ 建设工程竣工档案验收意见。

××省建设工程档案验收意见(见附件 2)。

参考示例:

附件1:××市工程竣工验收备案文件档案。

××市工程竣工验收备案文件档案

编号(总×××××)

工程名称________________

建设单位________________

施工单位________________

监理单位________________

监督单位________________

××市工程竣工验收备案档案目录

工程名称:

序号	档案内容	张数	页号	备注

附件2:××省建设工程档案验收意见。

××省建设工程档案验收意见

(×新)档验(　　)　　号

工程名称		项目编码	
工程地点			
建设单位		基建负责人电话	
建设单位法人姓名		统一信用代码	
建筑面积/m^2		工程投资	
开工时间		竣工时间	
勘察单位		项目负责人电话	
设计单位		项目负责人电话	
施工单位		项目经理、电话	
监理单位		总监、电话	
建设单位资料负责人		身份证号及电话	
桩基施工单位		钢结构施工单位	
幕墙施工单位		消防、通风与空调施工单位	
智能化施工单位		装饰施工单位	

根据《建设工程质量管理条例》《江苏省城建档案管理办法》《房屋建筑和市政基础设施工程档案资料管理规范》等有关城建档案管理的规定,提出如下验收意见:

经对建设单位移交的工程档案(纸质、电子、声像)进行审核,认为该建设工程项目的竣工档案资料基本符合归档要求。验收合格,同意该建设工程项目通过档案专项验收。

年　　月　　日

验收责任人签字:

(盖章)

(3) 竣工图是指工程竣工后真实记录各种地上、地下建筑物和构筑物的技术文件，是对工程进行交工验收、维护、改建、扩建的依据，是国家的重要技术档案。由于建筑工程隐蔽部位较多，一旦出现问题，不能像有些机械、仪表产品那样直接由技术人员诊断或拆开检查维修，只能根据竣工图及竣工资料进行分析和处理。因此，竣工图一般由施工单位负责编制，必须做到图物相符、数据准确、手续完备。

请说明竣工图章和竣工图审核章的区别，并辨别两种图章的使用场景和使用方法。

参考示例：

1. 竣工图章是施工单位对竣工图真实性的确认标志，需逐张加盖并签署，表明图实相符；竣工图审核章则由监理单位在重新绘制竣工图时加盖，用于审核变更内容的准确性，确保修改依据完整。两者的核心差异在于，竣工图章体现编制单位责任，而竣工图审核章体现监理单位的审核责任，且后者仅针对重新绘制的竣工图。竣工图章和竣工图审核章的比较见表 10-1-1。

表 10-1-1　竣工图章和竣工图审核章的比较

名称	竣工图章	竣工图审核章
定义	施工单位确认竣工图与实际施工一致的标识	监理单位审核竣工图变更内容的标识
使用场景	所有竣工图(包括按图施工未变更、改绘、重新绘制)均需加盖	仅用于重新绘制的竣工图
责任主体	施工单位(编制人、技术负责人等签字)	监理单位(总监理工程师、现场监理等签字)
图章内容	含“竣工图”字样，以及施工单位、编制人、审核人、技术负责人、编制日期等信息	含“竣工图审核章”字样以及监理单位、专业监理工程师、审核日期等信息(图 10-1-7)
法律效力	表明图纸版本状态(最终竣工版本)	具有验收确认的法律效力

说明：部分行业标准，如《建设工程文件归档规范》(GB/T 50328—2019)未单独设置竣工图审核章，而是将监理信息整合至竣工图章中(图 10-1-8)。实际应用中需结合项目所属行业规范执行。

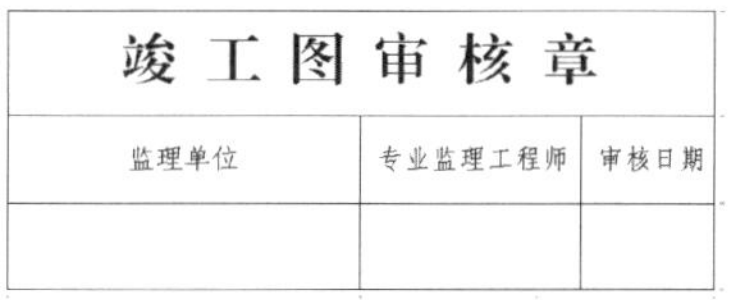

图 10-1-7　竣工图审核章

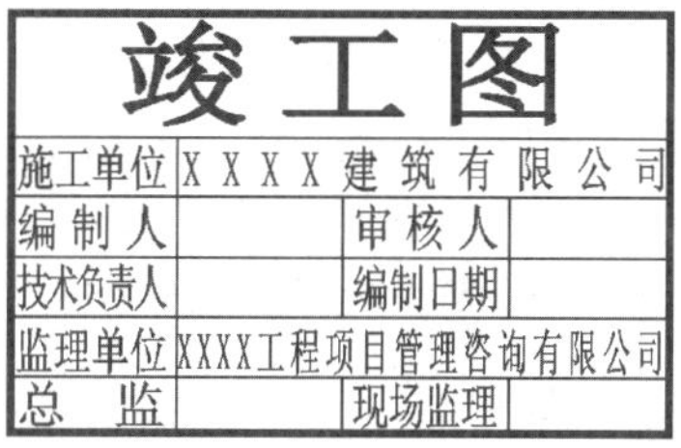

图 10-1-8　竣工图章

2. 竣工图的绘制与改绘应符合国家现行有关制图标准的规定。凡按图施工没有变动的，由竣工图编制单位在施工图上“逐张”加盖竣工图章并签署。如是一般性变更且能在原施工图上修改补充的，可直接在原图上修改，并加盖竣工图章，同时填写修改备考表(表 10-1-2)。

表 10-1-2　修改备考表

序号	修改内容	修改依据	修改人	日期	备注

3. 在以下三种情形下，应当重新绘制竣工图：①涉及项目内容、结构形式、平面布置或工艺等重大变更；②变更内容超过原图纸幅面一定比例；③合同约定需对所有变更重新制图或变更面积超过约定比例。由于重新绘制整套工程竣工图工作量大、周期长、成本高，除地下管线等对质量要求较高的工程较多采用此法外，一般建设工程较少采用全套重绘方式，而是仅对部分图纸进行重绘。重新绘制的竣工图必须逐张加盖经监理单位相关责任人审核签字的竣工图审核章。

四、延伸思考

基本建设项目通常涉及单位多、周期长，文件形成线多面广，资料管理分散且容易遗失，档案质量参差不齐，这些问题客观上增加了建设项目档案管理工作的难度。由于项目涉及勘察、设计、施工、安装、调试、监理、竣工等众多参建单位，各单位在竣工文件的收集、编制和整理过程中，容易出现“重建设、轻档案”的现象。

请思考：如何有效管理基本建设工程档案，探索建设工程管理新体制下项目档案管理工作的创新方法？

提示：

1. 实施档案前端控制、全过程管理策略。档案工作人员应提前介入建设项目的每个阶段、每道工序、每个环节，在项目立项初期就制订档案工作计划，并在开工前统一标准，实施实时监控，后期严格审查验收。

2. 建立“三同步”“三纳入”制度。“三同步”即项目技术交底与档案管理交底同步、工程中期验收和档案中期检查同步、工程竣工验收和档案验收同步，通过在项目的前期、中期、后期实现档案管理的无缝对接，保证文件材料收集的完整性、及时性、规范性。“三纳入”指档案工作规划、计划要纳入所在单位整体规划、年度工作计划、考核评价工作体系。

3. 建设单位档案管理人员与施工单位档案员、项目管理人员建立紧密联系，定期直接沟通、指导、检查。① 对于有保密要求的工程项目，在项目开工时就组织各相关部门和参建单位进行保密培训。② 各单位档案管理人员应主动进行档案制度、规范的宣贯，参与工程项目日常管理，参加各种会议、检查、考核等活动。

4. 采用经济制约手段，获得项目档案管理的主动权和法律保障。将档案管理要求纳入招标文件，将项目竣工文件材料的管理纳入合同条款。明确项目档案工作的具体要求，将档案管理人员纳入合同付款会签名单。若参建单位没有满足档案管理的要求，档案管理人员可对该工程付款实行一票否决，只有档案工作圆满结束，才能提请财务结算。同时，可制定《档案保证金制度》，合理设置保证金的扣除比例。

5. 推行文件包制度，规范资料积累流程。由监理单位和建设单位联合下发工程联系单，统一工程编号，然后由施工单位按单位工程建立文件包，经监理单位和建设单位审查通过后，由施工单位技术、质量、合同、物资和资料部门共同实施。监理单位和建设单位按施工进度进行检查及考核，检查结果以监理联系单的形式发到施工单位，并限期整改，实行闭环管理。

五、实践训练

（1）自 2006 年国家档案局和国家发展和改革委员会联合发布《重大建设项目档案验收办法》以来，各地区、各行业涌现出一批以“建精品工程，创一流档案”为目标，档案工作水平高、业绩优的建设项目。为更好地宣传和推广建设项目档案管理先进经验，2012 年初，国家档案局开展了创建“示范工程”活动，91 个建设项目被确定为首批“全国建设项目档案管理示范工程”。广东省自 2006 年以来，每年评选“广东省重大建设项目档案金册奖”，旨在通过对重大建设项目档案的专项验收和评定，表彰建设项目档案先进单位，以树立典型。

港珠澳大桥主体工程荣获 2021 年度广东省重大建设项目档案金册奖。港珠澳大桥管理局高度重视档案管理工作，对项目档案实施全过程管理，时间跨度长达 18 年，共形成八大类档案 24 286 卷。这些档案全面、真实地记录了大桥建设全过程，是建设智能化、数字化大桥的基础数据，具有极其珍贵的历史价值和使用价值。管理局设立了档案中心专门负责项目档案工作的统筹规划、组织协调和监督指导等管理工作，严格控制项目档案形成质量。

---

① 张蕾，王靖亭. 加强基本建设档案管理 切实提高服务企业能力[J]. 档案工作. 2020(16)：104-105.

② 朱颖颖，倪娜. 提高固定资产投资项目档案管理的思考：以江南造船(集团)有限责任公司建设项目档案管理为例[J]. 机电兵船档案，2019(2)：52-53.

请学习这些示范工程、获奖工程的档案管理经验，形成一篇研究报告。

（2）随着信息技术的不断发展，建设工程档案管理无纸化特征越发显著。建设工程项目广泛采用先进的计算机信息技术，加大软硬件投入，强化设备与设施的更新与升级，推动基建工程档案管理向信息化、数字化、智能化方向发展。依托信息化软件，可实现对基建档案资料的有效存储与利用；通过大数据技术、云存储技术，可实现海量基建档案信息速度化、规范化和精细化管理；通过人工智能技术、地理信息系统(GIS)等，可以满足基建档案管理的多样化需求。请了解新理论、新技术、新系统在建设项目档案管理中的应用现状，形成一篇调研报告。

（3）目前大部分工程设计档案外装具以档案箱（柜），内装具以牛皮档案盒和卷皮为主，与传统档案装具无差异，请根据工程设计档案资料的实际特点，构思设计专门档案装具。

六、知识拓展

见右侧二维码。

任务二 产品档案管理

一、任务背景及目标

在信息化和知识经济时代，人们研发出各种各样的产品，需要对其多种性能进行测试，并对相关数据进行具体记录。工业生产技术档案主要是工业产品档案，其他农业科技档案可根据行业领域特点、生产特点、专业特点，参照工业产品档案管理。产品档案是指在产品的研发、设计、生产、经营和售后服务等阶段形成的具有保存价值的文字、图表、声像等各种载体的文件材料。本任务所指产品档案主要是工业产品档案。

产品档案内容丰富、形式多样，涉及众多专业领域，是当前社会组织特别是企业档案管理的主要类型，对企业发展具有重要影响。社会组织通过利用档案数据，可以进一步优化和完善产品，提升科研水平和核心技术竞争力，从而解决制约我国经济发展的关键核心技术问题。

本任务的主要目标是了解产品档案的特点，把握产品数据文件的归档范围，学会使用产品档案管理系统对产品档案进行全过程管理。

二、知识介绍

（一）产品档案的特点

产品档案具有多样性、复杂性特点。有多少种产品，就有多少种产品档案，如各种机床、车辆、飞机、船舶、采矿机械、起重机械等机器或机械产品档案，电视机、录音机、计算机、雷达等电子产品档案，以及冶金、石油、化工产品档案等。不同专业领域形成的产品档案在内容构成上存在差异。例如，机械产品和信息技术产品档案不同，纺织产品和石油化工产品档案不同。即使在同一专业系统内，由于各单位分工不同，其产品档案的内容构成也有所区别，如设计研发单位与生产制造单位的产品档案内容就不尽相同。此外，设计内容和类型的不同也会影响产品档案内容构成。例如，机械产品、纺织产品档案等既包含生产对象的设计研发档案，又包含生产过程和方法的设计档案；而煤矿及其他采掘工业则主要涉及生产过程和方法的设计档案，不包含生产对象的设计研发档案。生产类型的不同同样会导致产品档案内容构成的差异。以机械专业领域为例，有的单位从事整机生产（如汽车制造），有的单位从事零部件生产（如汽车轮胎生产），有的单位专注于专门工艺生产（如铸造），还有的单位负责辅助生产（如机械维修），这些单位所形成的产品档案内容也各不相同。

产品档案最突出的特点是以型号成套。所谓型号，就是产品品种、性能规格、技术参数、结构特征的一种代号，型号本身就是分类的结果。一个型号的产品档案通常包括以下基本文件：技术任务书（方案）、设计和研制文件、工作图、工艺文件、鉴定及检验文件、定型和总结文件等。

(二)产品数据文件的归档

由于产品数据文件来源于不同的应用平台且数据格式各异,导致收集难度较大。产品数据又多以专有格式保存,且处于不断升级换代中,进一步增加了管理难度。各阶段产品数据文件的归档范围见表10-2-1。

表10-2-1 各阶段产品数据文件的归档范围

序号	基本范围	保管期限
1	**计划决策阶段**	
1.1	调查研究	
1.1.1	市场调查、技术调查、考察、预测报告、调研综合报告	10年
1.1.2	技术、经济可行性研究报告,市场需求分析报告,收益预测分析报告	30年
1.2	决策	
1.2.1	发展建议书、技术建议书、协议书、委托书、合同	永久
1.2.2	专题分析报告、专题会议纪要	30年
1.2.3	研制计划、方案,方案论证报告	30年
2	**设计阶段**	
2.1	产品研究、设计计划	30年
2.2	技术、经济初步评价	30年
2.3	研究试验大纲、试验报告	30年
2.4	产品设计标准	永久
2.5	技术设计说明书、产品设计图样、专题技术请示报告、设计评审报告	30年
3	**试制阶段**	
3.1	试制	
3.1.1	试制计划、方案、规程、报告	永久
3.1.2	工艺研究报告、工艺总体方案论证	永久
3.1.3	试制工艺流程、工艺标准	30年
3.1.4	试制工艺文件和工艺装备文件	30年
3.1.5	工艺评审报告	永久
3.1.6	试制运行记录、化验记录,试制过程纪要	30年
3.1.7	原材料与半成品、成品检验方法批准书	30年
3.1.8	理化分析报告、化学配方、化学反应式、计算公式	30年
3.1.9	技术标准协议、试制质量分析报告	30年
3.1.10	专题会议记录、纪要、合理化建议	30年
3.1.11	重大故障分析和排除措施报告	30年
3.1.12	试制总结报告	永久
3.2	试验	
3.2.1	试验计划、方案、规程	永久
3.2.2	试验所需仪器与设备清单	30年
3.2.3	试验分项目记录	30年
3.2.4	试验原始数据与材料	永久

续表

序号	基本范围	保管期限
3.2.5	试验分析报告	30 年
3.2.6	试验总结报告	永久
3.3	鉴定	
3.3.1	鉴定申请报告及批复，试制、试验鉴定大纲，技术鉴定材料（申请批复、评价材料、会议纪要）	永久
3.3.2	成套设计文件、标准化审查报告、可靠性试验情况报告	30 年
3.3.3	产品质量和技术经济分析报告	10 年
3.3.4	设计定型报告、证书、鉴定验收书	永久
3.3.5	试用或试运行报告	30 年
4	**生产阶段**	
4.1	小批生产	
4.1.1	小批生产方案、计划	30 年
4.1.2	小批生产工序工程能力分析报告	30 年
4.1.3	关键件、重要件、关键工序的质量控制及检测报告	30 年
4.1.4	原料鉴定卡片、配用设计表	30 年
4.1.5	历次更改与补充的设计及工艺文件和更改通知单	30 年
4.1.6	小批生产总结报告、小批生产鉴定书	永久
4.1.7	产品设计评审报告、产品研制完成报告	30 年
4.1.8	产品许可证、合格证、使用说明书、装箱单及产品介绍、样本	30 年
4.2	批量生产	
4.2.1	申请正式投产报告、批复、通知	永久
4.2.2	生产技术规程、操作规程，安全生产规程，产品检验规范	永久
4.2.3	技术标准（国际标准、国家标准、行业标准、企业标准）	永久
4.2.4	企业标准编制说明、审批书及修改、修订的通知	永久
4.2.5	生产定型（结构、配方）设计文件	永久
4.2.6	工艺文件、工艺作业指导书，工艺说明书	30 年
4.2.7	工艺装备文件、图样（刃具、夹具、量具、模具图）、说明书	30 年
4.2.8	产品改进与更新建议书、合理化建议、QC 成果	30 年
4.2.9	产品质量技术攻关会议记录、纪要和成果	30 年
4.2.10	重大质量事故分析、质量异议处理结果	30 年
4.2.11	各种操作记录、产品检验报告单	30 年
4.2.12	产品特性重要度分级	30 年
4.2.13	技术条件	30 年
4.2.14	明细表、汇总表、产品目录	30 年
4.2.15	专利登记表、专利证书等材料	永久
4.2.16	商标注册材料	永久
5	**评优阶段**	
5.1	创优规划、措施、工艺操作规程	30 年

续表

序号	基本范围	保管期限
5.2	国内外对比材料	10年
5.3	上级检(抽)查结果和理化分析报告	30年
5.4	主要用户评价	10年
5.5	创优申请、审批表	30年
5.6	优质产品评定书,获奖奖章、奖状、证书	永久
6	**认证阶段**	
6.1	认证申请书、信函	30年
6.2	跟踪服务材料	30年
6.3	认证检测报告、检查报告	30年
6.4	原材料修改换页说明	30年
6.5	产品检验报告	永久
6.6	各种认证证书	永久

《产品数据管理(PDM)系统电子文件归档与电子档案管理规范》(DA/T 88—2021)规定,档案部门、业务部门、PDM系统主管部门应共同确定本单位PDM系统电子文件归档范围和保管期限。PDM系统电子文件归档以设计类电子文件为主,与设计相关联的项目管理类电子文件,以及试验类、制造类、客服类、市场与销售类、供应商类电子文件应同时归档。

设计类电子文件归档范围和保管期限表见表10-2-2。

表10-2-2 设计类电子文件归档范围和保管期限表

序号	归档范围	保管期限
1	总体方案论证文件	永久
2	总体方案评审文件	永久
3	设计规范、技术要求	永久
4	质量、标准、材料文件	永久
5	新技术、新成品、新材料、新工艺文件	30年
6	总体、结构、系统、设计要求和设计任务书等	30年
7	计算文件	30年
8	成品选型、协议等文件	30年
9	技术文件[技术规定、技术报告、技术条件、技术决定、技术协调单、技术说明书,零件清册(SSPL)等]	30年
10	二维图样(模型图、三面图、总体布置图、理论图、试验件图、产品图、随机工具图、包装箱图等)	30年
11	三维数模	30年
12	工程物料清单(EBOM)、零部件细目表(PL)、工程指令(EO)、文件工程指令(DEO)、更改单等	30年
13	目录(成品、系统配套目录、关键件、重要件、标准件、金属材料、非金属材料、综合标准等各类目录)	30年
14	可靠性、可维修性、可测试性、安全性文件	30年
15	各类技术出版物	30年
16	各阶段设计总结报告、质量复查文件等	30年
17	首件鉴定	30年
18	关键技术攻关	30年
19	成品件管理	30年
20	其他	—

（三）产品档案的整理

1. 产品档案的分类

产品档案的基本分类方法是型号分类法。由于产品种类繁多，各种产品代号不尽相同，在型号分类法的基础上衍生出两种二级分类法：一是使用性质-型号分类法，即先将产品档案按产品使用性质分类，再按型号细分；二是系列-型号分类法，即先将产品档案按不同系列分类，再按型号细分。

比如，因每年原料来源和质量不同，纺纱产品一般采用年度-纱号或纱号-年度分类法。在某些专业化生产程度较高，产品的通用化、组合化程度较高的工业生产企业或部门，对于电器、仪表等产品档案多采用十进制分类法。这种分类法突破了最终产品的形态和企事业单位的界限，以产品、部件、零件的科技档案为分类单元，按其特征结构或用途，以十进制的方法划分类别。

产品档案作为科技档案的一类，通常按卷进行整理。产品档案号编制示例：X032（全宗号）- KJ（科技档案）· CP（产品档案）· 001（型号）- 003（案卷号）- 056（页号）。

2. 产品档案的组卷要求和方法

（1）按结构组卷：以科技文件内容所反映对象的内部结构为单位进行组卷。这种方法主要适用于机械产品和设备仪器的技术图纸部分。如根据机械产品部件、分部件、零件等结构上的隶属关系，以部件或分部件、零件为单位，组成一个案卷。以铣床为例，其结构包括床身、传动机构、变速机构、进给机构、升降机构、工作台、电气系统、润滑系统等部分，可按照各结构部分分别组卷。

（2）按产品工序组卷：以科技生产活动的工作程序为单位进行组卷。这种方法主要适用于产品工艺文件材料的组卷。如将一个产品的工艺文件材料按照市场调研、立项—设计、制定产品标准—图纸、工艺—工装、包装—鉴定、检验—创优评优—质量分析等工序，分别组成案卷。组卷时可按阶段分别组卷，也可将相关内容合并组卷，图纸按部件分别组卷。

产品升级换代所形成的科技文件应单独组卷排列。产品局部或零部件变更所形成的科技文件，宜采取插卷方式放入原案卷中；亦可单独组卷排列在原案卷之后，并在原案卷的备考表中予以说明和标注。

因为由一个产品衍生出来的系列产品或变型产品都大量套用、复用基型产品原有的图样材料，所以在组卷时，为了避免重复保存，基型产品的图样材料必须完整成套，系列产品或变型产品只保存本身特有的图样材料，套用、复用的科技文件只要编制配套明细表或目录即可。产品或设备采用的标准图、通用图和借用图，只要在文件材料目录中注明名称和图号即可，不必再重复组卷。

3. 产品档案的排列

产品类案卷宜按产品设计（含初步设计、基础设计、技术设计）、工艺、工装、制造、定型等工作程序，或按其产品系列、结构等排列。

没有现成图样目录的产品和设备技术图纸，一般按结构隶属关系排列。一个产品由几个部件组成，一个部件又由几个零件组成，那么从结构上来说就存在几个零件归属于一个部件、几个部件归属于一个产品这样一种关系，这种关系即为结构隶属关系。按结构隶属关系排列技术图纸，就是根据零件归属于部件、部件归属于产品这种关系，先把与几个零件的技术图纸按照零件编号排列起来，再将几个部件已经排列好的技术图纸按照部件编号排列起来。

4. 产品档案的编目、案卷装订、卷盒和表格规格及其制成材料

依照《科学技术档案案卷构成的一般要求》（GB/T 11822—2008）进行，详见本项目任务一中的相关内容。

（四）产品档案管理系统

随着国家“智改数转”工程的推进，企业生产技术/产品文件材料实行在线归档和电子档案管理已成为当务之急。企业现有或将要开发的各信息系统都应配置生成电子文件自动归档功能的模块或接口。企业档案管理系统应提供多种与外部系统（如 OA、CAD、PDM、PLM 等）的数据同步接口。所有同步到档案系统的数据都临时存放在数据审核模块。为保证档案数据的有效性和安全性，只有通过审核的文件材料才能进入档案库。①

① 黄雪春，霍妙琪. 产品档案归档若干问题与对策[J]. 广船科技，2020，40(3)：59-60.

按照《产品数据管理(PDM)系统电子文件归档与电子档案管理规范》(DA/T 88—2021),产品数据管理(PDM)系统是管理产品生产全过程以及生产过程中产生的与产品有关的信息(包括文档、CAD文件、装配关系、物料清单、配置、权限信息等)的系统。信息技术部门、档案部门和相关业务部门应协同开展PDM系统归档功能建设,完成PDM系统与电子档案管理系统(ERMS)接口工作,实现集成归档。

产品生命周期管理(Product Lifecycle Management,PLM)是在PDM技术的基础上延伸发展而来的。PLM对产品整个生命周期内的所有相关数据进行管理,它涵盖了PDM的全部功能,还能实现对产品整个生命周期内跨越供应链的所有数据进行集成管理,使所有与项目相关的人员共享产品整个生命周期内的信息和数据,为企业提供稳定的信息化支撑。基于产品质量问题的追溯机制和以客户管理为重要内容的市场份额竞争机制,PLM软件可与客户关系管理系统(CRM)、供应商关系管理系统(SRM)和制造执行系统(MES)进行对接。最终,研发、生产和消费形成的所有产品相关数据均存储在PLM系统中,形成信息闭环。

三、实训任务及参考示例

某公司为客户提供一体化解决方案及定制化产品,并为用户提供终身技术支持、维修及配件供应服务。特别是对于国际市场用户,其产品配件需求完全依据产品交付时随机的技术文件信息。为准确、快速响应用户需求,必须掌握每套产品的设计、制造、调试和测试等相关数据。同时,售后服务阶段收集的产品故障信息对设计和建造质量的改进具有重要参考价值。因此,建立覆盖产品全生命周期的产品档案,对提升产品质量和推动产品升级换代具有重要意义。

现行《设计文件管理制度　第1部分:设计文件的分类和组成》(SJ/T 207.1—2018)仅对产品设计文档进行了详细规定,未涉及产品制造、售后服务等环节。这些环节产生的文档根据单位质量体系规定,分别由不同部门保管。随着时间的推移,产品数量增加、用户规模扩大以及维修服务需求增长,公司积累了大量文档。由于文档分散在不同部门保管,查找效率低下。为此,公司计划引入产品生命周期管理(PLM)系统,拟采购一套覆盖产品全生命周期的开放式、可互操作的解决方案,要求涵盖产品从概念设计、制造、使用直至报废的每个环节。

请为此类企业制定归档范围,并说明PLM系统的功能要求及需要完成的基础性工作。

参考示例:

(一)产品文件归档范围

1. 技术信息:开发策划书、全套完整的设计图纸、使用(维修)手册。

2. 生产过程信息:生产通知单、产品编号、质量控制记录、机电装配作业记录、调试记录、整机产品质检测试记录、例行试验记录、产品合格证、外场试验报告、入库记录等。

3. 交付信息:出库记录、用户信息、交付过程记录、用户验收报告、用户意见反馈等。

4. 售后维修信息:故障信息、维修服务记录、配件需求等。

(二)产品档案管理对PLM系统的功能要求

产品档案可分为两大类:文字文档及设计图纸。产品设计图纸之间存在复杂的关联关系,主要体现在以下几个方面:构成同一产品的所有零部件图纸之间存在与产品构成相符合的结构上的关系;不同产品零部件图纸之间存在借用关系;此外,还涉及通用件和标准件的使用。因此,PLM系统对设计图纸的管理更为复杂,其在产品档案管理功能上应满足以下要求:

1. 能分类存储与产品相关的各种文档,建立数据共享平台。用户根据所分配权限可对电子文档进行分类方式和属性方式的模糊查询,准确迅速地获取系统中现有的最新数据版本或其他历史版本。

2. 提供存放于系统中的电子数据创建、浏览、修改、删除、复制、下载、打印的权限控制机制,保证所有使用PLM系统的用户合法访问数据,并对所有访问保留记录,保证数据的共享性和安全性。

3. 能够支持DOC、PDF、图像文件(BMP、JPG、GIF)以及二维和三维CAD文件等的浏览,能够在线查询、浏览和产品设计相关的各种文档以及三维设计模型数据等多种文件格式的电子数据。

4. 能够建立文档与文档间、文档与对应产品间的关联关系。

5. 可按产品装配结构自动生成产品结构树，按照总装、零部件的结构树方式，进行组织管理。

6. 根据装配关系，可以确定某一零部件的源生产品，可以自动检查不同产品对同一零件的借用关系。

7. 可用树状结构对比两个相似产品结构树的差异。

8. 能够管理同一零部件图纸的不同版本，可对图纸各版本变更的过程进行控制和记录。

9. 对于借用件，仅原创者能行使更改权利，系统应自动通知其他借用者更改值息并记录。

（三）PLM 系统的实施要求

将分散在不同部门的同一产品的档案资料通过 PLM 系统进行集中管理，确保产品生命周期内各阶段档案资料的完整性。该系统支持图纸共享，用户可以随时查阅和借用图纸，并提供版本控制、图纸扫描管理和打印控制功能。此外，系统能够将各类 CAD 文件转换为符合国家档案局标准的图形图像文件，并支持直接打印图纸。

1. 制定统一的标准模板：对于文字类文档，根据单位质量体系文件的规定拟制统一的标准 Office 模板；对于设计图纸，必须统一使用与 PLM 系统集成的 CAD 软件版本，并按标准规定拟制设计图纸的标准格式模板（二维、三维），定义 PLM 系统能自动识别并提取的图号、名称、设计者等图纸属性参数。

2. 具体实施办法：对于产品的设计图纸，应充分考虑对历史产品图纸的继承和借用以及大量通用件、标准件的使用。

（1）首先按制定的标准模板建立统一的标准件、通用件库，并根据需要不断完善。

（2）从目前有市场需求的产品开始，在 PLM 系统产品库中按规定的产品分类号建立产品的分类目录。设计部门将各产品全套设计图纸上传至对应产品目录下，并按规定完成签署。

（3）根据需要逐步归纳整理现阶段需要借用的产品图纸，按同样的方法将源生产品在 PLM 系统产品库中按规定的产品分类号建立该产品的分类目录，并将借用图纸单独归档在该产品的分类目录下。首先保证借用，后续再根据具体情况逐步完善。

（4）为了做到一品一档，生产管理部门启动生产任务后，按投产数量确定产品编号，并按产品编号在该产品分类目录下建立单件产品档案目录，产品后续加工、装配、调试、检验、交付、维修等过程的相关文档均按 PLM 中规定流程存入对应单件产品档案目录下。每一产品下均有对应的 CAD 文档和其他文档。若针对特定用户的某一编号产品有特殊的图纸，则将其归入该产品下的 CAD 文档，而与其他编号产品无关，以保证一品一档。

（5）与产品后续有关的交付、用户验收、维修、配件供应等档案文档，在相关工作结束后均按产品编号及时归档至对应产品目录下。

四、延伸思考

借用件就是从已定型（或鉴定）产品中借用的零（部）件。当前产品图样中存在着大量借用件。基于减少产品重复设计、降低研发经费、提高生产效率等方面考虑，企业通常提倡最大限度地采用借用件。借用件在企业产品研制中不断发挥着显著的经济效益，其管理水平直接影响产品质量。

产品借用关系具有复杂性，主要表现在：某个借用件可以被多个不同产品借用，也可以被同一型号产品内多个部件所共用；某个产品零件可以被其他产品借用，同时该产品也可以借用其他产品零件。借用件的技术状态存在动态性，不同设计阶段的同一类零件，在产品代号和图号完全相同的情况下，具体设计内容可能存在差异。因此，借用件的设计阶段控制与更改控制，成为借用件管理的关键。如果不能对借用件图样的阶段标记或版本标识进行准确识别和区分，很有可能调用到错误的零件，进而导致批次性产品报废，造成损失。

在产品档案借用实践中，档案工作者面对的是一个包括同一产品内和不同产品间的复杂借用信息关联网络。在某个借用件被多个产品反复使用后，很难准确定位该借用件的当前位置。为追踪到一个利用频繁的借用件的当前位置，传统做法是什么？在信息化环境下，应如何解决产品档案借用问题？

提示：

1. 传统做法是使用“借用图样登记卡”。每次建立借用关系时，留存该借用件全部借用记录，注明图纸名称、借用人和借用时间等信息，如表 10-2-2 所示。

表 10-2-2　借用图样登记卡

序号	图纸名称	图号	借用人	借用时间	数量	部门审核	归还日期	归还人	目录号

2. 在信息化环境下，可采取创建树形模型的方法。随着图纸利用业务量的剧增，单纯使用人工登记的做法很难直观地判断借用件图样的实时位置，且效率低下。此时，创建树形模型可以实现对产品借用件的动态管控。若要精确定位某借用件，必须赋予它唯一的 ID 号。从目前的实践来看，决定其唯一性的主要有产品代号、图号、阶段标识和版本号等。围绕这些要素即可实现对借用件的准确追踪和动态管控。产品档案管理系统首先要建立产品数据的树形模型，通过系统的不同界面展示产品整件、不同部件及零件之间的层层隶属关系，并分别以产品代号、图样目录编号、图号来表示。其中，图样目录指产品整件下某一部件包含零件的目录清单；图号是产品隶属下的最小单元，是构成上级部件的零件编号。另外，图纸设计阶段号和版本号应与图号绑定，作为必填属性予以明确，这样就可以在逻辑上确保借用件的唯一性。

当借用件图样发生更改时，系统应默认显示该图样更改后的最新版本，同时保留旧版本以供历史比较。一般情况下，借用件图样的更改权属于被借方，借方默认借用该图样更改后的最新版本；如果图样更改后的技术状态不被借方接受，借方可在该图样的历史版本中自行勾选需借用的图样版本，或者选择取消借用关系，绘制新图并编号。

3. 在确立借用件的唯一性规则，以及整合产品档案数字资源的基础上，开发产品数据的智能搜索功能。具体可以通过在图号下属的字段内新增“借用”标引，快速定位产品借用件图样的存储位置，完成借用件的自动关联操作。如果某图样目录中包含借用件，用户应在该借用件图号的某个专门字段中标明“借用”，同时必须在图号相应字段中一并注明该借用件所属的产品代号、设计阶段号以及版本号。所有要素确认无误后，借用图用区别于主图的背景颜色突出显示，同时实现被借用图电子全文的自动带入，无须其他人工干预。在复杂的跨多产品间的借用信息网络中，实现目标借用件的快速关联和有效利用。①

五、实践训练

(1) 企业如何创新服务形式，运用大数据思维，根据企业不同层次人员的利用需求和产品用户的关注度，及时准确地推送服务内容，增强企业(销售部门)与客户之间的沟通，提升企业产品档案信息服务的综合能力？

(2) 随着复杂产品研发制造中基于模型定义(Model Based Definition，MBD)技术的广泛应用，产品研发和生产效率得到了极大提高，工业企业对产品数据的依赖程度也逐渐提高。在产品档案管理领域，可应用虚拟现实技术建立企业产品动态数据库，利用网络平台和移动终端设备将产品结构 3D 动态呈现，建立集三维设计、仿真分析、可视化装配、分布式数控(Distributed Numerical Control，DNC)和计算机辅助制造(Computer Aided Manufacturing，CAM)加工等功能于一体的数字化产品设计和工艺体系，实现生产计划下达、生产任务执行、过程工艺流转、作业文档浏览指导、生产和质量数据采集、现场问题跟踪与处理、在制品跟踪与控制、大屏幕看板与统计分析等功能，确保生产过程的无纸化和可视化。实践中，三维设计的产品数据已取代二维图样，成为产品生产制造的唯一依据。为保证这些数据的全生命周期可用，归档保存势在必行。请思考：基于三维模型数据的复杂性，如何解决三维数据集安全且长期保存的难题？形成一篇调研报告。

(3) 数字孪生技术通过数字化方式创建物理产品虚拟模型。该虚拟模型作为数字孪生技术的核心，可对孪生数据进行可视化展示。作为一种充分利用模型、数据、智能并集成多学科的技术，数字孪生技术为产品数据档案管理提供了良好的技术手段。请详细了解数字孪生技术，建立基于数字孪生技术的产品

① 王克祥. 信息化环境下企业产品档案借用管理及优化策略[J]. 浙江档案，2020(9)：62-63.

数据档案与产品实体之间密切联动的逻辑关系，论证实现产品数据档案在产品全生命周期内的实时归档并建立齐全完整的产品数据档案库的可行性，形成一篇可行性分析报告。

六、知识拓展

见右侧二维码。

任务三 设备档案管理

一、任务背景及目标

设备档案是记载和反映各种器械设备或仪器仪表的结构、性能、使用方法和运行保养状态的档案材料。先进的仪器设备是现代化科技、生产活动重要的生产、技术手段。设备档案则是企事业单位技术装备水平和设备管理水平的记录，是实现仪器设备正确使用和科学管理的重要依据，是一种广泛存在于社会生产、科技研究、自然观测等各领域、专业和组织中的一类科技档案。

按设备的构造和使用形式，设备档案可划分为两类：一类是与土建工程紧密结合的设备档案，如某些化工装置以及钢铁和有色冶金企业的冶炼设备档案。这类设备档案与基建档案高度关联，可以作为基建档案的组成部分。另一类是金属切削设备、运输设备、采掘设备、起重设备及仪器仪表等的档案，其可独立于土建工程存在。按设备仪器的来源，设备档案可分为两类：一类是本单位自行设计、研制的专用设备仪器的档案材料；另一类是外购或租赁设备仪器的档案材料，主要包括设备仪器的购置文件或租赁合同、随机文件和安装、使用以后形成的科技文件。

本任务的主要目标是了解设备档案的类型和设备文件的归档要求，学会整理设备档案。

二、知识介绍

（一）设备文件的归档

设备档案与产品档案一样，都是以型号成套。但设备档案的内容构成在一般情况下与产品档案不尽相同，因为设备档案与产品档案的作用不同，形成过程也不相同。

1. 自制设备文件的归档范围

一些单位使用的某些专用设备需自行设计制造，这类档案的收集可借鉴机械产品档案的经验。其归档范围除包括设备在设计、研制、试验、制造过程中形成的文件外，还包括设备在安装、使用、维修、改造过程中形成的文件，如表 10-3-1 所示。

表 10-3-1 自制设备文件的归档范围

形成阶段	归档范围
计划、审批阶段	购置申请表、购置计划、可行性方案论证报告、购买仪器设备的审批文件等
商务阶段	设备招标邀请书、供应商推荐表、投标设备技术规范要求、投标函、法定代表人授权书、投标方报价单、投标书； 开标情况登记表、评标技术评分表、中标通知书、设备采购合同（5 万元以上设备同时附双方签订的设备采购项目廉政责任书）
开箱验收阶段	装箱单、随箱材料（技术手册、使用维护手册、说明书、校验报告、图样、出厂证明、合格证、保修卡等）、开箱验收单； 设备管理专责、设备采购专责、档案管理专责填签的表格（表格内容是对设备信息的简单描述及设备性能测试的记录）
运行及维护修理、报废阶段	设备仪器维护、保养和安全技术操作规程； 设备仪器报废申请、技术鉴定书、报废批文

2. 外购设备文件的归档范围

绝大多数企事业单位的设备都是外购的。外购设备档案与产品档案差异较大，它不包括该设备在设计、研制、制造过程中形成的文件。外购设备档案的内容主要包括三个部分：①设备购置文件，包括设备技术经济计算文件、有关购置设备的谈判文件以及订购合同书等。②开箱验收文件或随机文件，包括设备图册和说明书、设备合格证、装箱单和配件目录、设备安装规程等。③设备安装、使用过程中形成的文件，包括设备安装记录、试车验收记录和总结报告，设备运行记录，设备保养和大、中修记录，设备使用分析表，设备检查和事故记录，设备履历表，设备改造记录和总结等。

3. 设备档案的保管期限

设备档案的保管期限通常与设备的使用寿命相关联。因此，一般来说，设备档案与设备共存。通用设备档案的保管期限一般以"短期"为主；专用设备档案根据实际情况确定保管期限。

4. 设备档案的归档时间和要求

自制设备在设备鉴定验收并交付使用后一个月内，由主管部门系统整理设备文件材料后归档；外购设备在投入使用之后，将开箱随机文件材料移交本单位档案员归档立卷；维修文件材料于维修结束后一个月内归档。归档的设备文件材料必须完整，应能系统地反映设备从设计制造或申购到改造的全过程，文字及图样的表述与设备实体一致。相同型号的设备文件材料只归档一套即可。

(二) 设备档案的分类及档号编制

1. 设备档案的分类

设备档案可以有多种分类标准，但在同一级分类中只能选择其中一种作为分类依据。

设备按照性质可分为两大类：通用设备和专用设备。其中，通用设备包括机械设备、电气设备、特种设备、办公设备、运输车辆、仪器仪表、计算机及网络设备等；专用设备包括矿山专用设备、化工专用设备、航空航天专用设备、公安消防专用设备等。

设备档案的基本分类方法与产品档案一样，以型号分类法为基础。根据生产组织形式和设备类型不同，设备档案的分类方法主要有两种：一是性质-型号分类法，二是工序-型号分类法。这两种分类法均以型号为基础，同时考虑设备之间的独立性和在生产中的连续性。例如，先按设备使用方式或适用对象分类，再按工艺流程分类，最后按型号分类(图 10-3-1)。

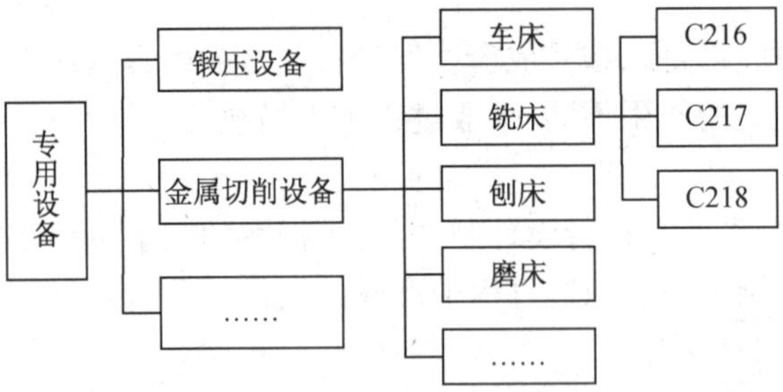

图 10-3-1 设备档案的分类

2. 设备档案的档号编制

如果立档单位的设备档案种类比较单一，编制档号时可只设一级类目，按购置或生产时间编制流水号，如 SB-1。若设备档案种类较复杂，按照《档号编制规则》(DA/T 13—2022)，档号的一般结构是：全宗号-类别号-案卷号/组号/册号-件号/页号。立档单位可根据本单位实际需要选用其中的多个元素进行组合编号，详见项目四"文书档案整理"中的任务三"归档文件的排列及编号"。设备档案可按照设备的性质分一级属类(专用设备或通用设备，自制设备或外购设备)，一级属类下再按设备及其型号分二级类目。为了增强档号的辨识度，清晰显示分类体系及其逻辑关系，推荐采用混合号码制，即以代字和数字混合进行编号，基本结构模式如下：

KJ・SB(科技档案中的设备档案代字)・T(设备档案属类代字：通用设备)・KT(通用设备属类代字：空调)・2023(形成年度)・D10(保管期限定期 10 年)・KC50(型号)- 001(案卷号)- 001(件号)

KJ・SB(科技档案中的设备档案代字)・Z(设备档案属类代字：专用设备)・XC(专用设备属类代字：

铣床)·C216(铣床型号)-001(案卷号)-001(件号)

为了便于编号和使用,在科技档案分类方案表中要明确代字的含义,对代字做出规定。

(三) 设备档案的组卷及排列

1. 设备档案的组卷要求和方法

设备仪器文件应按其台(套)分别组卷。设备仪器在维修和维护中所形成的科技文件,宜采取插卷方式放入原案卷中;亦可单独组卷排列在原案卷之后,并在原案卷的备考表中予以说明和标注。外购设备中的随机文件材料可以单独组卷。

2. 设备档案的排列

设备档案一般按形成阶段和文件种类分别组卷,具体结合文件材料数量多少确定组合。按照形成阶段(工作程序)组卷时,外购设备仪器文件的排列顺序:设备仪器立项审批材料、设备仪器开箱验收材料、设备仪器安装调试材料、随机文件材料、设备仪器运行材料、设备仪器维护材料等。自制设备仪器文件按照立项、设计、制造、验收、运行、维护、报废等阶段排列。

(四) 设备档案的编号、编目、案卷装订、卷盒与表格(案卷目录、卷内目录、卷内备考表)规格及其制成材料

设备档案的编号、编目、案卷装订、卷盒与表格(案卷目录、卷内目录、卷内备考表)规格及其制成材料可参照《科学技术档案案卷构成的一般要求》(GB/T 11822—2008)。

三、实训任务及参考示例

特种设备是指涉及生命安全、危险性较大的承压、载人、吊运设备或设施,包括锅炉、压力容器(含气瓶)、压力管道、电梯、起重机械、客运索道、大型游乐设施和场(厂)内专用机动车辆这八大类设备。为保障特种设备的安全运行,国家对各类特种设备的生产、使用、检验检测环节都有严格规定。《中华人民共和国特种设备安全法》第三十五条规定,特种设备使用单位应当建立特种设备安全技术档案。安全技术档案应当包括以下内容:①特种设备的设计文件、产品质量合格证明、安装及使用维护保养说明、监督检验证明等相关技术资料和文件;②特种设备的定期检验和定期自行检查记录;③特种设备的日常使用状况记录;④特种设备及其附属仪器仪表的维护保养记录;⑤特种设备的运行故障和事故记录。由此可见,与普通设备档案相比,特种设备档案的核心特点在于其全生命周期的安全可追溯性,需包含从设计、制造到改造、维修等各环节的第三方证明文件(如监督检验报告),以及涉及安全运行的强制记录(如能效评估、参数监控)。而普通设备档案更侧重基础使用记录,监管要求显著低于特种设备档案。

基于特种设备档案与普通设备档案的差异,请列表说明特种设备文件材料的归档范围。

参考示例:

特种设备文件材料的归档范围见表 10-3-2。

表 10-3-2 特种设备文件材料的归档范围

序号	归档文件名称	归档文件内容
1	特种设备登记台账	本单位所使用的所有特种设备的登记表(具体见表 10-3-3)
2	特种设备存档卡	为每一种(台)特种设备编制一张存档卡,内容包括设备名称、型号、下次检验日期等基本信息(具体见表 10-3-4)
3	特种设备安全技术档案	① 特种设备检测合格证明;② 特种设备维修保养记录;③ 特种设备检查记录(包括自检记录、各监管部门检查记录、检验机构反馈等);④ 特种设备运行故障和事故台账;⑤ 特种设备修理验收单;⑥ 特种设备作业人员登记台账;⑦ 特种设备作业人员安全培训台账
4	特种设备应急预案及演练记录	① 特种设备应急预案;② 特种设备应急演练记录;③ 特种设备应急演练照片、视频、签到表、评价

续表

序号	归档文件名称	归档文件内容
5	企业特种设备安全主体责任落实自查表	根据各类企业《企业特种设备安全主体责任落实自查表》填写，放入档案
6	执法检查记录表	各级市场监管部门检查记录表、《特种设备安全监察指令书》
7	特种设备企业全员安全生产责任清单	主要负责人、其他负责人、职能部门负责人、生产车间(区队)负责人、生产班组负责人、一般从业人员等全体从业人员的安全生产责任等
8	特种设备安全隐患排查清单	检查时间、检查单位(含企业各级自查、监管部门检查、检验机构反馈等)、检查发现隐患问题
9	特种设备安全隐患整改清单	隐患问题、整改责任单位、整改责任人、整改期限、整改措施、是否完成整改验收等

表 10-3-3　特种设备登记台账

序号	设备名称	注册代码(设备代码)	类别	使用部门	内部编号	下次检验日期	备注
1	压空储罐			公用工程部			
……	……			……			

表 10-3-4　特种设备存档(履历)卡

特种设备存档卡			
设备名称	压空储罐	规格型号	净重： 容积： 设计压力：
设备用途	压空输送	生产日期	2023.4
生产厂家	××压力容器厂	投产日期	2023.6
供应商		报废日期	
使用部门	公用工程部	安装地点	一期压空站
设备照片			

下次检验日期			

四、延伸思考

(1) 一台设备在其生命周期将经历从申请、采购、调试安装、使用到报废的各个阶段。其中，申请阶段的采购申请、采购合同，调试安装阶段的验收记录、固定资产入库清单，使用阶段的维修、维护记录和事故记录等都是设备文件收集的重点。如何确保设备文件收集的完整性？

提示：

1. 根据设备价格划分管理责任。例如，超过 20 万元的设备，其随机文件移交档案馆，并录入信息系统。

2. 在重大设备开箱验收时，档案人员要全程参与设备开箱验收，对随机技术文本材料进行验收，并在安装验收后及时整理、立卷、归档。对使用过程中形成的记录则由使用单位录入系统。

3. 设备档案移交归档参与方包括设备制造和供货商、设备采购部门、仓库管理部门、技术负责部门、档案管理部门。一般采取文档人员派驻采购部门协同办公的模式，从后端被动检查转移到前端主动管控，由专业档案人员协助采购部门全程开展设备档案的编制、检查、移交和整理工作。自采购合同签订起，文档人员积极与设备制造厂家、厂家文件资料管理员等联系，建立有效的信息沟通渠道，明确整理原则、归档范围及归档质量要求、档案装订组卷要求，指导相关人员收集、整理文件资料。

（2）在设备档案整理过程中，应如何处理遇到的一些特殊情况？

提示：

1. 与某一设备仪器相关且归入文书、照片等类保存的档案，需要在“卷内备考表”的“互见号”中填写另外存放档案类的档号和载体类型，同时在卷内文件目录的“备注”中注明。

2. 自制或外购设备仪器的申请未获批准，而这些文件材料又有保存价值的，可归入本单位的文书档案保存或归入设备仪器档案的综合类保存。此类文件材料如何分类归档要在建立归档制度时明确，并在设备档案立卷说明中进行说明。

3. 对于超大规格的书本式成册件，若可折叠，则可装入档案盒存放；若不可折叠，则需按科技档案盒脊背项目内容打印标签并粘贴于成册件脊背，同时在成册件最后空白页粘贴填写完整的“卷内备考表”。

4. 对于不装订的成册件，需在每件文件材料的首页右上角加盖“档号章”并填写相应内容。成册件页数较多时，可一册装一盒（卷）；页数较少时，可多册装一盒（卷）。若一盒（卷）中既有文件材料又有成册件，采用一盒一卷方式时，文件材料应存放于成册件之上。

5. 与基建档案难以分离的文件材料应归入基建类，如化工装置工程、设备安装工程材料等。

6. 随购置设备而形成的电子文件（磁盘、光盘等）、照片、录像，可作为该设备档案一个案卷的一份文件填入“卷内目录”；自制设备或设备管理过程中形成的电子文件（磁盘、光盘）、照片、录像的归档可参考各相应项目任务。

五、实践训练

（1）请对本单位的办公设备档案进行编页、编号、编目（案卷目录和卷内文件目录）。

（2）请扮演档案员与设备维修部门对接，根据维修申请单快速调取相关设备历史检修记录，编制《设备故障分析报告》。

（3）请选取具有历史价值的设备档案（如校史馆老实验仪器），设计图文展板并撰写解说词，突出设备技术演变脉络。

六、知识拓展

见右侧二维码。

任务四 科研档案管理

一、任务背景及目标

科学技术是第一生产力。全球科技变革与产业转型既为中国科学技术的发展带来了重要机遇，也提出了严峻挑战。我国迫切需要进一步深化科技体制改革，大力提高科技自主创新能力，充分发挥科技创新对经济社会发展的引领作用。科学技术研究是实现科技自主创新的重要途径，而科学技术研究档案(以下简称“科研档案”)作为科研活动最真实、全面、系统的记录载体,其作用的充分发挥已成为深化科技体制改革、实施创新驱动发展战略、推进创新型国家建设进程中档案管理工作的重要任务。必须对科研档案进行集中统一管理,确保科研档案完整、准确、系统、安全,促进档案信息资源的开发利用与共享。

为加强科研档案管理,促进档案工作更好地为科技创新服务,国家档案局、科技部发布第15号令,公布《科学技术研究档案管理规定》,自2020年11月1日起施行。其中,对于科研档案的定义是:科研档案是指科研项目在立项论证、研究实施及过程管理、结题验收及绩效评价、成果管理等过程中形成的,具有保存价值的文字、图表、数据、图像、音频、视频等各种形式和载体的文件材料以及标本、样本等实物。

科学技术研究,一般可划分为基础科学研究、技术科学研究和应用科学研究三类,由此形成了相应的三种科研档案类型。科研档案的基本特点是以课题或项目为单元成套,因为任何科研活动都是围绕特定的课题或项目展开的。针对一个课题或项目的科研活动,可以形成一套程序和内容上前后衔接、上下联系的科研档案。

本任务的主要目标是了解科研档案的类型、管理机制,科研文件的归档范围及要求,学会整理科研档案,把握科研档案的开发利用要素,学会编制科技成果汇编或简介。

二、知识介绍

(一)科研档案的管理机制

中央和地方各级科技主管部门(机构)会同档案主管部门,对本级财政支持的科技计划(专项、基金等)的科研档案工作建立工作机制,并进行监督和指导。科研项目承担单位(高校、科研院所等)对所承担科研项目的档案工作负总责,对科研项目参加单位提出科研档案管理要求。各单位档案管理部门集中统一管理本单位科研档案,对本单位科研文件材料的归档工作进行监督和指导,协助科研人员做好科研文件材料收集、整理、归档及科研项目结题验收等工作。科研项目负责人对归档科研文件材料的完整性、准确性、系统性负责。

(二)科研文件材料的归档范围

科研文件材料的归档范围主要包括但不限于表10-4-1所示内容。

表10-4-1 科研文件材料的归档范围

阶段	归档范围
立项论证阶段	项目指南、可行性研究报告,项目经费预算文件材料,申报书及相关证明;立项评审文件材料,预算申诉、评审文件材料;立项(含预算)批复,任务合同书(含预算书)及各类协议等
研究实施及过程管理阶段	研究计划、组织实施工作方案,研究、实验任务书、大纲,实验、探测、测试、观测、观察、野外调查、考察等的原始记录和整理记录,综合分析报告;设计文件、图样,集成电路布图,工艺文件,计算文件,数据处理文件;科学数据;研制的样机、样品、标本等的实物及其目录、图片等
	中期、年度等阶段执行进展情况报告、总结报告、研究成果等;项目、人员、进度、经费等的调整、变更文件材料;撤销项目已开展工作、已使用经费、已购置设备仪器、阶段性成果、知识产权等情况文件材料
	专家咨询、中期检查、中期评审、项目监督工作形成文件材料
	建设的中试线、试验基地、示范点一览表、图片及数据等
结题验收及绩效评价、成果管理阶段	验收申请书,验收承诺书;工作总结报告,技术报告,项目经费决算等财务情况文件材料
	验收通知,验收评审文件材料;验收现场测试报告,第三方检测、测试、评估报告,用户使用报告及证明,典型用户报告,产业化审核报告等;验收结论书,结题书面通知等
	绩效自评价报告,专家评议文件材料,评价结论等绩效评价工作文件材料
	研究报告、论文、专著、数据库等研究成果文件材料;自评价报告,科技报告;专利、软件及其他知识产权文件材料
	产业化报告、证书、出版物等成果应用、获奖、宣传推广文件材料

（三）科研档案的整理

科研档案应按照《科学技术档案案卷构成的一般要求》(GB/T 11822—2008)进行整理，科研电子档案应按照《电子文件归档与电子档案管理规范》(GB/T 18894—2016)进行整理。有条件的单位可以开展科研档案数字化。

1. 科研档案的分类和档号编制

科研活动通常以课题或项目为单元组织实施，因此科研档案也以课题或项目为基本单元进行分类。常用的分类法有两种：一是学科-课题分类法，即以课题为基础，结合所属学科进行分类，适用于基础科研档案的分类；二是专业-课题分类法，即以课题为基础，结合专业分工(设置)进行分类，适用于应用性和开发性科研档案的分类。

科研档案作为科技档案的一类，也按卷进行整理，档号示例：X032(全宗号)- KJ(科技档案)·KY(科研档案)·001(项目号或课题号)- 003(案卷号)。

2. 科研档案的组卷

科研档案一般按阶段结合专业、问题组卷，即将一个课题或项目形成的文件材料以不同的阶段为单位，分别组成案卷。复杂的课题和项目，还会根据反映对象的专业性质、课题性质，进一步区分为子课题、子项目，并分别组成案卷。

科研档案按课题阶段(调研—申报立项—研究—试验—总结—鉴定—报奖—推广应用)分别组卷，具体操作可根据文件材料数量灵活调整。

3. 科研档案的排列

科研档案案卷宜按课题可行性研究立项、方案论证、研究实验、总结鉴定、成果和知识产权申报、推广应用等阶段排列。

(1) 文字材料的排列。总的来说，文字材料按形成的先后顺序进行排列，实际上也就是按照工作流程进行排列。其他细节可参照《归档文件整理规则》中的相关具体规定。

(2) 技术图纸的排列。没有现成图样目录的机电产品和设备技术图纸，一般按结构隶属关系排列。

(3) 图文混合文件材料的排列。对于图文材料混合的案卷，文件材料的排列分两种情况：卷内文件材料一般按文字材料在前、图样材料在后的顺序排列。如果文字材料是对图样材料的补充说明，则应按图样材料在前、文字材料在后的顺序排列。

4. 科研档案的编号、编目、案卷装订、卷盒与表格(案卷目录、卷内目录、卷内备考表)规格及其制成材料

科研档案的编号、编目、案卷装订、卷盒与表格(案卷目录、卷内目录、卷内备考表)规格及其制成材料可参照《科学技术档案案卷构成的一般要求》(GB/T 11822—2008)。

（四）科研档案的鉴定与保管

馆(室)藏科研档案每3～5年集中鉴定一次，必要时可提前或推后。保管期满科研档案的鉴定应当由档案部门牵头，组织有关部门或人员共同进行。经鉴定仍需继续保存的科研档案应当重新划定保管期限，确无保存价值的科研档案应当按照有关规定进行销毁。

分工合作完成的科研项目，应当以任务合同或分工协议条款等书面形式明确约定科研档案的归属、流向、处置和利用共享事项。一般应当由牵头承担单位保存一套完整档案。参加单位在保存本单位承担任务所形成档案的同时，将副本或复制件送交牵头承担单位。如确系涉及参加单位或该单位科研人员合法权益而不宜向牵头承担单位送交副本或复制件，且有书面约定的，参加单位应当将本单位形成的科研档案目录送交牵头承担单位。

三、实训任务及参考示例

科技成果简介是档案部门根据科技成果档案编写而成的一种系统的参考资料。它可为利用者使用科技成果档案提供简明、系统的资源信息，也可供单位之间的科技成果交流、转让使用。科技计划课题完成后，应及时收集、整理形成科技成果并进行项目成果评审(鉴定)。课题研究单位在成果评审时应对科技成果进行简明扼要的介绍，以使评委对成果有一总体了解；科技成果一经评审备案，还需编写项目简介，利用

信息平台系统进一步推广应用。

请了解科技成果汇编或简介的内容和形式，并编制科技成果汇编或简介。

参考示例：

科技成果简介的编写既可采用表格形式，也可采用文字叙述形式。通常针对每个项目或每项成果都应编写一份简介，然后按一定规律汇编成册。一般来说，根据组织的科技成果数量的多少和对成果收录内容详略程度的不同要求，可以选择编制科技成果汇编或简介。

“表格式”科技成果简介见表 10-4-2。

表 10-4-2 “表格式”科技成果简介

科技成果简介			
项目名称			
所属学科(项目)			
课题来源		课题编号	
完成单位	* 主持单位、协作单位	项目负责人 及联系方式	
主要参加人员及 成员的简要情况			
项目起止日期		课题进展	1. 阶段完成 2. 最终完成 3. 中断或停止
是否获奖		获奖等级	* 奖励级别及相关 奖励明细
研究经过及主要结果(成果)	* 项目研究的进程及执行计划表，其间遇到的难题，解决难题和技术攻关的状况，采取的措施；项目最终成果，获得专利情况，发表著作、论文、报告等情况		
关键技术与指标	* 所依赖的技术手段、操作平台、设计理念及研究成果的相关性能指标		
应用情况及效果	* 经济效益和社会效益		
市场前景	* 大范围应用的前景及后续研究、改进的方向		
发明创新点	* 具有哪些优势、创新之处，以及该项目取得了哪些技术上的进步、发现了哪些新的技术元素与新的现象、发明了哪些填补空白的成果		
适合生产或合作的企业			
项目验收情况	* 经过评审验收的时间、机构及评审意见		

注：* 表示相关填写说明。

“文字式”科技成果简介的主要内容：

1. 项目简介。介绍科技项目关键技术的形成，以及科技项目研究的主要内容。

2. 项目背景。介绍科技项目研究的意义、拟解决的难题，以及研究方向、研究目的。

3. 关键技术和创新点。介绍解决难题的主要方法，对项目研究内容中的关键技术和有技术创新的结果进行归纳，以表明技术水平和创新程度。可附图。

4. 社会经济效益。分析比较在安全、质量、工期及造价方面取得的显著效益和推广应用情况。

四、延伸思考

经过多年档案工作建设的实践，科研档案管理体系脉络清晰，制度相对健全，但在科研档案的收集方面仍存在薄弱环节。例如，科研项目的实验数据、数据计算中间性材料、外包采购等过程性文件的收集，跨学科、跨领域、跨机构科研项目档案的收集，科研财务文件材料、信用文件材料和成果管理阶段的成果奖励申报材料等的收集，在完整性和及时性方面还存在一些问题。鉴于此，如何改善科研档案收集归档中的薄弱环节，保证档案归档的完整性和及时性？

提示：

1.《科学技术研究档案管理规定》第十四条明确了科研项目全过程形成的文件材料的归档范围。根据此归档范围，应增补纳入归档范围的科研文件材料，如立项论证阶段的项目指南、立项评审材料，研究实施及过程管理阶段的科学数据、阶段进展情况报告，结题验收及绩效评价、成果管理阶段的验收申请书、绩效自评价报告、科技报告等。

2.《科学技术研究档案管理规定》首次明确将科学数据纳入科研档案收集范围，保证在研究实施过程中产生的各类科学数据应归尽归。随着信息化建设的逐步开展，一些单位已上线运行试验数据管理系统（TDM），实现了档案管理系统与试验数据的接口并入，实行协同管理，为以数字形式存在的科学数据的管理提出了规范性要求。

3. 严格落实“四同步”（同部署、同实施、同检查、同验收），强制完成归档手续并确保符合归档质量要求。在科研项目外包采购等信息化流程中，应纳入档案文件材料的归档要求。若外包采购档案归档不完整或未提交至档案馆（室），则外包采购合同验收不通过。在年度科研项目考核流程中，如果没有项目年度进展情况或研究成果的归档确认，则审批流程无法继续流转，年度任务完工确认无法闭环。

五、实践训练

（1）《科学技术研究档案管理规定》第二十二条鼓励和支持各单位“建立健全科研档案开放利用机制，促进科研档案信息共享，加强科研档案资源深度开发”。在实际管理中，一直存在科研档案开发共享利用程度较低的问题，其主要原因涉及知识产权、国家安全、保密管理等方面。若涉密单位承担了大量涉密项目，则要求档案资源的利用必须符合各项保密规定。此外，科研档案涉及的知识产权是科研人员长期积累的结果，对于跨学科、跨系统、跨机构的科研项目，主办单位很难保存一整套完整的档案资料，参研单位一般只提供一些合同、任务书、技术协调类的档案材料，过程性材料和核心技术材料则一般分散在各自单位保存。请针对科研档案共享利用薄弱问题，调研并制订开放利用方案，明确科研档案开放利用的责任主体，设计开放利用的具体方式与流程，推动科研档案共享作用的有效发挥。

（2）以国家社科基金为例，从项目的申报到项目的中期检查，再到项目的结项，均实现了业务系统的网络化管理。项目的经费预算、经费变更也是通过业务系统来完成的。项目负责人可以直接通过业务系统上传项目申请书、中期成果、结项材料等电子文件。请对相关科研项目管理系统进行调研，围绕科研项目管理系统与科研档案管理系统对接、实现业务系统数据的关联管理、保证科研档案信息资源的完整性和系统性、从技术层面落实科研档案的共享利用等方面，提出解决方案。

（3）为使科研机密文件得到妥善的保管，科研档案保密机制得到落实，强化风险意识，明确网络安全维护的重要性，请结合科研档案管理工作的实际情况和特点，制定科研档案定密、降密和解密的具体要求、流程和方法等。

六、知识拓展

见右侧二维码。

项目十一

人事档案管理

【项目导读】

人事档案是组织、人事、劳动(或人力资源管理)部门在人事管理活动中形成的,记述和反映人员经历、德能勤绩和工作表现的,以个人为单位集中保存备查的各种方式和载体的历史记录。人事档案主要包括干部(公务员)档案、企事业职工档案、流动人员档案、教师和学生档案、军人档案等。本项目设置了人事档案的归档与鉴定,人事档案的整理,人事档案的保管、借(查)阅、转递,我国人事档案管理制度的改革四项任务。前三项任务主要围绕人事档案管理的重点环节进行设计,同时将新形势下我国人事档案管理制度的改革纳入考量。

任务一 人事档案的归档与鉴定

一、任务背景及目标

人事档案是党和国家的宝贵史册,是垂训后世的宝贵财富,是考察和了解人员的重要依据,是维护人员合法权益的可靠凭证。它对人事工作有规范、检查、监督作用,是研究组织工作规律的重要资料。根据《干部人事档案材料收集归档规定》(中组发〔2009〕12 号)文件要求,国有企业和事业单位的干部人事档案、流动人员人事档案材料收集归档工作参照本规定执行。

本任务的主要目标是准确判断人事档案的归档范围,掌握人事档案鉴定的原则、内容、方法。

二、知识介绍

(一) 人事档案的归档范围

根据《干部人事档案材料收集归档规定》(中组发〔2009〕12 号)文件规定,人事档案的归档范围包括以下材料:

(1) 履历材料:履历表和属于履历性质的登记表等材料。

(2) 自传材料:自传和属于自传性质的材料。

(3) 报告个人有关事项的材料:领导干部个人有关事项发生变化的报告表等材料。

(4) 考察、考核、鉴定材料:考察材料;在重大政治事件、突发事件和重大任务中的表现材料;定期考核材料,年度考核登记表,援藏、援疆、挂职锻炼等考核材料;工作调动、转业等鉴定材料;后备干部登记表(提拔使用后归档)等材料。

(5) 审计材料:经济责任审计结果报告。

(6) 学历学位材料:高中毕业生登记表;中专毕业生登记表;普通高等教育、成人高等教育、自学考试、党校、军队院校报考登记表,入学考试各科成绩表,研究生推免生登记表,专家推荐表;学生(学员、学籍)登记表，学习成绩表，毕业生登记表，授予学位的材料，毕业证书、学位证书复印件，党校学历证明；选拔留学生审查登记表等参加出国（境）学习和中外合作办学学习的有关材料；国务院学位委员会、教育部授权单位出具的国内外学历学位认证材料等。

（7）培训材料：为期两个月以上的学员培训（学习、进修）登记表、考核登记表、结业登记（鉴定）表等材料。

（8）职业（任职）资格材料：职业资格考试合格人员登记表或职业（任职）资格证书复印件，教师资格认定申请表等材料。

（9）评（聘）专业技术职称（职务）材料：专业技术职务任职资格评审表、申（呈）报表，聘任专业技术职务审批表等材料。

（10）反映科研学术水平的材料：当选为中国科学院院士、中国工程院院士的通知；遴选博士生导师简况表；博士后工作期满登记表；被县处级以上党政机关、人民团体等评选为专业拔尖人才的材料；科研工作及个人表现评定材料，业务考绩材料；创造发明、科研成果鉴定材料，著作、译著和有重大影响的论文目录。

（11）政审材料：上级批复、审查（复查、甄别）结论、调查报告及主要依据与证明材料；本人对结论的意见、检查交待或情况说明材料；撤销原审查结论的材料；各类政审表。

（12）更改（认定）姓名、民族、籍贯、国籍、入党入团时间、参加工作时间等材料；个人申请、组织审查报告及主要依据与证明材料、上级批复；计算连续工龄审批材料等。

（13）党、团组织建设工作中形成的材料：

① 中国共产党入党志愿书、入党申请书、转正申请书；整党工作、党员重新登记工作中民主评议党员的组织意见，党员登记表，党支部不予登记或缓期登记的决定、上级组织意见；不合格党员被劝退或除名的组织审批意见及主要依据材料；取消预备党员资格的材料；退党、自行脱党材料；恢复组织生活（党籍）的有关审批材料。

② 中国共产主义青年团入团志愿书。

③ 加入或退出民主党派的材料。

（14）表彰奖励材料：县处级以上党政机关、人民团体等予以表彰、嘉奖、记功和授予荣誉称号的审批（呈报）表、先进人物登记（推荐、审批）表、先进事迹材料；撤销奖励的有关材料等。

（15）涉纪涉法材料：处分决定，免予处分的意见，上级批复，核实（调查、复查）报告及主要依据与证明材料，本人对处分决定的意见、检查、交待及情况说明材料；解除（变更、撤销）处分的材料；检察院不起诉决定书；法院刑事判决书、裁定书；公安机关作出行政拘留、限制人身自由、没收违法所得、收缴非法财物、追缴违法所得等的行政处理决定等。

（16）招录、聘用材料：录（聘）用审批（备案）表；选调生登记表及审批材料，选聘到村任职高校毕业生登记表；应征入伍登记表，招工审批表；取消录用、解聘材料。

（17）任免、调动、授衔、军人转业（复员）安置、退（离）休材料：干部任免审批表及相应考察材料；干部试用期满审批表；公务员登记表，参照公务员法管理机关（单位）工作人员登记表；公务员调任审批（备案）表，干部调动审批材料；援藏、援疆、挂职锻炼登记（推荐）表；授予（晋升）军（警）衔、海关关衔、法官和检察官等级审批表；军人转业（复员）审批表；退（离）休审批表等材料。

（18）辞职、辞退、罢免材料：自愿辞职、引咎辞职的个人申请、同意辞职决定等材料，责令辞职的决定，对责令辞职决定不服的申诉材料、复议决定；辞退公务员审批表、辞退决定材料；罢免材料。

（19）工资、待遇材料：新增人员工资审批表、转正定级审批表，工资变动（套改）表、提职晋级和奖励工资审批表或工资变动登记表，工资停发（恢复）通知单；享受政府特殊津贴的材料；解决待遇问题的审批材料。

（20）出国（境）材料：因公出国（境）审批表，在国（境）外表现情况或鉴定等材料；外国永久居留证、港澳居民身份证等的复印件。

（21）党代会，人代会，政协会议，人民团体和群众团体代表会议，民主党派代表会议形成的材料：委员当选通知或证明材料，委员简历；代表登记表等。

（22）健康检查和处理工伤事故材料：录用体检表，反映严重慢性病、身体残疾的体检表；工伤致残诊断书，确定致残等级的材料。

（23）治丧材料：生平，非正常死亡调查报告等材料。

(24) 干部人事档案报送、审核工作材料:干部人事档案报送单;干部人事档案有关情况说明等材料。

(25) 其他材料:毕业生就业报到证(派遣证),人事争议仲裁裁决书(调解书),公务员申诉处理决定书(再申诉处理决定书、复核决定),再生育子女申请审批表等有参考价值的材料。

(二) 人事档案的鉴定

对人事档案的鉴定,也就是对准备归档的材料进行审查,甄别材料的真伪,判定材料的保存价值,确定其是否属于归档范围,是否符合归档要求。具体来说,鉴别工作的内容包括:归档材料是否办理完毕,是否对象明确、齐全完整、文字清楚、内容真实、填写规范、手续完备。对经过鉴别不符合归档要求的材料,要区分不同情况,采取转出、退回、留存、销毁等不同方式予以处理。

1. 鉴定原则

人事档案的鉴定工作是一项政策性很强的工作,必须遵循"取之有据,舍之有理"的原则。"取之有据",是指归入人事档案的材料要有依据,符合上级的有关规定;"舍之有理",是指决定剔除的材料,要有足够的理由,尤其是准备销毁的材料,必须慎之又慎,不能草率从事。

2. 鉴定内容

(1) 鉴定档案材料时,须做到逐页逐项地核对材料内容和有关信息,保证材料内容完整、齐全、真实,保证信息准确无误。

(2) 凡规定由组织盖章的材料,应有组织印章;凡个人撰写的材料,应有形成时间及本人签字。

(3) 对档案中涉及的出生时间、入党时间、参加工作时间和学历学位等信息前后记载不一致的,在没有组织出具的更改证明的前提下,出生时间、参加工作时间以档案中最早记载为准,入党时间以支部大会讨论通过的时间为准;涉及学历学位档案记载与本人填写不一致的,人事档案室须向有关部门人事干部反映,人事干部负责对该人学籍材料进行催要;涉及干部出生年月、参加工作时间变更问题的,须报人事处审核批准。

(4) 对于所缺材料,须向材料形成单位进行催要;如确实无法补充,单位应出具书面说明。

3. 剔除材料的处理

(1) 转出:经鉴定确实不属于员工本人的材料,或是不应归入人事档案的材料,均应转给有关单位保存或处理。转出时,应填写转递材料通知单。

(2) 退回:凡新近形成的档案材料,若手续不够完全,或内容尚需查对核实,应提出具体意见,退还有关单位,待修改补充后再交回。凡应退还本人的材料,经领导批准后退还本人,并履行登记、接收人清点与签名盖章等手续。

(3) 留存:不属人事档案范围,又有价值的材料,整理后作为业务资料保存。

(4) 销毁:无保存价值、重份的材料,要按有关规定予以销毁。①

三、实训任务及参考案例

(1) 某校通过公开招聘方式引进了一名高层次人才,按组织要求,现需将其干部人事档案进行转接。作为该校的人事档案管理员,请你对其以下干部人事档案的收集范围进行判断,将不属于收集范围的材料剔除:普通高中学生综合发展报告、高中毕业生登记表、大中专院校招生报名登记表、本科毕业生登记表、学生成绩单、学士学位证书、研究生录取登记表、研究生毕业登记表、硕士学位申请书、授予硕士学位通知书、硕士毕业证书、硕士学位证书、讲师资格认定申请表、中级职称发表的论文、入团志愿书、入团申请书、优秀团员入党推荐表、入党志愿书、入党申请书、预备党员转正申请书、入党积极分子培养考察登记表、预备党员考察登记表、预备党员培训学时证明、入党积极分子培训结业证书。

参考示例:

根据中央组织部印发的《干部人事档案材料收集归档规定》(中组发〔2009〕12号)文件中第十条、第十三条、第十七条规定,中级职称发表的论文、优秀团员入党推荐表、预备党员培训学时证明、入党积极分子

① 陈琳.档案管理技能训练[M].北京:机械工业出版社,2015.

培训结业证书不属于归档范围。

(2) 小孟是一名刚毕业的大学生，今年报考某局一级科员岗位。招考单位在对他进行考察时发现其身份证上的出生日期与档案里记载的出生日期不一致，其身份证上的出生日期为 1990 年 5 月，档案里最早一份材料记载的出生日期是 1989 年 5 月。请你对小孟的出生日期进行鉴别认定。

参考示例：

根据中共中央组织部、人事部、公安部《关于认真做好干部出生日期管理工作的通知》(组通字〔2006〕41 号)文件规定："在办理干部录用、任免等事项时，要对干部的出生日期进行认真核对，确保无误。对个别干部的出生日期，档案记载与户籍登记不一致的，应当以干部档案和户籍档案中最先记载的出生日期为依据。""最先记载的出生日期"是指干部档案和户籍档案中最早形成材料记载的出生日期。针对小孟档案记载与户籍登记出生日期不一致的情况，招考单位的组织人事部门派专人去小孟户口所在地户口登记机关调阅原始户籍档案进行查证核实。经核实，小孟原始户籍底册的出生日期为 1989 年 5 月，且无涂改痕迹。据此，招考单位组织人事部门将小孟的出生日期认定为 1989 年 5 月。

四、延伸思考

某高校组织部门人事档案负责人在人事档案收集过程中发现，归入干部档案的材料原件只有一份。干部档案材料是否必须全部为原件？文书档案或案件档案需要原件时应如何处理？

提示：

若文书档案所需原件(如个人撰写的证明材料、交代材料等)仅有一份，则原件需要存文书档案或案件档案。遇此情况时，可将复制件归干部人事档案，但必须在材料上注明原件存入何档案，以备查考。凡是个人填写的表格、自传及专业技术考核表、技术职称申报评审表、任免职务审批表等原件均应归入干部人事档案正本。

五、实践训练

小张是一名国企员工，为丰富知识以提升自己的业务水平，参加了某高校研究生课程进修班，并完成课程学习，获得了结业证书。小张将结业证书提交给单位人力资源部门，要求对其在职研究生学历进行认定并将相关材料归入其个人档案。人力资源部门查阅相关文件后认为，根据《教育部关于重申保证高等教育质量，加强学历文凭、学位证书管理的通知》(教学〔2001〕6 号)文件规定："研究生课程进修班是为在职人员提高业务水平、更新知识的一种非学历教育教学形式。高等教育单位举办的研究生课程进修班，必须经其所在省级学位与研究生教育主管部门同意登记备案；对课程学习成绩合格者，只能颁发'研究生课程进修班结业证书'，不得冠以'硕士学位''毕业'等名称。"因此，小张的研究生课程进修班不能作为在职研究生的学历认定。

请你查阅学历学位相关政策规定，并思考在人事档案的归档和鉴定过程中，全日制、非全日制、函授、自考、党校学历存在哪些区别，什么样的学历可以认定。

六、知识拓展

见右侧二维码。

任务二 人事档案的整理

一、任务背景及目标

人事档案的整理，是指根据一定的原则和方法，将收集起来的档案材料，以个人为单位，进行鉴别、分类、排序、编目、技术加工和装订等，使之成为系统化和条理化的专门案卷，并在此基础上，不断对档案内容进行补充。

本任务的主要目标是认识人事档案整理与文书档案整理的区别，根据人事档案整理的特点，掌握人事档案整理的特殊要求和操作方法。

二、知识介绍

（一）分类

(1) 传统的人事档案主要以个人身份为依据，划分为干部档案、工人档案、学生档案、军人档案四大类。在这几类档案中，干部档案是主体和核心，发挥引领作用，其他类型的档案均参照干部档案管理方式执行。此外，人事档案还有以下几种分类方式：按工作单位的性质，可以分为党政军机关人事档案、企业单位人事档案、事业单位人事档案、流动人员人事档案；按职责和专业，可以分为公务员（参公）档案、专业技术人员档案、职工档案、学生档案等；按工作单位的稳定性与流动性，可以分为工作单位固定人员档案和社会流动人员档案；按是否在岗情况，可以分为在岗人员档案、待岗人员档案、离退休人员档案等；按载体形式，可以分为纸质人事档案、磁质（软盘）人事档案、光介质（CD/DVD）人事档案、数字人事档案等。

(2) 按照《干部人事档案工作条例》（2018 年 11 月 20 日起施行）规定，干部人事档案材料应根据其内容特征分为十大类。

第一类：履历类材料。主要有《干部履历表》和干部简历等材料。

第二类：自传和思想类材料。主要有自传、参加党的重大教育活动情况和重要党性分析、重要思想汇报等材料。

第三类：考核鉴定类材料。主要有平时考核、年度考核、专项考核、任（聘）期考核，工作鉴定，重大政治事件、突发事件和重大任务中的表现，援派、挂职锻炼考核鉴定，党组织书记抓基层党建评价意见等材料。

第四类：学历学位、专业技术职务（职称）、学术评鉴和教育培训类材料。主要有中学以来取得的学历学位，职业（任职）资格和评聘专业技术职务（职称），当选院士、入选重大人才工程，发明创造、科研成果获奖、著作译著和有重大影响的论文目录，政策理论、业务知识、文化素养培训和技能训练情况等材料。

第五类：政审、审计和审核类材料。主要有政治历史情况审查，领导干部经济责任审计和自然资源资产离任审计的审计结果及整改情况、履行干部选拔任用工作职责离任检查结果及说明，证明，干部基本信息审核认定、干部人事档案任前审核登记表，廉洁从业结论性评价等材料。

第六类：党、团类材料。主要有《中国共产党入党志愿书》、入党申请书、转正申请书、培养教育考察，党员登记表，停止党籍、恢复党籍，退党、脱党，保留组织关系、恢复组织生活，《中国共产主义青年团入团志愿书》、入团申请书，加入或者退出民主党派等材料。

第七类：表彰奖励类材料。主要有表彰和嘉奖、记功、授予荣誉称号，先进事迹以及撤销奖励等材料。

第八类：违规违纪违法处理处分类材料。主要有党纪政务处分，组织处理，法院刑事判决书、裁定书，公安机关有关行政处理决定，有关行业监管部门对干部有失诚信、违反法律和行政法规等行为形成的记录，人民法院认定的被执行人失信信息等材料。

第九类：工资、任免、出国和会议代表类材料。主要有工资待遇审批、参加社会保险，录用、聘用、招用、入伍、考察、任免、调配、军队转业（复员）安置、退（离）休、辞职、辞退，公务员（参照公务员法管理人员）登记、遴选、选调、调任、职级晋升，职务、职级套改，事业单位管理岗位职员等级晋升，出国（境）审批，当选党的代表大会、人民代表大会、政协会议、群团组织代表会议、民主党派代表会议等会议代表（委员）及相关职务等材料。

第十类：其他可供组织参考的材料。主要有毕业生就业报到证、派遣证，工作调动介绍信，国（境）外永久居留资格、长期居留许可等证件有关内容的复印件和体检表等材料。

干部人事档案材料具体内容和分类标准由中央组织部确定。

(3) 分类应注意如下两个问题：

① 第四类、第九类材料的二级分类问题。第四类、第九类材料需要采用二级分类法，按照内容的不同再分别分为四小类。具体来说，第四类材料可以细分为学历学位材料、职业（任职）资格和评（聘）专业技术

职务(职称)材料、反映科研学术水平的材料、培训材料等。第九类材料可以细分为工资材料、任免材料、出国(境)材料、参加会议的代表登记表等其他材料。

② 内容交叉材料的分类。部分档案材料,特别是一些制式表格,存在内容交叉的情况,可以根据材料的主要内容或用途来确定类别:以自传为主的履历或简历表归第二类;学生登记表、学习(培训)鉴定表、学习(培训)考核表归第四类;享受政府特殊津贴材料归第七类;干部任免审批表及其相应的考察材料或表现材料归第九类。

(二) 排列

排列是指经过归类后,将每类所含的材料按一定的顺序排列起来。排列的原则是依据人事档案在了解人、使用人的过程中相互之间固有的联系,保持材料之间的系统性、连贯性,且方便利用和不断补充新的档案材料。人事档案的排列方法有三种:

(1) 时序法。按材料形成的时间先后,由远及近,依次排列。采用这种方法,可以比较详细地了解来龙去脉,掌握相对人的成长和发展变化情况,同时有利于新材料的继续补充。适用于第一类、第二类、第三类、第七类、第十类材料。

(2) 系统法。按材料内容的主次关系、重要程度进行排列,主次分明。适用于第五类、第六类、第八类。其中,第五类和第八类的排序方法基本相同,排列顺序是:上级批复、结论(处分决定)、本人对结论(处分决定)的意见、调查报告、证明材料、本人检讨或交代等。对于第六类材料的排序,先分开入党、入团的材料,具体排列时将入团或入党志愿书放在申请书前面。

(3) 混合法。按问题结合时间先后进行排列,即一个类内有几个问题的材料,先按问题分开,然后在一个问题内按材料的形成时间顺序由远及近排列。适用于一个类别里有多套系列材料的情况,如第四类、第九类。

(三) 编目

(1) 档案材料应按照排列顺序,逐份逐项进行编目,做到目录清楚,填写准确。书写目录要工整、准确、清楚、美观,必须使用规范的书写材料,不得使用圆珠笔、铅笔、荧光笔、水彩笔、红墨水、纯蓝墨水和复写纸书写。档案目录不能粘贴涂改。

(2) 每类目录应首先注明材料类号和类别名称。

(3) “类号”下应依次填写排列顺序号。填写序号栏时,材料类号、顺序号均应用阿拉伯数字。

(4) “材料名称”应根据材料题目填写。一般来说,没有标题或标题不规范的,应另拟标题。材料的题目过长时,可适当简化。原材料题目与实际内容不相符的,须另行拟定题目。拟定或简化题目时,必须准确反映材料的主要内容或性质特点。

(5) “材料形成时间”应填写材料落款时间。有多个时间的材料,一般以最后的时间为准,也就是以文件办理完毕、正式生效的时间为准。时间填写要尽量详细、规范,有具体年月日的,必须填写齐全。如1990年9月15日,不能填为90年9月或1990年等。

(6) “页数”应填写材料的页数。按照编好的页数如实填写。

(7) “备注”应填写需要说明的情况。归档材料因为内容相关合并为一份材料的,要在备注栏中进行简要说明,如附有考察材料的干部任免审批表;复制件及材料损坏等情况也应注明。

(8) 书写目录时,每类目录之后,须留出适量的空格,供补充档案材料时使用。特别是第三、四、九类等,由于后续的材料比较多,为了留出足够的空格,不要在同一页再填写其他类别材料的条目。

(四) 技术加工

(1) 对纸张破损或字迹材料不符合要求的档案材料,应采用复印、扫描、拍摄等方法进行复制。

(2) 幅面过大的档案材料应进行折叠或剪裁。折叠后的档案材料要保持平整,文字、照片不得损坏,便于展开阅读。剪裁时不得损坏档案材料上的文字、印章、图形等内容。

(3) 幅面过小的档案材料应进行托裱,装订边过窄或装订线内有文字的材料应加边。

(4) 档案材料上的订书钉、曲别针、大头针等金属装订物应当拆除。

(5) 为方便档案利用和后续材料补充,每份档案材料在整理时必须保证各自独立,禁止将多份材料以缝纫、裱糊等形式粘连在一起。

（五）装订

只要求档案材料左边、下边对齐，不刻意追求“四边齐”。如果太厚，可分卷装订，但必须保证同一类材料在同一卷中。卷夹脊背应附边签，用于书写干部的姓名、籍贯、档案编号等。书写姓名不得使用同音字或不规范的简化字。

三、实训任务及参考示例

请根据干部人事档案的分类，编制一份干部人事档案目录。

参考示例：

干部人事档案目录见表 11-2-1。

表 11-2-1　干部人事档案目录

序号	材料名称	材料形成时间			页数	备注
		年	月	日		
一	履历类材料					
1	职工简历表	1999	3	1	13	
2	军人登记表	2000	5	12	2	
3	教师登记表	2008	8	15	6	
4	干部履历表	2016	3	22	11	
二	自传类材料					
1	自传	2008	10	8	2	
三	考核鉴定类材料					
1	干部鉴定表	2012	5	17	6	
2	党员鉴定表	2013	1	28	2	
3	年度考核登记表	2014	1	28	2	
4	扶贫工作鉴定表	2017	3	1	2	
5	援藏、援疆工作鉴定表	2018	2	28	2	
6	党组织书记抓基层党建评价意见表	2023	7	1	5	
四	学历学位、专业技术职务（职称）、学术评鉴和教育培训类材料					
1-1	高中学生学籍卡	2007	6	25	2	
1-2	学生登记表	2008	9	11	5	
1-3	高等学校毕业生登记表	2012	6	20	7	
1-4	学生成绩档案表	2012	6	28	1	
1-5	报考硕士学位研究生登记表	2013	6	20	1	
1-6	硕士研究生学籍登记表	2014	6	20	1	
1-7	硕士研究生成绩表	2014	6	20	1	
1-8	硕士毕业生登记表	2014	7	2	3	
1-9	学历学位登记表	2014	7	18	5	
2-1	专业技术职务任职资格评定申报表	2015	8	15	12	
3-1	当选中科院院士审批表	2020	9	11	6	

续表

序号	材料名称	材料形成时间			页数	备注
		年	月	日		
4-1	干部学习培训情况登记表	2022	3	15	8	
五	政审、审计和审核类材料					
1	×××对其父的政历证明	2009	5	8	1	
2	×××对其母的政历证明	2009	5	8	1	
3	关于其妻的政历情况调查	2009	5	8	1	
六	党、团类材料					
1	入团志愿书	2002	5	5	4	
2	入团申请书	2002	4	1	1	
3	入党志愿书	2012	6	4	17	
4	入党申请书	2010	3	15	2	
5	转正申请书	2013	6	30	1	
七	表彰奖励类材料					
1	优秀毕业生登记表	2011	12	27	1	
八	违规违纪违法处理处分类材料					
1	关于对×××处分的决定	2021	11	15	2	
九	工资、任免、出国和会议代表类材料					
1-1	任职定级审批表	2013	10	28	2	
1-2	工资正常变动审批表	2013	11	1	1	
1-3	工作人员晋升薪级工资核准表	2015	12	1	1	
1-4	基本工资标准调整审批表	2016	12	1	1	
2-1	入伍登记表	2000	2	1	2	
2-2	军队转业干部登记表	2001	2	1	2	
2-3	单位委托人事代理合同书	2002	2	1	2	
2-4	事业单位工作人员录用审批表	2003	2	1	2	
2-5	公开招聘人员备案表	2004	2	1	2	
2-6	干部任免审批表	2005	2	1	2	附考察材料
3-1	出国人员审批表	2006	3	1	1	
4-1	中共×次省代表登记表	2007	3	1	1	
4-2	省×次人代会登记表	2008	3	1	1	
十	其他可供组织参考的材料					
1	因公受伤证明	2008	9	15	2	
2	批准家属随军登记表	2012	10	12	2	
3	非正常死亡调查报告	2022	9	1	2	

四、延伸思考

《干部人事档案工作条例》规定，干部人事档案分为正本和副本。请比较正本与副本的异同。

提示：

从内容构成来看，干部人事档案正本由历史地、全面地反映干部情况的全部档案材料（原件）构成，包括十大类材料。干部人事档案副本则由正本中主要材料的复制件（或重复件）构成，具体包括：第一类的履历类材料；第三类的考核鉴定类材料；第四类的学历学位、专业技术职务（职称）、学术评鉴和教育培训类材料；第五类的政审、审计和审核类材料；第七类的表彰奖励类材料；第八类的违规违纪违法处理处分类材料；第九类的工资、任免、出国和会议代表类材料。此外，其他类别如有重复的材料，也可归入副本。

从管理范围划分：①干部人事档案正本由干部的主管部门保管。②干部人事档案副本由主管或协管干部的部门保管。③军队干部兼任地方职务的，其档案正本由军队保管；地方干部兼任军队职务的，其档案正本由地方保管。

五、实践训练

请将下列材料进行归类并按形成时间进行排序：干部履历表、自我鉴定、年度考核登记表、入团申请书、中学生登记表、学生成绩表、中级专业技术职务任职资格评定申报表、学历学位证书复印件、专业技术职务聘任审批表、录用健康体检表、干部任免审批表、入党志愿书、大学毕业生登记表、教师资格认定申请表、优秀毕业生登记表、工资变动核准表、毕业生就业通知书（报到证）。

六、知识拓展

见右侧二维码。

任务三　人事档案的保管、借（查）阅、转递

一、任务背景及目标

人事档案日常管理主要包括人事档案保管、人事档案借（查）阅管理、人事档案转递管理三部分内容。

本任务的主要目标是了解各类人事档案的保管场所，把握人事档案借（查）阅的特殊要求，掌握人事档案转递的要求及操作方法。

二、知识介绍

（一）各类人员人事档案的保管场所

人事档案的保管范围是依据统一领导、分级管理，管人与管档案相一致的原则确定的，具体范围划分如下：

（1）在职人员。人事档案的正本由主管该人的组织、人事部门保管。人事档案的副本由主管或协管该人的组织、人事部门保管。非主要协管和监管的单位不保管人事档案的正、副本，但可根据需要保存近期重份的或摘要的登记表、履历表类材料。军队和地方互兼职务的干部，主要职务在军队的，其档案由军队的政治部保管；主要职务在地方的，其档案由地方的组织、人事部门保管。民主党派或无党派爱国人士的档案由各级党委统战部门保管。

（2）离退休人员。党中央、国务院管理的干部，是中共党员的，其档案由中央组织部（或人事部）保管；是民主党派或无党派爱国人士的，其档案由中央统战部保管。其他人员的档案由其所在单位的劳动（组织、人事）机构保管。

（3）死亡人员。党中央、国务院干部死亡后，其档案由原管理单位保管 5 年后，移交中央档案馆保存。中央、国家机关各部长，各省、自治区、直辖市管理的厅局级职务的干部，全国著名的科学家、艺术家、教授和有特殊贡献的英雄、模范人物、知名人士等死亡后，其档案由原管理单位保管 5 年后，移交本单位档案部

门保存,并按规定的限期,移交同级档案馆保存。上述范围以外的其他干部死亡后,其档案由原管理部门保管5年后,移交机关档案部门保存,并按同级档案馆接收范围规定进馆。企业职工死亡后,其档案由原管理部门保管5年后,移交企业综合档案部门保存。对国家和企业有特殊贡献的英雄、模范人物死亡后,其档案按规定向有关档案馆移交。

(4) 辞职、退职、自动离职、被辞退(解聘)后未就业人员。在职人员辞职、退职、自动离职、被辞退(解聘)后,未就业的机关、事业单位人员档案由原管理单位保管,未就业的企业人员档案由户籍所在地劳动保障部门保管。已就业的,其档案转至有关组织、人事、劳资部门保管;不具备保管条件的,转至人事部门所属的人才流动服务中心保管。在职人员被开除公职后,其档案保管方法原则上同上述程序。

(5) 开除公职、判刑、劳动教养人员。在职人员受刑事处分或劳动教养期间,其档案由原管理单位保管;刑满释放或解除劳教后,重新安排工作的,其档案由主管该人员的部门保管或人才流动服务中心保管。

(6) 出国不归、失踪、逃亡人员。其人事档案由原主管单位保管。①

(二) 人事档案借(查)阅

人事档案借(查)阅工作,指的是人事档案管理部门以所保管的人事档案为基础,通过一定的方式和方法,为社会各方面提供服务的工作。

(1) 借(查)阅原则。开展借(查)阅工作的原则包括:严格管理、安全保密、规范程序、方便利用。

(2) 查阅事由。《干部人事档案工作条例》第三十一条规定,因工作需要,符合下列情形之一的,可以查阅干部人事档案:

① 政治审查、发展党员、党员教育、党员管理等;

② 干部录用、聘用、考核、考察、任免、调配、职级晋升、教育培养、职称评聘、表彰奖励、工资待遇、公务员登记备案、退(离)休、社会保险、治丧等;

③ 人才引进、培养、评选、推送等;

④ 巡视、巡察,选人用人检查、违规选人用人问题查核,组织处理,党纪政务处分,涉嫌违法犯罪的调查取证、案件查办等;

⑤ 经具有干部管理权限的党委(党组)、组织人事部门批准的编史修志,撰写大事记、人物传记,举办展览、纪念活动等;

⑥ 干部日常管理中,熟悉了解干部,研究、发现和解决有关问题等;

⑦ 其他因工作需要利用的事项。

干部本人及其亲属办理公证、诉讼取证等有关干部个人合法权益保障的事项,可以按照有关规定提请相应的组织人事等部门查阅档案。复制、摘录的档案材料,应当按照有关要求管理和使用。

(3) 查阅程序和要求。《干部人事档案工作条例》第三十二条规定,查阅干部人事档案按照以下程序和要求进行:

① 查阅单位如实填写干部人事档案查阅审批材料,按照程序报单位负责同志审批签字并加盖公章;

② 查阅档案应当2人以上,一般均为党员;

③ 干部人事档案工作机构应当按照程序审批;

④ 在规定时限内查阅。

(4) 外借。《干部人事档案工作条例》第三十三条规定,干部人事档案一般不予外借,确因工作需要借阅的,借阅单位应当履行审批手续,在规定时限内归还,归还时干部人事档案工作机构应当认真核对档案材料。

(三) 人事档案转递

人事档案转递是指人事档案管理部门之间、人事档案管理部门与人事档案形成材料部门及利用部门之间转出和接收人事档案或档案材料的活动。

1. 转递原因

人事档案转递的原因如下:

---

① 陈琳. 档案管理技能训练[M]. 北京:机械工业出版社,2015.

(1) 管理权限改变:人员所在单位撤销或合并入新单位等。

(2) 调出人员的转递:人员职务变动改变了主管部门;人员跨单位、跨系统调动;大中专高校毕业生落实相应工作单位;人员离退休后异地安置;人员辞职、开除后重新就业等。

(3) 上级部门借用档案。

2. 转递要求

人事档案转递的要求是及时、安全、准确。《干部人事档案工作条例》第二十五条规定,干部人事档案管理权限发生变动的,原管理单位的干部人事档案工作机构应当对档案进行认真核对整理,保证档案内容真实准确、材料齐全完整,并在 2 个月内完成转递;现管理单位的干部人事档案工作机构应当认真审核,严格把关,一般应当在接到档案 2 个月内完成审核入库。转递干部人事档案必须通过机要交通或者安排专人送取,转递单位和接收单位应当严格履行转递手续。

《企业职工档案管理工作规定》也规定,企业职工调动、辞职、解除劳动合同或被开除、辞退等,应由职工所在单位在一个月内将其档案转交其新的工作单位或其户口所在地的街道劳动(组织人事)部门。

三、实训任务及参考示例

(1) 小王是某局下属事业单位信息中心助理工程师,由于工作表现突出且专业技术水平较高,现想申报工程师职称评审。根据评委会要求,小王需要提供近 5 年的年度考核登记表。小王找到单位的人事档案管理员,提出想查阅自己的干部人事档案,并将其 5 年来的年度考核登记表复印一份。小王的干部人事档案由事业单位主管部门某局组织人事处统一保管,作为小王单位的人事档案管理员,应该如何查阅?查阅的时候应该注意哪些方面的问题?

参考示例:

作为下属事业单位的人事档案管理员,需到主管部门查阅小王的干部人事档案。首先应填写“××局干部人事档案查阅审批表”(表 11-3-1)。填写时,应将查档对象、查档人员、查档事由、查档内容和查档单位意见填写完整,即写清楚查谁的档案、谁来查、为什么查、查什么内容,以及谁批准查。填完后,将其交由主管部门人事档案室审核。审核的重点包括:是否确需查阅干部档案;查档事由与查档对象、查档内容是否一致;查档人员身份是否符合要求;复制档案材料的要求是否明确合理;查档单位领导签字和盖章是否符合规定。如需摘抄或复制档案材料,还需填写“××局干部人事档案材料摘抄、复制登记表”(表 11-3-2),详细记录摘抄复制的材料类别、名称及页数等信息。

表 11-3-1 ××局干部人事档案查阅审批表

<table>
<tr><td colspan="2">项目</td><td>姓名</td><td>单位</td><td>职务</td><td>政治面貌</td></tr>
<tr><td colspan="2" rowspan="2">查档对象</td><td></td><td></td><td></td><td></td></tr>
<tr><td></td><td></td><td></td><td></td></tr>
<tr><td colspan="2" rowspan="2">查档人员</td><td></td><td></td><td></td><td></td></tr>
<tr><td></td><td></td><td></td><td></td></tr>
<tr><td colspan="2">查档事由</td><td colspan="4"></td></tr>
<tr><td colspan="2">查档内容</td><td colspan="4">(如需复制,须明确提出复制要求并列出材料明细)</td></tr>
<tr><td colspan="2">查档单位意见</td><td colspan="4">领导签字:　(公章)
年　月　日</td></tr>
<tr><td rowspan="2">××组织人事部门</td><td>主管部门意见</td><td colspan="4">年　月　日</td></tr>
<tr><td>领导批示</td><td colspan="4">年　月　日</td></tr>
</table>

表 11-3-2　××局干部人事档案材料摘抄、复制登记表

被查阅人姓名：　　　　　　　　　　　　　　　　　　　　被查阅人单位及职务：

摘抄、复制材料类别	摘抄、复制材料名称及页数

共摘抄、复制××份，××页材料　　　　　　摘抄、复制人签名：　　　　　年　月　日

（2）小李是某市属国企职工，今年通过社会招聘考录到某国有银行，现按相关程序予以调档。作为小李原单位的人事档案管理负责人，应该怎么配合现单位转递小李的档案？

参考示例：

作为企业人事档案管理负责人，必须严格遵守档案转递的程序和手续。首先，必须按规定填写“转递企业职工档案材料通知单”（图 11-3-1），严格密封，加盖密封章，并办理交接手续。转递须通过机要交通转送或专人送取，确保职工人事档案在转递过程中绝对安全，不得邮寄或交本人自带。其次，转出的档案必须完整齐全，并按规定经过认真的整理装订，不得扣留或分批转出。同时，应加强与接收单位人事部门的沟通交流。接收单位收到档案经核实无误后，应在回执上签名盖章，并将回执立即退回。逾期一个月转出单位未收到回执，应及时向接收单位催问，以防丢失。

转递企业职工档案材料通知单

字第________号

兹将　　　等 同志的档案材料转去，请按档案目录清点查收，并将回执及时退回。

年　月　日

档案材料
姓 名
转递原因　　　　　　（份）

你处于　年　月　日转来　字　　　号　　　　　等同志的档案共　卷，材料共　份，已全部收到，现将回执退回。

收件人签名
收件机关盖章
年　　月　　日

图 11-3-1　转递企业职工档案材料通知单

（3）干部人事档案是组织人事等部门在工作中形成的关于干部成长经历和个人情况的原始记录，大多数档案材料是由各主管部门在依法履行部门职能的过程中形成的，记载和反映了干部的自然情况、成长经历、工作表现以及德、能、勤、绩、廉等方面的情况。借助干部人事档案，可以全面了解干部的成长经历，并将档案记载与现实考察进行综合分析，才能对干部做出比较全面准确的评价。组织部门在干部考察环节，查阅档案的主要目的是全面了解掌握干部的德才表现和历史表现，请问如何查阅干部的德才表现和历史表现？

参考示例：

干部档案中的各类材料从不同角度反映了干部的有关情况，与干部本人直接相关，是一个有机整体。重点了解掌握干部的德才表现和历史表现可以查阅以下材料：

一是第三类的考核鉴定类材料。考核鉴定类材料综合反映了干部不同时期德、能、勤、绩、廉等方面的情况。查阅这些材料，一方面是审核该干部以前的选拔任用是否符合程序规定，另一方面，也可通过对以往考察材料的分析，进一步加深对干部的认识和了解。这类材料一般按照时间顺序排列，近些年有的放在第九类中相应职务任免审批表后。年度考核材料记载了干部该年度的工作业绩等情况。通过查阅这些材料，可以了解干部的工作情况，尤其是近些年的工作实绩。

二是第六类的党、团类材料。这类材料详细记录了干部的政治面貌变化、组织关系变动以及在党团组织中的任职情况。通过查阅这些材料，可以了解干部的政治立场、组织观念以及在党团组织中的表现，是考察干部德才的重要依据。

三是第五类的政审、审计和审核类材料。这类材料反映了组织对干部的政治历史审查意见。

四是第七类的表彰奖励类材料。这类材料记载了干部受奖励的情况。通过查阅这些材料，也可以了解干部的德才情况。

五是第四类的学历学位、专业技术职务(职称)、学术评鉴和教育培训类材料。这类材料详细记载了干部的学历情况、职称情况、科研学术情况、参加党校学习和业务培训情况，是干部德才的重要表现。

六是第八类的违规违纪违法处理处分类材料。这类材料反映了干部的违规违纪违法情况。有的干部在履历表或任免审批表的奖惩栏中未如实填写受处分情况，查阅相关信息时，应注意与干部人事档案第八类中的材料相互印证。

七是其他可供组织参考的材料。通过第一类的履历类材料、第二类的自传和思想类材料、第九类的工资、任免、出国和会议代表类材料等，也都可以了解干部的德才表现和历史表现。

四、延伸思考

每年的毕业季，高校毕业生们无论是选择就业还是继续深造，都将面临调档问题。然而，不少同学对人事档案的意义、保管方式等并没有足够清晰的认识，普遍存在一定误解和疑惑。请列举一些关于毕业生档案的问答，帮助毕业生规避相关误区。

提示：

1. 毕业生档案有什么作用?

毕业生档案在校时称为学生档案，毕业后称为人事档案。可以说，它是个人政治面貌、学习经历和工作经历的记录，也是人事管理和服务的依据。别小看这份档案，之后在工作中办理职称评审、报考公务员、入党政审、养老待遇核准等事项时，都用得上档案记录的这些信息。

2. 我是应届毕业生，还没找到工作，档案应该放在哪里?

离校未就业高校毕业生的人事档案，可由高校通过“邮政 EMS 标准快递”形式转递至户籍所在地的流动人员人事档案管理服务机构保管。比如，在北京毕业离校时还未就业的江苏省常州市户籍地的毕业生，其档案就要邮寄到常州市人才交流服务中心。

3. 毕业生生源地和户籍所在地不一致，档案邮寄地址应填哪个?

在非公单位就业或未就业的高校毕业生，当生源地和毕业时的户籍所在地不一致时，一般将档案邮寄至户籍所在地的流动人员人事档案管理服务机构。在机关、国有企事业单位工作的，一般邮寄至工作单位。

4. 档案可以存放在非户籍就业地吗?

除超大城市外，在非公单位就业的高校毕业生的人事档案可存放在户籍地或就业地的流动人员人事档案管理服务机构。超大城市的具体政策可咨询当地人社部门。对在机关、国有企事业单位就业的高校毕业生来说，档案由毕业生所在单位保管。

5. 什么样的机构可存放毕业生档案?

县级以上(含县级)人社部门所属公共就业和人才服务机构，以及经人力资源和社会保障部门授权管理流动人员人事档案的机构，可保管在非公单位就业和离校未就业的高校毕业生档案。在机关、事业单位、国有企业就业的毕业生，档案由本单位保管。

6. 毕业生可以自行保管档案吗？

不可以。有关部门明确规定，严禁个人保管自己的人事档案。

7. 毕业生档案存放收取费用吗？

不收取。自 2015 年 1 月 1 日起，已取消收取人事关系及档案保管费、查阅费、证明费及档案转递费等名目的费用。

8. 档案管理服务机构在哪里查询？

人社部在门户网站发布了地方人社部门所属流动人员人事档案管理服务机构信息，用人单位和高校毕业生可登录 https://chrm.mohrss.gov.cn/流动人员人事档案管理服务机构信息/，查询流动人员人事档案管理服务机构信息。

（资料来源：人力资源和社会保障部微信公众号）

五、实践训练

公务员政审，即公务员政治审查，主要考查考生本人是否思想进步、品德优良、作风正派，是否有较强的组织纪律性和法制观念。公务员政审是在体检合格之后进行的，目前政审主要包括面审和函审两种方式。假设你是某事业单位组织人事处工作人员，小杨是你们单位的专业技术人员，今年他成功通过了公务员考试，考取了审计局某职位。当审计局政治处相关工作人员到你们单位查阅小杨的人事档案时，你应该如何配合公务员政审的相关工作？人事档案管理人员在提供档案利用服务时需要注意哪些事项？

六、知识拓展

见右侧二维码。

任务四 我国人事档案管理制度的改革

一、任务背景及目标

人事档案来源于最初的人事管理活动。在历史的长河中，人事档案以档案最基本的特征，即原始记录性和社会服务性，起着其他文化形式不可替代的作用。随着我国干部人事档案管理制度改革的深入，对人事档案的利用方式和档案信息资源的开发使用也提出了更高的要求。

本任务的主要目标是了解我国干部人事档案工作的历史沿革，发现人事档案工作中存在的问题与制约因素，提出改革的思路，进一步完善人事档案管理体制。

二、知识介绍

（一）我国人事档案管理发展历程

1. 人事档案管理的初步探索阶段

商、周时代甲骨档案中的谱牒档案被视为我国人事档案的早期萌芽。历朝历代的人事档案工作各有特色。民国时期，人事档案开始实行集中管理，并以人为单位单独立卷。我党的干部人事档案在抗日战争时期开始逐步形成并发展。新中国成立后，由于多种原因导致干部人事档案工作发展缓慢。1956 年 8 月，第一次全国干部档案工作座谈会召开。此次会议上制定了我国首部全国性的关于干部档案工作的法规——《干部档案管理工作暂行规定》，标志着我国的干部人事档案开始逐步走向正规化、法制化。之后的十年里，我国干部人事档案在材料收集补充、归档制度等方面取得了显著进展。

2. 人事档案管理的制度建设阶段

1980 年 2 月，第二次全国干部档案工作座谈会召开。会上讨论、修改了《干部档案工作条例》《干部档案整理办法》等一系列文件，干部人事档案的分类、整理等也开始有了规范、统一的要求。1990 年 12 月，

第三次全国干部档案工作座谈会召开。会上修改了《干部档案工作条例》。此后15年间，该条例一直是各级党委组织部门宏观指导性文件。同时，干部人事档案工作目标管理在全国范围内展开，修订和组织填报了新的《干部履历表》，对县处级以上干部学历学位档案材料进行了检查清理，干部档案信息化建设也初见成效。2000年，中央组织部组建信息管理中心，对全国范围内的干部人事档案开展审核整改工作。

3. 人事档案管理的信息化转型阶段

2005年11月，第四次全国干部档案工作座谈会召开。会议提出要以领导干部和公务员的人事档案为重点，大力推进干部档案工作的创新，加强干部档案工作制度化、规范化和信息化建设，充分发挥干部档案在清正廉洁地选拔人才方面的重要作用。2010年1月，全国组织系统信息化建设工作座谈会明确提出要继续狠抓干部档案内容建设，把干部档案工作转变到充实完善档案内容、更好地为干部人事工作服务上来；要坚持不懈地狠抓干部档案审核整改工作，建立保证干部档案高质量的长效机制；要会同有关部门，针对干部档案涂改造假等违法乱纪行为制定操作性更强的监督惩罚机制，在公道正派地选人用人、防止干部"带病提拔"和"带病上岗"等方面，积极发挥干部档案的作用。

4. 人事档案管理的全面提质阶段

2018年12月，中央组织部在北京召开全国干部人事档案工作会议。会议要求各级党委组织人事部门要始终坚持以习近平新时代中国特色社会主义思想为指导，严格执行《干部人事档案工作条例》，从体制机制、内容建设、日常管理、利用审核、纪律监督等方面推动干部人事档案工作，在科学化、制度化、规范化上下功夫，促使新时期干部人事档案工作高质量开展。

(二) 我国人事档案管理的现有成就

1. 管理制度逐渐严格规范

中共中央办公厅、中共中央组织部、国家档案局出台了《干部人事档案工作条例》《干部档案整理工作细则》《干部人事档案材料收集归档规定》《档案管理违法违纪行为处分规定》等各种规章制度，用严格的制度和严明的纪律规范档案"怎么建、谁来管、怎么用"各个环节，不断健全完善从严管理档案的工作机制，确保干部人事档案工作有章可循、有法可依。

2. 管理体制趋于相对稳定

全国干部人事档案工作在党中央领导下，由中央组织部主管，各地区、各部门、各单位按照干部管理权限分级负责、集中管理。例如，省委管理的干部，其档案由省委组织部集中统一管理；省委各部委、省各委办厅局、省各直属单位管理的干部，其档案由各部门、各单位的组织、人事(干部)部门集中管理；厅局下属企事业单位管理的干部，人数较多且设立组织、人事机构并具备保管条件的，其干部人事档案由厅局下属企事业单位的组织、人事部门管理；不具备保管条件或人数较少的单位，其干部人事档案由上级主管部门的组织、人事部门管理。各省辖市委管理的干部人事档案以及各县(市、区)委管理的干部档案参照执行。

3. 管理机构与人员配备要求不断提高

县及县以上的组织、人事部门要提升自身的档案管理能力，设立相应的干部人事档案工作机构，统筹开展本地区本系统的档案业务指导、监督和检查工作。暂未设立干部人事档案工作机构的，干部人事档案工作由干部综合科室负责，并须按照《干部人事档案工作条例》规定配备专职干部管理档案。

管理干部人事档案1 000卷左右并有业务指导任务的单位，应配备1名及以上专职管理人员；管理干部人事档案1 000卷以下且无业务指导任务的部门和单位，可配备1名以管理干部人事档案工作为主的兼职干部；管理200卷以下的，应明确专人兼管档案工作。

三、实训任务及参考示例

请结合《中华人民共和国公务员法》《中国共产党纪律处分条例》等相关法律法规，从法律规制与治理路径角度，对干部人事档案造假现象进行评析。

参考示例：

干部人事档案造假是破坏政治生态和组织纪律的典型问题，此类现象通过虚构个人信息、篡改履历等方式，规避选拔任用程序，严重损害干部队伍的纯洁性与公信力。从法律与制度层面剖析，其本质是对《中华人民共和国公务员法》《中国共产党纪律处分条例》等规定的公然违反，尤其触犯了关于干部档案真实准确、选拔任用公开公正的核心原则。

治理干部人事档案造假现象，需从多维度强化制度约束：一是完善档案审核“双人复核”“交叉验证”机制，利用数字化手段建立电子档案与原始材料的比对系统，从技术层面压缩造假空间；二是落实“谁审核、谁负责”的追责制度，对档案造假行为实行“零容忍”，依规依纪严肃追究相关责任人责任；三是加强干部思想教育，将档案诚信纳入党性修养考核，引导干部树立“档案真实即政治生命”的底线意识。

四、延伸思考

作为员工个人信息的储存库，人事档案收存着员工履历、鉴定（考评）、奖惩、任免、工资等资料，对员工至关重要。但现实中，有关人事档案引发的纠纷并非个例。对于以下三个案例，应当如何处理？

【案例1】孙女士从公司离职后，到另一家单位任职。鉴于公司一再推诿为其办理档案转移手续，孙女士通过“穷追猛打”终于得知自己的档案已被公司丢失的真相。面对孙女士的补办请求，公司却一直未作答复。

提示：

孙女士可以申请劳动仲裁或在仲裁后起诉，责令公司补办。《最高人民法院关于审理劳动争议案件适用法律问题的解释（一）》第一条第（四）项规定，劳动者请求用人单位办理人事档案移转手续产生的争议，经劳动争议仲裁委员会仲裁后，当事人依法起诉的，法院应予受理。《最高人民法院关于人事档案被原单位丢失后当事人起诉原用人单位补办人事档案并赔偿经济损失是否受理的复函》中也指出，保存档案的企事业单位，丢失他人档案的，应当承担相应的民事责任。档案关系人起诉请求补办档案、赔偿损失的，法院应当作为民事案件受理。

【案例2】张女士与公司的劳动合同到期后，虽公司一再挽留，甚至向其承诺高工资、高福利，但张女士不为所动，仍执意离去并到另一单位任职。出于报复，公司借口张女士的离职交接手续不全，扣押其档案，拒绝转档。

提示：

即使张女士离职交接手续不全，公司也不得扣押其档案、拒绝转档。《中华人民共和国劳动合同法》第五十条规定：“用人单位应当在解除或者终止劳动合同时出具解除或者终止劳动合同的证明，并在十五日内为劳动者办理档案和社会保险关系转移手续。”《劳动部办公厅关于固定工签订劳动合同有关问题的复函》第一条也指出：“用人单位与职工解除劳动关系后，应及时将职工档案转到职工新的接收单位；无接收单位的，应转到职工本人户口所在地。”即不管员工离职交接手续是否完备，用人单位都具有及时将其个人档案转出的义务；否则，必须赔偿员工由此遭受的损失。

【案例3】在职场打拼多年的刘女士曾在多家用人单位任职，其档案随之在不同的人才交流中心转递。今年4月，刘女士再次从一家公司离职时，因对自己档案中记载的履历、学历、学位、录用、任免、工资、奖惩等信息了解甚少，要求公司允许其查阅并复印档案，但公司以其无权查阅为由予以拒绝。

提示：

刘女士的确无权查阅。与用人单位解除劳动合同或聘用合同人员的人事档案，属于流动人员人事档案。《流动人员人事档案管理暂行规定》第十四条第（一）（四）项分别规定：“查阅流动人员人事档案应办理审批手续。查阅单位应申明查阅理由，管档单位根据规定和需要确定需提供的档案材料。”“任何个人不得查阅或借用本人及其直系亲属的档案。”由此可见，有权查阅流动人员人事档案的主体仅限于单位，任何个人不论基于何种原因、理由或目的，均无权查询。由于刘女士曾在多家用人单位任职，属于流动人员，公司拒绝其查阅请求符合相关规定。

（资料来源：《安徽日报》）

五、实践训练

世界各国政治体制、历史背景以及人事档案管理模式的文化特征不同，其人事档案事业管理体制和管理方法也存在很大差异。一些国家在人事档案管理上采用人档分离式管理、有条件的部分开放查阅、精炼的档案内容、实施现代化管理等措施。请查阅相关资料，结合我国国情，借鉴其他国家在人事档案管理方面的经验和做法，谈谈我国现有人事档案管理制度改革的思路及措施。

六、知识拓展

见右侧二维码。

项目十二

会计档案管理

【项目导读】

《会计档案管理办法》规定,会计档案是由会计资料有条件地转化而来的。各单位应当加强会计档案管理工作,建立和完善会计档案的收集、整理、保管、利用和鉴定销毁等管理制度,采取可靠的安全防护技术和措施,保证会计档案的真实、完整、可用、安全。

任务一 认识会计档案

一、任务背景及目标

会计档案工作是与会计工作相伴而生的。新中国成立后,我国在借鉴苏联会计管理模式的基础上,继续使用复式记账法,并结合我国实际,逐步建立起我国的会计制度。1984 年 6 月 1 日,《会计档案管理办法》正式出台,标志着会计档案工作进入规范化管理阶段。该办法先后于 1999 年和 2015 年历经两次修订,最新修订版由财政部、国家档案局于 2015 年 12 月 11 日发布,适用于国家机关、社会团体、企业、事业单位以及按规定应当建账的个体工商户和其他组织。与此同时,相关行业标准《会计档案案卷格式》(DA/T 39—2008)、《电子会计档案管理规范》(DA/T 94—2022)、《行政事业单位一般公共预算支出财务报销电子会计凭证档案管理技术规范》(DA/T 95—2022)相继出台。

本任务的主要目标是认识会计档案的属性和特征以及会计档案的作用,区分会计档案和文书档案,并进一步认识会计档案的管理体制和制度。

二、知识介绍

(一)会计档案的含义

根据《会计档案管理办法》,会计档案是指单位在进行会计核算等过程中接收或形成的,记录和反映单位经济业务事项的,具有保存价值的文字、图表等各种形式的会计资料,包括通过计算机等电子设备形成、传输和存储的电子会计档案。会计档案既可以是外部接收取得的会计资料,也可以是内部直接形成的各种形式的会计资料;电子会计档案也属于会计档案。

会计档案是单位预算和账务收支计划的重要依据,也是经济建设中宝贵的信息资源。作为经济活动和财务收支过程的产物,会计档案直接反映各单位所有经济活动及财务收支情况,记录了各单位某一特定时期的资产、负债、所有者权益状况、经营成果和现金流量情况,同时还体现了会计核算的具体内容、核算程序、核算方法和结果。

(二)会计档案的构成

(1)会计凭证:用来记录经济业务,明确经济责任,作为记账依据的书面证明,是账簿登记的重要依据。会计凭证根据填写程序和用途可分为原始凭证和记账凭证。

(2) 会计账簿：以会计凭证为依据，连续、系统、全面地记录经济业务的簿籍，是编制财务报告的重要依据。会计账簿按外形一般可分为订本式、活页式和卡片式三种形式；按用途可分为总分类账、明细分类账、日记账、固定资产卡片、其他辅助性账簿等。

(3) 财务会计报告：根据日常会计核算材料定期编制的，综合反映一定时期的资产、负债和所有者权益状况，以及特定时期的经营成果和现金流动情况等会计信息的书面文件，简称财务报告。财务会计报告包括财务报表和其他应当在财务报告中披露的相关信息和资料，按时间可分为月报、季报、年报，按内容可分为资产负债表、利润分配表、经费活动情况表、财务分析及说明等，按编制单位可分为单位报告、汇总报告等，按服务对象可分为内部报告和外部报告等。

(4) 其他会计资料：包括银行存款余额调节表、银行对账单、纳税申报表、会计档案移交清册、会计档案保管清册、纳税申报表、会计档案销毁清册、会计档案鉴定意见书及其他具有保存价值的会计资料。

三、延伸思考

会计档案具有专业性、形成范围的普遍性、承载信息的严肃性、数据记录的平衡性、格式规范性等特点。根据会计档案的定义、属性和特征等，思考会计档案与文书档案有哪些区别。

提示：

1. 产生领域不同

会计档案产生于各单位的会计核算活动，而文书档案产生于各单位的党政管理及专业业务管理活动。

2. 表现形式不同

会计档案主要以凭证、账簿、报表等三种形式出现，并且三者有紧密的内在联系；文书档案则多以公文形式出现，具有相对独立性。

3. 整理方式不同

会计档案根据时间、形式特征，以“卷”为单位进行整理；文书档案则按年度结合问题(机构)，以“件”为单位进行分类、整理。

4. 归档时间不同

会计档案在会计年度结束后，可由会计管理机构临时保管一年，再移交至单位的档案管理机构统一保管；文书档案一般在第二年初对上一年的档案进行整理、归档。

5. 发挥作用有差异

会计档案既是审计核查、经济案件定责的关键证据，也是研究经济活动的原始依据，具有突出的法律效力和数据实证性。文书档案既为行政运作提供连续性参考，也为业务发展留存历史轨迹，其价值更多体现在管理溯源和宏观研究层面。两者相比较，会计档案侧重于经济监督与定量分析，文书档案强调管理凭证与定性研究，共同构成组织运行的“数据双轨”。

四、实践训练

(1) 根据会计档案的管理体制和制度，单位内部会计档案管理是一种分工与协作相结合的工作模式。单位负责人(分管财务工作负责人和分管档案工作负责人)、会计部门、档案部门以及其他部门等在会计档案管理中，都承担着不同的职责。请试着列出单位负责人(分管财务工作负责人和分管档案工作负责人)、会计部门、档案部门以及其他部门在会计档案管理中的职责。

(2) 请根据国家有关档案工作的统一规定和行业标准，同时结合本单位实际情况，制定并完善本单位会计档案管理制度。

五、知识拓展

见右侧二维码。

任务二 会计档案的归档移交及保管期限的确定

一、任务背景及目标

会计档案的收集是指依据归档制度，将分散在财务部门和会计个人手中的会计核算专业材料集中起来，实现统一管理。收集工作是会计档案管理的起点，为其后会计档案的整理、保管等活动的开展提供了管理对象，同时也为会计档案信息的利用提供了工作素材。会计档案的收集应遵循会计核算材料的形成规律，确保会计档案收集齐全、完整、准确。会计档案归档是指财务部门将办理完毕且具有保存价值的会计核算材料经系统整理后移交单位档案馆(室)保存的过程。

本任务的主要目标是明确会计档案收集和鉴定流程，依据会计档案归档制度和鉴定规范，进行会计档案的归档和鉴定。

二、知识介绍

(一) 会计档案归档制度

为保证会计档案收集的齐全、完整与准确，必须建立严格的会计档案归档制度，其内容一般包括归档范围、归档时间、归档要求、归档手续等。

1. 会计档案的归档范围

《会计档案管理办法》第六条规定："下列会计资料应该进行归档：(一)会计凭证，包括原始凭证、记账凭证；(二)会计账簿，包括总账、明细账、日记账、固定资产卡片及其他辅助性账簿；(三)财务会计报告，包括月度、季度、半年度财务会计报告；(四)其他会计资料，包括银行存款余额调节表、银行对账单、纳税申报表、会计档案移交清册、会计档案保管清册、会计档案销毁清册、会计档案鉴定意见书及其他具有保存价值的会计资料。"第七条规定："单位可以利用计算机、网络等信息技术手段管理会计档案。"第八条规定，在满足相应条件下形成的属于归档范围的电子会计资料可仅以电子形式保存，形成电子会计档案。归档电子会计资料与来源系统对照表见表12-2-1。

2. 会计档案的归档时间

当年形成的会计档案，在会计年度终了后，由单位会计管理机构临时保管一年，再移交单位档案管理机构保管。因工作需要确需推迟移交的，应当经单位档案管理机构同意。临时保管会计档案最长不超过三年。临时保管期间，会计档案的保管应当符合国家档案管理的有关规定，且出纳人员不得兼管会计档案。

3. 会计档案的归档要求

《会计档案管理办法》第十条规定："单位的会计机构或会计人员所属机构按照归档范围和归档要求，负责定期将应当归档的会计资料整理立卷，编制会计档案保管清册。"

会计档案归档的一般要求是：归档的会计文件、会计记录应当齐全完整，保持文件之间的有机联系，适当区分保存价值，便于日后会计档案的保管和会计档案信息资源的开发利用。具体的要求由各单位根据本单位的具体情况，以及会计文件、会计记录的产生和形成规律特点加以规定，一般应包含以下几方面的内容：

(1) 收集、整理应符合规范。

应归档的会计核算材料要求齐全、完整、准确，且分类清楚、组卷合理、排序科学、编目清晰。

(2) 编制移交清册。

单位会计机构在办理会计档案移交时，应当编制会计档案移交清册，并按国家有关规定办理移交手续。

(3) 保持原卷的封装。

移交的会计档案为纸质会计档案的，应当保持原卷的封装；特殊情况需拆封重新整理的，应由档案机构和会计机构经办人共同拆封整理，以分清责任。

表 12-2-1 归档电子会计资料与来源系统对照表

<table>
<tr><th colspan="3">归档电子会计资料</th><th>来源系统(企业)</th><th>来源系统(行政、事业单位)</th></tr>
<tr><td rowspan="12">电子会计凭证类</td><td rowspan="11">原始凭证</td><td>销售订单</td><td rowspan="2">企业资源计划系统</td><td rowspan="2">—</td></tr>
<tr><td>出库单</td></tr>
<tr><td>销售发票</td><td>税务系统</td><td>票据管理系统</td></tr>
<tr><td>采购订单</td><td rowspan="2">企业资源计划系统</td><td rowspan="2">—</td></tr>
<tr><td>入库单</td></tr>
<tr><td>采购发票</td><td>税务系统</td><td>票据管理系统</td></tr>
<tr><td>报销单</td><td>报销系统</td><td>报销系统</td></tr>
<tr><td>银行回单</td><td>银企互联系统/网上银行系统</td><td>银政互联系统/网上银行系统</td></tr>
<tr><td>合同</td><td>合同管理系统</td><td>合同管理系统</td></tr>
<tr><td>报告</td><td>办公自动化系统</td><td>办公自动化系统</td></tr>
<tr><td>其他原始单据</td><td>票据管理系统</td><td>票据管理系统</td></tr>
<tr><td>记账凭证</td><td>记账凭证</td><td rowspan="6">会计核算系统</td><td rowspan="6">会计核算系统</td></tr>
<tr><td colspan="2" rowspan="3">电子会计账簿</td><td>总账、明细账、现金日记账、银行存款日记账等</td></tr>
<tr><td>固定资产卡片</td></tr>
<tr><td>其他辅助性账簿</td></tr>
<tr><td colspan="2" rowspan="2">电子财务会计报告</td><td>年报</td></tr>
<tr><td>月、季、半年报</td></tr>
<tr><td colspan="2" rowspan="2">其他电子会计资料</td><td>银行存款余额调节表、银行对账单</td><td>银企互联系统</td><td>银政互联系统</td></tr>
<tr><td>纳税申报表</td><td>税务系统</td><td>—</td></tr>
</table>

(4) 签章要完整。

会计凭证、账簿封面及启用页、报告封面等需由经手人员、会计主管人员、单位负责人签名盖章的,应当完整齐全。

(5) 元数据、读取平台一并移交。

移交的会计档案是电子会计档案的,应当将电子会计档案及其元数据一并移交,且文件格式应当符合国家有关规定。特殊格式的电子会计档案应当与其读取平台一并移交。电子会计档案有相应纸质档案载体的,应在相应的元数据中著录相关信息,建立关联关系。档案接收机构应对电子会计档案的载体及其技术环境进行检验,确保所接收电子会计档案的完整性和可读性。

4. 会计档案的归档手续

由交接双方按规定在会计档案移交清册上注明交接人、移交时间和档案条目及数量等信息,签名、盖章后双方各执一份。具备电子会计档案管理条件的单位,可通过电子档案管理系统完成线上移交流程。

(二) 会计档案的保管期限

《会计档案管理办法》第十四条规定:"会计档案的保管期限分为永久、定期两类。定期保管期限一般分为 10 年和 30 年。会计档案的保管期限,从会计年度终了后的第一天算起。"第十五条规定:"各类会计档案的保管期限原则上应当按本办法附表执行,本办法规定的会计档案保管期限为最低保管期限。单位会计档案的具体名称如有同本办法附表所列档案名称不相符的,应当比照类似档案的保管期限办理。"会计档案保管期限表(表 12-2-2、表 12-2-3)是剔除无保存价值会计资料和划定会计档案保管期限的主要依据。

表 12-2-2 企业和其他组织会计档案保管期限表

序号	档案名称	保管期限	备注
一	会计凭证		
1	原始凭证	30 年	
2	记账凭证	30 年	
二	会计账簿		
3	总账	30 年	
4	明细账	30 年	
5	日记账	30 年	
6	固定资产卡片		固定资产报废清理后保管 5 年
7	其他辅助性账簿	30 年	
三	财务会计报告		
8	月度、季度、半年度财务会计报告	10 年	
9	年度财务会计报告	永久	
四	其他会计资料		
10	银行存款余额调节表	10 年	
11	银行对账单	10 年	
12	纳税申报表	10 年	
13	会计档案移交清册	30 年	
14	会计档案保管清册	永久	
15	会计档案销毁清册	永久	
16	会计档案鉴定意见书	永久	

表 12-2-3 财政总预算、行政单位、事业单位和税收会计档案保管期限表

序号	档案名称	保管期限			备注
		财政总预算	行政单位事业单位	税收会计	
一	会计凭证				
1	国家金库编送的各种报表及缴库退库凭证	10 年		10 年	
2	各收入机关编送的报表	10 年			
3	行政单位和事业单位的各种会计凭证		30 年		包括:原始凭证、记账凭证和传票汇总表
4	财政总预算拨款凭证和其他会计凭证	30 年			包括:拨款凭证和其他会计凭证
二	会计账簿				
5	日记账		30 年	30 年	
6	总账	30 年	30 年	30 年	
7	税收日记账(总账)			30 年	
8	明细分类、分户账或登记簿	30 年	30 年	30 年	
9	行政单位和事业单位固定资产卡片				固定资产报废清理后保管 5 年
三	财务会计报告				
10	政府综合财务报告	永久			下级财政、本级部门和单位报送的保管 2 年
11	部门财务报告		永久		所属单位报送的保管 2 年
12	财政总决算	永久			下级财政、本级部门和单位报送的保管 2 年

续表

序号	档案名称	保管期限			备注
		财政总预算	行政单位事业单位	税收会计	
13	部门决算		永久		所属单位报送的保管 2 年
14	税收年报(决算)			永久	
15	国家金库年报(决算)	10 年			
16	基本建设拨、贷款年报(决算)	10 年			
17	行政单位和事业单位会计月、季度报表		10 年		所属单位报送的保管 2 年
18	税收会计报表			10 年	所属税务机关报送的保管 2 年
四	其他会计资料				
19	银行存款余额调节表	10 年	10 年		
20	银行对账单	10 年	10 年	10 年	
21	会计档案移交清册	30 年	30 年	30 年	
22	会计档案保管清册	永久	永久	永久	
23	会计档案销毁清册	永久	永久	永久	
24	会计档案鉴定意见书	永久	永久	永久	

注:税务机关的税务经费会计档案保管期限,按行政单位会计档案保管期限规定办理。

三、实训任务及参考示例

移交会计档案的单位应当编制会计档案移交清册。交接会计档案时,交接双方应当按照会计档案移交清册所列内容逐项交接,并由交接双方的单位有关负责人监督。交接完毕后,交接双方经办人和监督人应当在会计档案移交清册上签名或盖章。请编制并填写会计档案移交清册和会计档案移交清单。

参考示例:

会计档案移交清册和会计档案移交清单分别见表 12-2-4 和图 12-2-1。

表 12-2-4　会计档案移交清册

序号	会计档案名称	卷号	册数	起止年度	档案编号	应保管期限	已保管期限	备注

"备注"一栏中可填写特别需要说明的情况。如果单位已实行会计档案电子化归档,应在此栏中标注电子会计档案或纸质会计档案。

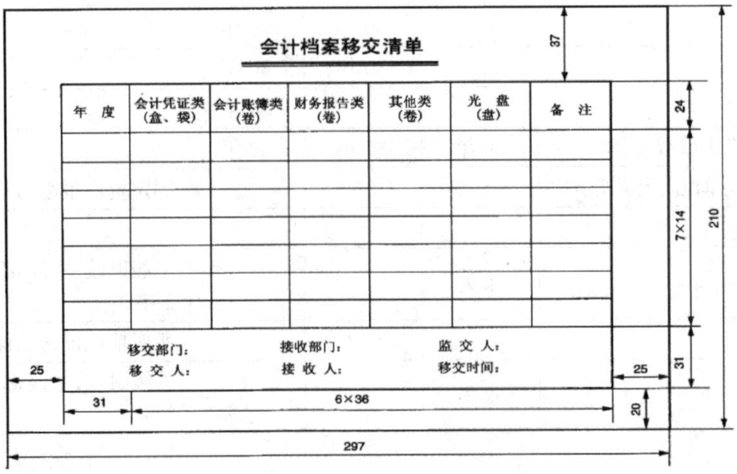

图 12-2-1　会计档案移交清单

“年度”一栏中填写移交的会计档案所属年度。

“会计凭证类”一栏中填写所移交的会计凭证的盒(或袋)数。

“会计账簿类”“财务报告类”“其他类”这几栏中填写所移交这几类档案的卷数。

“光盘”一栏中填写所移交的光盘盘数。

“移交部门”一般填写单位会计机构的名称并盖章。

“移交人”由会计机构负责档案整理、立卷归档的人员签名。

“接收部门”一般填写单位的档案机构名称并盖章。

“接收人”由档案机构负责接收会计档案的经办人签名。

“监交人”由监督交接会计档案的人员签名。

“移交时间”填写会计档案交接当日的日期。

四、延伸思考

(1) 2015年颁布的《会计档案管理办法》实施后，电子会计档案被纳入会计档案的范畴。因此，单位是否只需保存原始凭证的扫描件和合同的电子文档，纸质原件就可以不再归档了呢？

提示：

根据《会计档案管理办法》，会计档案包括通过计算机等电子设备形成、传输和存储的电子会计档案。也就是说，电子会计档案属于会计档案。

为提高工作效率，单位通过在内部制定相应的内控流程，并在确保扫描件和电子文档真实、可靠、不被篡改的前提下，可以利用纸质原始凭证的扫描件和合同的电子文档作为依据进行会计核算。但是，纸质原始凭证的扫描件和合同的电子文档不符合《会计档案管理办法》中关于电子会计资料可仅以电子形式归档保存情形的相关规定，所以不能仅以电子形式归档保存，单位仍应同时保存纸质原始凭证和合同的纸质原件。

(2)《会计档案管理办法》第八条规定，同时满足下列条件的，单位内部形成的属于归档范围的电子会计资料可仅以电子形式保存，形成电子会计档案：

① 形成的电子会计资料来源真实有效，由计算机等电子设备形成和传输；

② 使用的会计核算系统能够准确、完整、有效接收和读取电子会计资料，能够输出符合国家标准归档格式的会计凭证、会计账簿、财务会计报表等会计资料，设定了经办、审核、审批等必要的审签程序；

③ 使用的电子档案管理系统能够有效接收、管理、利用电子会计档案，符合电子档案的长期保管要求，并建立了电子会计档案与相关联的其他纸质会计档案的检索关系；

④ 已采取有效措施，防止电子会计档案被篡改；

⑤ 已建立电子会计档案备份制度，能够有效防范自然灾害、意外事故和人为破坏的影响；

⑥ 形成的电子会计资料不属于具有永久保存价值或者其他重要保存价值的会计档案。

那么在实际工作中，应如何把握这一规定？

提示：

(一) 对电子会计资料产生与传递过程的要求

这一项要求强调了两方面的内容：一是电子会计资料的来源要真实有效；二是电子会计资料从产生到传递的全过程不能脱离计算机等电子设备，不能有因人为干预而导致会计信息不可靠的中间环节。

(二) 对会计核算系统的要求

会计核算系统是为单位会计核算、财务管理直接采集会计信息与数据，生成会计凭证、会计账簿、账务报表等会计资料的核心会计软件，是电子会计档案归档的重要信息系统。这一项要求对会计核算系统接收和读取电子会计资料，以及输出会计资料的格式等提出了明确的要求。

(三) 对电子档案管理系统的要求

要求电子档案管理系统能够有效接收、管理、利用电子会计档案，符合电子档案的长期保管要求，并建立了电子会计档案与相关联的其他纸质会计档案的检索关系。这一项要求是对电子档案管理系统的要求。电子档案管理系统是对电子会计档案进行采集、归档、编目、管理和保管的信息系统,会计档案电子化要求单位建设与管理要求相适应的档案管理系统。电子档案管理系统功能要求可参照《电子档案管理系统通用功能要求》(GB/T 39784—2021)。

(四)建立电子会计档案防篡改机制

要求确保电子会计档案不可被篡改。档案的本质属性是原始记录性。传统的纸质档案具有信息与载体完整不可分割的特点,修改后通常会留下痕迹。而电子会计档案在不同载体之间转换存储,在此过程中容易被篡改且不易发现。因此,如何确保电子会计档案的真实性和完整性尤为重要。

(五)建立电子会计档案备份制度

要求单位必须建立电子会计档案备份制度,这是保证会计资料安全的基本要求。相对于纸质档案,电子档案在存储中易受高温、潮湿、电磁、剧烈震动等情况影响而失效。在会计资料打印输出的情况下,纸质资料与电子资料实际形成了相互备份关系;而如果不打印出来,则对电子档案的备份要求就更要增强。电子档案管理系统应当依照《档案信息系统运行维护规范》(DA/T 56—2014)进行备份。有条件的单位应对电子档案以单份文件(含元数据)为存储单元进行离线存储,以进一步降低电子档案长期保存风险。重要的电子档案应进行一式三套离线存储,且载体应具有较好的耐久性。

(六)必须以纸质形式保存的会计档案

要求保管期限为永久的会计资料必须以纸质形式归档保存,如年度财务会计报告、会计移交清册、会计档案保管清册、会计档案销毁清册、会计档案鉴定意见书等。此外,单位认为具有重要保存价值的其他会计档案也应以纸质形式保存。

(七)符合规定的电子签名

要求电子会计资料附有符合《中华人民共和国电子签名法》规定的电子签名。这一要求确保了电子会计档案的真实性。

五、实践训练

根据某企业单位的会计档案构成和特点,编制本企业的会计档案归档范围和保管期限表。

六、知识拓展

见右侧二维码。

任务三 会计档案的整理

一、任务背景及目标

无序、不系统、无条理的会计档案不但不便于安全保管,也不便于科学地组织会计信息资源的开发利用工作。整理就是为会计档案的合理保管和利用提供一个最基本的物理性的会计文件有机体系。会计档案的整理既是对收集工作成果的继承和巩固,同时也是开展其他业务工作的必要前提条件。

本任务的主要目标是了解会计档案的整理原则和内容,掌握其分类与排列方法,并学会分类、排列、组卷、编目等整理环节的具体操作。

二、知识介绍

会计档案整理的基本原则与文书档案一致,应注意保持原卷册的封装;个别需要拆封重新整理的,档案管理机构应当会同会计机构和经办人员共同拆封整理,以分清责任。会计档案整理工作的内容主要包括分类、排列、组卷和编目等程序。

(一) 会计档案的分类与排列

会计档案的分类是指根据来源、时间、内容和形式等标准将会计文件分门别类。常用的分类排列法主要有以下几种：

1. 会计文件形式-会计年度-保管期限法

这种分类方法将会计档案先按照文种分为四类，再在同一个类别下按会计年度分类，最后将一个会计年度、同一类别的会计文件按保管期限从高到低降级排列。这是一种比较常见的分类排列法，其优点是保持了会计档案类别的连续性，便于按类别查找和鉴定销毁会计档案；另外，相同规格的会计档案排列在一起，排架整齐美观。这种分类排列法适用于会计档案数量较多的大中型企事业单位。相关示例如下：

- 会计文件形式
  - 财务报告 1
    - 2020 年
      - 年度财务报告(决算)(永久)
      - 月、季度财务报告(10 年)
    - 2021 年
      - 年度财务报告(决算)(永久)
      - 月、季度财务报告(10 年)
    - 2022 年 ……
  - 会计账簿 2
    - 2020 年
      - 银行存款账(30 年)
      - 现金出纳账(30 年)
      - 总账(30 年)
      - 明细分类账(30 年)
      - 固定资产卡片(报废清理后保管 5 年)
      - 辅助账簿(30 年)
    - 2021 年 ……
  - 会计凭证 3
    - 2020 年
      - 收款凭证(30 年)
      - 付款凭证(30 年)
      - 转账凭证(30 年)
    - 2021 年 ……
  - 其他会计资料 4
    - 2020 年
      - 会计档案保管清册(永久)
      - 会计档案销毁清册(永久)
      - 会计档案鉴定意见书(永久)
      - 会计档案移交清册(30 年)
      - 银行余额调节表(10 年)
      - 银行对账单(10 年)
      - 纳税申报表(10 年)
    - 2021 年 ……

2. 会计年度-会计文件形式-保管期限法

这种分类方法将会计档案先按照会计年度分类，再按照四种会计文件形式分类，最后按保管期限降级排列，一年编一个案卷流水号。这种分类排列方法的优点是简便易掌握，便于按会计年度查找和利用会计档案。其不足是由于会计档案规格不同，同一会计年度的各种会计档案排列在一起后，上架会出现高低错落、大小不一的情况，排架不美观。这种分类排列法适用于单位预算会计、企业会计。

3. 会计年度-组织机构-会计文件形式-保管期限法

这种分类方法将会计档案先按照会计年度分类，再按照组织机构分类，然后根据会计文件形式分类，最后按保管期限降级排列。这种分类排列法适用于总预算会计单位，如财政部门。

4. 会计年度-会计类型-会计文件形式-保管期限法

这种分类方法将会计档案先按会计年度分类，再按会计类型(税收计划、税收会计、经费会计)分类，然后按会计文件形式分类，最后按保管期限降级排列。这种分类排列法适用于专业性较强的各级税务机关。

(二) 会计档案的组卷

会计档案的组卷就是将会计文件按一定要求组合成案卷的工作。

1. 会计凭证的组卷

会计凭证是按照时间顺序逐日形成的，具有严格的时序性，并按月结算。会计机构先按照会计凭证的时间顺序排列保存，到月底时按编号顺序进行整理并装订成册。因此，会计凭证一般按月分开组卷，并根据每月凭证的种类和多少组成一卷或数卷。不同月份的凭证不能组在同一案卷内。整理步骤如下：

(1) 检查每份记账凭证和原始凭证、附件是否完整齐全，记账凭证上有关人员的签名和盖章是否齐全，凭证编号是否齐全。将多种记账凭证按照编号顺序进行排列。一般以每月作为一个编号单位，编号位置在右上角。如果一个月的凭证数量很多，应根据凭证数量的多少组合为若干卷(本)。是否分卷依据“多则分、少则合”的原则。

(2) 将所有纸质材料上的订书钉、大头针、回形针等金属物拆除。

(3) 将各种大小不一的原始凭证，按记账凭证的大小折叠、装订。一般来讲，原始凭证应比记账凭证略小。装订时要注意，应方便翻阅时能看清每张记账凭证和原始凭证的内容。装订位置一般在凭证的左上角或左侧，有两孔一线和三孔一线两种装订方法。装订后贴上凭证封面。

(4) 填写会计凭证封面。会计凭证封面一般包括以下项目：单位名称、凭证名称、时间、册数、册次、记账凭证起止号、记账凭证数、附件数、会计凭证总数、会计主管、装订人、装订时间、备注等，如图 12-3-1 所示。

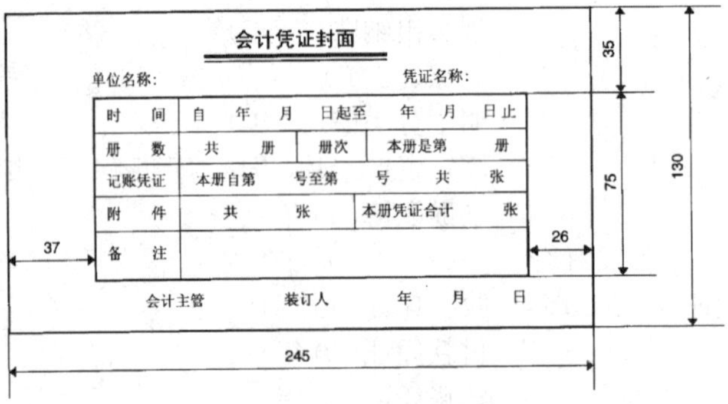

图 12-3-1 会计凭证封面

2. 会计账簿的组卷

会计账簿一般首先区分年度，同一年度的账簿按其种类进行组卷，一本为一卷。会计账簿的组卷要注意以下几点：

(1) 会计账簿按其外形特征可分为订本式账簿、活页式账簿和卡片式账簿。订本式账簿组卷时，应保持账簿本身的完整性，不需要拆除空白页面，账簿内每页连续编写页号。活页式账簿组卷时，应将空白页撤除，并在每页的非装订侧上角编写页号，背面有字的也要编写页号，最后再装订成册。卡片式账簿一般用于低值易耗品、固定资产明细核算等。卡片式账簿的组卷和活页式账簿的组卷基本相同。

(2) 应检查各类账簿的扉页是否填写完整。扉页需要填写的项目包括单位名称、账簿名称及编号、账簿页数、账簿起止日期、经管人员、接交记录、备注、档号，还需要按规定粘贴印花税票。账簿启用及接交表如图 12-3-2 所示。

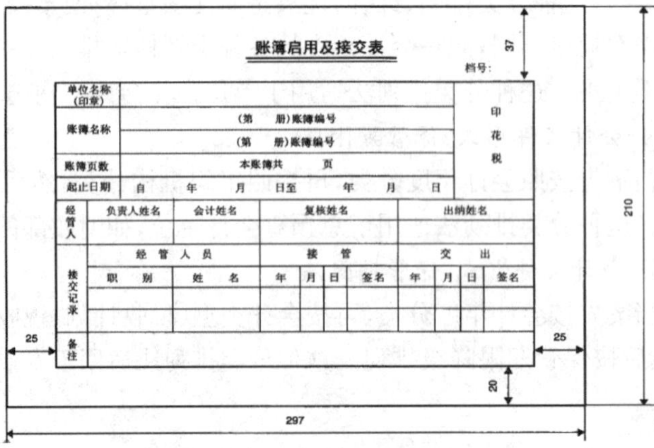

图 12-3-2 账簿启用及接交表

(3) 会计账簿的装订要求齐全、牢固、平整，封口要严密并加盖骑缝章。账簿要加上封面，封面上注明所属年度、账簿名称和账簿编号。

3. 财务报告的组卷

财务报告一般按会计年度结合保管期限组卷，不同年度、不同保管期限的财务报告应分开组卷。财务报告一般分为月报、季报、年报，所以组卷时也要按月报、季报、年报分开组卷。本单位的财务报告和下属单位的财务报告也要分开组卷。财务报告的组卷还要注意以下几点：

(1) 财务报告中的财务情况说明书、上级主管部门审核批复意见书等，与财务报告有密切关系，要和财务报告组成一卷，保持其内容的关联性和完整性。

(2) 在将财务报告组卷装订前，需去除其中的金属物，并在每页非装订侧的上角编页号，背面有字的也须编页号。

(3) 财务报告案卷需根据卷内实际材料的情况填写卷内文件目录，放在案卷的第一页；同时，需填写卷内备考表，并由相关立卷(整理)人和检查人签名后，放在案卷最后一页。

(4) 财务报告封面应有单位负责人、会计主管负责人、会计主管人的签名或盖章。财务报告案卷封面需要注明全宗名称(单位名称)、案卷标题、所属年度、卷内张数、保管期限和档号。

4. 其他会计资料的组卷

其他会计资料根据保管期限不同分别组卷装订，相同保管期限的资料可以装订成一卷，数量多时也可分别装订组卷。其他会计资料的装订，卷内目录、备考表的填写，以及案卷封面的填写与财务报告相同。

(四) 会计档案的编号和编目

为了固定会计档案的顺序，便于统计和查找，需要为会计档案编制档号(包括全宗号、案卷目录号、案卷号和页号等)，并编制相应的卷内目录、案卷目录。

三、实训任务及参考示例

请按照会计档案管理规范，详细说明各类会计档案的编号规则及标签、目录的具体编制方法。

参考示例：

(一) 会计凭证的编号及标签编制

会计凭证(图 12-3-3)不需要编制卷内目录。会计凭证盒标签(图 12-3-4)的编制方式如下：

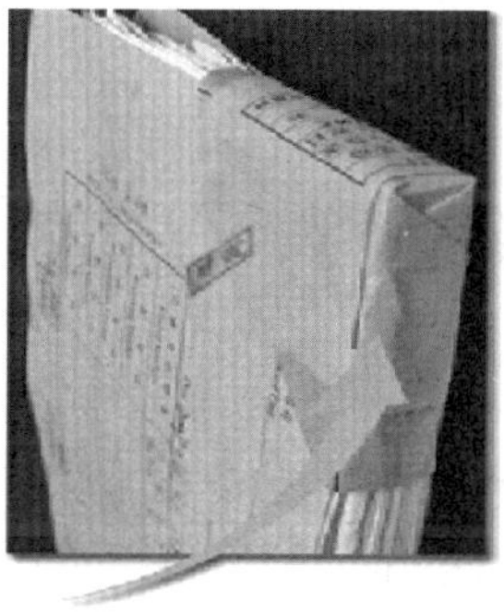

图 12-3-3 会计凭证

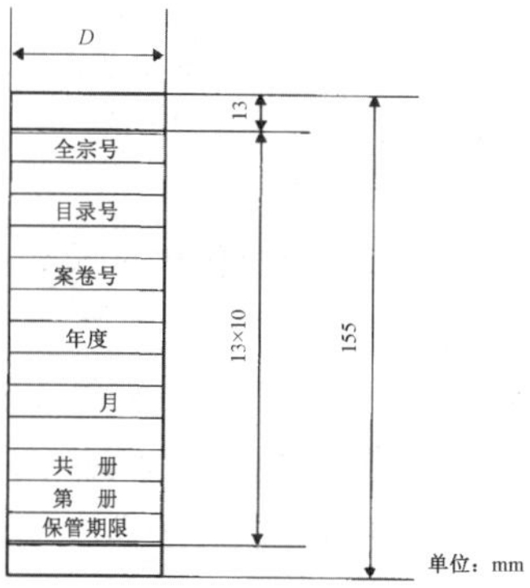

图 12-3-4 会计凭证盒标签

全宗号：立档单位全宗编号。没有全宗号的可不填。

目录号：填写全宗内所属目录的编号(如单位档案分类中的凭证目录编号)，同一全宗内不允许重复，如 KPZ-2021(表示会计凭证类 2021 年)。

案卷号：填写该卷在该核算单位本年度会计档案案卷中的排列顺序号(可待排卷确定后再填)。同一核算单位内同一年度，会计档案按照凭证、账簿、财务报告、其他的顺序，从“1”开始编流水号，每年一个流水号，同一目录下案卷号不可重复，如 005(表示目录内第 5 号案卷)。

年度：填写本盒凭证所属年份，采用 4 位阿拉伯数字，如 2021(表示 2021 年)。

月：填写本盒凭证所属月份，如 03(表示 3 月)。

“共　册　第　册”：填写该月份内会计凭证装订的总册数及本盒凭证在该月份内的顺序编号，如“共 12 册 第 05 册”(表示本盒为该月第 5 册凭证)。

保管期限：填写本盒凭证的保管期限。

(二) 会计账簿封面及标签编制

订本式会计账簿不需要编制卷内文件目录。会计账簿封面(图 12-3-5)的编制方式如下：

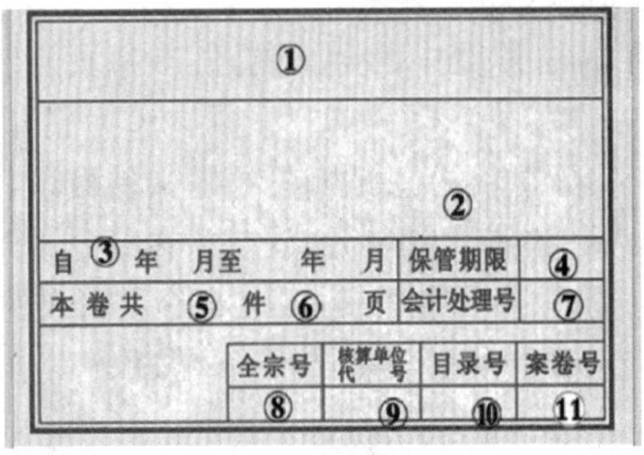

图 12-3-5　会计账簿封面

① 单位名称：填写全称或规范简称，如常州市××科技实业公司。

② 案卷题名：由单位名称、年度、核算单位名称、账簿名称(现金日记账、总账等)等要素构成，如常州市××公司 2019 年行政会计现金日记账。

③ 账簿的实际起止年月。

④ 保管期限：根据《会计档案管理办法》标注“30 年”“永久”等。

⑤ 件数：一本装订成一册，件栏内填“1”。

⑥ 页数：账簿内实际记载内容的页数(空白页不计算)。

⑦ 会计处理号：一般单位没有，可不填。

⑧ 全宗号：立档单位全宗编号。没有全宗号的可不填。

⑨ 核算单位代号：本核算单位的代号。没有核算单位代号的可不填。

⑩ 目录号：账簿所属分类目录的编号，如 ZJ－2021(表示 2021 年总账目录)。

⑪ 案卷号：按目录内案卷顺序编号，同一目录下不可重复。

会计账簿盒标签(图 12-3-6)的编制方式如下：

年度、全宗号、目录号、案卷号、保管期限参见封面填写。

盒号：同一目录内档案盒的流水编号。

(三) 财务报告盒和其他会计资料盒封面和标签核心字段的编制

1. 财务报告盒封面的编制。

全宗名称：填写形成单位的全称(与公章一致)或通用简称。

案卷题名：简明概括财务报告的内容，格式为“单位名称＋年度＋财务报告类型”，如×××公司 2021 年度财务决算报告。

起止日期：填写材料涵盖的起止年月日(与材料内容一致)。

卷数：填写本盒内财务报告的份数，如“1 卷”或“3 卷”。

张数：填写本盒内财务报告的总页数。

保管期限：根据会计档案保管期限表确定该盒财务报告的保管期限。

全宗号、目录号、案卷号：与会计账簿封面填写规则一致(需与单位档案分类编号匹配)。

其他会计资料盒封面的编制同上。

2. 财务报告盒标签核心字段的编制。

年度：填写本盒财务报告所属年份，采用 4 位阿拉伯数字。

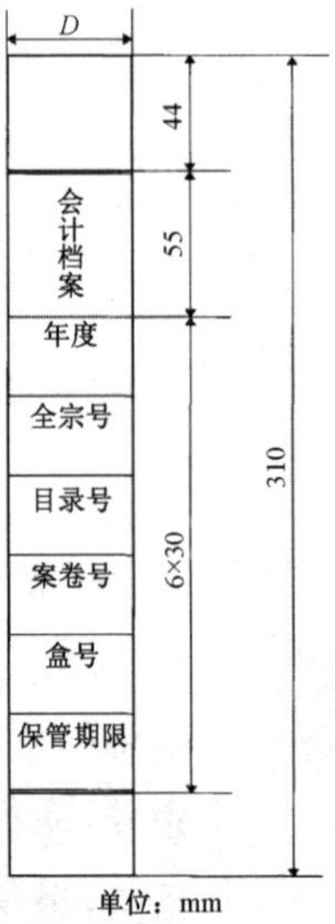

图 12-3-6　会计账簿盒标签

全宗号、目录号、案卷号、保管期限：与封面信息一致。

其他会计资料盒标签核心字段的编制同上。

（四）会计档案卷内目录的编制和备考表的填写

财务报告和其他会计资料需要编制卷内目录并填写备考表。卷内目录应写明卷内每件材料的顺序号、题名、日期、页号和责任者等，如图 12-3-7 所示。

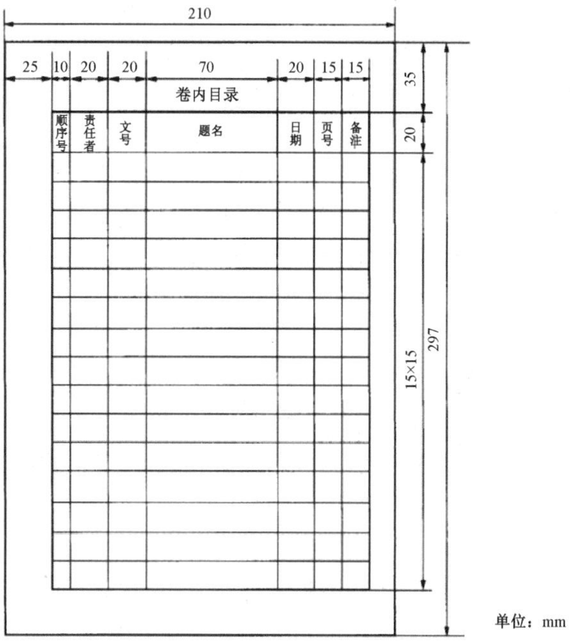

图 12-3-7　会计档案卷内目录样式

会计档案卷内备考表上要求立卷人、检查人签名，并签署相应的时间。注意：检查人应为财会主管。

（五）会计档案案卷目录的编制和装订

会计档案的案卷目录也称档案保管清册，是会计档案的基本检索工具。案卷目录包括案卷顺序号、案卷题名、起止日期、卷内页数、附件张数、凭证号码、保管期限、备注等项目，如图 12-3-8 所示。

会　计　档　案　案　卷　目　录

案卷顺序号		案卷题名	起止日期	卷内页数	附件张数	凭证号码		保管期限	备注
档案室编	档案馆编					起	讫		

第____页

图 12-3-8　会计档案案卷目录样式

案卷目录中每个条目的内容要与相应案卷封面上的内容一致。必填项：案卷顺序号（档案室编）、案卷题名、起止日期、卷内页数、保管期限。会计凭证还需录入附件张数、凭证号码。凭证的卷内页数＝附件张数＋凭证张数。

按每个核算单位一年一登记，第二年另起一页登记（案卷号每年都是从“1”开始，不同年度、核算单位分开登记目录）。

案卷目录装订要求：

（1）案卷目录按一个核算单位进行装订，加上封面装订成册（图12-3-9）。

（2）同一本案卷目录中，在每个年度第一页用口取纸标出年度进行区分。

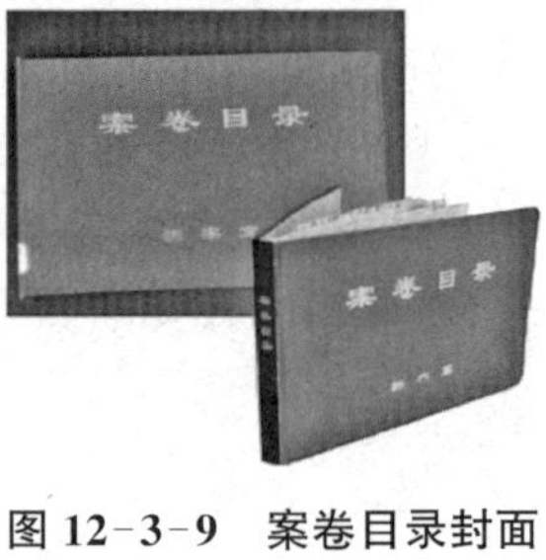

图 12-3-9　案卷目录封面

四、延伸思考

（1）在会计档案的分类排列方法中，“会计年度-组织机构-会计文件形式-保管期限法”和“会计年度-会计类型-会计文件形式-保管期限法”分别用于总预算部门和国家税务部门。依据会计编号的原则和方法，采用这两种分类排列法的会计档案应如何进行编号呢？

提示：

1. 会计年度-组织机构-会计文件形式-保管期限法：在同一会计年度下先按机构排列编号，再按财务报告、会计账簿、会计凭证和其他会计资料4类排列编号，一年编一个流水号，下一年的依此类推。例如，某地财政局预算处的一件凭证编号为“E016-2017-2-3-20”，其中“E016”为该单位的全宗号，“2017”表示2017年度，“2”表示预算处，“3”表示凭证类，“20”表示案卷流水号。

2. 会计年度-会计类型-会计文件形式-保管期限法，同样按照分类排列顺序逐级进行。例如，某税务局2017年经费会计财务报告的编号为“E021-2017-2-1-6”，其中“E021”为该单位的全宗号，“2017”表示2017年度，“2”是会计类型中经费会计的编号，“1”表示会计文件形式为会计报表，“6”是案卷流水号。

（2）是否所有种类的会计档案都需要编制卷内目录？哪些情况下无须编制卷内目录？

提示：

会计凭证一般不需要编制卷内目录，固定账簿（订本账）单独组卷的也可不再编制卷内目录。

五、实践训练

请了解本单位的会计档案分类方案、档号编制规则，提出完善这些制度的思路。

六、知识拓展

见右侧二维码。

任务四　会计档案的利用与鉴定销毁

一、任务背景及目标

会计档案的利用是指以查阅、借出、复制、证明、咨询、网络推送等方式使用会计档案的活动。会计档案作为单位的重要档案之一，以其丰富的原始数据，为企业编制计划、改善经营管理、预测经济前景提供全面和可靠的信息支持。会计档案提供利用是会计档案收集、归档、整理、保管等一系列工作的最终目的。

在会计档案原定保管期满后，单位应对其进行再次鉴定，以决定是否需要销毁。单位应定期对保管期满的会计档案进行鉴定，并根据鉴定结果，对保管期满的会计档案进行相应处置。

本任务的主要目标是了解会计档案的利用方式和程序，掌握会计档案的销毁要求。

二、知识介绍

（一）会计档案的利用

《会计档案管理办法》第十三条规定："单位应当严格按照相关制度利用会计档案，在进行会计档案查阅、复制、借出时履行登记手续，严禁篡改和损坏。单位保存的会计档案一般不得对外借出。确因工作需要且根据国家有关规定必须借出的，应当严格按照规定办理相关手续。会计档案借用单位应当妥善保管和利用借入的会计档案，确保借入的会计档案的安全完整，并在规定时间内归还。"

1. 会计档案的利用管理制度

会计档案记录和反映了单位经济业务发生情况的重要资料和证据，在有效利用的同时，一定要确保档案的安全保管和信息保密。单位可结合保密制度建立完善的档案利用制度，主要包括利用范围、利用方式、利用权限、审批流程及权限、利用时限、利用登记、催还等内容。

2. 会计档案的利用方式

会计档案在实际工作中的利用方式一般有：一是在档案管理机构查阅会计档案原件；二是经档案管理机构和相关部门审核同意复制会计档案原件；三是利用档案管理机构提供的会计档案信息加工品。

会计档案原则上不得对外借出。遇特殊情形，如配合国家安全、司法、审计、监管等相关单位工作，依法依规必须对外借出会计档案的，须按照单位档案管理制度履行审批程序后办理登记手续。

电子会计档案因其在使用时更容易被复制，各单位应加强对电子会计档案借出的审批程序，并严格控制电子会计档案的借出频次。

3. 会计档案借阅登记表的填写

填写会计档案借阅登记表有助于了解利用者借阅了哪些会计档案，掌握有关外借会计档案的去向，控制会计档案的归还时间，明确借阅使用会计档案的责任。登记项目同文书档案。

4. 借出会计档案催还工作

开展借出会计档案催还工作能减少会计档案原件在同一利用者手中的滞留时间，防止影响其他利用者的利用，从而提高会计档案的利用率；同时，还能避免会计档案因借出时间过长而出现损坏、丢失、失密等问题。对个别确因工作需要无法按时归还者，应经过批准办理续借手续。

（二）会计档案的鉴定销毁

1. 到期会计档案的鉴定

《会计档案管理办法》第十六条规定："单位应当定期对已到保管期限的会计档案进行鉴定，并形成会计档案鉴定意见书。经鉴定，仍需继续保存的会计档案，应当重新划定保管期限；对保管期满，确无保存价值的会计档案，可以销毁。"第十七条规定："会计档案鉴定工作应当由单位档案管理机构牵头，组织单位会计、审计、纪检监察等机构或人员共同进行。"

对保管期满的会计档案的鉴定，应由单位档案管理机构牵头组织，参加人员至少应包括会计机构、审计部门等单位内设机构的人员；内部设置纪检监察机关的，应邀请纪检监察机关的人员参加，必要时还应邀请单位法务部门的人员参加。对到期会计档案的鉴定，应先由档案管理机构会同会计机构对会计档案进行逐卷、逐份查阅，给出初步鉴定结论（结论一般为销毁或继续保存），并在初步结论的基础上，形成初步鉴定意见，提交单位的档案鉴定委员会（小组）审定。

2. 会计档案的销毁

《会计档案管理办法》第十八条规定："经鉴定可以销毁的会计档案，应当按照以下程序销毁：（一）单位档案管理机构编制会计档案销毁清册，列明拟销毁会计档案的名称、卷号、册数、起止年度、档案编号、应保管期限、已保管期限和销毁时间等内容。（二）单位负责人、档案管理机构负责人、档案管理机构经办人、会计管理机构经办人在会计档案销毁清册上签署意见。（三）单位档案管理机构负责组织会计档案销毁工作，并与会计管理机构共同派员监销。监销人在会计档案销毁前，应当按照会计档案销毁清册所列内容进行清点核对；在会计档案销毁后，应当在会计档案销毁清册上签名或盖章。电子会计档案的销毁还应当符合国家有关电子档案的规定，并由单位档案管理机构、会计管理机构共同派员监销。"

三、实训任务及参考示例

在销毁会计档案前，单位档案管理机构应根据单位档案鉴定委员会(小组)的鉴定意见编制会计档案销毁清册，并由相关责任人签名或盖章。会计档案的销毁应由专门的监销人负责监督。监销人在会计档案销毁前，应当按照会计档案销毁清册所列的内容进行清点核对；在会计档案销毁后，应当在会计档案销毁清册上签名或盖章，并将监销情况报告本单位负责人。监销是保证档案销毁工作按照规定程序和要求进行的一项制度安排。请编制会计档案销毁清册。

参考示例:

见表 12-4-1。

表 12-4-1　会计档案销毁清册(参考样式)

编制部门：

序号	档案名称	起止时间	档案编号	卷内文件		应保管期限	已保管期限	备注
				件数	页数			

档案部门负责人：
档案部门经办人：
会计机构负责人：
会计机构经办人：
信息系统管理部门负责人：
信息系统管理部门经办人：
监销人：
单位负责人：

四、延伸思考

(1)《会计档案管理办法》第十七条规定：“会计档案鉴定工作应当由单位档案管理机构牵头，组织单位会计、审计、纪检监察等机构或人员共同进行。”请思考：为何要有审计、纪检监察机构的相关人员参与会计档案的销毁？电子会计档案监销人员的构成如何？

提示:

会计档案是总结经验、揭露责任事故、打击经济领域犯罪、分析和判断事故原因的重要依据，利用会计档案提供的过去经济活动的史料，有助于进行经营决策、编制财务、成本计划等。电子会计档案的销毁应当符合国家有关电子档案的规定，并由档案馆、财务处和信息网络中心共同派员监销。

(2) 对于保管期满但未结清的债权债务会计档案和涉及其他未了事项的会计档案，应如何处置？

提示:

该类会计档案不得销毁。纸质会计档案应当单独抽出立卷，电子会计档案应当单独转存，保管到未了事项完结为止。单独抽出立卷或转存的会计档案，应当在会计档案鉴定意见书、会计档案销毁清册和会计档案保管清册中列明。

(3) 会计档案立档单位出现分立、解散、合并等情况，或与其他单位共同办理会计档案所涉业务，会计档案应如何保管？

提示:

1. 单位分立后原单位存续的，其会计档案应当由分立后的存续方统一保管，其他方可以查阅、复制与其业务相关的会计档案。

2. 单位分立后原单位解散的,其会计档案应当经各方协商后由其中一方代管或按照国家档案管理的有关规定处置,各方可以查阅、复制与其业务相关的会计档案。

3. 单位因业务移交其他单位办理所涉及的会计档案,应当由原单位保管,承接业务单位可以查阅、复制与其业务相关的会计档案。

4. 单位合并后原各单位解散或者一方存续、其他方解散的,原各单位的会计档案应当由合并后的单位统一保管。单位合并后原各单位仍存续的,其会计档案仍应当由原各单位保管。

五、实践训练

某单位财务处会计人员到档案室要求查找以下会计档案:2016 年 3 月会计凭证 5 号、2016 年 4 月会计凭证 9 号、2016 年 7 月会计凭证 14 号、2016 年银行对账单、2016 年支出明细账。请提供档案利用服务的流程。

六、知识拓展

见右侧二维码。

项目十三

特殊载体档案管理

【项目导读】

特殊载体档案一般是指以磁性材料、感光材料、激光材料等为主要载体，以影像、声音、电子文件为主要反映方式的历史记录。机关、企事业单位的特殊载体档案一般按照片档案、磁性载体档案、光盘档案、实物档案等进行分类。对于特殊载体档案，记录背景信息、形成过程及相配套软硬件的“文字说明”是不可缺少的部分。特殊载体档案因其载体的特殊性，虽然与相关主题内容的纸质档案密不可分，但为了便于保管和利用，应当单独进行分类、整理并组成保管单位，通过注明档案互见号的方式与相关主题的纸质档案建立链接，以维护档案的完整性和系统性。

任务一 照片档案管理

一、任务背景及目标

照片档案是国家机构、社会组织或个人在社会活动中直接形成的，以静止摄影影像为主要反映方式的，有保存价值的历史记录。传统的照片档案以银盐感光材料为载体。随着科技不断发展，数码相机、智能手机被广泛应用于日常生活和工作中，传统的胶片照片已经逐渐被数码照片所替代。数码照片具有编辑性强、复制性强、便于检索和存储等优点，逐渐成为档案存储的载体。如何科学管理和有效利用数码照片档案成为目前档案管理工作面临的现实问题。

本任务的主要目标是掌握传统照片档案的管理要素及管理方法，探索数码照片管理的新方式。

二、知识介绍

(一) 照片档案的收集

1. 照片档案的归档范围

照片档案的归档范围包括：本单位在工作活动中产生的具有凭证和参考价值的照片；领导人和著名人物参加与本单位、本地区有关的重大公务活动的照片；反映本地区重大事件、重大事故、自然灾害及异常现象的照片；本单位向有关单位提出内容和要求，组织拍摄或征集的照片；与本单位其他载体档案有密切联系的照片；外单位形成但经本单位选用的照片。

2. 照片档案的收集方法

由于照片档案的形成过程涉及人员较多，容易出现收集不全、保管分散的现象。因此，一方面，照片档案记录人员应主动掌握必要的摄影技术，对组织的重大事件进行全程跟踪拍摄，并重点向活动的主办、承办单位或参与活动的单位和个人收集照片；另一方面，应加强对照片拍摄者的档案知识培训，提高其档案意识，并督促他们在拍摄后将照片及其元数据及时移交给档案保管机构。

3. 照片档案的质量要求

对反映同一内容的若干张照片，应选择其中的主要照片归档。主要照片应具备主题鲜明、影像清晰、画面完整、未加修饰剪裁等特点。对于传统照片档案，无底片的照片应制作翻拍底片，无照片的底片应制作照片；一个单位的照片规格要相对统一。有条件的单位应将归档照片进行扫描，实现数字化保存。数码照片应挑选内容具有代表性的印制成纸质(一般为 4R 光面)照片归档，一个专题一般选 4 至 6 张，其余的刻成光盘保存。

(二) 照片档案的整理

传统照片档案由底片、正片(照片)、文字说明三部分构成。

1. 底片

底片呈现与被摄景物颜色相反的负影像，多以感光胶片为载体。底片一般应与照片分开整理和存放。对于一些重要的、珍贵的照片，应制作翻版底片，并与原底片同时保存。

(1) 底片的编号：底片号是固定和反映底片在全宗内排列顺序的一组字符代码，由全宗号、保管期限代码、册号、张号等组成。照片档案较多的单位可考虑再分年度。其基本格式：全宗号-保管期限代码-册号-张号。

(2) 底片号的登录：宜使用铁笔将底片号横排刻写在胶片乳剂面片边处，不得影响画面；也可采用其他方式将底片号附着在胶片乳剂面片边处，不得污染胶片。底片号登录顺序应与照片号登录顺序保持一致。

(3) 底片袋的标注：底片放入底片袋内保管，一张一袋。应在底片袋的右上方标明底片号。对翻拍底片，应在底片袋的左上方标明“F”字样。对拷贝底片，应在底片袋的左上方标明“K”字样。

(4) 底片的入册：底片册一般由 297 mm×210 mm 大小的若干芯页和封面、封底组成。应按底片号顺序将底片袋依次插入底片册。芯页的插袋上应标明相同的底片号。

(5) 大幅底片的放置：对幅面超过底片册芯页尺寸的大幅底片，应在乳剂面垫衬柔软的中性偏碱性纸张后，放入专用的档案袋或档案盒，按底片号顺序排列。

(6) 填写底片册内备考表、封面、册脊，并排列上架。

2. 正片(照片)

照片呈现与被拍摄景物颜色相同的正影像，通过底片冲印而成。一般情况下，归档的每张底片均附有一张照片。在底片损坏或遗失时，还可以根据照片翻制。

(1) 照片的分类。应在全宗内按保管期限-年度-问题进行分类。跨年度且不可分的照片，也可按保管期限-问题-年度进行分类。一般组织的照片档案按问题设置类目，如建设面貌类、人物类、会议类、业务工作类、参观视察类、荣誉类、文体类等。分类方案应保持前后一致，不应随意变动。如果有的单位照片形成后随时归档，则可不分“问题”，一个年度中按照片形成日期先后依次整理入册。一些小型组织或照片档案数量少的组织也可不设问题类目，直接在一个年度中按照片形成日期先后整理入册。

(2) 照片的排列。应在分类方案的最低一级类目内，按问题结合时间、重要程度等进行排列。为便于提供利用，照片排列及入册时应同时考虑不同保密等级照片的定位。

(3) 照片的编号。照片号是固定和反映每张照片在全宗内分类与排列顺序的一组字符代码，由全宗号、保管期限代码、组号、件号等组成。例如，照片档案档号 K021-ZP·2019·D30-025-005 中，K021 为全宗号，ZP 为档案门类代码(照片档案)，2019 为年度，D30 为保管期限代码，025 为组号，005 为件号。

(4) 照片的入册。照片册一般由 297 mm×210 mm 大小的若干芯页和封面、封底组成。芯页以 30 页左右为宜，有活页式和定页式两种。应按照分类、排列顺序(照片号顺序)将照片固定在芯页上，组成照片册。

(5) 大幅照片的放置。对于照片册放置不下的大幅照片，可将其放入专用的档案袋或档案盒中，按照照片号顺序排列。如竖直放置，应首先将照片固定在专用的纸板上，再放入档案袋或档案盒中；如水平放置，照片的堆放高度不宜超过 5 cm。一般以竖直放置为宜。

3. 文字说明

文字说明主要是指照片的题名及反映照片背景的信息，它是对照片档案内容的介绍和补充，与照片相辅相成、互不可分。照片上所表现的形象只是事件的片段，所反映和说明的事实具有一定的局限性，需要添加文字加以说明补充。

(1) 单张照片的文字说明。

文字说明应采用横写格式,分段书写。其格式如下:

题名:应简明概括、准确反映照片的基本内容,人物、时间、地点、事由等要素尽可能齐全。

照片号:每张照片被赋予的一组唯一的号码。

底片号:若采用照片、底片合一编号法,可不填写底片号。

参见号:与本张照片有密切联系的其他载体档案的档号。

时间:照片的拍摄时间,用8位阿拉伯数字表示。

摄影者:一般填写个人,必要时可加上单位。

其他说明:应综合运用事由、时间、地点、人物、背景、摄影者等要素,概括提示照片影像所反映的全部信息;或仅对题名未涉及内容做出补充。其他需要说明的事项亦可在此栏表述。例如,照片归属权不属于本单位的,应注明照片版权、来源等。

对大幅照片的文字说明可另纸书写,与照片一同保存。一组联系密切的照片中的大幅照片,应随该组照片一同在册内编号,填写单张照片说明,并注明其存放地址。

(2) 组合照片的文字说明。

一组(若干张)联系密切的照片按顺序排列后,可拟写组合照片说明。采用组合照片说明的照片,其单张照片说明可以从简。组合照片说明可放在本组第一张照片的上方,也可放在本册所有照片之前。

组合照片说明应概括提示该组照片所反映的全部信息内容及其他需要说明的事项,并说明所含照片的起止张号和数量。

同组中的每一张照片均应在单张照片说明的左上角或右上角标出组联符号。组联符号按组依次采用"①""②""③"……表示。同组照片的组联符号应相同。当册内只有一组照片和其他散片时,组联符号采用"①"。组联符号不宜越册。

整理照片时因保管期限或密级的不同,有些同组的照片可能会被分散到不同的照片册内,应在组合照片说明中指出这些密切相关照片的保管期限、册号和组号。

组合照片的文字说明举例见图13-1-1。

标题:G市××局到本局参观、指导(本组照片共3张) 说明:G市××局×××局长在区政府×××区长等人的陪同下到本局参观、指导。在参观后的座谈会上,本局×××向市、区领导汇报了本局近年来在××方面的工作情况及取得的成绩。 照片起止号:ZP·2019·D30-025-001～003 底片起止号:ZP·2019·D30-025-001～003 时间:20190720 摄影者:×××

图13-1-1　组合照片的文字说明举例

三、实训任务及参考示例

2020年4月22日,西红市文化局在西红市第一中学运动场举行职工运动会,办公室主任沈一用数码相机拍摄了8张照片(无底片)。5月4日,这些照片打印好后被交至档案工作人员刘二手中,刘二决定对这些照片进行编号和编目。西红市文化局全宗号是0058。本次运动会照片和别的照片共150张组成一册,保管期限为永久,张号从123～130,该册照片档案册号是126。这次运动会形成纸质文书档案6份,保管期限为永久,室编件号从345～350。

请指出哪些照片无须归档,并对这组照片进行分类、排序、编号,填写文字说明。

附:西红市文化局部分照片。

① 西红市文化局职工运动会主席台(台上人员:文化局局长、党组书记××,副局长××)。

② 西红市文化局职工运动会上文化局局长、党组书记××正在越过跳高横杆。

③ 西红市文化局副局长××腾空跃入沙坑。
④ 西红市文化局副局长××冲向 400 m 终点。
⑤ 西红市文化局职工运动会上裁判代表、人事科科长××正在宣誓。
⑥ 西红市文化局职工运动会上运动员代表、档案工作人员××正在宣誓。
⑦ 西红市文化局职工运动会上象征和平的鸽子正在空中盘旋。
⑧ 西红市文化局职工运动会标语“强身健体，重在参与”。

参考示例：

“⑦ 西红市文化局职工运动会上象征和平的鸽子正在空中盘旋”可考虑不归档。应考虑将运动会群众鼓掌加油的照片归档。

1. 分类：属于照片档案中的文娱体育活动（文体类）。
2. 排序：反映同一内容的一组照片按照先总后分、先集体后个人、先特殊后一般等原则排序。
① 西红市文化局职工运动会标语“强身健体，重在参与”。
② 西红市文化局职工运动会主席台（台上人员：文化局局长、党组书记××，副局长××）。
③ 西红市文化局职工运动会上裁判代表、人事科科长××正在宣誓。
④ 西红市文化局职工运动会上运动员代表、档案工作人员××正在宣誓。
⑤ 西红市文化局职工运动会上文化局局长、党组书记××正在越过跳高横杆。
⑥ 西红市文化局副局长××腾空跃入沙坑。
⑦ 西红市文化局副局长××冲向 400 m 终点。
3. 编号：
照片号：0058-ZP·2020·Y-126-123～129
参见号：0058-WS·2020·Y-345～350
4. 文字说明：
总说明
标题：西红市文化局于 2020 年 4 月 22 日在西红市第一中学运动场举行职工运动会的照片
照片号：0058-ZP·2020·Y-126-123～129
底片号：
参见号：0058-WS·2020·Y-345～350
拍摄者：沈一
时间：20200422
分说明：场地在……/左起第×排为×××

四、延伸思考

（1）企事业单位数码照片的归档范围如何？其文件存储和命名格式如何？

提示：

（一）归档范围
1. 记录本单位主要职能活动和重要工作成果的数码照片。
（1）本单位主办或承办的重点工作、重大活动、重要会议的数码照片；
（2）本单位重点建设项目、重点科研项目的数码照片；
（3）领导人、著名人物和国际友人参加与本单位、本地区有关的重大公务活动的数码照片；
（4）本单位劳动模范、先进人物及其典型活动的数码照片；
（5）本单位历届领导班子成员的数码证件照片。
2. 记录本单位、本地区重大事件、重大事故、重大自然灾害及其他异常情况和现象的数码照片。
3. 记录本地区地理概貌、城乡建设、重点工程、名胜古迹、自然风光、民间风俗和著名人物的数码照片。

4. 其他具有保存价值的数码照片。

（二）归档格式

归档的数码照片应为JPEG、TIFF或RAW格式，推荐采用JPEG格式。数码照片文件采用“保管期限代码-年度-照片组号-张号.扩展名”格式命名。保管期限代码分别用“Y”“30”“10”代表永久、30年、10年。年度为4位阿拉伯数字。照片组号为4位阿拉伯数字，同一年度的照片组从“0001”开始顺序编号。张号为4位阿拉伯数字，同一照片组内的数码照片从“0001”开始顺序编号。数码照片档案应存储为一式三套，一套封存保管，一套供查阅利用，一套异地保存。例如，2023年某单位拍摄的一组××工作会议的数码照片为本年度第一组照片，保管期限为“永久”，存储格式为JPEG，则该组第一张照片的文件名应为Y-2023-0001-0001.jpg。

(2)《数码照片归档与管理规范》(DA/T 50—2014)规定：照片组(photos group)是有密切联系的若干张数码照片的集合。如一次会议、一项活动、一个项目等反映同一问题或事由的若干张数码照片为一个照片组，全部存储到同一层级文件夹内。排列时，注意先排组、后排张，同一组照片不要分散。

某一次会议形成了六类照片：大会主席台的照片、大会群众场面的照片、有会议会标的大会会场的照片、大会主持人主持会议的照片、大会发言人的照片、领导为先进单位颁奖的照片。这些照片应如何排序？

提示：

排序如下：

1. 有会议会标的大会会场的照片；
2. 大会主席台的照片；
3. 大会主持人主持会议的照片；
4. 大会发言人的照片；
5. 领导为先进单位颁奖的照片；
6. 大会群众场面的照片。

五、实践训练

(1) 为迎接所在学校建校周年庆，请查阅本校照片档案(涵盖学校的行政、教学、服务、育人、对外合作等不同层面)，策划举办“校门的变迁”“校园的故事”“实践教学成果丰硕”“服务地方经济”“校企合作人才培养模式探索”“国际化合作办学道路”“教师风采”“学团活动”等分专题图片展览。请设计不同的主题，并配以相关的文字解说。

(2) 在人脸识别等图像智能AI技术迅速发展的今天，照片档案管理工作亟须引入互联网思维，强化共享服务理念，打造收集、管理、发布、利用多维合一的照片档案管理共享平台，让企业照片档案管理工作搭上信息时代列车，迈上新台阶。请对相关情况进行调研，并形成调研报告。

六、知识拓展

见右侧二维码。

任务二 磁性载体档案管理

一、任务背景及目标

《磁性载体档案管理与保护规范》(DA/T 15—1995)指出，磁性载体文件系指以磁性材料(如计算机磁带、软磁盘、录像带、录音带)为信息载体的文件。磁性载体档案系指国家机构、社会组织和个人在社会活动及科学实践中直接形成的有保存价值的磁性载体文件。磁性载体档案容易失磁，在保管不适宜时易发生载体性质变化，直接威胁载体所承载信息的安全。因此，必须加强日常管理，以确保档案信息可读取、可利用。

本任务的主要目标是掌握磁性载体档案的收集、整理、保管、保护的方法。

二、知识介绍

（一）磁性载体文件的归档要求

1. 归档要求

磁性载体文件形成部门负责对需要归档的磁性载体文件进行整理、编辑，并根据本单位情况，待项目结束后将磁性载体文件按照规定转换成标准格式，一式两份（A、B盘），及时向档案部门移交归档。

归档的磁性载体文件必须是可读文件，必须在有关的设备上演示或检测，确保运转正常、无病毒、清洁、无划伤，并确保文件的完整性和内容的准确性。

同一项目、同一类别的磁性载体文件应存贮在同种磁性载体上。磁性载体文件目录清单（表13-2-1）与磁性载体档案一同归档。

表 13-2-1　磁性载体文件目录清单

盘带号：

序号	文件名	题名	档号

2. 编制归档说明

磁带（软磁盘）需简要说明带（盘）中存贮文件的内容、运行的软硬件环境、版本号、文件的完整性和准确性等。录像带需简要说明录像片的内容、制式、语别、密级、规格和放映时间；同时，还应归档一套可供借阅的备份录像带。录音带需简要说明讲话内容、讲话人的姓名和职务、录制日期、密级等。

（二）磁性载体档案的整理

磁带（软磁盘）套、盒上需标注带（盘）编号、档号、软件名称、版本号、文件数、密级、编制人、编制日期等标识。

录像带盒上需标注带编号、档号、片名、放映时间、摄制单位、摄制日期、规格、制式、语别、密级等标识。

录音带盒上需标注带编号、档号、讲话人的姓名和职务、主要内容、录制日期、密级、讲话时间等标识。

在贮存磁性载体档案的同时，应保存有关磁性载体档案的文字资料，内容包括：写操作日期、系列号、文件号、记录密度模式、当前目录、状态、生产者鉴定、使用日期及其他一些需要著录的内容。不得用铅笔或水溶性墨水书写。

（三）磁性载体档案的贮存与保护

1. 长期贮存的磁带性能要求

应使用有背涂层的磁带；被存磁带不应损坏、污染；磁带上不允许有皱褶；磁带应缠绕在刚性轮毂上，绝不能缠绕在有橡胶轴套的轮毂上，并且应卷绕平整、松紧适度。

2. 贮存前的物理准备

（1）长期贮存的磁性载体档案的信息要用经过调整、清洁的设备录制。

（2）贮存前，检查磁带缠绕是否规整、边缘有无损坏，并应将磁带在贮存环境中平衡1～3天，然后在全长度上使用清洁机慢速、均匀、连续地重新缠绕，缠绕张力为1.7～2.2 N（牛顿）。

（3）应将磁带在干燥的环境中（相对湿度小于40%）快封到塑料袋中和（或）密封容器中，以防黏合剂、润滑剂挥发。

3. 贮存库房温、湿度要求

温、湿度变化范围：应在温度15～27 ℃、相对湿度40%～60%范围内选定一组值；一旦选定，在24小时内温度变化不得超过±3 ℃、相对湿度变化不得超过±5%。最佳环境温度是18 ℃、相对湿度是40%。

4. 清洁管理要求

(1) 不要用手触摸磁带(软磁盘),应戴非棉制手套操作。

(2) 不要使磁带(软磁盘)接触不清洁表面,如地面、桌面等。

(3) 装磁带(软磁盘)的装具应洁净无尘。

(4) 库房地面不应打蜡、铺地毯。

(5) 吸尘器的排出气应通向专用容器或库房外。

(6) 库房中禁止使用打印机。

三、实训任务及参考示例

磁性载体档案需要定期保养及维护,请说明具体的保养和维护方法,并建立磁性载体档案检测、保养卡。

参考示例:

1. 清洁:要保证磁带机、软盘驱动器、清洗机的清洁,除要定期清洗磁带外,当发现运行磁带(软磁盘)有碎片脱落时,应立即对全系统进行清洗;磁带盘、磁带盒清洗溶剂可选用二氯二氟甲烷、异丙醇、甲醇等,并在通风良好的环境中操作。

2. 倒带:①倒带间隔。在温度 18±1 ℃、相对湿度 40%±5%的环境中贮存的磁带,建议倒带间隔为3.5 年。如果不能保持上述温、湿度范围,倒带间隔应视保存环境不同相应缩短。②倒带卷绕张力。倒带速度要慢,张力要恒定,保持在 1.7~2.2 N(牛顿)。倒带后,磁带要保持标准的读/写(录/放)状态。

3. 检查及修复:包括磁带(软磁盘)外观检查、计算机磁带漏码/误差检查及受损磁带(软磁盘)修复。

4. 复制:①每年对大型磁性载体档案按 3%的比例随机抽样读检,如发现有永久误差,则应对整套磁性载体档案重新检查,对发生永久误差的磁性载体档案进行复制;②极重要磁性载体档案的复制周期由单位自定;③正常保存的磁性载体档案,可每 10 年复制一次。

5. 再使用:磁性载体档案再使用场所的温度、相对湿度与库房的温度、相对湿度相差范围应分别为±3 ℃和±5%。否则,应在再使用前,将计算机磁带在使用环境中平衡 3 天以上,录音带、录像带需平衡 24 小时以上。在读带前还应将磁带按正常速度全程进带、倒带各两次。

磁性载体档案检测、保养卡见表 13-2-2。

表 13-2-2 磁性载体档案检测、保养卡

序号	时间	检测机型	信息记录格式	检测项目	结论	操作人

四、延伸思考

(1) 各类磁性载体档案在保管和使用时,应注意哪些事项?

提示:

1. 防磁要求:

(1) 磁性载体档案与磁场源(永久磁铁、马达、变压器等)之间的距离不得小于 76 mm。

(2) 可使用软磁物质(软铁、铁氧体、镍铁合金等)构成容器、箱柜,对磁场进行屏蔽。

(3) 磁性载体档案如装入有磁屏蔽的容器中,应距容器内壁至少 26 mm。

(4) 使用无屏蔽的容器运输时,磁性载体档案距容器外壁至少 76 mm。

(5) 不得将任何磁性材料及其制品(包括磁化杯、保健磁铁、磁铁图钉等)带入库房。

(6) 在存有重要档案的库区,应设置测磁设备,以查出隐蔽的磁场。

2. 磁带使用注意事项:

(1) 拿取卷轴时,要拿轮毂处,不要挤压法兰盘。

(2) 剪掉磁带末端已经损坏的部分。

(3) 磁带末端不能接触脏的地方(如不能将磁带拖到地面上等)。

(4) 应仔细将磁带装在卷轴上,防止它的末端皱褶。

(5) 开始记录之前,应留出不少于 1 m 的空白带。

(6) 至少用 15 分钟时间运转磁带,检查带边的卷曲情况,并观察装在卷轴上的磁带是否平坦整齐,带边有任何变形迹象都是不允许的。

(7) 贮存前应将磁带在贮存环境中重新卷绕。

3. 软磁盘使用注意事项:

(1) 不要弯折软磁盘。

(2) 不要用橡皮筋、曲别针来固定软磁盘的纸套。

(3) 应先将标签写好,再贴到软磁盘上。如软磁盘上已有标签,不要用硬笔(如圆珠笔)在盘上书写。

(4) 软磁盘上不能放置重物。

(5) 如要修改盘上标签内容,应划改。

4. 录像带使用注意事项:

除遵守前面各项内容外,还应注意,不要将录像带放在电视机壳顶上。

5. 硬磁盘的保护:

应采取必要的措施确保硬磁盘离线存储的档案数据安全、完整、可用。进行档案数据离线存储的硬磁盘应放置在硬盘盒中或配备硬磁盘专用存储设备。硬磁盘在进行加电和检测时,应采取必要的措施防止意外断电,不要移动或碰撞工作台和相关设备,防止发生振动及机械损伤。

应定期对硬磁盘进行稳压加电.可以将硬磁盘放置在硬盘盒中连接计算机进行加电,或利用硬磁盘专用存储设备进行自动定期加电。加电周期宜为 3 个月,每次加电时长不低于 2 小时。应及时记录硬磁盘加电情况,包括加电起止时间、状态是否正常等。应定期对硬磁盘进行检测,检测周期宜为 2 年。可以将硬磁盘放置在硬盘盒中连接计算机进行检测,或利用硬磁盘专用存储设备进行自动定期检测。

(2) 磁性载体档案与缩微胶片档案的关系如何?

提示:

缩微胶片档案是通过缩微技术将原始文件缩小记录在感光胶片(如传统照片底片)上形成的模拟影像档案。

磁性载体档案与缩微胶片档案的共同点:与纸质档案相比,二者均显著提高了信息密度(如缩微胶片可容纳千页文件,磁带/硬盘容量达 TB 级);均需专用设备读取,无法直接肉眼查看;均面临技术过时问题,如缩微技术因光盘普及而逐渐淡出,磁性载体正被云存储替代。

磁性载体档案与缩微胶片档案的差异见表 13-2-3。

表 13-2-3 磁性载体档案与缩微胶片档案的差异

分类	缩微胶片档案	磁性载体档案
存储寿命	预计 500 年以上,历史验证近百年	磁带约 10～20 年,硬盘约 5～8 年
信息类型	仅限静态图文	支持音视频、数据库等多模态
法律凭证性	具有法律效力	易被篡改,法律地位存疑
环境要求	需恒温恒湿(±2℃,±5%)	磁带需防磁防尘,硬盘需持续供电

五、实践训练

(1) 磁性载体档案遭受高温、水泡后如何处理?

(2) 随着玻璃存储等新型介质及数字胶片的发展,缩微胶片档案和磁性载体档案在生成和保管上呈现怎样的特点和趋势?请形成一篇调研报告。

六、知识拓展

见右侧二维码。

任务三 光盘档案管理

一、任务背景及目标

《电子文件归档光盘技术要求和应用规范》(DA/T 38—2008)指出,光盘是一种用激光和光学系统读写的光存储信息载体。光盘有存储容量大、数据存取方便、归档寿命长、单位信息存储价格低和易于保存等优点,可以用作归档载体。光盘从功能上分为只读光盘、可记录光盘和可重写光盘三类。通常用作归档的光盘是只读光盘 CD、DVD 和可记录光盘 CD-R、DVD-R 和 DVD+R。档案级光盘是可记录光盘中的优选品,其各项技术指标优于工业标准。档案级光盘的归档寿命大于 20 年。

本任务的主要目标是明确档案级光盘的技术要求、光盘数据迁移预警要求,并学会对光盘档案进行整理与保护。

二、知识介绍

(一) 光盘数据迁移预警要求

《电子档案存储用可录类蓝光光盘(BD-R)技术要求和应用规范》(DA/T 74—2019)要求档案部门使用光盘作为电子文件归档载体时,必须建立定期检测制度,监控归档光盘关键技术指标,适时实施归档光盘的数据迁移。为保证光盘的数据安全,设立三级预警线:一级预警线,随机误码率 RSER=5.0E−04,BE Sum=800,UE=0;二级预警线,随机误码率 RSER=7.5E−04,BE Sum=1 200,UE=0;三级预警线,随机误码率 RSER=9.5E−04,BE Sum=1 700,UE=0。光盘检测的时间周期:未达到一级预警线,光盘每四年检测 RSER、BE Sum、UE 一次;在一级预警线到二级预警线之间(不含二级预警线),光盘每两年检测 RSER、BE Sum、UE 一次;在二级预警线到三级预警线之间(不含三级预警线),光盘每年检测 RSER、BE Sum、UE 一次。

(二) 盘盒纸的标识内容

盘盒纸是光盘盒内用于标识光盘特征和内容的纸张,采用 0.13 mm 厚的彩版纸制作,其标识内容如下:

(1) 封面标识:光盘编号、套号、全宗名称、内容摘要、保管期限、密级、保密期限、档案级光盘。

(2) 封底标识:文件格式、类型及容量、运行环境、制作单位、制作日期、复制单位、复制日期、备注。

(3) 盘脊标识:光盘编号。

三、实训任务及参考示例

请按照《档案数字化光盘标识规范》(DA/T 52—2014),对光盘的盘盒纸封面、封底标签及盘面进行填写。

参考示例:

1. 盘盒纸封面标签示例如图 13-3-1 所示。

(1) 光盘编号:填写全宗号、档案门类代码(分类号)、年度、光盘序号,中间用分隔符连接。示例:G011-ZP-2022-00005。其中,光盘序号是全宗内同一门类档案光盘排列的顺序号,用 5 位阿拉伯数字表示。

(2) 套号:填写档案光盘存储载体的用途。用大写英文字母 A、B、C 表示,A 表示封存保管,B 表示查

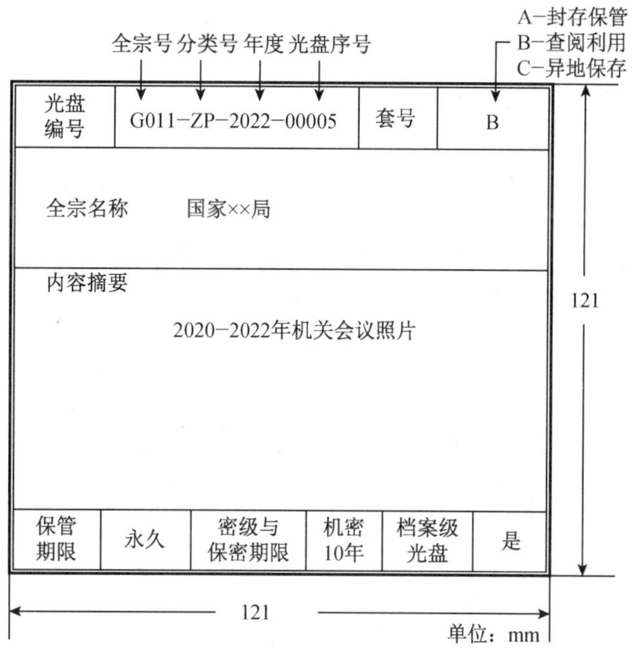

图 13-3-1　盘盒纸封面标签示例

阅利用，C 表示异地保存。

(3) 全宗名称：填写光盘内档案的全宗名称。

(4) 内容摘要：填写对光盘档案信息内容的简要说明。

(5) 保管期限：填写光盘档案的保管期限。

(6) 密级与保密期限：填写存储在光盘内档案的最高密级与最长保密期限。

(7) 档案级光盘：填写“是”或“否”。

2. 盘盒纸封底标签示例如图 13-3-2 所示。

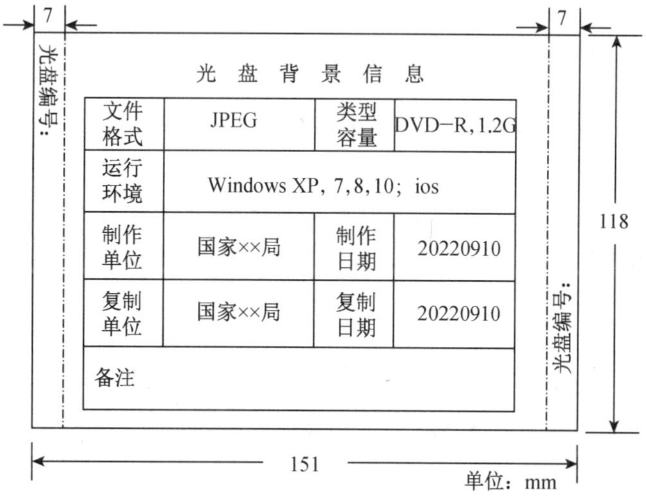

图 13-3-2　盘盒纸封底标签示例

(1) 文件格式：填写光盘内各种文件的存储格式。示例：DOC、XLS、RTF、AVI、TXT、JPEG、MPEG、MP3 等。

(2) 类型容量：填写光盘载体的类型及存储数据的容量。示例：CD–R，620MB；DVD–R，1.2G 等。

(3) 运行环境：填写识别或操作档案光盘的软、硬件系统。

(4) 制作单位：填写制作光盘内容的立档单位。

(5) 制作日期：填写制作光盘的年、月、日。

(6) 复制单位:填写复制光盘的单位。

(7) 复制日期:填写复制光盘的年、月、日。

(8) 备注:填写特殊情况的说明。

3. 盘面示例如图 13-3-3 所示。

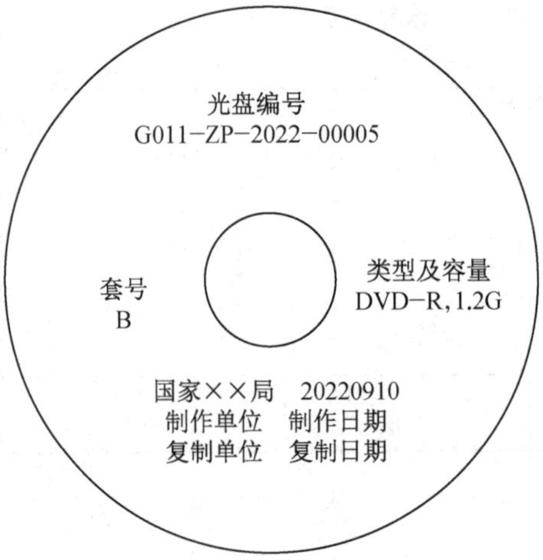

图 13-3-3 盘面示例

四、延伸思考

(1) 请使用光盘刻录机进行数据刻录,并记录刻录步骤及注意事项。

提示:

(一) 数据刻录步骤

1. 归档光盘的数据刻录工作环境应符合规定,并有良好的通风条件。光盘刻录前,必须在工作环境中放置 2 小时以上。

2. 光盘数据刻录时,采用中速刻录。CD-R 光盘采用 24～40 倍速刻录,DVD±R 光盘采用 8～12 倍速刻录。

3. 应先将电子档案制作成映像文件,在刻录之前关闭系统其他应用程序,光盘数据刻录应采用全盘一次刻完方式。

4. 归档光盘数据刻录完成后应设置成禁止写操作的状态,不能再对光盘数据进行增减。

(二) 刻录光盘的注意事项①

1. 尽可能在配置较高的计算机上刻录。

2. 硬盘的容量要大,速度要稳定。

3. 使用经检测性能优良的光盘刻录机,选用的刻录机应能识别档案级光盘的最佳写功率和写策略,CD-R 光盘和 DVD±R 光盘的数据刻录应分别选用专用刻录机。

4. 使用最适合的刻录软件。

5. 保持刻录机激光头的清洁。

6. 关闭能源管理。

7. 刻录前最好先进行测试。

8. 刻录过程尽量使用慢速。

9. 刻录过程中不运行其他程序。

10. 不要连续刻录,应注意散热。

---

① 张利,薛四新,宋红. 档案光盘保存问题探究[J]. 北京档案,2010(8):19-21.

（2）归档光盘标签书写、粘贴要求如何？光盘维护清洁要求如何？

提示：

1. 若必须在标签面书写，应使用符合档案保护要求的书写材料，如专门的“光盘标签笔”（非溶剂基墨水的软性标签笔）。初次使用应通过光盘耐候性试验。也可使用毛笔或碳素、蓝黑色墨水钢笔填写，填写时字迹要工整。

2. 归档光盘禁止使用粘贴标签。

3. 若通过光盘打印的方法制作光盘盘面，则应使用支持光盘盘面的打印机。归档光盘的标签面上应印有光盘生产日期、批次或喷墨打印的条形码。

4. 通过擦拭光盘，可以去除光盘上的灰尘、异物、污斑、指纹和液体。应使用干净的棉布从光盘中心沿半径方向朝光盘外缘擦拭，禁止沿光盘的圆周方向擦拭（图 13-3-4）。用水清洗光盘，须使用蒸馏水或去离子水（实在难以清洁的，可使用稀释的异丙醇），然后用湿润的无绒布或擦镜纸擦洗并拭干。

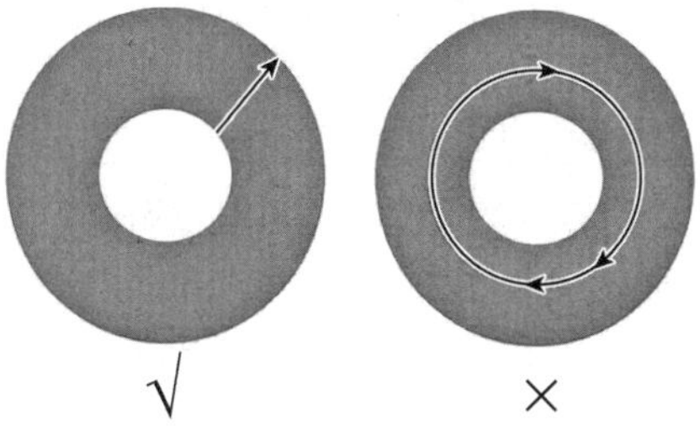

图 13-3-4　光盘的擦拭方法

（3）硬盘和光盘同作为档案存储介质，哪个更可靠？

提示：

与光盘不同，硬盘并非单纯的存储介质，而是包含了复杂的机械结构和读写电路。硬盘的失效通常并非由盘面引起，而是由电机、磁头或电路故障导致。这种复杂的失效模式使得硬盘的寿命差异极大：有些硬盘能稳定运行十几年，而有些可能几个月就会损坏。在不通电的情况下，我们既无法判断硬盘是否已经损坏，也无法预测其何时会失效。

对于长期存储需求，如果具备良好的存储环境（室温、防潮、遮光），档案级光盘或 M-DISC 是更优的选择，其次是高质量的蓝光光盘，建议每隔几年重新刻录以保障数据安全。而对于使用频率较高的数据，硬盘仍然是不二之选，但需在备份的基础上定期通电检查，确保其运行正常。

五、实践训练

请使用光盘刻录机刻录光盘，并根据《档案数字化光盘标识规范》的要求，为刻录好的光盘填写标识。

六、知识拓展

见右侧二维码。

任务四　实物档案管理

一、任务背景及目标

我国“实物档案”概念最早出现于 1964 年。当时，学者对其认识仅停留在“档案中的实物材料”层面，并未将其视为独立的档案类型。此后十几年间,“实物档案”与“档案实物”两种称谓并行使用,模糊地指向这一类以实物形态存在的档案材料。直到1992年,有学者提出,“实物档案”是一种错误的认识和称谓。这一观点引发了学界对“实物档案”这一颇具争议概念的反思与探讨。尽管反对“实物档案”理论的声音时有出现,但并未阻碍其实践发展。如今,各级档案馆(室)收藏不同数量的“实物档案”已成为一种普遍现象。

《机关档案管理规定》(国家档案局令第13号)在机关档案所涉及的范围内单列“实物档案”,且第33条提出宜将实物档案设置为一级门类代码(SW)。实物档案属于特殊载体类型档案,已成为社会组织档案的重要组成部分。

本任务的主要目标是理解实物档案的价值,掌握实物档案的特点,学会整理实物档案。

二、知识介绍

(一) 实物档案的归档范围

实物档案的归档范围如下:

(1) 本单位获得的各种奖状、奖杯、奖牌、锦旗、荣誉证书、光荣册。

(2) 上级领导、知名人士、有关单位赠送给本单位的题词、锦旗、牌匾、字画、工艺品等。

(3) 本单位对外交往中获赠的重要纪念品、礼品、捐赠品、工艺品等。

(4) 本单位组织的各种重大活动中留存的纪念品,以及单位或机构成立以来使用过的牌匾、印章、证照等。

(5) 其他具有保存价值的实物,如企业相关的新邮票、新纸币、新债券等票样,有关建筑物或产品的模型等。

(二) 实物档案的价值

实物档案作为社会组织机构沿革中的实物、证物,应当得到有效的保管和保护。利用好这些实物档案,可以为本单位提供资政参考,发挥辅助作用;同时,借助实物档案可以对本单位职工进行精神激励,起到教育和引导职工爱岗敬业,营造团结奋进的良好工作氛围的作用。

(三) 实物档案的存放

实物档案载体材质的多样性与不固定性决定了实物档案管理要根据材质属性区别对待。在接收实物档案时要做好登记、造册工作,杜绝随意放置。实物档案一般与单位的重大活动紧密联系,因此,应将标注卡和详细说明与实物档案一起保存,规范有序地存放、保管和保护,便于日后查考利用。

此外,为了方便利用实物档案,一方面,可以利用数码相机对实物档案进行拍照留存,按照主题和时间分别放在不同的文件夹里,为以后实物档案的查询和管理提供一种新的检索工具;另一方面,由于实物档案中奖牌、奖杯等重量较大,可将其编辑成实物画册,避免因翻找和搬运导致实物档案受损,便于实物档案的有效保护。

三、实训任务及参考示例

归档实物的整理一般以每件实物为一件。实物档案的整理应遵循保持实物档案之间的逻辑关系、时间顺序以及利于保管和使用的准则。若实物档案总体数量较少,可以不进行细分,根据年度按流水号进行整理。针对实物档案数量较多的单位,应如何进行整理?

参考示例:

1. 可先根据物品的类型进行分类整理,如证书类、奖牌类、锦旗类(图13-4-1)、奖杯类(图13-4-2)、印章类(图13-4-3)等,再把相同类别的实物档案按时间顺序排列。实物档案每件都应有唯一的号码。

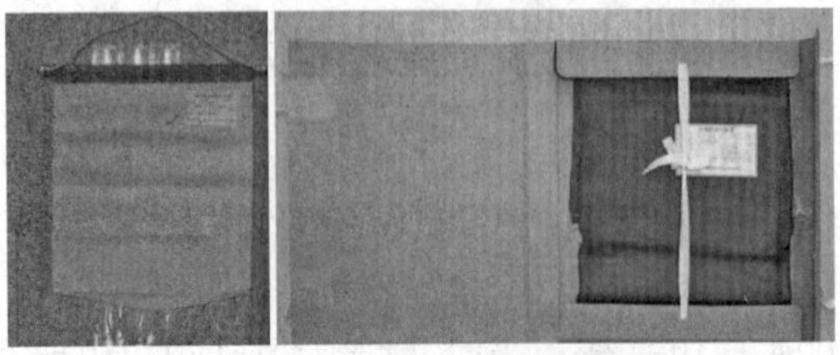

图13-4-1 实物档案锦旗类

图 13-4-2　实物档案奖杯类

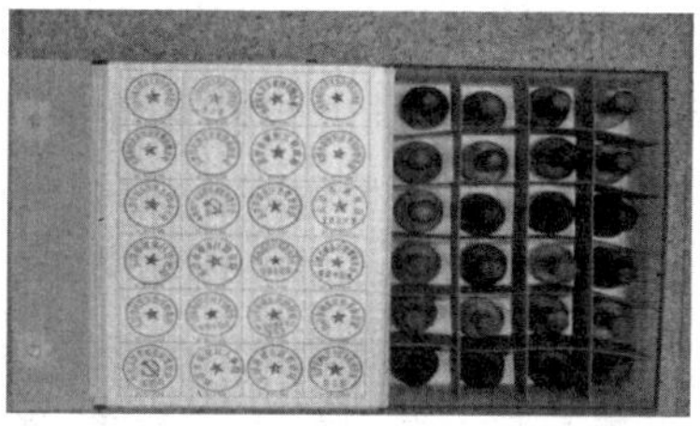

图 13-4-3　实物档案印章类

2. 可以根据实物性质及来源的不同进行分类，大致可分为六大类。

A 类：获省部级以上单位和部门、国家、国际级的奖励。

B 类：获省级、市级单位行业内以及有关主管业务部门的奖励。

C 类：社团组织、工会给予的各项奖励。

D 类：有关的纪念章和纪念品等。

E 类：经常用到的各类聘书、荣誉证书。

F 类：其他有保存价值的实物档案。

3. 将不同大类分别按照时间顺序进行编号排列，在每件实物档案上张贴并标注带有档号、实物类别、序号、获得时间等的标签。一般将其贴在实物档案的背面或角落，以不影响实物档案的观瞻为宜。

<table>
<tr><th colspan="4">实物档案标签</th></tr>
<tr><td>档　号</td><td>SW·A·2024·Y-001</td><td>获得时间</td><td></td></tr>
<tr><td>实物类别</td><td>国家级获奖证书</td><td rowspan="2">授予者或捐赠者</td><td rowspan="2"></td></tr>
<tr><td>序　号</td><td></td></tr>
<tr><td>题　名</td><td colspan="3"></td></tr>
</table>

图 13-4-4　实物档案标签

4. 最后填写实物档案目录（表 13-4-1）作为简便实用的检索工具，同时为档案统计工作提供方便。

表 13-4-1　实物档案目录

类别（材质）	档号	题名	获奖单位	责任者（颁奖单位）	成文日期（授予时间）	保管期限	移交人	存放地点	备注（纸质档案互见号）

实物档案目录填写说明：

(1) 类别。填写实物档案的类别，如“可折叠类”。

(2) 档号。填写实物档案的档号，如 SW·A·2024·Y-001。

(3) 题名。填写该件实物的主题或名称。

(4) 颁奖单位。填写实物制作、颁奖单位。

(5) 授予时间。填写实物制作、授予时间。

(6) 保管期限。填写永久或长期。

(7) 存放地点。填写实物保存地点，如“档案室”“会议室”“陈列室”等。

(8) 备注。填写需要说明的事项。

四、延伸思考

(1) 企业生产经营中所产生的实物档案是企业文化建设的一张亮眼名片。一些企业已逐渐意识到“企业实物档案是可创造经济效益的资产”，并尝试建设实物档案数字展厅。请了解实物档案管理的新技术和新方向，思考如何充分发挥实物档案的价值。

提示：

1. 对实物档案进行数字化管理。针对纸质载体的实物档案，如奖状、证书等，可根据档案幅面大小选择适当规格的扫描仪进行扫描(或将小幅面扫描后的图像进行拼接);针对非传统纸质载体的实物档案,如奖杯、牌匾等,可利用数码相机进行彩色拍摄,并通过后期处理还原实物档案。还可对实物档案进行3D数字化处理,形成高清实物档案数字模型,保证实物多角度清晰呈现。也可采用Java虚拟技术,对实物档案进行三维影像制作,在网络上进行模拟展示,从而实现实物档案的三维动态互动展览。

2. 对实物档案进行智能化管理。物联网技术通过RFID技术、智能感应技术、卫星定位技术及激光扫描技术等,实现物品与互联网的无缝衔接,促进物品与信息的有效交互,从而支持对物品的实时追踪和高效管理。在实物档案管理中,可为每件档案配备专用的RFID电子标签,标签芯片中存储档案的来源、内容摘要、借阅记录、归还信息等关键数据。利用RFID读取器,可快速获取标签信息并存入数据库,便于档案管理人员进行查询、更新等操作,最终实现实物档案的智能化管理。

(2) 各种不同类型(材质)的实物档案整理完毕后,应分别存放在单位的哪些场所?

提示:

1. 实物档案目录一般存放于单位综合档案室目录柜保管。

2. 单位已设置荣誉陈列室的,实物原件可存放于荣誉陈列室。

3. 有些单位的部分荣誉实物(如荣誉匾、证书、奖状、奖杯、锦旗,花瓶、龙船、石雕等工艺品,以及有关建筑物或产品模型等)需要在单位会议室展挂或在单位公共场所(如大堂、大厅)固定摆放,其实物原件可放置在原位置不动,但必须对实物进行抄录编目并在相应位置粘贴实物档案说明标签,同时对每件实物拍照,并将照片按声像档案、照片档案或荣誉实物类进行编号归档。

4. 对于有些单位因实物太多而无法全部陈列于会议室或大堂的情况,也可以单独设"荣誉录",用张贴实物照片的方式在单位公共场所展示,实物原件则收回放在档案室的档案柜中保管。

五、实践训练

2017年"东软杯"全国企业档案资源开发利用优秀案例评选中,中国铁路总公司济南铁路局报送的"实物档案——还原百年胶济铁路历史"案例获二等奖殊荣。同年,国家电网公司在北京主持召开《实物档案数字化规范》(以下简称《规范》)启动暨研讨会,此后在《规范》编制过程中听取了国家档案局、故宫博物院、北京市文物局、档案科学技术研究所等单位相关专家的意见和建议,并在其下属供电公司进行试点。这是我国电力行业企业在实物档案开发利用方面的一次有益尝试,也为之后其他行业企业实物档案数字化实践树立了标杆。

请联系各类社会组织的实物档案管理实际,制定本单位的实物档案开发利用规范。

六、知识拓展

见右侧二维码。

任务五　家庭建档

一、任务背景及目标

家庭档案历史悠久。早在文字诞生之前,为了向后代传授知识与经验,人们便通过口头传授、相互告知的方式交流,随后又发展出利用图画、龟甲刻字、刻契等多种手段来记录和传递信息,这些手段被视为家庭档案最早的形态。改革开放以来,随着社会的不断发展和科技的飞速进步,家庭生活的质量逐步提升,大众的注意力也逐渐由物质层面转向精神文化层面,家庭档案开始受到越来越多的关注。

20世纪80年代,我国正式提出了家庭档案的概念。1984年,山东省济南市档案局的孙嘉焯在《湖南档案》上发表《谈谈建立家庭档案》,这是国内最早关于家庭档案的研究性文章,主要探讨了家庭档案的特点、作用、分类及管理方法。自此，档案界开始对家庭档案展开广泛研究。目前，上海、江苏、武汉、沈阳等地积极开展家庭档案宣传和实践工作，并取得了一定成果。在移动互联网背景下，家庭档案的数字化管理已成为发展趋势，传统的纸质家庭档案逐渐减少，而以照片、音频、视频等为载体的家庭档案比重日益增加。

本任务的主要目标是认识家庭生活中形成的特殊载体档案，掌握家庭档案的归档范围，学会利用移动互联网工具对家庭档案实施管理。

二、知识介绍

家庭档案是家庭及家庭成员在日常生活和社会实践活动中产生的具有利用价值且可以长期保存的，以文字、照片、音像等形式存在的资料，是档案资源的重要组成部分。

（一）家庭档案的作用

家庭档案对家庭及个人，尤其是后代的成长发展具有重要作用，主要体现在以下几个方面：

（1）家庭档案是维护家庭和家人合法权益的法律文书，如合同、契约、学历证明、房产证、出生证明、发票等。

（2）家庭档案是家庭日常生活管理的有效工具，涵盖家庭收支情况记录、家庭储蓄情况记录、家庭购物发票、健康档案等。科学建立和利用这些档案，不仅能节省处理家务的时间，还能显著提升家庭管理的效率，提高家庭生活水平和生活质量。

（3）家庭档案是家庭教育的生动教材。家谱、族谱等档案资料记录了家庭历史及其所处的社会背景，是对家庭成员特别是子女进行爱国主义教育和家风传承教育的重要素材。家庭成员的职称证书、职务任命书、荣誉证书等，真实反映了个人奋斗历程和主要成就，既能让家人分享成功的喜悦，又能激励后代奋发向上。子女成长档案则见证了父母的养育之恩。这些珍贵的家庭档案能够跨越时空，增进代际理解，促进家庭和谐。

（4）家庭档案是健康管理的得力助手。其中关于疾病史和心理状况的详细记录，不仅有助于疾病的治疗和心理健康的维护，还能为后代预防遗传性疾病提供重要参考。

（5）家庭档案是学术研究的宝贵资源。作为家庭历史的真实记录，它既是研究家族史、家庭史和个体成长史的第一手资料，也为研究社会历史变迁提供了可靠依据。

（6）家庭档案是精神文明建设的有效载体。它有助于提升家庭成员的思想道德素养，促进家庭和睦，培育优良家风，是家庭文化建设的重要组成部分。

（二）家庭档案的归档范围

关于家庭档案的分类，学者们提出了多种方法，典型的分类方法有三种：①按家庭成员来分类，如按照父亲、母亲、哥哥、姐姐分类；②按时间分类，如按照婴儿时期、学生时期、恋爱婚姻等分类；③按家庭档案涉及的内容及其载体形式两个标准来进行分类，可以把家庭档案大致分为表 13-5-1 所示几大类。

表 13-5-1　家庭档案的分类

类别	归档范围
综合类	1. 家族简况、简史，家庭大事记、谱牒
	2. 家庭成员自传、简历、日记（含幼儿成长）
	3. 家庭成员的生日、结婚纪念日等材料
	4. 家庭成员入学、入团、入党、应聘、升职、乔迁的日期记录
	5. 家庭成员各种考试的成绩单
理财类	1. 家庭收入、支出账目及物资管理记录
	2. 工资条、水电气费支出记录
	3. 存单、存折、股票权证、国库券等有价证券，保险理财凭据、借条
	4. 契约、贵重物品清单和发票等

续表

类别	归档范围
证件类	1. 身份证、户口簿、护照、独生子女证
	2. 房产证、土地证
	3. 出生证明、学生证、毕业证、学位证、工作证、结婚证
	4. 驾驶证、行驶证、借书证、会员证、职称资格证书、聘书、技术资格等级证书等
医疗保健类	1. 婴儿出生、保健材料
	2. 家庭成员医疗保健卡、体检表、病历、诊断书
	3. 家庭成员X线、CT等检查结果及片子,心脑电图、化验单、血型报告
	4. 家庭成员住院记录、疫苗接种和药物过敏记录、意外伤害记录
	5. 医院处方、常用药说明、家用药方、饮食禁忌、烹饪技术、营养知识
交友联谊类	1. 家庭成员之间及与亲朋好友之间的重要往来书信
	2. 亲朋好友的住址、电话号码,老师、同事、同学名录、通讯录
	3. 家庭成员接收到的社会各界邀请函、请柬、贺卡
	4. 家庭成员接收到的社会各界重要名片
设施设备类	1. 各种家用电器、防盗门、整体橱柜、家具的发票、说明书、保修卡、电路图
	2. 维修单、维修地点、联系电话等
基本建设类	1. 家庭建房、装潢合同,施工图、施工记录
	2. 原材料合格证、竣工图、水电气管线图、验收及结算等材料
爱好收藏类	1. 字画、邮票、钱币、粮票、烟标等
	2. 书画作品
	3. 名人好友题词、题字,图书、剪报
	4. 各类艺术品、纪念品
	5. 旅游景点门票、导游图、旅行线路图、宾馆介绍、登程返程车票、登机牌、游览日记等
成果荣誉类	1. 工作总结、工作成就、工作日记,发表的论文及著作手稿
	2. 非职务行为的科研、革新、发明材料
	3. 获得的各种荣誉证书、奖状、奖牌、实物
	4. 家庭成员的优秀事迹材料
声像类	1. 家庭成员各个时期的照片
	2. 结婚、寿庆等有纪念意义活动形成的录音(录像)带、光盘、软盘等
	3. 旅游观光、聚会娱乐等形成的照片、音像资料

家庭年度大事记类例表、家庭成员各种爱好及禁忌类例表、家庭成员重要纪念日类例表分别见表13-5-2～表13-5-4。家庭档案的排列、编号、编目、装盒等按照前述项目四的方法进行整理。

表13-5-2　家庭年度大事记类例表

年度:××××年　　　　填写人:××

序号	重要记事	备注
1	×月迁入××小区新居(四室两厅两卫)	购房款120万元
2	×××荣获×科技进步成果×等奖一项(首位人员)	
3	×月晋升×××××专业技术职务	
4	××考入××××大学外语系(大学本科)	
5	×月×日购×××新轿车一辆	

表 13-5-3 家庭成员各种爱好及禁忌类例表

类别:衣着

姓名	上衣			下衣			帽子			鞋子			备注
	款式	型号	颜色	款式	型号	颜色	款式	型号	颜色	款式	型号	颜色	
××	西装	××	藏蓝	西装	××	藏蓝	休闲	××	蓝白方格	休闲	××	紫	

表 13-5-4 家庭成员重要纪念日类例表

类别:生日

序号	姓名	出生年月日	出生地点	备注
1	×××	××××年×月×日	山东省济南市	小孙子一周岁,全家人祝他生日快乐、健康成长

(三) 家庭档案的保管

随着移动互联网技术的快速发展,家庭档案的保管方式正经历着深刻的数字化变革。当前,大量家庭档案以数字化形式产生于各类社交平台和移动终端,包括微信、QQ 等社交软件的聊天记录,以及照片、视频等多媒体资料。这些数字档案可以通过计算机、手机、移动硬盘、U 盘等本地设备存储,也能依托云盘等云端服务进行保存,还能借助朋友圈等社交平台实现共享。

三、实训任务及参考示例

请了解数字化家庭档案管理系统(计算机管理软件)——"家庭档案馆"的使用页面、功能等,运用该软件来管理自己的家庭档案,并对其进行使用评价。

参考示例:

家庭档案管理软件相较家庭档案管理网站使用起来更加方便,能够直接上传与扫描,板块也更多。首先查找并装载"家庭档案馆"软件,其界面如图 13-5-1 所示。

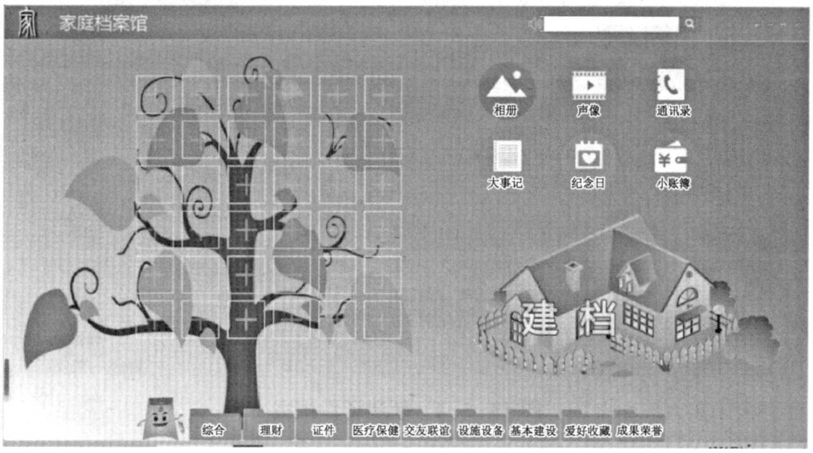

图 13-5-1 "家庭档案馆"软件界面

点击左边任一加号图标,即可录入家庭成员详细信息(图 13-5-2)。

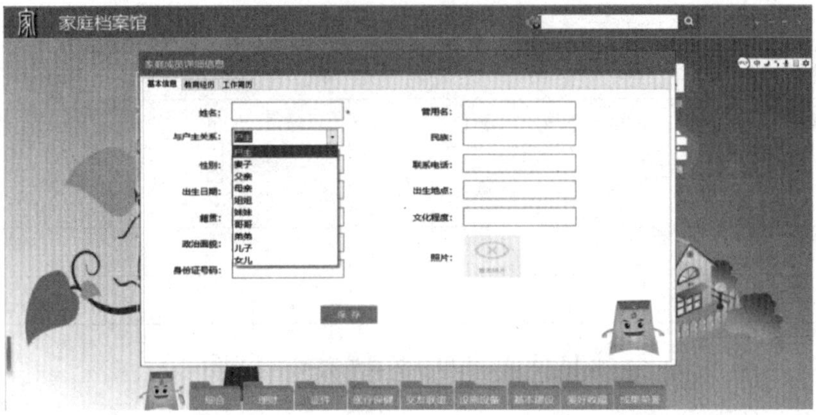

图 13-5-2　录入家庭成员详细信息

点击右上角图标“小账簿”，即可录入相应信息(图 13-5-3)。

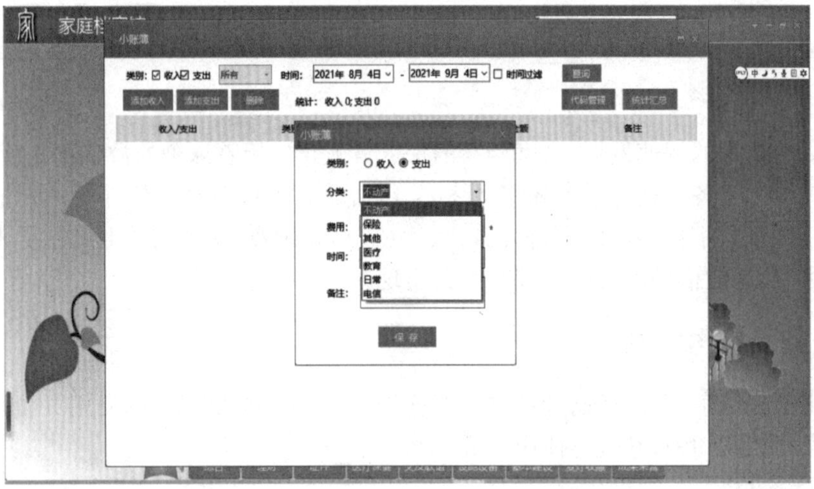

图 13-5-3　新建“小账簿”

点击窗口底部任一类别，即可新建档案。例如，点击“证件”，即可新建证件档案(图 13-5-4)。

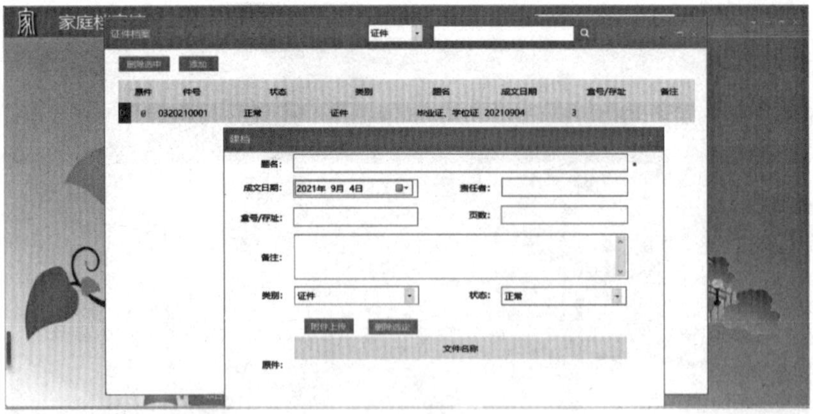

图 13-5-4　新建证件档案

四、延伸思考

(1) 在当今信息时代，许多家庭的特殊载体档案较多，而纸质档案较少。针对这些家庭常用的二级分类法有哪些？

提示：

常用的二级分类法见表 13-5-5～表 13-5-7。

表 13-5-5 形式-成员分类法

一级类目		二级类目	
类目代号	类目名称	类目代号	类目名称
1	证书类	1.1	林先生
		1.2	陈女士
		1.3	林小宝
		1.4	综合
2	书信类	2.1	林先生
		2.2	陈女士
		2.3	林小宝
		2.4	综合

表 13-5-6 形式-阶段(时期)分类法

一级类目		二级类目	
类目代号	类目名称	类目代号	类目名称
1	照片音像类	1.1	宝宝康乐
		1.2	学生时代
		1.3	恋爱婚姻
		1.4	工作足迹
		1.5	其他
2	病历类		
3	手稿类		
4	字画类		
5	综合类		

表 13-5-7 形式-内容/时期分类法

一级类目		二级类目	
类目代号	类目名称	类目代号	类目名称
1	证书类	1.1	宝宝康乐
		1.2	学生时代
		1.3	恋爱婚姻
		1.4	工作足迹
		1.5	当家理财
		1.6	医疗保健
		1.7	家庭历史
		1.8	其他
2	书信类	2.1	学生时代
		2.2	恋爱婚姻
		2.3	工作足迹
		2.4	其他

（2）对子女成长史类档案应如何进行细分？

提示：

见表 13-5-8。

表 13-5-8　子女成长史类

类别：婴幼儿阶段

姓名		性别		出生时间		出生地		民族					
曾用名		小名		出生身长		出生体重		头围		血型		属相	
身份证号		家庭住址		联系电话									

时间	项目	备注	时间	项目	备注
	会笑				
	会坐				
	会爬				
	会站				
	会走				
	会跑				
	会叫爸爸妈妈等				
	会说出自己的姓名				
	会说出父母的姓名				
	会正确说出父母的工作单位				
	会识 10 以内数字				
	会认 10 张以上的动物卡片				
	会背简短儿歌或诗歌				
	会自己洗手				
	会自己吃饭				
	会自己穿衣服				
	会背电话号码				

注：此表所列的项目只是举例，有关内容可根据实际填写。

五、实践训练

（1）请了解家庭档案相关的微信小程序、APP、软件等，选择其一对自己的家庭档案进行管理。

（2）观看英国广播公司的《你以为你是谁》，中央电视台的《客从何处来》《朗读者》《见字如面》等节目，阅读党建读物出版社出版的《红色家书》等相关书籍，思考这些作品对家庭档案的宣传与家风建设所产生的社会效益。

六、知识拓展

见右侧二维码。

项目十四

数字档案馆(室)建设

【项目导读】

《中华人民共和国档案法》第五章规定："国家鼓励和支持档案馆和机关、团体、企业事业单位以及其他组织推进传统载体档案数字化。""机关、团体、企业事业单位和其他组织应当积极推进电子档案管理信息系统建设，与办公自动化系统、业务系统等相互衔接。""有条件的档案馆应当建设数字档案馆。"数字档案馆(室)建设是一项复杂的系统工程，需要综合运用信息技术、数字化技术、网络技术等手段，是档案部门面向未来、适应时代发展的必然趋势。数字档案馆(室)建设应以资源建设为核心，遵循统一的标准规范，坚持开放建设与利益共享，并将自主开发与技术引进相结合。

任务一 纸质档案数字化

一、任务背景及目标

《纸质档案数字化技术规范》(DA/T 31—2005)从技术标准方面对纸质档案数字化工作提出了要求，很好地促进了纸质档案数字化工作向科学化、规范化方向发展，在档案信息化工作中发挥了重要作用。由于纸质档案数字化工作所依赖的信息技术发展迅速，数字化设备、存储、网络等技术条件都发生了较大变化。同时，纸质档案数字化工作管理方法和管理理念等也在不断更新、发展。因此，及时修订《纸质档案数字化技术规范》(DA/T 31—2005)，适时调整相关要求，对科学规范纸质档案数字化工作具有重要的现实意义。2017 年 8 月 2 日，《纸质档案数字化规范》(DA/T 31—2017)正式发布，并于 2018 年 1 月 1 日起正式实施。本次修订更加注重我国纸质档案数字化工作自身的特点，结合目前信息技术发展的水平，提出了适用于档案行业的纸质档案数字化工作的规范性要求。

本任务的主要目标是熟悉纸质档案数字化加工流程，掌握操作要点，了解缩微胶片档案、录音录像档案、实物档案等数字化的技术规范。

二、知识介绍

(一) 档案数字化管理

档案数字化管理是对传统档案管理工作的一次创新，能够实现对档案和档案材料收集、鉴别、整理、保管、转递、统计、查阅等日常工作的数字化管理，并可通过组织系统专网实现档案的网上浏览和远程查(借)阅功能。按照档案业务工作流程，经过系统管理员的授权，单位内部领导和有关科室可以在各自办公室查阅档案；外来查档单位可以在阅档室通过计算机查阅电子档案，或通过网络实现远程阅档。系统全面运行后，将显著提高工作效率，提升工作服务的水平和质量，实现档案由管理向信息研究与利用的质的转变。

（二）档案数字化的作用

实现档案数字化，能够显著提升档案部门的服务水平，为档案内部管理和客户服务提供高效、全面的支持。档案数字化的作用主要体现在以下几个方面：

（1）保护档案原件。数字化档案可以替代原件使用，从而有效延长原件的物理保存寿命。

（2）实现数字化副本分地保存。对于需要长期或永久保存的重要档案，可以采用数据备份的方法制作多份数字化副本，并将它们分地保存。

（3）恢复档案材料模糊退变的字迹。对于字迹出现模糊扩散或退变的档案，可以利用计算机扫描等处理技术恢复字迹。

（4）提高办公效率。档案数字化管理能够确保资料及时归档，并迅速提供利用，从而显著提高办公效率。

（5）提高经济效益。通过档案数字化管理将传统的纸质档案信息对象转化为机读档案，不仅大幅降低了保管费用，节省了存储空间，而且使得查阅过程更加便捷高效，有效避免了因反复印制资料而产生的纸张和人力浪费。

（三）档案数字化采集

档案数字化采集流程如下：从档案实体库提卷后，首先拆卷、校对档案页数，并区分高扫和平扫材料，随后进行数据采集。在采集过程中，同时对图像进行纠偏、去污、去黑边等处理，并校对档案目录、核对电子材料，完成初步审核。接着，由专人对档案原件及数据进行二次审核。确认无误后，将档案装订还原，并把电子数据归档，从而为档案利用提供准确可靠的数据信息。在整个过程中，各环节需紧密配合、协同操作，以流水线方式高效完成信息采集和审核工作。

（四）档案数字化查阅

档案数字化查阅系统以组织系统专用资源网为网络基础，采用B/S(浏览器/服务器)模式架构，在组织系统内部实现了本地及远程查档、阅档功能。系统在安全层面进行了多方面考量：可按日期、时间或设置长期有效等多种方式，完成阅档授权操作；能够对阅档过程进行详细的日志记录；信息通过加密信道传输，以此保障系统运行更加安全可靠。

三、实训任务及参考示例

为了加快档案信息化、促进室藏档案信息的广泛利用，某企业档案室将对2000年之前形成的档案进行数字化加工，请说明档案扫描及相关处理方法，并绘制档案整理扫描流程图。

参考示例：

（一）档案扫描

1. 根据档案幅面大小，合理选用扫描设备。对于A3幅面以内的档案，采用专业文件扫描仪或高速平板扫描仪进行扫描；若档案尺寸超过A3，则选用大幅面图像扫描仪(A0)。在整个扫描过程中，要格外注意避免对档案原件造成二次损伤。

2. 严格按照行业标准《纸质档案数字化规范》(DA/T 31—2017)开展档案扫描工作，确保各项操作达到该标准要求。

3. 文件存储格式：扫描后的文件统一存储为TIFF多页文档格式或者PDF多页文档格式 。

4. 黑白页面采用黑白模式扫描，彩色页面采用彩色模式扫描。对于原件清晰程度不同的情况，可根据实际需要，对个别页面采用灰度或真彩模式扫描。一般情况下，扫描分辨率设定为300 dpi。当遇到文字偏小、密集或者清晰度较差等情况时，为保证扫描效果，需适当调高分辨率。对于纸质较差的原件，不允许采取连续进纸方式扫描，只能单张扫描。

5. 扫描质量要求以视觉清晰为准，页面完整，不得漏页，每页图片命名及组成符合相关规定及采购人的要求，差错率不得超过1%。

（二）图像处理

扫描后的原始图像需进行优化处理，以确保成品图像清晰、端正，符合档案数字化的质量要求。依据档案扫描后的实际情况，需开展一系列针对性的图像处理工作。

1. 图像偏斜校正。针对图像存在的歪斜问题，可运用自动或手动纠偏功能对图像角度进行调整。校正后，图像偏斜度需严格控制在2°以内。对于方向不符合阅读习惯的图像，应进行旋转还原操作，确保图像以正确方向呈现，方便后续查阅。

2. 图像杂质去除。当图像页面中出现黑点、黑线、黑框、黑边等影响图像质量的杂质时，需进行去污处理。要求在50%显示比例下，不得出现可见的污点。在处理过程中，必须严格遵循保持档案原貌的原则，避免对档案原始信息造成任何改变。

3. 字迹洇透处理。若图像存在字迹洇透现象，应启用字迹锐化功能，使字迹笔画清晰呈现，保证文字信息的完整性和可读性。

4. 图像深浅调整。针对图像深浅不一的情况，利用平衡功能对图像进行调整，确保图像整体深浅均匀一致，提升图像的视觉效果。

5. 其他图像处理及特殊情况处理。对于大幅面档案分区扫描形成的多幅图像，需进行拼接处理，合并为一个完整的图像，确保档案数字化图像的整体性。在扫描及处理过程中，若发现图像存在折叠、变形、不清晰等问题，必须对图像进行重新扫描；若发现文件漏扫，应及时补扫并将图像正确插入相应位置；若发现扫描图像的排列顺序与档案原件不一致，应及时进行调整。最终应确保数字化图像资料不重复、不遗漏、清晰无边、不倾斜、无污点，与实物档案保持实质性一致，适合屏幕显示以及原样打印后的清晰识读。

（三）二校处理

二校处理是数字化加工流程中关键的质控环节，在完成初步图像处理后实施深度质量复核。该环节通过系统性校对与精细化修正，重点确保图像质量达到以下标准：首先保证图像与原始档案的完整对应，无缺失或错位；其次确保文字、图表等内容清晰可辨，满足信息识别要求；同时严格符合数字化加工的规范技术参数。处理过程中需特别注意图像细节的完整性、信息呈现的清晰度以及技术指标的合规性，通过多重校验机制保障数字化成果的质量可靠性。

（四）批量上传

核对扫描完成的电子档案数据，确认无误后将其批量上传至档案查询系统。依据每一份图像文件的文件名与档案目录数据库中对应文件的档案编号的一致性和唯一性，在上传过程中或上传完成后建立一一对应的关联关系，为档案目录数据库与图像文件的有效挂接创造条件，确保目录与电子档案数据一一对应，对应率达100%。

（五）合卷处理

将图像文件扫描加工过程中形成的图像成品，按照实体档案特点进行合卷处理。合卷处理时，需保障合卷的准确性。

档案整理扫描流程图见图14-1-1。

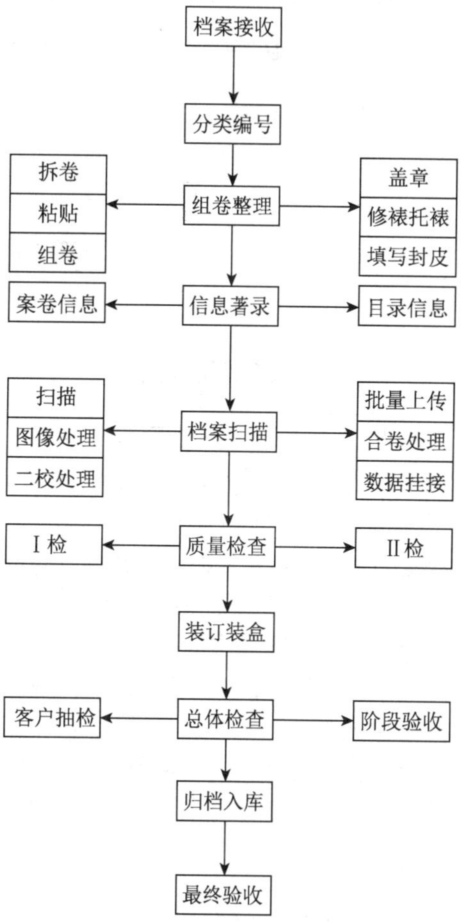

图14-1-1　档案整理扫描流程图

四、延伸思考

如何构建全方位、多层次的档案数字化项目质量与安全保障体系？

提示：

1. 详细规划、细致安排，将每项工作任务、每个工作环节都想到、做好，确保无遗漏、无差错。

2. 设立完善的项目管理体系和保障体系，为应对多方面已知、未知的情况做好准备工作。

3. 加强人员审查和员工管理工作，制定并执行高效的安全管理制度和保密制度，杜绝各类问题与事故的发生，确保项目的安全实施。

4. 对纸质档案数字化的各个环节建立起完整、规范的记录，并使用加工流水表单详细记录加工过程及相关问题。

5. 增加管理人员的投入，增强现场的监管力度，明确监管措施落实到位。

6. 集中优势资源，从资金、技术、人员、工艺和管理等多方面保障项目的顺利实施。

7. 全力保障品质检查，以多层次、多级别的检查管理，确保提交给用户的产品全部符合质量要求。

8. 全力保障信息安全，保护档案实体安全。

五、实践训练

（1）某企业为推进档案数字化建设，现需将纸质档案全部进行数字化处理，从根本上解决传统手工作业方式带来的诸多问题，增强档案工作全过程的规范化、信息化和自动化管理水平，促进档案的有效管理利用。请参与纸质档案数字化操作，了解基本操作环节。

（2）请依据《录音录像档案数字化规范》，对录音录像档案进行数字化处理。

（3）请依据《实物档案数字化规范》，对实物档案进行数字化处理。

六、知识拓展

见右侧二维码。

任务二 操作电子档案管理系统

一、任务背景及目标

当前，各行各业办公自动化系统的广泛应用产生了大量的电子文件。这些电子文件归档形成的电子档案都会移交到档案部门进行管理和长期保存，并提供利用。此项业务工作的开展离不开电子档案管理系统。2017 年 12 月，国家档案局办公室发布《电子档案管理系统基本功能规定》（本任务以下简称《功能规定》），2001 年 6 月国家档案局发布的《档案管理软件功能要求暂行规定》同时废止。《功能规定》中的条款内容突出了基本业务特点，规定了电子档案管理系统应满足电子档案移交接收、长期保存、共享利用和安全可靠等业务需求的基本功能，能有效促进各级各类档案馆在开发和应用电子档案管理系统时的规范化建设。《功能规定》中的每一项要求，都是电子档案管理系统应具备的必要功能。《功能规定》的出台，有助于推动电子档案管理系统的科学化、规范化建设，促进电子档案的共享及利用，使档案业务人员可以通过电子档案管理系统实现对电子档案的科学、高效和安全管理。

本任务的主要目标是了解常用电子档案管理系统的基本功能，探索其新功能，学会操作电子档案管理系统。

二、知识介绍

（一）常用电子档案管理系统

电子档案管理系统是档案信息化建设成败的关键要素。目前，国内市场上的档案管理软件种类繁多、各具特色，主要在系统参数、功能、性能及用户群体等方面存在差异。各单位在选购档案管理软件时，需结合自身需求，制定科学合理的选购策略。在各大软件下载平台上，常见的免费档案管理软件包括《智信电子档案管理系统》《好用电子档案管理系统》等。

《智信电子档案管理系统》适用于各机关、企事业单位、学校等的人事管理和档案管理工作，是进行人力资源管理的强大工具。该系统功能涵盖人事档案录入、查询、统计、报表生成、导出 Excel、打印输出等，全面支持图片扫描管理模式，操作简便、功能卓越，是人事档案管理人员的得力助手。

《好用电子档案管理系统》可用于机关、企事业单位等的各种电子化档案管理(如电子文件、电子图片)。该系统既可以管理组卷档案，也可以管理单个档案，且档案类别支持四级分类。此外，用户可以根据需要自定义档案字段和卷内明细字段，包括增加新字段、修改字段名称等。

(二) 某单机版电子档案管理系统软件操作介绍

(1) 打开档案类别资料录入编辑窗口，录入、编辑档案类别资料。档案类别可以根据需要自行划分。在一个大档案类别下，还可以细分小的档案类别，小的档案类别下可以继续细分。是否分小类以及分几级档案类别，可以根据需求自行决定。

(2) 打开档案资料录入编辑管理窗口，录入档案资料。需要录入的档案资料字段及打印的报表均可自行设置修改。先设置修改档案资料字段，再设置修改要打印的报表。对于不同档案类别的档案，可以设置不同的字段和报表。

(3) 录入档案明细资料，保存档案资料相关的电子文件、电子图片资料(图 14-2-2)。

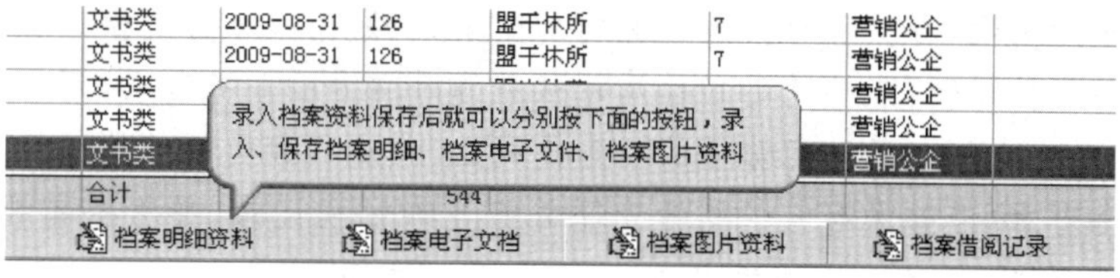

图 14-2-2　档案明细资料的录入

(4) 点击档案资料，然后点击编辑管理窗口下面的“档案借阅记录”按钮，在弹出的窗口中即可录入该档案的借阅记录。如果录入了档案归还期限，并且勾选了图 14-2-3 所示的“启动借阅档案过期未还提醒”选项，一旦档案到达归还期限，且系统内尚未录入归还日期，那么下次打开软件时，系统便会针对未还档案给出提醒。同时能够对档号进行设置，按照一定的规律编档号(图 14-2-3)。

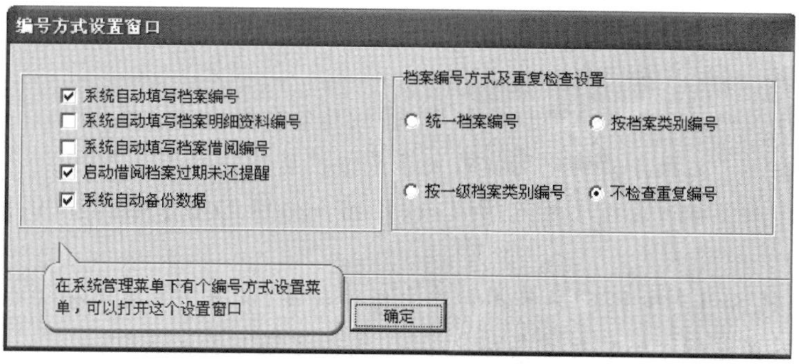

图 14-2-3　编号方式设置窗口

需要注意的是，软件中的档案明细查询功能仅支持查询档案明细，若要查询档案，则需在档案资料录入编辑管理窗口操作。

三、实训任务及参考示例

某档案信息技术公司总结各行业的档案管理需求，结合国家档案局的档案管理标准规范，研发出了 EPS 数字档案管理平台。请调研具有代表性的数字档案管理平台，围绕档案的“收、管、存、用”等业务，学会操作电子档案管理系统。

参考示例:

EPS数字档案管理平台的系统特点、总体架构、运行环境和产品功能如下:

(一) 系统特点

EPS数字档案管理平台采用纯B/S架构,适用于所有的档案局(馆)和企事业单位。产品围绕档案的"收、管、存、用"等业务,实现对包括电子文件的收集、整理和档案的保管、利用、统计、鉴定、编研、销毁等环节的全面管理。

EPS数字档案管理平台集成了条形码、射频识别(RFID)、流媒体、光学字符识别(OCR)、全文检索、数字水印和3D仿真等技术,开发了3D库房、光盘打包、格式转换、全文检索、文件防扩散、多格式浏览器、电子文件水印、电子文件四性检测、电子文件长期保存、异构数据归档接口和离线收集客户端等应用,全面实现了对档案的智能、智慧管理。

(二) 总体架构

1. 产品总体要求。

EPS数字档案管理平台的设计遵循以下原则:

(1) 系统结构具备开放性,可实现与其他系统的功能集成、数据共享与交换。

(2) 系统功能具备可扩展性,能够满足当前及可预见的时间内的业务需求,可方便地进行功能扩展。

(3) 系统具备灵活性,支持电子档案管理的业务模式、工作流程和数据结构等的灵活定义与部署。

(4) 系统运行安全可靠,能够保存电子档案管理关键业务过程记录,并根据需要采取电子签名、数字加密和安全认证等技术手段,保障电子档案安全,防止非授权访问。

(5) 系统能够依据电子档案保存和利用的业务要求分别建立相应数据库。

(6) 系统能够管理符合国家、行业标准规定的多种门类、多种格式的电子档案。

(7) 系统具备对实体档案进行辅助管理的功能。

2. 产品技术架构。

EPS数字档案管理平台的主要技术特点:

(1) 采用开放档案信息系统(OAIS)模型。

(2) 采用基于面向服务(SOA)技术框架结构。

(3) 采用基于J2EE的纯B/S架构。

(4) 具有高集成性。产品采用服务模块化部署,因此具备较好的集成性。

(5) 具有高扩展性。产品服务模块化同样带来了系统扩展的便利性。

(6) 系统集成了国家多种行业标准规范,如DA/T 46—2009、DA/T 47—2009、DA/T 48—2009等档案信息标准。

(7) 系统通过FTP、SFTP和HTTP等多种方式传输数据,电子档案文件采用明文或加密存储。

(8) 自主开发的数据库翻译引擎支持多种数据库,包括适应国产化环境。

3. 产品业务架构。

产品业务架构如图14-2-4所示。

(三) 运行环境

运行环境分为硬件环境和软件环境两个部分。

1. 服务器配置。

(1) 服务器端支持硬件配置:PC服务器或小型机等,内存16 GB以上,硬盘空间大于1 000 GB。根据客户需求,可以将系统部署在多个服务器上,如Web应用服务器、数据库服务器、文件存储服务器、备份服务器等,每个服务器可以根据用户需求单独配置。在项目实施时,实施工程师会根据情况提出最佳建议。

(2) 服务器端支持操作系统:Windows Server 2003或以上,UNIX(如AIX、Solaris、HP-UX等),Linux 2.0(如CentOS、RedHat、Ubuntu)以上。

2. 客户端配置。

(1) 客户端支持硬件配置:CPU主频1 GHz以上,内存4 GB以上,硬盘空间大于50 GB。

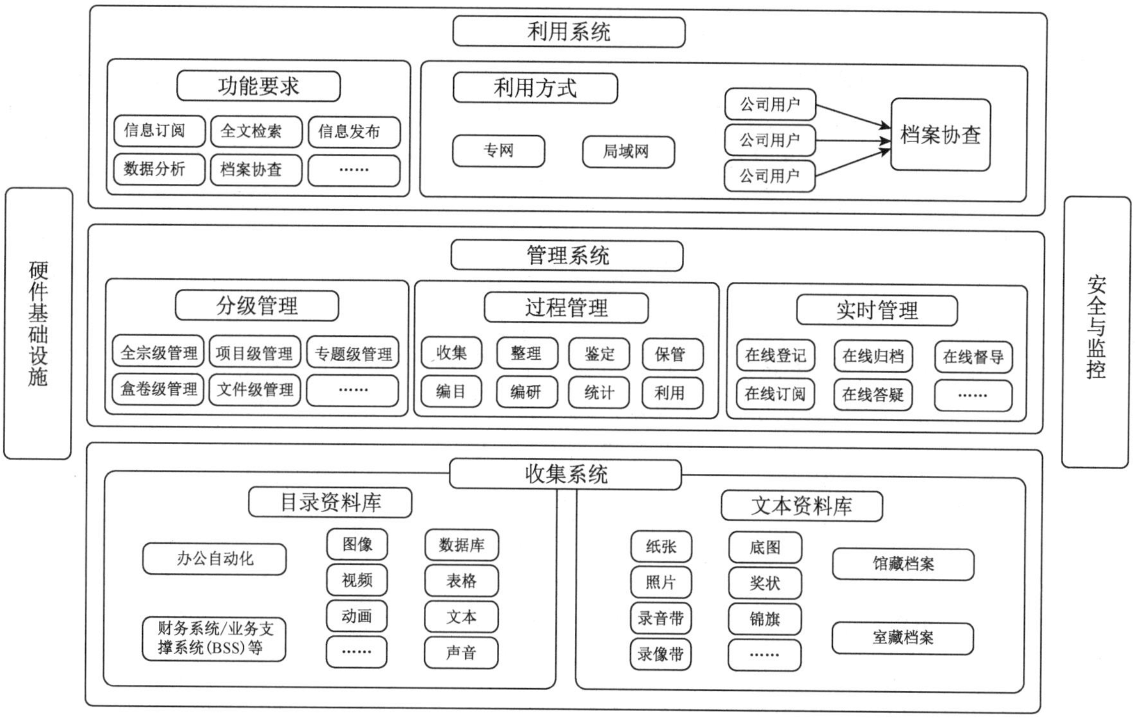

图 14-2-4 产品业务架构

(2) 客户端支持操作系统:Windows XP、Windows Vista、Windows 7、Windows 10 等。

3. 存储设备。

EPS 数字档案管理平台支持各种主流的存储方案,可以支持本地存储及异地存储,其中包括磁盘阵列、DAS 及 SAN 组网等存储方式。在项目实施时,实施工程师会根据企业具体情况提出最佳处理方案。

4. 网络环境。

应用系统部署在企业内部局域网时,网络带宽问题不突出;但当运行环境涉及广域网时,大用户量的并发检索、大量电子原文的下载或上传、大用户量的并发录入提交等都可能对网络通信造成压力,需根据实际业务需要估算所需的网络带宽和通信限制要求,以保证系统的合理响应速度。在实施过程中,实施工程师会根据企业的情况提出最佳处理方案。

(四) 产品功能

1. 系统功能结构图。

EPS 数字档案管理平台采用模块化方式开发,主要包括档案接收、档案整理、档案保存、档案利用、档案鉴定与处置、档案统计和系统管理等模块,如图 14-2-5 所示。

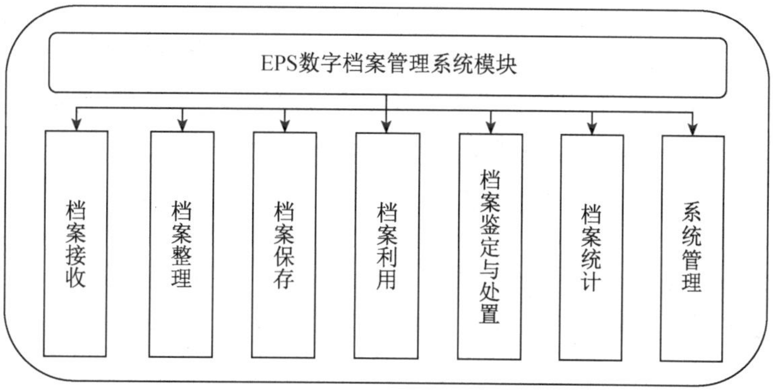

图 14-2-5 系统功能结构图

2. 系统标准功能介绍。

(1) 档案接收。

档案接收是指将企业各部门在生产活动中产生的、需要保存的文件收集起来,统一交由档案室进行保管。通常情况下,各部门的实体档案都是由其文员或兼职档案员负责整理并移交至档案室进行归档的。

EPS数字档案管理平台在档案接收状态下具备电子文件的登记、修改、删除、分类鉴定等功能。用户在此状态下完成文件接收工作后,可依据权限选择通过文件移交流程,或者以手动的方式将电子文件移交至档案整理状态,为后续的档案整理工作做好准备。

随着企业信息化建设的持续推进,各类电子文件分散于不同的业务系统中。EPS数字档案管理平台借助数据接口同步的方式,将各个业务系统中的电子目录及电子文件同步至档案管理系统,确保了电子文件的原始风貌和数据的准确性,降低了人工录入的错误率,减少了人工录入的工作量。通过数据接口同步过来的数据一般存放在文件接收状态,用户可对这些数据进行补录、鉴定等工作,最终将其以电子文件的形式移交至档案整理状态。

(2) 档案整理。

各部门将收集好的电子文件移交给档案室后,档案员一般会根据接收到的实体文件对电子目录进行二次文件分类、鉴定等整理工作。鉴定无误后,执行生成档号、归档等操作。

国家对归档文件整理办法有着一系列明确的相关规定,但是为了更好地适应企业的客观要求,企业在一些整理办法的执行上可以更加灵活和人性化。例如,本系统既支持原始的一事一卷的档案整理方式,也支持最新规定的一事一件的档案整理方式;同时,也可以对档号的生成规则、盒号生成规则、报表编目等内容进行自定义。

文件整理最重要的就是审核归档。档案员根据移交的实体文件对电子目录、电子原文以及条目的归档方式进行仔细的检查审核,同时鉴定文件是否有归档价值及其保管期限等。在确认审核无误后,即可将这部分数据归档,使之最终成为档案。成功归档的档案文件,系统会自动将其置于档案管理状态,用户可以在系统中对该文件的目录和原文进行借阅利用。

(3) 档案保存。

档案管理状态下的文件已经正式成为档案。在该状态下,档案的目录信息和原文信息不能被修改和删除。档案管理人员在档案管理状态需要完成的工作一般包括:档案目录的打印、档案装盒和档案上架操作,同时将发现有问题的档案文件退回到文件整理过程重新鉴定整理。报表打印是档案工作人员的日常工作之一。本系统为用户提供各种符合国家标准的档案报表,如文件目录、档案盒脊背、案卷目录、分类目录、备考表、卷内目录等,打印方法简便快捷。档案完成装盒归档操作后,需要将实体目录放入对应的档案密集架上。在实体文件存入密集架的同时,系统需同步记录档案的电子文件存放位置信息,使用户能够通过计算机图形界面快速、准确地找到需要借阅的文件。

(4) 库房温湿度登记。

库房温湿度登记主要是指对库房的温度和湿度进行实时监测,并依据档案保护标准进行科学调控。本系统支持温湿度监测设备接口,不需要人工记录温度,而是通过接口实时读取数据,既准确又迅速。

(5) 库房安全检查。

库房安全检查是指档案工作人员定期以“八防”(防尘、防火、防盗、防潮、防高温、防光、防蛀、防腐)为标准,对已入库的实体档案进行全面检查,记录检查中发现的问题档案,从而更好地保护实体档案安全,提高档案利用效率。

(6) 档案利用。

档案管理是为档案利用服务的,档案利用是档案工作成果的重要体现。只有通过有效利用,档案价值才能得以实现。档案利用工作主要包括两大功能模块:档案检索服务和档案借阅服务。

(7) 档案检索。

档案检索是档案利用的一个重要组成部分。EPS数字档案管理平台可以将常用的检索条件进行自定义,同时支持全文检索。

全文检索功能通过关联电子目录的原文内容实现智能化检索。用户只需在检索框中输入关键词,系统即可自动扫描电子原文内容,并将包含关键词的文本片段及其上下文摘要直观呈现。对于未获查阅权限的用户,系统会智能显示相关档案条目信息,同时主动提示借阅申请流程。

(8) 档案借阅。

档案借阅是档案利用的一种重要表现形式,主要是指用户在不具备查看权限的情况下提交档案借阅申请,经相关人员审批通过后,系统会在一段时间内(具体时间由审批人员根据申请人的需求进行设定)自动为该用户开放权限。对于电子档案,借阅到期后,系统会自动回收借阅权限。档案借阅管理的主要内容包括:借阅人信息、借阅天数、借阅目的、借阅明细信息、是否领取、是否归还以及审批人意见等(其中"领取"和"归还"仅针对实体档案借阅)。此外,用户可根据本单位的具体情况,灵活定义各种适用的审批流程。

(9) 档案统计。

档案统计功能可以对单位中各种档案类型及其归档方式的档案文件进行全面统计,并生成统计报表,从而反映单位内档案工作的实际情况。主要的统计内容包括:馆(室)藏统计、档案利用情况统计、档案归档情况统计以及档案年报统计。此外,系统还支持对档案系统的全引目录、卷内目录等报表的打印功能。系统支持灵活定义各种形式的报表。本系统支持的报表类型包括:普通报表、SQL 报表、分组打印报表和全引目录报表。

3. 系统管理。

(1) 单位管理。

EPS 数字档案管理平台支持对多个单位进行管理,并以"树"形结构显示单位之间的层级关系,适合规模较大的企事业单位同时管理本公司及分公司的档案资料。每个单位主要由单位编号和单位名称构成,各单位之间的权限相互独立,并且可以根据用户单位的需求灵活设置权限。

(2) 组织机构管理。

组织机构管理用于设置单位中的各个部门和机构,是用户信息管理的一个重要组成部分,同时为档案信息的归属提供基础支持。

(3) 用户管理。

用户管理部分用于管理企业用户的基本信息,包括登录名、姓名、年龄、职位等,同时可以为不同用户设置相应的角色。

(4) 权限管理。

权限管理是用户信息管理的一部分,系统管理员可以对系统中的每个模块及其功能设置相应的权限,同时也可以对单位内档案库的数据权限和业务权限进行配置。系统通过自定义角色的方式,定义用户在电子文件转变为档案的整个过程中的数据访问权限和功能使用权限。

在权限申请方面,系统支持用户通过提交工作流申请的方式获取文件的查看、下载等权限。档案管理员或公司领导会对申请进行具体授权,从而实现授权管理的目的。此处的权限管理不仅可以控制未授权文件的查看、下载和打印,还可以对用户查看文件的时间进行精确控制。

(5) 文档服务。

存储管理主要是指对原文件存储路径的管理。文档服务主要由服务器名称、服务器地址、FTP 用户名、FTP 端口号和 FTP 密码组成。

(6) 业务模型。

用户可以根据自己的需求来定义系统左侧的功能菜单,实现对功能菜单的自定义。

(7) 运行日志。

运行日志记录系统用户对于文件的操作过程,可以查询什么人、什么时间对什么文件进行了什么操作等。每个文档都有对应的日志内容,系统将自动创建针对文档的访问日志,详细记录对文档的相关操作,监督文档生命周期的全过程。

(8) 实体分类管理。

实体分类管理功能支持将国家标准规定的档案分类体系维护到系统中,同时也允许用户根据单位的实际情况自定义档案分类。用户在添加档案数据时,无须记住复杂烦琐的档案分类信息,只需点击选择相应的分类,即可完成档案分类信息的设置。

(9) 模板管理。

模板管理是档案系统业务管理的基础，以模板的形式对著录项属性、档号生成规则、档案库报表等进行统一的维护，实现企业内所有单位档案模板统一管理。这样的设计既节省了系统初始化时建立档案库的时间，也便于后期对档案库的统一维护。

(10) 数据字典管理。

数据字典管理将用户常用的一些约定俗成的著录项值(如保管期限、密级等)维护到数据字典中，便于用户录入数据，减少档案人员的工作量。

(11) 元数据管理。

元数据通俗来讲可以理解为著录项。元数据管理能够在建立档案模板时实现重复利用，从而使档案模板的创建更加方便快捷。通过引用元数据，可以在建立档案库时构建信息检索机制，系统地映射电子文件的信息内容及其背景。各企业可以依据自身档案业务元数据的具体特征，将其作为指导，管理企业各门类的档案。

EPS 数字档案管理平台根据国家行业标准集成了 DA/T 46—2009 和 DA/T 47—2009 档案元数据标准，平台中设置的元数据信息包括数据的属性、长度、中英文描述、取值、缺省值、参照项、默认设置等。元数据管理为档案模板的建立提供了基础项，是整个系统能够完整运行的前提条件。

(12) 流程审批配置。

流程审批配置是对业务系统中需要按照一定步骤顺序执行的业务的抽象化描述，其中的工作流管理正是档案利用的前提和基础。用户可以根据企业自身对档案利用的具体需求，定义包括档案借阅、档案协查等在内的档案利用流程，确保所有普通用户能够按照该流程进行档案借阅等操作。系统提供了多种流程定义功能，包括档案利用、档案协查、档案捐赠、档案移交、档案寄存、档案销毁等业务流程。

四、延伸思考

除通用功能外，针对电子档案管理系统还可以开发哪些特殊功能？

提示：

(一) 资源统一检索平台

利用资源统一检索功能，授权用户可以在统一平台内实现对档案、图书目录信息、电子图书全文、电子凭证、设备资产等知识资源的检索，实现检索词一次提交，多库并行检索，统一返回检索结果，并显示资源的形态、阅读权限、馆藏数量等信息。

(二)专题推送

系统可以根据用户输入的关键词(如“催化裂化”)将相关资源自动推送到用户的“我的知识库”中，推送的资源包括与“催化裂化”相关的档案和图书资源。如果档案的电子原文是不开放的，用户可以向管理员提出专题推送申请；经相关领导审批后，管理员就会将电子原文推送给用户。

(三)我的知识库

知识资源利用平台中的“我的知识库”是为用户提供个性化服务的入口。用户登录知识资源平台后，可以看到自己定制的个性化工作区。用户可以在“我的知识库”中定制自己专业的资源，提交后，系统会定期将该类资源推送到用户的“我的知识库”中。管理员可以利用专题推送工具将数字档案、图书、期刊等资源推送到企业领导的知识库中。从资源管理角度看，该系统为资源管理提供了先进的技术手段，能够实现企业资源的长期保存和规范化管理，为知识资源的深入开发利用奠定基础，使企业资源发挥更大的价值。从资源利用角度看，该系统可以为广大职工的教育、培训提供有力的知识资源支撑，为专业技术人员提供相关的信息服务基础平台，为各级领导和有关部门决策提供参考咨询服务，为广大离退休职工提供学习、交流的服务平台，从而提高馆藏档案和图书的利用效率。

五、实践训练

请下载永乐文档一体化通用软件(单机版)，学习该软件使用指南，进行电子文档管理。

六、知识拓展

见右侧二维码。

任务三 创建企业数字档案馆(室)

一、任务背景及目标

随着信息技术的深入发展和广泛应用,建设数字档案馆(室)已成为企业档案工作提质增效与创新发展的必由之路。2010 年 6 月,国家档案局办公室发布《数字档案馆建设指南》。2014 年,国家档案局发布《数字档案室建设指南》。2017 年 9 月,国家档案局办公室发布《企业数字档案馆(室)建设指南》(本任务中以下简称《指南》)。《指南》对企业数字档案馆(室)的定义是:企业数字档案馆(室)是指企业运用现代信息技术固化档案工作业务流程,对本企业或与其具有资产隶属关系企业的电子档案或其他数字资源进行收集、整理、保存,并通过网络提供档案信息服务和共享利用的集成管理系统平台。

本任务的主要目标是了解企业数字档案馆(室)的特征、企业数字档案馆(室)建设的基本原则和主要内容,能够根据数字档案馆(室)评价标准,制订企业数字档案馆(室)的建设方案。

二、知识介绍

数字档案室是传统档案机构的升级版,是企业内部档案机构转型的新方向。传统档案室转变为数字档案室,便于与数字档案馆对接,有利于企业档案信息资源整合利用,其具有以电子文件管理为基础、档案信息系统为平台、数字化资源为主体、信息传输网络为依托、知识管理服务为目标的特征。建设符合国家、社会和企业信息化发展要求的企业数字档案馆(室),有利于整合企业信息资源,增强企业的档案信息管理与服务能力,提高企业管理水平。

(一)企业数字档案馆(室)的基本特征

与企业传统档案馆(室)相比,企业数字档案馆(室)具有以下特征:

1. 档案资源数字化

企业数字档案馆(室)通过对企业各类信息系统中形成的电子文件归档和对纸质等传统载体档案进行数字化加工,以数字形式存储各种档案信息。

2. 档案管理信息化

企业数字档案馆(室)将档案管理业务流程固化在电子档案管理系统中,实现数字档案资源的自动化管理,档案的“收、管、存、用”通过信息技术手段来实现。

3. 档案服务知识化

企业数字档案馆(室)利用知识管理、大数据等理念和技术,创新档案利用方式和方法,对档案信息进行深层次加工和知识化组织,以档案利用需求为导向,有针对性地主动为企业提供全方位、多层次的个性化档案信息和决策支持服务。

(二)企业数字档案馆(室)建设的基本原则

1. 统筹规划,分步实施

企业应将数字档案馆(室)建设纳入企业信息化建设规划,实现同步规划。建设企业数字档案馆(室)应做好总体架构、技术方案的规划,系统建设应考虑可扩展性和兼容性。应根据现有条件有计划、有步骤地建设企业数字档案馆(室),充分保证每一阶段工作目标的实现。建设过程中,档案部门要与企业信息化部门、业务部门、保密部门等协同工作。

2. 需求导向，利用优先

企业数字档案馆（室）建设应围绕企业研发、生产、经营、管理等核心工作，优先建设重要档案资源。档案资源数字化应以需求为导向，对利用频繁、形成年代相对较早、价值珍贵的档案应优先进行数字化处理。网络架构应有利于档案信息资源的共享利用。电子档案、档案数字化复制件存储格式的选取应符合长期保存需要，便于利用。电子档案管理系统的功能实现和界面等应尽可能符合用户操作习惯。

3. 安全保密，合法合规

企业数字档案馆（室）建设应遵守国家法律法规和标准规范，建立健全安全保密管理制度，确保档案信息安全。应按照安全保密要求开展电子档案管理系统设计、实施、运行和维护工作。

（三）企业数字档案馆（室）建设的主要内容

企业数字档案馆（室）建设的主要内容包括基础设施建设、电子档案管理系统建设（见本项目任务二）、数字档案资源建设、制度规范建设、安全保密体系建设、经费与人才保障。其中，基础设施建设应充分考虑档案信息安全、保密的需要，尽量选择技术上自主可控的设施设备，包括机房、网络设施、硬件设备、基础软件及其他设施。

数字档案资源建设是企业数字档案馆（室）建设的根本，包括传统载体档案数字化（见本项目任务一）、电子文件归档（见项目二任务一）、专题数据库建设。专题数据库建设是指在现有数字档案资源的基础上，通过有组织的分析、筛选、整合，把某一特定专题的档案集中、有序、系统地组织在一起。例如，可建设企业历届领导、技术专家和各种先进人物档案专题数据库，企业机构沿革及党代会、职代会等会议类档案专题数据库，政策法规类档案专题数据库，建设项目和设备仪器档案专题数据库，产品或专项业务档案专题数据库，科技项目和成果档案专题数据库，企业质量或安全事故档案专题数据库等。

企业数字档案馆（室）建设按照项目化运作，经过规划、立项、实施、验收、维护等步骤分阶段进行。

三、实训任务及参考示例

依据《企业数字档案馆（室）建设指南》建设企业数字档案室，建成后须通过各级档案主管部门的验收，获得相应级别的数字档案馆（室）称号。数字档案室的评估标准（细则）如何？

参考示例：

江苏省数字档案室评估标准见表 14-3-1。

表 14-3-1 江苏省数字档案室评估标准

编号	评估标准
1	组织管理
1.1	管理职责
1.1.1	档案信息化工作有明确的分管领导和部门负责人
1.1.2	档案信息化纳入本单位信息化总体规划
1.1.3	档案信息化工作纳入有关人员岗位职责和年度考核
1.2	机构人员
1.2.1	成立综合性的数字档案室工作机构 各种门类、载体档案集中统一管理
1.2.2	适应数字档案工作需要，配备专职档案工作人员
1.3	管理制度
1.3.1	建立健全本单位档案信息化管理制度，以制度来规范电子档案的收集、整理、归档、保管、利用等工作，并确保有效落实
1.3.2	采取有效的管理措施保证电子档案的真实、完整、有效

续表

编号	评估标准
1.4	业务联系
1.4.1	积极完成当地档案行政管理部门布置的工作任务
1.4.2	对本系统和所属单位档案信息化工作实施有效的监督指导
1.5	财务保障
1.5.1	重视档案工作,保障档案工作所需经费
2	基础设施建设
2.1	硬件基础设施建设
2.1.1	配备必要的数字档案室硬件设备
2.2	软件基础设施建设
2.2.1	数字档案室应用系统
2.2.2	配备必备的相关软件
2.3	网络建设
2.3.1	连通电子政务网 与同级数字档案馆实现在线数据移交和查阅共享
2.4	库房现代化建设
2.4.1	库房温湿度控制
2.4.2	安防监控系统
3	基础业务
3.1	电子文件归档
3.1.1	加强对电子文件归档的日常监督与指导
3.1.2	制定电子文件的归档范围和保管期限
3.1.3	对具有保存价值的电子文件及时归档,并由数字档案室负责统一管理
3.1.4	归档电子文件应符合国家和省相关标准
3.2	电子档案保管
3.2.1	档案系统数据维护与安全管理
3.2.2	规范存储电子档案数据
3.2.3	建立电子档案安全保管和备份制度
3.2.4	定期检测电子档案,并采取相应措施保证其有效性
3.2.5	保密电子档案存储
3.2.6	电子档案备份
3.3	电子档案移交
3.3.1	按规定做好电子档案移交工作
3.3.2	电子档案数据质量要求
3.4	电子档案鉴定
3.4.1	电子档案的价值鉴定
3.5	统计分析

续表

编号	评估标准
3.5.1	各类电子档案统计分析
3.6	开发利用
3.6.1	通过数字档案室系统及时提供利用
3.6.2	利用电子档案开展信息加工
3.6.3	建立档案借阅利用效果台账
4	数字档案资源建设
4.1	目录数据库建设
4.1.2	建立室藏各类档案目录数据库,实现计算机检索
4.2	全文数据库建设
4.2.1	及时收集电子文件全文
4.2.2	室藏档案扫描
4.2.3	档案目录与全文数据有效挂接
4.3	多媒体数据库建设
4.3.1	建立符合要求的音频和视频档案数据库
4.3.2	建立符合要求的照片档案数据库
4.4	专题数据库建设
4.4.1	建立满足部门和服务需要的专题数据库
4.5	档案数字化工作
4.5.1	制定档案数字化规划和符合本单位实际情况的数字化方案
4.5.2	档案数字化备案
4.5.3	完成室藏重要的以及需长久保存的档案数字化
4.5.4	履行档案数字化安全保密的管理职能
4.5.5	档案数字化成果质量符合国家和江苏省有关数字化技术规范的要求
5	信息服务
5.1	在本单位网站中设有数字档案利用相关栏目
6	业务技能
6.1	定期组织学习、宣传档案法律法规和规范标准,增强全员档案意识
6.2	定期参与档案信息化技能培训
6.3	档案创新

四、延伸思考

请思考:数字档案室建设模式和思路有哪些?

提示:

目前,我国的数字档案室总体建设模式共分两类:以政策标准驱动的建设模式和以业务驱动的建设模式。以政策驱动的建设模式带有部分强制性,而以业务驱动的建设模式更利于企业结合自身独有的业务流程打造出符合本企业实际的数字档案室。

此外,国内学者也提出了多样的数字档案室建设模式和思路。万恩德等提出,数字档案室可根据集成对象的差异分为基于管理客体集成的“金字塔”模式、基于管理方法集成的内部协同模式和基于管理主体集成的战略联盟模式三种。罗富敬提出了档案业务流程再造过程中“精益档案管理”的概念,通过数字档案室建设,将“精细管理”思想贯穿全程,改进档案管理体系,实现与相关信息系统集成。杨玲等提出,要结合业务特色,在云框架体系下构建“自然资源部档案云”的设计思想,在建设过程中也要按照“云服务”模式进行开发。

五、实践训练

某调查规划院在业务发展过程中积累了较为丰富的档案资源,同时也产生了大量的电子文件。如果这些有价值的电子文件得不到有效的收集、整理、保管、利用,将出现文件散落、遗失、损毁的情况。在室藏档案数字化方面,自 2016 年起,该院档案室按照利用优先的原则分批推进室藏档案数字化工作。截至目前,已完成全部档案的数字化,并将数字化的各类档案上传至档案管理系统,副本在服务器和硬盘分散保存,并提供在线远程归档和借阅利用服务,大大提升了档案服务效率,为实现多元化的档案服务模式奠定了基础。

然而,现有档案管理系统仍存在一些问题。例如,通过办公自动化(OA)系统或者档案系统在线远程归档的电子文件,无法电子签章或数字签名,这与国家档案局对电子文件的规范要求不符。此外,各科室自用的林地地籍管理系统、科研项目管理系统、地形图查询系统等业务系统上形成的电子文件暂未实现线上远程归档,这是导致院档案室与国内成熟的数字档案室存在较大差距的主要因素。电子文件在线远程归档既是数字档案室建设之需,也是防止电子档案因突发事件遗失的有力措施。

该院拟根据《企业数字档案馆(室)建设指南》建设数字档案室,请从建设内容、技术支撑等方面,为该院数字档案室建设决策提供辅助分析。

六、知识拓展

见右侧二维码。

项目十五

档案管理社会化协作

【项目导读】

档案管理社会化协作是指将档案管理工作置于广阔的社会中，通过分析档案管理工作的本质，改革自身工作模式，从社会中寻求支持与合作，从而更好地实现档案管理目标。档案管理社会化协作的主体包括档案管理需求方和供给方。档案管理需求方主要是各国家档案馆，以及各机关、企事业单位的档案室/档案部门；供给方主要是档案专业服务企业、档案学相关专业院校、档案专业学会/协会/监管机构等。需要注意的是，部分主体可能同时兼具两种角色。档案管理需求方从社会上获得档案管理思路、档案服务信息资源、档案利用手段、档案服务方式等方面的支持，能减轻自身档案人员的工作压力。档案管理供给方则会开展更精准的市场调研，提供更丰富的档案资源、更多元化的专业服务。档案管理社会化协作是档案相关利益方面对社会日益融合的档案管理专业需求而做出的重要转变，对档案事业发展具有促进作用，有利于提高档案商业性资源的利用和社会分工专业化水平，形成规模化经济效应，促进中国档案服务行业健康、有序发展。

任务一　档案服务外包

一、任务背景及目标

档案服务外包是伴随改革开放进程而兴起的一项新型业务模式。单位档案整理业务对外承包，给单位档案部门带来了方便，精简了人员，减少了很多烦琐劳动。这一模式既符合国家提倡的精简机构、减少管理人员的策略，又切实减轻了档案工作人员的劳动强度，同时增加了承包方的收益，实现了互惠互利、合作共赢。中国的档案服务机构产生于 20 世纪 90 年代。国际上，各类商业性档案管理外包中心分布广泛，大型档案管理外包服务企业已实现跨国规模化运营并进入资本市场；国际档案信息管理协会已经拥有数百家专业化外包服务企业会员，为全球档案管理外包服务机构的经营管理和发展提供评估、认证及指导。

近年来，档案服务外包的社会需求快速增长，产业规模不断扩大，迫切需要制定标准来规范服务内容与工作流程。2020 年，国家档案局发布《档案服务外包工作规范　第 1 部分：总则》(DA/T 68.1—2020)、《档案服务外包工作规范　第 2 部分：档案数字化服务》、《档案服务外包工作规范　第 3 部分：档案管理咨询服务》(DA/T 68.3—2020)。2022 年，《档案服务外包工作规范　第 4 部分：档案整理服务》(DA/T 68.4—2022)颁布实施。

本任务的主要目标是了解档案服务外包的主体，熟悉档案服务的供给方(档案服务机构)的类型划分及其所提供的主要业务类型，探究服务新模式。

二、知识介绍

(一) 档案服务外包的主体

档案服务外包(Archives Service Outsourcing)是指某一机构将不属于国家法律法规限制范围内的档案,外包给其他机构进行管理,委托其为本机构提供档案服务的行为。

(1) 发包方指档案服务外包的需求方。在本部分中,发包方也称为客户。

(2) 承包方指档案服务的供给方。在本部分中,承包方也称为组织。

(3) 第三方机构指发包方、承包方之外的,为发包方提供中介、咨询、招标、监理及其他服务,或对承包方的资质或服务能力进行评价、认证的独立的非政府机构。

(4) 监管机构指对档案服务外包工作中发包方、承包方、第三方机构等相关主体的行为依法进行指导、监督和检查的机构,如档案主管部门、档案学会、档案行业协会等。

档案服务外包工作中各主体之间的关系如图 15-1-1 所示。发包方和承包方通过签订合同建立委托与受托关系。第三方机构通过合同受发包方委托,为其提供中介、咨询、招标、监理及其他服务;或经相关部门批准,或基于研究与教育目的,对承包方的资质或服务能力进行独立的评价、认证。发包方、承包方和第三方机构应主动接受、积极配合监管机构的指导、监督和检查。发生(可能导致)档案受损或泄密的重大事件时,发包方、承包方应及时主动向监管机构报告。

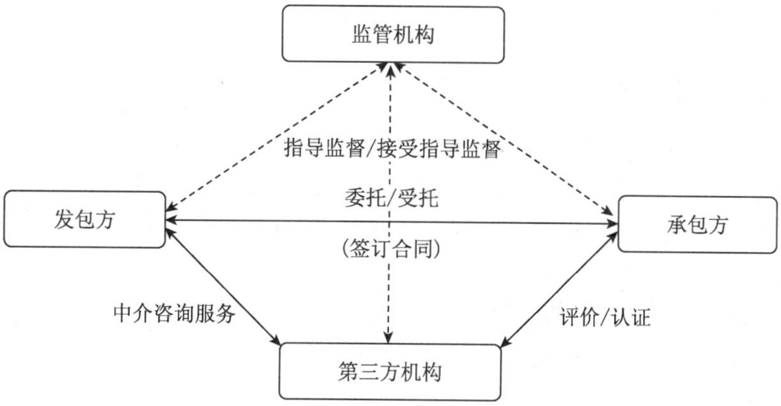

图 15-1-1　档案服务外包工作中各主体之间的关系示意图

(二) 档案服务机构的分类

通常所说的档案服务机构是介于档案行政管理部门与社会基层档案工作之间、提供档案业务服务的社会中介组织,由档案行政管理部门认定并接受其监管。按照产生的方式划分,其主要可分为体制内和体制外档案服务机构。前者主要是在档案行政管理部门领导下成立的档案事务所、档案文件中心、档案咨询服务中心等机构。根据定义,这些机构严格上说还不是档案服务机构,其受辖于档案行政管理部门,并没有独立的民事行为能力,缺乏独立性。后者主要是具有独立民事行为能力的档案服务企业(详见本项目任务三)。按照业务内容划分,档案服务机构主要可分为咨询服务型、组织协调型、技术服务型、综合服务型等类型(表 15-1-1)。

表 15-1-1　档案服务机构的分类

机构类型	典型机构
咨询服务型	档案咨询服务中心、档案咨询服务公司等
组织协调型	文件中心、档案事务所等
技术服务型	档案寄存中心、档案鉴定中心等
综合服务型	档案服务有限公司、档案信息服务技术有限公司

（三）档案服务的主要业务类型

档案服务机构提供的有偿服务通常包括：档案寄存服务、档案数字化服务、档案整理服务、档案管理咨询服务、档案开发利用服务、档案销毁服务、档案培训服务等业务类型。

（1）档案寄存服务是指在不改变档案所有权和处置权的前提下，发包方将档案委托给承包方保管，承包方为发包方提供档案保管的库房、设备，进行日常保管、安全防护，并按需要提供利用的服务过程。

（2）档案数字化服务是指承包方利用计算机技术，对发包方的纸质档案、音像档案、缩微档案等进行数字化加工，将其转化为存储在磁带、磁盘、光盘、固态硬盘等载体上并能被计算机识别的数字图像或数字文本的服务过程。近年来，围绕档案数字化、智能化，又衍生出数字化档案增值服务与档案室升级改造、档案软件与软件工程等服务。

（3）档案整理服务是指承包方按照一定原则，对发包方形成的档案实体进行系统分类、组合、排列、编号和基本编目，使之有序化的服务过程。

（4）档案管理咨询服务是指承包方通过口头或书面形式为发包方提供意见、建议，指导、帮助发包方解决档案工作中遇到的问题的服务过程，主要有政策咨询、技术咨询、管理咨询、信息咨询、研究咨询等。

（5）档案开发利用服务是指承包方帮助发包方将其保存的档案通过多种途径、手段和技术、方法进行开发，形成各种形式的信息、知识产品，并提供利用，发挥档案价值的服务过程。

（6）档案销毁服务是指承包方帮助发包方将经过鉴定、需销毁的档案做毁灭性处置的服务过程。

（7）档案培训服务是档案服务机构根据社会需要，对一些服务的单位进行专门单项的档案管理、技术技能培训服务的一种方式。

三、实训任务及参考示例

1993 年 3 月，我国成立了首家档案服务组织——浙江省档案事务所。最初，其服务内容局限于业务咨询和培训，服务对象局限于机关、企事业单位的档案室，服务形式带有浓厚的行政指导色彩；如今，其服务内容从档案业务咨询、传统载体档案服务向规范化建设、信息化服务、新型载体档案服务等领域拓展，为全省各行业档案工作规范化管理、重点项目档案全程管理、数字档案馆（室）建设、档案登记备份工作提供了良好服务。假设你供职于一家档案信息科技公司，公司准备开展档案服务类业务，请了解档案服务机构的发展历程，选定中小微企业作为调研对象，设计调查问卷表。

参考示例：

企业档案业务外包及中介服务需求调查

2014 年，中共中央办公厅、国务院办公厅印发的《关于加强和改进新形势下档案工作的意见》提出“规范并支持档案中介机构、专业机构参与档案事务”，首次明确了社会力量参与档案事务的地位和作用。2022 年 1 月 1 日起实施的《江苏省机关团体企业事业单位档案工作检查评价办法》指出，按照“有管理制度、有专用橱柜、有档案资料、有登记台账、有分管领导、有专人保管”的标准，创建“规范级”和“示范级”档案室，对内便于利用，对外展示形象。

1. 贵公司文件和档案管理属于哪个部门的职责范围？有无专职的档案管理部门、专职档案管理人员？人员是否持续参加专业培训？

2. 贵公司是否制定了文档管理的专门制度？

例如，归档制度、档案库房管理制度、档案查阅利用制度等。

3. 贵公司档案数量有多少卷？主要的档案门类有哪些？

例如，文书档案、科技档案（专利档案、产品档案、科研档案、基建档案、设备档案等）、专门档案（会计档案、人事档案、特殊载体档案等）。

4. 贵公司是否编制了文件材料归档范围和保管期限表？收集档案（移交档案）的时间是否固定？手续如何？

5. 贵公司是否制订了档案分类方案？档案整理的程序如何？采用案卷级整理还是文件级整理？

6. 贵公司有无专门的档案库房？设备情况如何？对破损、霉变、退变档案如何处理？

7. 贵公司主要采用手工档案检索还是计算机档案检索？有没有编制检索工具(存放索引或存放示意图)？有没有查找不便、检索不准的情况发生？

8. 目前有没有利用本单位档案资源形成的编研成果？

例如，文件汇编、会议简介、大事记、组织沿革、员工手册。

9. 贵公司档案利用服务成效如何？有没有编制档案利用效果典型事例汇编？有没有举办档案陈列展览？

10. 您认为贵公司目前的文档管理整体状况如何？(很好、一般或较差)

11. 贵公司对档案工作的资金投入和预算如何？是否了解江苏省关于星级档案室和数字档案室创建的相关标准和规范？

12. 是否需要第三方提供中介服务？

例如，档案业务评估与规划服务，档案法律、档案管理、项目档案咨询服务，专兼职档案人员业务培训服务。

13. 贵公司目前是否已将文档、信息管理的相关业务外包，或者有无档案业务外包的需求？

例如，档案鉴定、档案整理、档案寄存、档案消毒与修复、档案仿真复制、机密文件安全销毁、运送与异地存储、档案数字化、档案信息化系统(档案管理软件)。

14. 贵公司还需要哪些定制化/个性化的服务需求？

例如，GRM公司的条形码追踪文档管理系统、大数据管理系统(网络化/智慧化服务)、档案信息推送服务系统等。

四、延伸思考

(1) 档案服务外包业务有无限制？

提示：

《机关档案管理规定》指出："机关通过政府购买服务方式辅助实现档案工作基本任务的，应当严格限定社会化服务范围，严格审核服务供方的信息安全保障能力和业务资质，并接受档案行政管理部门监督、指导和检查。"《档案服务外包工作规范》所指的档案外包，是指不涉及国家秘密的档案服务外包，不属于国家法律法规限制范围内的档案。除了以上所提的档案寄存服务、档案数字化服务、档案整理服务、档案管理咨询服务、档案开发利用服务、档案销毁服务等几类业务，档案缩微服务外包可参照执行。

(2) 目前市场上档案服务机构的服务大多集中在材料供应(出售档案装具、条形码、电子媒体储存箱)、纸质文件管理(文件保管、文件扫描、文件销毁等)、电子文档管理(特藏库保管、备份周转等)、运输(定期周转服务)等方面，这些机构的产品和服务在一定程度上节省了机关、企业的人力物力，但单一的服务模式和品类并不能满足信息化服务客户的全面性、专业化水平要求。请思考：在信息化时代，如何拓展服务领域，构建服务新模式？

提示：

档案服务机构要从传统的为特定人群服务，向为社会普通大众(签约客户)提供"实际服务、公共服务、学术服务"转变。在信息社会，档案的整合编研、系统开发以及微服务等交流方式的规范都将影响档案资源社会服务的效果。未来的档案服务机构、专业机构将更多地聚焦于档案资料的编目整理、编研开发、咨询培训等高层次宽领域的档案服务。立足长远发展的档案信息中介机构已经开始在信息风险管理、业务持续性管理、开发编研项目、信息安全咨询、信息技术风险防控咨询、培训与支持、在线服务等方面加大投入。

例如，科大讯飞股份有限公司着眼于未来档案事业的发展，利用现代化语音系统等手段开发老档案，挖掘口述校史等音视频档案资料中可供开发的因素，并致力于推进此类档案的规范化，确保其凭证效果。北京紫光慧图信息技术有限公司将软件产品的升级和二次开发、热线技术服务、快速响应技术咨询服务、内部审查管理、系统技术咨询、应用软件后续开发咨询等服务列为重点项目。此外，还有一些档案服务机构在远程归档、在线诊断和故障排除、灾难恢复预测咨询等方面取得了显著成效，社会效果明显。

五、实践训练

请参考《档案服务外包工作规范》中的相应内容，拟写一份档案服务外包合同、承包方员工备案表、承包方员工保密协议。

六、知识拓展

见右侧二维码。

任务二　档案企事业单位与高校合作

一、任务背景及目标

近年来，高校与各地方档案馆之间在人才培养、馆藏资源开发、公益活动开展等方面合作渐深。例如，中国人民大学档案馆、信息资源管理学院与湖州市南浔区档案馆建立了友好合作关系，张家口市档案馆与河北大学合作开发馆藏档案，沈阳市档案馆与东北大学共建大学生社会实践基地，平湖市档案馆与华东师范大学历史学系建立友好合作关系，北京市档案馆成为北京联合大学校外人才培育基地等。一方面，高校需要利用教科研优势，向社会提供专业咨询服务和技术支撑，并通过“校馆合作”“引企入校”等方式，培养“产教融合”型专业人才。另一方面，因解决人才、技术瓶颈以及申报高新技术企业等需要，档案企事业单位也迫切需要与高校档案学相关专业系部开展多元合作。档案企事业单位与高校合作，是档案管理社会化协作的重要内容。

本任务的主要目标是了解各国家档案馆、档案企事业单位与高校档案学相关专业系部的合作形式，熟悉合作内容，探究合作新模式。

二、知识介绍

目前，我国档案企事业单位存在的诸多技术问题需要与高校合作以寻求解决之道，高校在学生实习、开展社会化服务、教学及科学研究等方面也需要得到档案服务机构的协同支持。双方开展全方位、多层次的合作，有助于档案教育事业、档案服务产业的高质量发展。

档案企事业单位与高校档案相关专业系部开展项目化合作主要是指以专业人才培养、纵横向科研项目申报、实习实训、技术研发/咨询/服务、档案文化传播活动策划、档案文献遗产开发等项目形式开展合作，充分利用双方优势资源，实现互惠互利、合作共赢。

双方以项目形式开展合作的优势体现在以下几个方面：

(1) 档案服务机构可以作为高校与机关、企事业单位合作的中介桥梁，拓宽高校档案相关专业系部合作对象范围、实践内容广度，拓展档案实践的专业深度。

(2) 高校与档案服务机构签约建立实习基地，通过档案服务机构的业务承接能力，为高校学生开辟实习实训、勤工俭学的渠道。

(3) 档案服务机构在用人制度上一般采取聘任制和临时工制相结合的办法。对少数档案专业技术人员，可采用聘任制；对实习学生一般采用临时工制，双方可灵活协商保险事宜，保证学生安全。

但同时应注意，档案事务所等档案服务企业是独立经营、独立核算、自负盈亏的企业型单位，追求企业利润的最大化，应权衡双方的利益分配，保障师生的合法权益。

三、实训任务及参考示例

近年来，档案企事业单位与高校档案学、秘书学相关专业系部成立校企合作实习基地，开展项目化教学并合作申报科研项目。例如，成立于2003年4月的北京联合大学档案事务研究所是国内首家以“档案事务”为核心的科学研究机构，是北京联合大学校级科研机构（平台）之一；主要依托北京联合大学应用文理学院档案系为政府机关、企事业单位开展图书情报档案管理、档案决策及业务咨询、档案现代化建设等工作。一方面，档案企事业单位为高校学生提供教学实习场所、条件，提高了学生的实践操作能力；另一方面，高校的档案专业师资又为档案企事业单位申报高新技术企业、提供专业咨询和科研服务等提供了支撑条件。各公共档案馆、企业档案室、档案服务企业与高校档案学、秘书学相关专业系部开展合作的形式、内容、模式等情况如何？

参考示例1：

“国际档案日”之际××公司与高校开展搭建档案专业校企协作平台活动

5月22日，××公司组织上海地区各企事业单位档案部门负责人近30人，分别与上海大学、上海师范大学档案系开展校企协作暨“国际档案日”活动。

活动中，××公司和上海大学、上海师范大学档案系分别介绍了近年来各自在档案学专业、档案管理工作等方面开展工作的主要情况，并就当前档案学专业发展的热点、前沿问题，以及档案管理实务工作开展了热烈的互动交流。经过座谈交流，企业与学校双方对于搭建校企档案专业协作平台，进一步加强交流与科研合作，建立大学生教学实习基地，推动档案学专业人才培养、科学研究和行业档案工作发展达成了初步共识。

其间，××公司与上海大学档案系签订了“关于建立档案教学科研实践基地的协议书”。双方同意在档案学专业人才培养、档案工作实务、档案学理论研究、优秀档案文化传播、档案文献遗产开发等方面开展交流与合作，上海大学档案系在××公司上海地区所属企事业单位设立“教学科研实践基地”。双方搭建的档案学研究和实践合作平台将建立信息互通机制，加强科研合作，使双方的成果与各自的需求充分对接。根据协议，学校每年将定期安排学生到××公司上海地区所属企事业单位档案部门进行教学实习。××企事业单位与高校开展档案专业协作，既有利于加强档案学专业教育、档案科学研究与档案工作实践之间的密切联系，也有利于各自分享档案工作改革发展的新鲜经验，提高各自的专业水平和业务能力，进一步推动档案学专业和××工业档案事业的发展。①

参考示例2：

校企合作开展档案项目化教学案例

（一）教学目标

使学生在真实的企业工作环境中，得到真正切合实际的专业技能训练，培养学生在档案收集、整理、鉴定、保管、检索等方面的业务能力。在相对单调枯燥的业务工作中，着重培养学生积极向上、坚韧不拔的工作品格，提升学生独立思考的能力，以及运用理论知识尝试解决实际问题的能力。

（二）方案设计

通过前期充分沟通交流，2023年2月，××工学院人文学院与×××档案有限公司签署了“档案业务项目化合作协议”，主要包括数字化加工服务、档案整理服务、信息化服务等内容。第一批秘书学专业9名同学于2023年3月赴该公司参与项目合作，开展档案兼职实习。

1. 实践日期及工时：2023年3月27日至5月17日，每周三、四、五13:30至17:30。

2. 实践地点：××市政府应急办。

3. 项目负责人：校内带队老师。

4. 参与人员名单及工作分配。

（1）数字化加工服务。

负责人：×××。

---

① 张水灿.“国际档案日”之际中船上海船舶工业有限公司与高校开展搭建档案专业校企协作平台活动[J].机电兵船档案，2014(4)：87.

工作内容:录入已装盒的文书档案相关信息,将归档文件数字化。

(2) 档案整理服务。

负责人:×××。

工作内容:

① 检查并完善盒内备考表填写情况。

② 修整不符合《归档文件整理规则》的纸质档案,并重新组件、装订。

③ 编页、盖归档章、装盒。

④ 填写档案盒相关信息。

(三) 实施过程

带队老师带领10名学生进入市政府应急办,并与×××公司负责人完成人员交接。带队老师简要介绍了本次实践的工作内容,并依照自愿原则完成了工作分配。

完成录入工作后,同学们分别尝试了盖章、装订、编页等其他工作,每一项工作内容都"别有风味"。

归档章应盖在文件上方正中间空白位置,但部分同学自作主张地盖在了偏左或偏右的位置,这不符合归档规则。指导老师严肃指出了这个错误,并强调在工作中遇到不清楚的地方一定要及时询问,不可自作主张。

(四) 实习成果与收获

1. 实习成果:第一批学生持续工作3个月,整理了某机关全宗档案,包括2000年之前形成的数十个案卷,以及2000年以后按照《归档文件整理规则》整理形成的文件上千份。

2. 关于档案业务工作的一些思考:略。

四、延伸思考

目前,部分档案服务机构存在交易方式滞后、信息技术落后以及服务结构业务范围杂而不专等问题。请思考:档案企事业单位与高校还可以在哪些方面开展深入合作?

提示:

可从开发在线交易系统、档案信息产品及文化创意产品,以及构建"专家-知识库"模式、为用户提供更加满意的服务等方面进行思考。

一是档案企事业单位可与高校合作开发网上交易服务系统,实现网上交易。同时,借鉴电子商务评价机制及投诉机制,构建档案服务机构信息产品的良性售后服务模式,建立先进的信息服务系统,包括客户满意度调查、评价、改进系统等。

二是档案企事业单位可与高校合作建立高效的数据处理中心。为保证档案信息产品的有效开发,需合理配置以计算机为主的设备系统,开发档案信息资源,为客户提供方便快捷的服务途径。同时,为充分利用档案信息资源,需对档案信息产品进行再开发,即通过档案信息的采集和再加工,形成更符合客户需求的档案信息产品,从而提升客户满意度。

三是档案企事业单位可与高校合作开发档案文化创意产品,并利用现代传媒手段进行线上销售与推广。通过将档案文化创意产品的研发与档案服务相结合,打造独具特色的品牌效应,推动机构的优化升级。这种产学研相结合的模式,不仅能够满足档案部门的需求,还能获得国家和社会的支持,助力档案企事业单位做大做强,树立行业品牌。

五、实践训练

(1) 请调查各国家档案馆与高校合作的现状,分析存在的问题,提出解决思路和方案,撰写一份调研报告。

(2) 请调查一家与高校进行项目化合作的档案服务机构,了解其合作理念和合作模式,提出拓展合作的思路与措施。

(3) 美国企业停业或破产后,其档案通常由大学和历史学会主动收集保管;日本则通过企业史料协会对企业档案进行协调和指导。请思考:这些做法对我国档案管理社会化协作有哪些启示?在符合我国国情的前提下，企业档案协会可否成为企业档案管理的协调者甚至管理者，并成为破产企业档案的最终接收者？

六、知识拓展

见右侧二维码。

任务三　档案服务企业创业计划

一、任务背景及目标

2021 年 6 月，中共中央办公厅、国务院办公厅印发的《“十四五”全国档案事业发展规划》明确提出：“鼓励、引导、规范社会力量参与档案事务。”档案服务企业，是指为国家档案馆、机关、企事业单位、个人等提供档案事务服务，具有独立民事行为能力、以营利为目的的商业性组织。它是能够经济节约地提供档案管理服务的各种社会中介的统称，是市场经济条件下资源有效配置的重要方式，可以缓和组织大量文件保管的压力，适应其降低管理费用的需求。对公共档案馆而言，这有助于其集中精力于核心档案事务的管理；对机关、企事业单位档案部门而言，出于对更高的档案管理效益的追求，其更倾向于采用更廉价、更高质的外包方式，以降低管理成本，减少内部管理费用。

2003 年，党的十六届三中全会通过了《中共中央关于完善社会主义市场经济体制若干问题的决定》，提出改革的重要目标之一是从制度上更好地发挥市场在资源配置中的基础性作用，同时要加快转变政府职能、加强宏观管理、弱化微观干预，明确要求将一些微观的、事务性的工作交由社会中介机构承担。在此背景下，一些档案服务职能从档案行政管理部门中剥离出来，一部分档案服务企业以此为契机，进入发展快车道。

本任务的主要目标是了解档案服务外包的相关法规、政策，熟悉档案服务企业创业计划的主要内容，把握档案服务企业的创业流程和核心环节，探究提升其服务能力和核心竞争力的策略。

二、知识介绍

档案服务企业提供了强大的档案信息和档案管理服务供给。在当前市场环境日益开放的背景下，档案服务企业成为实现档案资源市场价值的重要基础。

（一）档案服务企业创业计划的主要内容

（1）公司定位：明确公司的服务方向和目标客户群体。因目标客户的需求不同，档案服务企业提供的主要服务方向也不同，主要有代管（客户将大部分或全部档案管理业务交由外部单位完成）、协管（客户通过合同、契约与外部单位就部分档案管理活动开展协作）等方式。

（2）产品与服务：详细描述公司的产品或服务，包括档案整理、数字化、存储、查询、认证、鉴定等。

（3）市场分析：对市场进行调研和分析，了解市场需求、竞争状况、消费者习惯等，为制定营销策略和推广计划提供依据。

（4）营销策略：制定适合公司的营销策略和推广计划，包括品牌宣传、渠道建设、促销活动等。

（5）团队介绍：介绍公司团队的背景、专业能力、经验等，展示公司的专业性和实力。

（6）经营模式：说明公司的经营模式、业务流程、质量控制等，确保公司能够高效运营并为客户提供优质服务。

（7）财务规划：制定公司的财务规划，包括资金来源、预算、收益预测等，确保公司能够稳健经营并实现盈利。

（8）风险分析：分析公司面临的风险和挑战，制定相应的应对措施，提高公司的抗风险能力。

以上是档案服务企业创业计划的基本框架，具体内容需要根据实际情况进行调整和完善。

（二）团队的组建

（1）企业的竞争不仅是价格或服务的竞争，更是人才的竞争。组建一支专业的档案服务团队是每个档案服务企业的首要任务。一个优秀人才创造的业绩可能远超十个普通员工的业绩总和。因此,吸引并凝聚人才为己所用,是领导者的关键职责之一。

(2) 档案服务与其他中介服务不同,其团队必须具备较高的档案专业素养和能力。

(3) 团队的向心力、凝聚力和工作激情很大程度上取决于领导者的榜样作用。一流的企业往往拥有一流的领导者,正所谓"强将手下无弱兵"。

(三) 建立"专家-知识库"模式

作为专业性很强的咨询服务类企业,档案服务企业需要建立"专家-知识库"模式,为客户提供量身定制的个性化知识产品。首先,根据客户提供的需求信息,专家通过运用决策树和数据挖掘等技术,为用户提供解决问题的方法。这要求专家具备丰富的服务经验、高超的技术能力和专业的素养,能够通过高科技手段帮助用户解决战略问题和经营管理中的难题,为企业战略规划提供前瞻性的指导意见。其次,构建"专家-知识库"模式,实现客户和专家的双向选择,形成一个智能化和自动化的高级咨询圈。专家依据自身经验,为用户解决更深层次的问题,分析庞大的数据库案例,开发和利用各种显性知识和隐性知识,为客户提供更优质的服务。

(四) 市场调研分析

首先,为每一个团队划分负责的区域,并根据各自负责的区域进行详细的市场调研。这不仅节省时间、人力和物力,还能大幅提高业绩。通过有针对性的宣传,可以开发新业务和新市场。

(五) 从事档案服务的机构应具备的条件

(1) 经工商行政管理部门登记注册,营业执照的经营范围中应包含其所从事的档案服务业务。

(2) 机构中从事中介服务的人员均持有档案行政管理部门颁发的资格培训证书,其中中级(含)以上档案专业技术人员不少于30%。

(3) 有与档案服务业务相适应的固定场所、设施设备。

(4) 法律、法规和规章规定的其他条件。

三、实训任务及参考示例

目前,档案学专业认可度较高的学科竞赛有始办于2016年的"全国高校档案学专业大学生课外科技作品展",由世界记忆项目北京学术中心主办的"世界记忆·中国文献遗产创意竞赛"。请调研近年来档案学相关专业学生参与竞赛的创业计划,了解我国关于档案商业服务的相关法规政策、档案服务企业的现状,以及大学生创业的相关支持配套政策,拟写档案服务企业创建的流程。

参考示例:

公司注册流程依次如下:查名(确定公司名字)→开验资户→验资(完成公司注册资金验资手续)→签名(客户前往工商所核实签名)→申请营业执照→申请组织机构代码证→申请税务登记证→办理基本账户和纳税账户→办理税种登记→办理税种核定→办理印花税业务→办理纳税人认定→办理办税员认定→办理发票认购手续。

(一) 准备资料

1. 公司法定代表人签署的《公司设立登记申请书》;

2. 全体股东签署的公司章程;

3. 法人股东资格证明或者自然人股东身份证及其复印件;

4. 董事、监事和经理的任职文件及身份证复印件;

5. 指定代表或委托代理人证明;

6. 代理人身份证及其复印件;

7. 住所使用证明。

注:住所使用证明材料的准备,分为以下三种情况:

(1) 若是自有房产,需要房产证复印件和自己的身份证复印件;

(2) 若是租赁个人房产房，需要房东签字的房产证复印件、房东的身份证复印件、双方签名盖章的租赁合同和租金发票；

(3) 若是租赁某个公司名下的写字楼，需要该公司加盖公章的房产证复印件、该公司营业执照复印件、双方签名盖章的租赁合同和租金发票。

(二) 注册流程

第一步：核准名称。

时间：1 个工作日。

操作：确定公司类型、名字、注册资本、股东及出资比例后，可以去工商局或线上提交核名申请。

结果：核名通过后进入下一步；若失败，则需重新核名。

第二步：提交材料。

时间：3～5 个工作日。

操作：核名通过后，确认地址信息、高管信息、经营范围，在线提交预申请。在线预审通过后，按照预约时间去工商局递交申请材料。

结果：收到准予设立登记通知书。

第三步：领取营业执照。

时间：预约当天。

操作：携带准予设立登记通知书、办理人身份证原件，到工商局领取营业执照正、副本。

结果：领取营业执照。

第四步：刻章等事项。

时间：1～2 个工作日。

操作：凭营业执照，到公安局指定刻章点办理公司公章、财务章、合同章、法人代表章、发票章。

至此，一个公司即注册完成。

四、延伸思考

(1) 档案服务企业可采取哪些措施来提升服务水平，提高客户满意度？

提示：

档案管理咨询服务评价意见表、档案管理服务投诉受理登记表分别见表 15-3-1、表 15-3-2。

表 15-3-1　档案管理咨询服务评价意见表

甲方：

乙方：

根据双方签订的档案咨询服务协议，乙方于　年　月　日将咨询服务成果提交甲方。现结合项目实施情况，形成档案管理咨询服务评价意见如下：

一、基本情况

(一) 服务项目

(二) 服务人员

(三) 服务内容

(四) 服务时间

(五) 服务情况说明

二、评价内容

(一) 服务质量

(二) 服务及时性

(三) 服务纪律

(四) 安全管理

(五) 服务人员档案专业能力

三、总体评价(请在□内打“√”)

非常满意□

续表

满　　意□ 基本满意□ 不 满 意□ 很不满意□ 四、改进意见和建议 单位盖章(甲方) 年　月　日

表 15-3-2　档案管理服务投诉受理登记表

投诉方			
投诉方联系人		联系电话	
投诉方地址		邮编	
投诉受理时间		受理人	
投诉内容			
投诉处理意见	年　月　日		
经办人		批准人	

(2) 美国铁山(Iron Mountain)公司是1951年成立的纽约股票交易所上市企业,该公司已经在全世界五大洲39个国家建立了档案管理服务外包中心,为14万家政府机构和企业客户管理4.25亿箱档案和6 500万份磁盘。2012年,其营业收入超过30亿美元,是档案服务外包行业中规模庞大、产值惊人的龙头企业。我国的档案事务所应该如何发展,才能在市场经济条件下实现全方位、深层次的档案社会化服务?又该如何培育像美国铁山公司那样的行业龙头?

提示:

我们既可以从国外商业性文件中心的发展状况中思考和探索我国档案事务所建设和发展的有效途径,也可以借鉴律师事务所和会计师事务所的发展历程,汲取相关经验,从而推进我国档案服务事业和档案信息市场的发展。律师事务所和会计师事务所在改革开放后逐步建立起来,原本分别隶属于司法部门和财政部门,后来脱离行政隶属关系,成为独立的法人单位走向市场,专门从事具体的技术咨询和业务操作。与律师事务所、会计师事务所相比,档案事务所的发展之所以缓慢,关键就在于经济原因和行使的职权问题。律师事务所、会计师事务所除了有足够的经济来源支撑外,还有其法定权利和义务,而这正是档案事务所所缺乏的。

五、实践训练

(1) 目前,档案服务企业之间缺少合作,市场价格过于透明,恶意竞争时有发生,这不仅会给公司带来损失,也会损害客户利益;另一方面,档案服务企业的业务队伍不稳定,且缺少行业协会监管。请参考各地档案服务外包工作实施细则，思考如何规范档案服务行业市场，如何避免档案服务企业商业秘密侵权纠纷。

（2）大学生创新创业训练项目中不乏一些优秀的创业项目。例如，建立家庭档案服务企业，为区域性名人建立家庭档案，展现其在特定领域做出的贡献，并以协助维护家庭权益、开展日常管理、传承家庭文化等为主要宗旨，满足了家庭和社会的双重需要。请撰写一份档案服务企业创业计划书，准备创业 PPT，并进行创业计划的陈述与答辩。

六、知识拓展

见右侧二维码。